Alfred Fries
Einstellungen und Verhalten gegenüber körperbehinderten Menschen

Lehren und Lernen mit behinderten Menschen
Band 10

Alfred Fries

Einstellungen und Verhalten gegenüber körperbehinderten Menschen – aus der Sicht und im Erleben der Betroffenen

ATHENA

Bibliografische Information der Deutschen Bibliothek

Die Deutsche Bibliothek verzeichnet diese Publikation
in der Deutschen Nationalbibliografie; detaillierte bibliografische Daten
sind im Internet über <http://dnb.ddb.de> abrufbar.

1. Auflage 2005
Copyright © 2005 by ATHENA-Verlag,
Mellinghofer Straße 126, 46047 Oberhausen
www.athena-verlag.de
Alle Rechte vorbehalten
Druck und Bindung: Difo-Druck, Bamberg
Gedruckt auf alterungsbeständigem Papier (säurefrei)
Printed in Germany
ISBN 3-89896-212-1

Inhaltsverzeichnis

	Einleitung	11
I	Theoretischer Teil	23
1	Behinderung: Begriffliche Analysen	23
2	Psychologie der Einstellungen	30
2.1	Einstellungen und Vorurteile	30
2.2	Diskriminierungen	31
2.2.1	Begriffliche Klärungen	31
2.2.2	Formen von Diskriminierungen	32
2.2.3	Gewalt hat viele Gesichter – Beispiele für Diskriminierungen im Alltag behinderter Menschen	34
2.2.4	Überlegungen zu: Folgen von Diskriminierungen und Stigmatisierungen für Identität und Selbstkonzept des Menschen	36
3	Forschungsergebnisse: Einstellungen der Gesellschaft zu behinderten Menschen	45
3.1	Darstellung und Analyse ausgewählter empirischer Studien	45
3.2	Theoretische Ansätze zur Erklärung der Reaktionen auf physisch abweichende Personen	52
3.3	Determinanten der Entstehungen von Einstellungen gegenüber behinderten Menschen und Möglichkeiten der Änderungen von Einstellungen	59
3.3.1	Determinanten der Entstehung von Einstellungen gegenüber behinderten Menschen: Sozialisationsinhalte, Sozialisationspraktiken, kulturhistorischer Kontext	59
3.3.2	Informationsvermittlung und Kontakt als Möglichkeiten der Einstellungsänderung gegenüber behinderten Menschen	61
4	Das Konzept der Bewältigung	66
4.1	Vorbemerkungen	66
4.2	Ausgewählte Konzeptualisierungen und Quellen moderner Bewältigungsforschung	67
4.3	Bewältigung (Coping): Begriffsbestimmungen und Komponenten	69
4.4	Ausgewählte Theorien und Modelle der Bewältigung	71
4.4.1	Übersicht	71
4.4.2	Das Transaktionale Modell der Bewältigung von Lazarus und Mitarbeitern	73

4.5	Ressourcen im Bewältigungsprozess	81
4.6	Messung von Bewältigung	91
4.6.1	Möglichkeiten und Probleme	91
4.6.2	Messung von Bewältigungsverhalten im Rahmen des Transaktionalen Modells	93
4.7	Bewältigungsforschung und vorliegende Studie	94
5	Thematik »Diskriminierung« in ausgewählten Autobiographien behinderter Menschen	97
II	Empirischer Teil	117
1	Methode	117
1.1	Qualitative und quantitative Sozialforschung	118
1.2	Nähere Begründungen der Verwendung qualitativer und quantitativer Methoden in der Untersuchung	122
1.3	Das Messinstrument	125
1.3.1	Die Struktur des Fragebogens: Interviewleitfaden und Fragebögen	125
1.3.2	Zusammenfassende Übersicht über die Struktur und die Inhalte des Messinstrumentes	144
1.4	Anmerkungen zur Auswertung des qualitativen Datenmaterials	148
2	Die Untersuchung	156
2.1	Beschreibung der Stichprobe	156
2.2	Vorbereitung der Untersuchung	158
2.3	Durchführung der Untersuchung	159
3	Darstellung und Diskussion der Ergebnisse	161
3.1	Darstellung und Diskussion der Ergebnisse zu den Einzelfragen	161
3.1.1	Ergebnisse zu Frage 1: Bewertung vorgelegter Zeitungsmeldungen	161
3.1.1.1	Darstellung der Spontanaussagen (Frage 1a) zu den Zeitungsmeldungen	161
3.1.1.2	Ergebnisse statistischer Verrechnungen (Frage 1b): Auswertung des Fragebogens zu Bewertung der vorgelegten Zeitungsmeldungen	173
3.1.2	Ergebnisse zu Frage 2: Berichte über eigene Ergebnisse	189
3.1.2.1	Gegenstand und Ziel der Fragestellung – Informationen zum methodischen Vorgehen und zur Auswertung	189
3.1.2.2	Übersicht über Spontanerzählungen und zugeordnete Belastungsstufen	193
3.1.2.3	Unterschiedliche Bewertungen ähnlicher Situationen	214

3.1.2.4	Ergebnisse statistischer Verrechnungen	216
3.1.2.5	Zusammenfassung der wichtigsten Ergebnisse	221
3.1.3	Ergebnisse zu Frage 3: Spontanantworten und Beantwortung von Fragen zu »stark belastend« wahrgenommenen Situationen	222
3.1.3.1	Ergebnisse zur Analyse der Spontanaussagen (Frage 3a)	222
3.1.3.2	Ergebnisse statistischer Verrechnungen (Frage 3b): Auswertung des Fragebogens zur Bewertung eigener Erlebnisse	242
3.1.4	Ergebnisse zu Frage 4: Soziale Unterstützung in belastenden Situationen	251
3.1.4.1	Darstellung allgemeiner Aussagen über erhaltene Hilfe (Frage 4a)	251
3.1.4.2	Darstellung der Aussagen zu Personen, die am meisten geholfen haben (Frage 4b)	254
3.1.4.3	Darstellung konkreter Hilfen (Frage 4c)	256
3.1.4.4	Zusammenfassung der wichtigsten Ergebnisse (Frage 4a-c)	259
3.1.5	Ergebnisse zu Frage 5: Bewertung eines vorgelegten Bildes	261
3.1.5.1	Darstellung der Aussagen über das auf dem Bild Wahrgenommene (Frage 5a)	261
3.1.5.2	Darstellung der Gedanken und Assoziationen, die beim Betrachten des Bildes aufkommen (Frage 5b)	268
3.1.6	Ergebnisse zu Frage 6: Antizipierte Meinungen Nichtbehinderter über Behinderte	276
3.1.6.1	Darstellung allgemeiner antizipierter Meinungen Nichtbehinderter über Menschen mit einer Körperbehinderung (Frage 6a)	276
3.1.6.2	Darstellung antizipierter positiver Meinungen Nichtbehinderter über Menschen mit einer Körperbehinderung (Frage 6b)	279
3.1.6.3	Darstellung antizipierter negativer Meinungen Nichtbehinderter über Menschen mit einer Körperbehinderung (Frage 6c)	281
3.1.6.4	Gesamtdarstellung der wichtigsten Ergebnisse (Frage 6a-c)	284
3.1.7	Ergebnisse zu Frage 7: Bewertung von abwertenden Meinungen über behinderte Menschen	285
3.1.7.1	Darstellung von Spontanaussagen (Frage 7a)	285
3.1.7.2	Ergebnisse statistischer Verrechnungen zu Frage 7a: Auswertung des Fragebogens zur Bewertung der Meinungen nichtbehinderter Menschen über Menschen mit sichtbaren Einschränkungen der Bewegung	290
3.1.7.3	Ergebnisse statistischer Verrechnungen (Frage 7b): Auswertung der Ergebnisse zu den emotionalen und kognitiven Bewertungen der in Frage 7a vorgelegten Meinungen	293
3.1.7.4	Zusammenfassung der wichtigsten Ergebnisse (Frage 7a+b)	296
3.1.8	Ergebnisse zu Frage 8: Mögliche Gründe für Interaktions- und Kommunikationsprobleme	298
3.1.8.1	Darstellung der Gründe	298
3.1.8.2	Zusammenfassung der wichtigsten Ergebnisse zu Frage 8	299

3.1.9	Ergebnisse zu Frage 9: Momentane Sorgen im Leben der befragten Personen	302
3.1.9.1	Darstellung der Spontanaussagen (Frage 9a)	302
3.1.9.2	Ergebnisse statistischer Verrechnungen (Frage 9b): Auswertung des Fragebogens bezüglich der momentanen Sorgen	305
3.1.10	Ergebnisse zu Frage 10: Zusammenhang von Diskriminierungen und sichtbare Schwere der Behinderung	317
3.1.10.1	Darstellung der Aussagen auf die vorgelegte Äußerung einer befragten Frau (Frage 10a)	317
3.1.10.2	Darstellung und Auswertung der Ansichten darüber, welche Menschen mit Behinderung besonders stark/weniger stark/fast nicht betroffen sind (Frage 10b)	319
3.1.10.3	Zusammenfassung der wichtigsten Ergebnisse (Frage 10a+b)	324
3.1.11	Ergebnisse zu Frage 11: Möglichkeiten zum Abbau von Kommunikations- und Interaktionsproblemen	324
3.1.11.1	Darstellung genannter allgemeiner Möglichkeiten zum Abbau von Kommunikations- und Interaktionsproblemen (Frage 11a)	325
3.1.11.2	Darstellung genannter Möglichkeiten von nicht behinderten Menschen zum Abbau von Kommunikations- und Interaktionsproblemen (Frage 11b)	327
3.1.11.3	Darstellung genannter Möglichkeiten von Menschen mit Behinderung zum Abbau von Kommunikations- und Interaktionsproblemen (Frage 11c)	331
3.1.11.4	Zusammenfassung der wichtigsten Ergebnisse (Frage 11a-c)	336
3.1.12	Ergebnisse zu Frage 12: Wünsche für die weitere Zukunft	338
3.1.12.1	Darstellung der Spontanaussagen	338
3.1.12.2	Zusammenfassung der wichtigsten Ergebnisse	339
3.1.13	Ergebnisse zu Frage 13: Bewertung des Begriffes »Körperbehinderung«, Analyse und alternative Vorschläge	341
3.1.13.1	Darstellung der Bewertung des Begriffes »Körperbehinderung« (Frage 13a)	341
3.1.13.2	Darstellung konkreter Schwierigkeiten mit dem Begriff »Körperbehinderung« (Frage 13b)	342
3.1.13.3	Darstellung möglicher Alternativen zu den Begriffen »körperbehindert« bzw. »Körperbehinderung« (Frage13c)	344
3.1.13.4	Zusammenfassung der wichtigsten Ergebnisse (Frage 13a-c)	346
3.2	Zusammenfassung der Ergebnisse	347
3.3	Diskussion der Ergebnisse	351
3.3.1	Diskriminierung und Bewältigungsforschung	351
3.3.2	Reflexion körperbehinderter Menschen über das Verhältnis zwischen behinderten und nichtbehinderten Menschen	356

Inhalt

4	Ausblick	361
4.1	Zentrale Ergebnisse für die wissenschaftliche Forschung	361
4.1.1	Stellenwert für die wissenschaftliche Forschung	361
4.1.2	Gesellschaftliche Diskriminierung und Coping	363
4.2	Praktische Implikationen – Vorschläge für konkrete Maßnahmen	367
4.2.1	Maßnahmen der Kontaktaufnahme	368
4.2.2	Maßnahmen der Informationsvermittlung und Aufklärung	370
4.2.2.1	Mediale Formen	370
4.2.2.2	Unmittelbare Formen	373
4.2.3	Maßnahmen der Integration	376
4.2.4	Die Bedeutung der Stärkung des Selbstbewusstseins	378
III	Literaturverzeichnis	381

Einleitung

Problemaufriss und Überlegungen zum Stand der Forschung

Immer wieder liest und hört man, dass Menschen ihren Urlaub dadurch geschmälert erleben, weil auch Behinderte im gleichen Hotel ihre Ferien verbringen: Gerichte entschieden dann beispielsweise auf Rückzahlung von Anteilen der Reisekosten entsprechend der Minderung der Urlaubsqualität (vgl. das »Flensburger Urteil«; Begemann 1994, 14). 1971 verweigerte der Besitzer eines Hotels an der Adria Contergankindern mit ihren Eltern die vorher zugesagte Unterkunft. Begründung: Es waren Buchungen rückgängig gemacht worden, weil man »den Anblick dieser Kinder nicht ertragen konnte« (Der Stern 1971, Nr.38; zit. in Cloerkes 1979, 435). Der Hotelier fürchtete, dass sein Haus aufgrund der sozialen Reaktionen von nichtbehinderten Gästen seinen bislang »erstklassigen Ruf« verlieren könnte. Erinnert sei hier auch an die skandalöse Diskriminierung geistig behinderter Kinder, für die 1969 im niederbayerischen Aumühle ein Heim geplant war. Die erfolgreiche Vertreibung der »Idioten« wurde von den Bürgern mit Freibier gefeiert. Im Jahre 1971 wurde aus dem hessischen Treysa gemeldet, dass den Bewohnern eines Heimes für geistig behinderte Kinder grundsätzlich der Zugang zum örtlichen Schwimmbad verweigert wird (Die Zeit, Nr. 43, 1971).

In der Süddeutschen Zeitung war in der Ausgabe vom 10./11.04.1998, Seite 4, zu lesen:

»Eine Schande:
Bundesweit Empörung über Kölner Behinderten-Urteil.
Köln (dpa) – Massive Proteste, harte Kritik und eine Welle der Empörung hat das Behinderten-Urteil des Kölner Oberlandesgerichts (OLG) ausgelöst. Bundesweit verurteilten am Freitag Behinderten- und Sozialverbände, Parteien und Politiker die Kölner Entscheidung, mit der geistig behinderten Menschen für bestimmte Tageszeiten ein Redeverbot in ihrem Garten auferlegt wurde.

›Es ist eine Schande, wenn Gerichte behinderte Menschen wegsperren, weil sie sich anders artikulieren als Nichtbehinderte‹, sagte der Verbandsgeschäftsführer des Paritätischen Wohlfahrtsverbandes, Ulrich Schneider. Als ›Dokument schlimmer Intoleranz‹ kritisierten für die Bundestagsfraktion von Bündnis 90/Die Grünen Volker Beck und Andrea Fischer das Urteil.

Nach Ansicht des Erzbischofs von München und Freising, Kardinal Friedrich Wetter, spiegelt das Urteil ›eine besorgniserregende Mentalität, eine unterschwellige Behindertenfeindlichkeit‹ wider. Gerade Behinderte seien aber auf die unbedingte Solidarität der Gesellschaft angewiesen. Der Düsseldorfer Arbeits- und Sozialminister Axel Horstmann (SPD) zeigte sich bestürzt über das Urteil und ermutigte zugleich den Landschaftsverband Rheinland, die Entscheidung vom Bundesverfassungsgericht überprüfen zu lassen. Unterstützung erhielten die Betroffenen am Freitag auch von zahlreichen Nachbarn in Stockheim (Kreis Düren): Sie begannen mit einer Unterschriftenaktion zugunsten der sieben Behinderten.

Der 7. Senat des OLG hatte am Donnerstag entschieden, geistig Behinderte aus dem Kreis Düren dürften künftig im Frühling und Sommer nur noch zu bestimmten Uhrzeiten in ihrem Garten reden und ›unartikulierte Laute‹ ausstoßen. Der Landschaftsverband Rheinland in Köln, Träger der Behindertenwohngruppe, will nun vor das Bundesverfassungsgericht ziehen.«

Autobiographien behinderter Menschen (beispielsweise: Schott 1983; Eggli 1990; Saal 1980) verdeutlichen, dass behinderte Menschen von gesellschaftlichen Teilhabeprozessen in mehr oder minder subtiler Weise ausgeschlossen werden. Ergebnisse empirischer Studien aus der Sonderpädagogik, der Heilpädagogischen Psychologie und der Sozialpsychologie sprechen für die Richtigkeit dieser Annahme.

Nur an wenigen Stellen geben behinderte Menschen selbst Auskunft über die Wirkungen von gesellschaftlichen Diskriminationen. Erhard Schott, selbst körperbehindert, ist nach eigenen Aussagen an seiner Behinderung zerbrochen: »Wäre ich nicht körperbehindert gewesen: Ich wäre anders geworden. Hätte keiner über mich auf der Straße gelacht: Ich wäre anders geworden. Hätte mich ein Mädchen geliebt: Ich wäre anders geworden. So bin ich barbarisch und ungebildet geblieben, so habe ich im Leben keinen Halt finden können. So muß ich allem ein krampfhaftes Trotzdem entgegensetzen« (Schott 1983, Rückseite des Buches).

Einleitung

Darstellung von Forschungsdesideraten zur Fragestellung der vorliegenden wissenschaftlichen Studie

> *»Es soll mehr Umfragen dieser Art geben, wo ich mich als Behinderter artikulieren kann, wo meine Meinung gefragt ist.«*
> (Aussage aus einem Interview in der vorliegenden Studie)
>
> *»Finde ich gut, dass Behinderte an solchen Fragebogenaktionen teilnehmen.«*
> (Aussage aus einem Interview in der vorliegenden Studie)

1. Es besteht, wie schon erwähnt, ein erhebliches Forschungsdesiderat bezüglich der Frage, wie behinderte Menschen gesellschaftliche Reaktionen auf und über ihre Behinderungen erleben, diese wahrnehmen und in ihrem persönlichen Erleben und Verhalten verarbeiten.

Die bisher vorliegenden Forschungen innerhalb der Heil- und Sonderpädagogik und der Psychologie haben diese Problemstellungen nicht oder nur vereinzelt berücksichtigt, wobei vor allem persönlichen Aussagen aus der Sicht der Betroffenen (ideographische Forschungen) weitgehend fehlen. Gerade auf dieses Problem hat Küpfer (1984) aufmerksam gemacht: »Ich finde systematische Forschung in der Rehabilitationspsychologie unerlässlich, vermisse jedoch in hohem Maß den *ideographischen Anteil dieser Forschung*. Er wird kaum von den Betroffenen selbst ausgegangen, von ihren Alltäglichkeiten, ihren Wahrnehmungs- und Erlebnisweisen, die meines Erachtens eine reichhaltige Fundstelle für die Ableitung von realistischen Fragestellungen sind« (1984, 148). Damit eingeschlossen sind auch Vorschläge, die behinderte Menschen aus ihrer Situation persönlicher Betroffenheit für eine Normalisierung der Beziehungen zwischen behinderten und nichtbehinderten Menschen einbringen können.

2. Küpfer (1984) hat darauf hingewiesen, dass bei der Auseinandersetzung mit der eigenen Körperbehinderung zwei Ebenen des Erlebens auffallen: die individuelle Ebene und die soziale Ebene. Auf der sozialen Ebene erlebt sich der behinderte Mensch in der Beziehung zu den anderen Menschen: Von außen kommende negative Bewertungen und defektive Stigmatisierungen machen es dem behinderten Menschen schwer, wenn nicht oft unmöglich, in sozialen Rollen ausreichend Anteile seiner persönlichen *Identität* einzubringen.

Auch Thimm & Wieland (1986) heben besonders die Gefährdung der *Identitätsentwicklung* von körperbehinderten Menschen durch negative Bewertungen und Stigmatisierungen hervor, wenn sie schreiben:

»Eine körperliche Schädigung stellt eine Abweichung von Normvorstellungen dar. Als solche wird sie überwiegend negativ bewertet und der körperbehinderte Mensch defektiv stigmatisiert. Das heißt, über die körperliche Abweichung hinaus, werden dem Körpergeschädigten im eigentlichen Prozeß der Stigmatisierung auch noch weitere negative Eigenschaften zugeschrieben. In sozialen Interaktionssituationen tritt die körperliche Abweichung in den Vordergrund; der Körperbehinderte wird vorwiegend über seinen körperlichen Defekt hin definiert und nicht über die Individualität seiner Person. Angesichts solch ›stigmatisierender Verhaltenserwartungen‹ wird es dem Menschen mit einer Körperbehinderung schwer, wenn nicht oft unmöglich, »in sozialen Rollen ausreichend Anteile seiner persönlichen Identität einzubringen« (1983, 441).

Ohne auf den Zusammenhang zwischen personaler und sozialer Identität an dieser Stelle näher einzugehen, kann gemutmaßt werden, dass vor allem negativ gefärbte Meinungen und Reaktionen von Seiten der Gesellschaft den behinderten Menschen in der Entfaltung seiner Persönlichkeit und seiner Daseinsgestaltung, in seinem persönlichen Erleben und Verhalten nachhaltig beeinträchtigen *können*, nicht aber zwangsläufig auch *müssen*. D. h.: Es ist zu prüfen, wann und unter welchen spezifischen Bedingungen als vom behinderten Menschen erfahrene Erlebnisse in der Begegnung mit nichtbehinderten Menschen oder gesellschaftlichen Institutionen als wirklich belastend oder aber auch als nichtbelastend erlebt werden.

Problemen im Zusammenhang der Bewältigung belastender Situationen haben sich in neuerer Zeit Psychologie und Medizin in Form der »*Copingforschung*« gewidmet (z. B. Verarbeitung von Krankheiten und chronischen Belastungen; vgl. u. a. Beutel 1988, Heim & Perrez 1994; Seiffge-Krenke u. a. 1996).

Allerdings habe ich an keiner Stelle in der Literatur einen Hinweis darauf gefunden, in dem wissenschaftlich fundiert darüber Auskunft gegeben wird, wie behinderte Menschen tatsächlich mit belastenden Ereignissen gesellschaftlicher Diskriminationen umgehen, welche Verarbeitungsstrategien sie einsetzen, um Probleme dieser Art möglichst erfolgreich zu bewältigen. Eine Beantwortung dieser Frage wäre nicht nur von wissenschaftlich-theoretischem Interesse, sondern würde auch dazu beitragen, den Komplex der Behinderungsverarbeitung dahingehend zu erhellen, behinderten Menschen Empfehlungen darüber zu geben, wie eine möglichst effektive und erfolgreiche Behinderungsverarbeitung aussehen könnte. Hackenberg (1992) stellt resümierend fest, dass diese Frage bisher noch nicht systematisch erforscht worden ist (1992, 98).

Vor allem im sonderpädagogischen Bereich werden in den letzen Jahren verstärkt Anstrengungen unternommen, gesellschaftliche Barrieren zwischen behinderten und nichtbehinderten Menschen abzubauen. Das »Normalisierungsprinzip« (Thimm 1990) ist zur Leitidee der Bemühungen geworden, allerdings, wie ich meine, mit folgendem großen Handicap: Vorschläge zum Abbau gesellschaftlicher Barrieren werden vorrangig von »Nichtbehinderten« gemacht, behinderte Menschen werden aber nur wenig in die Diskussion mit einbezogen (vgl. dazu auch Küpfer 1984).

Die Frage, was »Nichtbehinderte« von »Behinderten« lernen können, beantwortet Begemann (1994) dahingehend: »Sie müssen die Lebenssituation behinderter Mitmenschen und ihre Bedingungen kennenlernen. Dabei geht es nicht nur um Kenntnisse, sondern auch um Haltungen, Vorurteile, Antipathien, Verunsicherungen, Ängste, Verhaltensweisen und deren ursächliche Bedingungen« (1994,7).

In der vorliegenden Studie sollen behinderte Menschen, aus ihrer persönlichen Betroffenheit heraus, auch Antwort auf die Frage geben, wie und welche Vorschläge sie konkret zur Realisierung des »Normalisierungsprinzips« in die bestehende Diskussion miteinbringen können. Denn: Die deutsche Nationale Kommission für das Internationale Jahr der Behinderten 1981 formulierte nach dem Ende des Jahres in ihren Erfahrungen und Erkenntnissen u. a.: »Integration behinderter Menschen ist nur dort möglich, wo ihnen Gelegenheit geboten wird, an der Verbesserung ihrer eigenen Situation mitzuwirken« (zit. in Begemann 1994, 279).

Formulierung der Fragestellungen der Arbeit

Die vorliegende Arbeit soll Auskunft auf folgende Fragestellungen geben:
1. Welche Erfahrungen und Erlebnisse (negativer wie positiver Art) haben bzw. hatten körperbehinderte Menschen im Umgang mit nichtbehinderten Menschen und gesellschaftlichen Institutionen?
2. Wie werden diese Erfahrungen und Erlebnisse von den behinderten Menschen bewertet?
3. Gibt es spezifische Bedingungen und Situationen, die erlebte gesellschaftliche Diskriminierungen als besonders belastend oder weniger belastend erscheinen lassen?
4. Wie verarbeiten körperbehinderte Menschen belastende (oder auch positive) Erlebnisse, die im Umgang mit nichtbehinderten Menschen oder gesellschaftlichen Institutionen geschildert worden sind? Mit diesem Teilaspekt werden bestimmte Fragen aus der »Coping-Forschung« zu erhellen versucht.
5. Wer oder was hat den behinderten Menschen im Umgang mit belastenden Ereignissen geholfen?

Hier stellt sich vor allem die Frage nach dem »Sozialen Netzwerk«, in dem sich der behinderte Mensch befindet und die Frage des Stellenwertes von »Sozialer Unterstützung« bei der Lösung anstehender Probleme (Coping-Forschung: Stellenwert sozialer Unterstützung als Ressource im Bewältigungsprozess).

6. Welche Verarbeitungsstrategien werden gewählt, um die Folgen diskriminierender Erlebnisse zu bewältigen? Welcher Zusammenhang besteht zwischen der Wahl von Bewältigungsstrategien und bestimmten Dimensionen der Persönlichkeit? Was sind aus der Sicht der behinderten Menschen die effektivsten Verarbeitungsstrategien, um das Problem gesellschaftlicher Diskriminationen so zu bewältigen, dass eine Gefährdung des persönlichen Wohlbefindens minimiert werden kann? (Relevanz aus der Coping-Forschung: Wahl von Verarbeitungs- und Bewältigungsstrategien im Rahmen des Coping-Prozesses und Stellenwert von Persönlichkeitsvariablen als Ressourcen im Bewältigungsprozess).

7. Welche Erklärungsansätze und Vermutungen haben behinderte Menschen für die Tatsache, dass behinderte Menschen von nichtbehinderten Menschen oder gesellschaftlichen Institutionen diskriminiert werden?

Die Antworten zu diesem Fragekomplex könnten u. a. auch auf dem Hintergrund bestehender psychologischer Theorien zur Verursachung von behindertenspezifischen Diskriminierungen interpretiert bzw. Aussagen bestimmter psychologischer Theorien ggf. revidiert bzw. modifiziert werden (z. B.: Bestimmte Coping-Theorien, Attributionstheorien usw.).

8. Welche konkreten Vorstellungen und Vorschläge haben behinderte Menschen (im Sinne des »Normalisierungsprinzips«) zum Problem des Abbaus gesellschaftlicher Diskriminierungen und welche Vorschläge können sie behinderten, wie nichtbehinderten Menschen, für ein spannungsfreies, menschliches Miteinander machen?

Auf dem folgenden Schaubild (Abbildung 1: Themenbereiche der Untersuchung und zugeordnete Fragen) wird die thematische Struktur der Studie noch einmal zusammenfassend dargestellt, mit einer Auflistung der den thematischen Blöcken zugeordneten Fragen im Rahmen der empirischen Erhebung:

Einleitung

Zugehörige Fragen:
Frage 1: Spontane Äußerungen zu Zeitungsmeldungen (qualitativ)
Frage 1a: Was geht Ihnen im Augenbl. durch den Kopf (qualitativ)
Frage 1b: Was empfinden Sie (items, quantitativ)
Frage 7a, b: negatives Bild beurteilen
Frage 2 u. 2a: eigene Erlebnisse
Frage 3, 3a, 3b, 3c: Belastung
Frage 4: soz. Unterstützung
Frage 5: projektive Ergänzung durch Bild u. Assoziation
Frage 9: Sorgen, Stellenwert von Diskriminierung

Zugehörige Fragen:
Frage 7a, b: negatives Bild beurteilen
Frage 2 u. 2a: eigene Erlebnisse
Frage 3, 3a, 3b, 3c: Belastung
Frage 4: soz. Unterstützung
Frage 9: Sorgen, Stellenwert von Diskriminierung

Aus der Perspektive körperbeh. Menschen (idiographische Forschung)

Coping

Ziel:
1. Aus dem Munde körperbehinderter Menschen erfahren wie diese Diskriminierungen **wahrnehmen** und **bewerten**.

Ziel:
2. Auskunft erhalten wie Menschen mit Körperbehinderung mit diskriminierenden Erlebnissen **umgehen (aktional)**. Coping Forschung

Allg. Sozialpsychologie Soz.Perception

Ziel:
3. Wie sehen und bewerten körperbehinderte Menschen die Meinungen nichtbehinderter Menschen über behinderte Menschen? (Fremdbeurteilung)

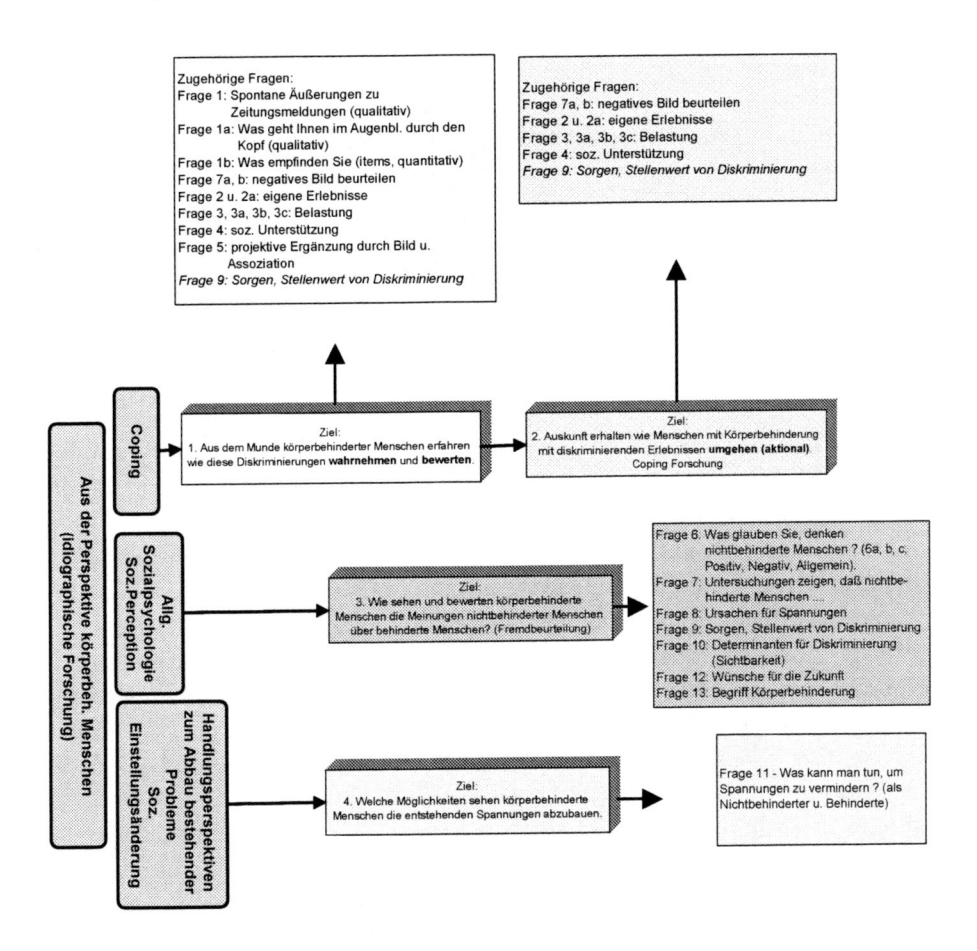

Frage 6: Was glauben Sie, denken nichtbehinderte Menschen ? (6a, b, c. Positiv, Negativ, Allgemein).
Frage 7: Untersuchungen zeigen, daß nichtbehinderte Menschen ....
Frage 8: Ursachen für Spannungen
Frage 9: Sorgen, Stellenwert von Diskriminierung
Frage 10: Determinanten für Diskriminierung (Sichtbarkeit)
Frage 12: Wünsche für die Zukunft
Frage 13: Begriff Körperbehinderung

Handlungsperspektiven zum Abbau bestehender Probleme Soz. Einstellungsänderung

Ziel:
4. Welche Möglichkeiten sehen körperbehinderte Menschen die entstehenden Spannungen abzubauen.

Frage 11 - Was kann man tun, um Spannungen zu vermindern ? (als Nichtbehinderter u. Behinderte)

Abb. 1: Themenbereiche der Untersuchung und zugeordnete Fragen

Gliederung der Arbeit

Im *theoretischen Teil* der Arbeit soll in einem *1. Punkt (Behinderung: Begriffliche Analysen)* der Begriff der Behinderung analysiert werden, wobei nach meiner Meinung die Merkmale von Behinderung in der Formulierung von Hensle (1988, 17) angemessen zum Ausdruck kommen: »Behinderung ist nicht durch die bloße Funktionsbeeinträchtigung bereits eine Behinderung, sondern erst durch die Erschwerung der gesellschaftlichen Partizipation, die diese mit sich bringt. Merkmale des Behinderten und Merkmale seiner Gesellschaft bewirken also erst gemeinsam das Phänomen der Behinderung«.

Der *zweite Abschnitt* des theoretischen Teiles ist überschrieben mit: »*Psychologie der Einstellungen*« und beinhaltet neben einer Analyse der Begriffe Einstellungen und Vorurteile vor allem Ausführungen zum Themenbereich »Diskriminierungen«.

Diskriminierungen können als »konative« Komponenten von Einstellungen und Vorurteilen betrachtet werden. Aus diesem Grund erfolgt zunächst eine kurze begriffliche Kennzeichnung von »Einstellungen« und »Vorurteilen«, danach folgen theoretische Erörterungen zu Begriff und Erscheinungsbild von Diskriminierungen. Weiter werden Beispiele aus der Literatur aufgeführt, aus denen hervorgehen soll, dass behinderte Menschen im Alltag mit einer schillernden Vielfalt von Diskriminierungen konfrontiert werden. Zum Schluss dieses zweiten Abschnittes werden Überlegungen angestellt, welche Folgen Diskriminierungen und Stigmatisierungen für ausgewählte Dimensionen des Erlebens und Verhaltens (z. B. Identität und Selbstwertgefühl) behinderter Menschen haben können. An dieser Stelle sei der Ausspruch eines Interviewteilnehmers der durchgeführten Studie angeführt: »Das, was ich da erlebt habe ... das ging schon an den Kern meines Selbstwertgefühles«. In der Literatur werden die Folgen gesellschaftlicher Diskriminierungen für behinderte Menschen nur am Rande dargestellt.

Die *Ausführungen in Abschnitt 3* sind nicht nur bedeutsam wegen ihres Bezuges zu sozialpsychologischen Fragen im Zusammenhang mit Körperbehinderungen, sie sind auch bedeutsam als Bezugspunkte für Antworten der befragten Personen im Hinblick darauf, was sie glauben, dass nichtbehinderte Menschen über körperbehinderte Menschen denken, warum die Beziehungen zwischen behinderten und körperbehinderten Menschen nicht »normal« sind und wie Einstellungsstrukturen zum Besseren hin verändert werden können (z. B. Fragen 6, 8, 9, 10, 12, 13 der Befragung). Es ist meine Intention, die Antworten der befragten Personen mit vorliegenden wissenschaftlichen Erkenntnissen zu vergleichen: Ein solcher Vergleich könnte möglicherweise Hinweise dafür geben, wie sehr die Thematik der Beziehungen behinderter zu nichtbehinderter Menschen behinderte Menschen beschäftigt.

Einleitung

Abschnitt 3 des theoretischen Teiles widmet sich zunächst der *Darstellungen ausgewählter empirischer Forschungsergebnisse* aus der Literatur, um aufzuzeigen, dass die Ergebnisse von vielen Jahren empirischer Forschung gezeigt haben, dass in der Gesellschaft mit dem Bild der Behinderung und des behinderten Menschen bestimmte, eher negativ getönte Meinungen und Einstellungsstrukturen verbunden werden. So fasst Bächthold beispielsweise ein wesentliches Ergebnis seiner Studie wie folgt zusammen: »Eine reale Lebenserschwerung droht Behinderten vielmehr durch soziale Isolierungsprozesse, die sich hinter einer Fassade vermeintlichen Wohlwollens und der Scheinakzeptanz verbergen. Wird dieser Schein durchbrochen, so kommt eine Wirklichkeit zutage, die auf der unmittelbaren Beziehungsebene nur sehr enge Perspektiven eines Kontaktes mit Behinderten als gleichwertigen Partnern eröffnet« (Bächthold 1981, 419).

Diesem Blick in die sonderpädagogische empirische Forschung schließt sich eine *Darstellung ausgewählter vielfältiger theoretischer Ansätze* an. In einem weiten *Spektrum von Theorien* versuchen Wissenschaftler, Interaktionsspannungen zwischen behinderten und nichtbehinderten Menschen zu erklären. In diesem Abschnitt soll deutlich gemacht werden, dass die Gründe für Diskriminierungen behinderter Menschen auf einer großen Vielfalt und Heterogenität psychologischer Erklärungsversuche basieren.

Mit dem Abschnitt »Determinanten der Entstehung von Einstellungen gegenüber behinderten Menschen und Möglichkeiten der Änderungen von Einstellungen« soll aufgezeigt werden, dass eine Verbesserung der Beziehungen zwischen behinderten und nichtbehinderten Menschen im Sinne des »Normalisierungsprinzips« nur über sehr vielfältige Wege und theoretische Überlegungen realisiert werden kann: Der »königliche« Weg als die »ideale« Lösung zu einem gleichberechtigten Miteinander behinderter und nichtbehinderter Menschen steht noch aus und ist nur in kleineren Schritten realisierbar. Das hängt nicht nur mit der Komplexität der psychologischen Hintergründe zusammen, mit denen Beziehungen zwischen behinderten und nichtbehinderten Menschen gekennzeichnet werden können, es hängt – wie schon erwähnt – auch damit zusammen, dass behinderte Menschen nur selten gefragt werden oder gefragt worden sind, wie aus ihrer Sicht heraus ein spannungsfreies Miteinander am effektivsten realisiert werden kann.

Abschnitt 4 des theoretischen Teils trägt die Überschrift: »*Das Konzept der Bewältigung*«.

Diskriminierungen erzeugen Stress, können sehr unangenehm, mit Wut, Ängsten, Selbstwertbedrohungen und Gefühlen der Hilflosigkeit gekoppelt sein. Die Folge ist, dass der Mensch danach strebt, mit Belastungen auf irgendeine Art und Weise fertig zu werden, Probleme im Zusammenhang mit

Diskriminierungen zu »bewältigen«. Diskriminierungen und das Konzept der Bewältigung stehen somit in einem engen Zusammenhang.

Zu Beginn der theoretischen Ausführungen zum Bewältigungskonzept sollen zunächst nach einigen Vorbemerkungen ausgewählte Quellen und Konzeptualisierungen der »modernen« Bewältigungsforschungen skizziert werden. Im Anschluss an eine daran anknüpfende Dokumentation der begrifflichen Vielfalt des Bewältigungsbegriffes soll das Bewältigungsmodell von Lazarus und Mitarbeitern ausführlicher dargestellt werden. Die Fokussierung in der Darstellung auf das Modell von Lazarus u. a. geschieht deshalb, weil dieses Modell am ehesten den theoretischen Hintergrund für die vorliegende Forschungsarbeit im Blick auf den Aspekt »Bewältigung von Diskriminierungen« bilden kann. Weiter sollen wichtige Forschungsprobleme, wie z. B. die Frage nach der Erfassung von Bewältigungsverhalten und die Frage des Stellenwertes von Bewältigungsressourcen erörtert werden. Am Ende des Abschnittes soll versucht werden, ausgewählte Fragestellungen der vorliegenden Studie in die wissenschaftliche Diskussion um das Bewältigungskonzept zu integrieren. Es soll betont werden, dass die Fülle der vorhandenen Informationen und die Komplexität der Thematik »Bewältigung« nur punktuell dargestellt werden kann und soll, und nur soweit, als Inhalte der Bewältigungsforschung für die Thematik der vorliegenden Arbeit von Bedeutung sein können.

Der *5. Abschnitt* des theoretischen Teiles beschäftigt sich mit der Thematik von Diskriminierungen als Bestandteile von *Autobiographien* behinderter (körperbehinderter) Menschen und ist deshalb überschrieben mit dem Titel: »Thematik »Diskriminierung« in ausgewählten Autobiographien behinderter Menschen«.

In diesem Abschnitt sollen körperbehinderte Menschen über ihre autobiographischen Aufzeichnungen selbst zu Wort kommen. Dabei soll der Versuch unternommen werden, einige vorliegende ausgewählte Autobiographien körperbehinderter Menschen exemplarisch vor allem im Blick auf nachstehende Fragen zu analysieren:

- Was berichten körperbehinderte Menschen über erlebte Diskriminierungen durch nichtbehinderte Menschen oder gesellschaftliche Institutionen?
- Welche Wirkungen haben diese Erlebnisse im Urteil und Erleben der behinderten Menschen hervorgerufen bzw. hinterlassen?
- Welche Strategien werden bezüglich der Bewältigung derartiger Erfahrungen angewendet?

Die *Abschnitte des II. Teiles* der Arbeit gelten der *Darstellung der empirischen Erhebungen* im Zusammenhang mit der durchgeführten wissenschaftlichen Studie.

Einleitung

Der empirische Teil der Arbeit beinhaltet Angaben zur Methode der Untersuchung, gibt Auskunft über die untersuchte Stichprobe, informiert über das »Procedere« der Untersuchung und stellt die Ergebnisse der Studie ausführlich dar.

Qualitative Sozialforschung soll in dieser Untersuchung durch die Methode des »Problemzentrierten Interviews« realisiert werden: Behinderte Menschen sind als »tatsächliche« Experten anzusehen, die auf Grund ihrer Betroffenheit Diskriminierungen beschreiben und in ihren Lebenszusammenhängen deuten können. Qualitativ erhobenes Datenmaterial wird durch quantitative Methoden (Fragebogenverfahren) ergänzt: Ein solcher Methodenpluralismus empfiehlt sich in der Forschung dann, wenn die Komplexität der Fragestellung dies erfordert.

In Abschnitt 1.3 des empirischen Teiles erfolgt eine ausführliche Beschreibung des verwendeten Messinstrumentes. Struktur und Inhalte des Messinstrumentes werden dann der besseren Übersicht wegen in einer zusammenfassenden graphischen Übersicht noch einmal verdeutlicht. Anmerkungen zur Auswertung des qualitativen Datenmaterials (exemplarisch aufgezeigt an Auswertungsbeispielen) runden die Darstellungen zur Methode ab.

Nach der Beschreibung der Untersuchung erfolgt die Darstellung der Ergebnisse, wobei folgende Vorgehensweise Verwendung findet:

Um die Übersicht zu gewährleisten, erfolgt die Darstellung der Ergebnisse entsprechend der Reihenfolge der Fragen, wie sie den befragten Personen in der Untersuchung vorgelegt wurden (Punkt: »Darstellung der Ergebnisse zu den Einzelfragen«).

Es wurde schon erwähnt, dass die Fragen thematisch unterschiedliche Aspekte beinhalten (vgl. auch Abbildung 1 in der Einleitung).

Eine Zusammenfassung der wichtigsten Ergebnisse geschieht unter Berücksichtigung der thematischen Blöcke: sozialpsychologische Aspekte, bewältigungsspezifische Aspekte und allgemeine behinderungsspezifische Aspekte. Sie ist bewusst in sehr knapper Form gehalten, um eine Redundanz zur der sehr ausführlichen Ergebnisdarstellung innerhalb der Einzelfragen zu vermeiden.

In dem dritten Abschnitt der Arbeit erfolgt eine Darstellung und auch schon Diskussion der Ergebnisse. Im »Ausblick« (4. Abschnitt) werden die zentralen Ergebnisse der Arbeit noch mal pointiert hervorgehoben und Implikationen für konkrete Maßnahmen in der Praxis erörtert.

Ohne Zweifel ist die Themenstellung der Arbeit sehr komplex, was sich teilweise schon bei der Durchführung der Studie, noch mehr aber bei der Auswertung des Datenmaterials der Studie, der Interpretation und der theoretischen Fundierung der wissenschaftlichen Grundlagen erwiesen hat. Aus diesem Grund war es an vielen Stellen der Arbeit unverzichtbar, wichtige Sachverhalte nur in der gebotenen Kürze darzustellen, was zwangsläufig den Aspekt reduktionistischen Vorgehens zur Folge hatte.

I Theoretischer Teil

1 Behinderung: Begriffliche Analysen

Der Begriff der »Behinderung« wird in der heil- und sonderpädagogischen Literatur weit gefasst und unter verschiedensten Blickwinkeln diskutiert. Es ist durchaus unterschiedlich, »welche begrifflichen Festlegungen eine Gesellschaft in ihren jeweiligen historischen sozioökonomischen Phasen jenen Mitgliedern zuschreibt, die sich körperlich, geistig oder seelisch von anderen Mitgliedern unterschieden« (Heiden 1996, 17).

Aus Gründen der Übersicht soll im Folgenden nur auf einige ausgewählte Aspekte der Diskussion um die terminologische Festlegung des Begriffes »Behinderung« eingegangen werden.

Die Weltgesundheitsorganisation (WHO) hat 1980 mit einem dreistufigen Modell der Schädigungen, Fähigkeitsstörungen und Beeinträchtigungen (ICIDH) einen internationalen Definitionsstandard gesetzt, der auf die Kritik am bis dahin vorherrschenden, rein medizinischen Erklärungsansatz von Behinderung reagiert hat. In den Ausführungen der WHO wird unterschieden zwischen »impairment« (Schädigung), daraus folgender »disability« (Funktionsbeeinträchtigung, Behinderung) und dem sich daraus ergebenden »handicap« (soziale Beeinträchtigung) (vgl. Heiden 1996, 18).

Diese drei Komponenten des Begriffes »Behinderung« sollen kurz näher erläutert werden (vgl. auch Cloerkes 1979, S. 9ff.; Tröster 1990, 20ff.):

- *Schädigung (impairment):* Hierunter ist jede Abweichung von der Norm, die sich in einer fehlerhaften Funktion, Struktur, Organisation oder Entwicklung des Ganzen oder einer seiner Anlagen, Systeme, Organe, Glieder oder von Teilen hiervon auswirkt, also die Schädigung des Organismus, zu verstehen.

- *Behinderung bzw. »Fähigkeitsstörung« (disability):* Hiermit ist der objektive, vom Arzt diagnostizierbare Funktionsverlust gemeint. Hierzu gehört jede *funktionale* Beeinträchtigung, die ein Individuum im Vergleich zu nichtbehinderten Individuen seines Alters, Geschlechts und des gleichen Kulturkreises erfährt. Sie beschreibt die Aktivitäts- und Funktionseinschränkungen des Individuums im Sinne einer »Fähigkeitsstörung« als Folge der Schädigung.

- *Benachteiligung (handicap):* Bezeichnet die möglichen sozialen Folgen der Schädigung oder Behinderung und ist somit gesellschaftlich-kulturell bedingt. Sie bezeichnet die ungünstige Situation (*soziale* Beeinträchtigung), die ein hiervon betroffenes Individuum in seinen psychosozialen, körperlichen, beruflichen und gesellschaftlichen Aktivitäten erfährt. Die gesellschaftlichen Partizipationsmöglichkeiten der betroffenen Person werden eingeschränkt.

»Schädigung« und »Behinderung« beschreiben die Bedingungen auf der Seite des Individuums, während die dritte Komponente, die »Benachteiligung«, die soziale Bedingtheit der Folgen der Behinderung für die Betroffenen umfasst.

Mit Mühlum und Gödecker-Geenen (2003, 16) sollen die Konsequenzen einer »Krankheit« im weiteren Sinne (disease) in einem »Krankheitsfolgenmodell« entsprechend der ICIDH von 1980) »in folgender Systematik« zusammengefasst werden: »Krankheit oder angeborenes Leiden oder Verletzung (disease) führen zu einer Schädigung (impairment), mit daraus folgender funktioneller Einschränkung bzw. Fähigkeitsstörung (disability) und sozialer Beeinträchtigung (handicap), die sich als soziale Benachteiligung in unterschiedlichen Lebensbereichen auswirken kann« (ebd.).

An dieser Einteilung ist u. a. auch von Tröster (1988, 23) Kritik geübt worden. Seiner Ansicht nach wird zu wenig berücksichtigt bzw. pointiert hervorgehoben, dass »auch soziale Benachteiligungen, das heißt, die gesellschaftlich determinierten Reaktionen, ihrerseits zu dauerhaften Aktivitäts- und Funktionseinschränkungen der Betroffenen führen können«. Der Aspekt einer zu wenig klar herausgearbeiteten Wechselbeziehung zwischen funktionellen Beeinträchtigungen einerseits und sozialen Benachteiligungen andererseits wurde auch Ende 1993 in den »UNO-Rahmenbestimmungen für die Herstellung von Chancengleichheit für Behinderte« formuliert: »Einige Fachleute haben ihrer Besorgnis darüber Ausdruck gegeben, daß die in der Klassifikation enthaltene Definition des Begriffs ›soziale Beeinträchtigung‹ noch immer als zu medizinisch und zu sehr auf den einzelnen ausgerichtet angesehen werden kann und die Wechselbeziehung zwischen den gesellschaftlichen Bedingungen und Erwartungen und den Fähigkeiten des einzelnen vielleicht nicht genügend herausstellt« (zit. nach Heiden 1996, 20).

Nach dem 3. Bericht der Bundesregierung über »Die Lage der Behinderten und die Entwicklung der Rehabilitation« vom März 1994 gelten diejenigen Menschen im Sinne des Berichts als behindert, die von Auswirkungen einer nicht nur vorübergehenden Funktionsbeeinträchtigung betroffen sind, die auf einem regelwidrigen körperlichen, geistigen oder seelischen Zustand beruht.

Heiden (1996) bemerkt zu dieser begrifflichen Kennzeichnung: »Daß die sozialrechtliche Definition der Bundesrepublik trotz gegenteiliger Beteuerungen ebenfalls noch stark von diesem medizinischen Denken geprägt wird, geht eindeutig aus dem Wort ›regelwidrig‹ hervor, das in der Definition des 3. Berichtes und des geltenden Schwerbehindertengesetzes (in der Fassung von 1986) benutzt wird. [...] Das bedeutet im Klartext nicht anderes als: Die Tatsache, daß ich zum Beispiel nicht laufen kann und zum Ausgleich einen Rollstuhl nutzen muß, schränkt mich in meiner Eingliederungsfähigkeit ein, ist dafür verantwortlich, daß ich nicht in die Straßenbahn komme. Dies ist eine rein defektorientierte Betrachtungsweise. Behinderung und Eingliederungsfähigkeit werden als individuelles Schicksal und nicht als gesellschaftliches Problem definiert« (1986, 20).

Ausgehend von der Definition von »Behinderung«, wie sie im Aktionsplan der norwegischen Regierung zur Behindertenpolitik von 1994 formuliert wurde, greift Heiden (1996) dieses Beispiel noch einmal auf: »Behinderung ist die Diskrepanz zwischen den Fähigkeiten eines Individuums und den Funktionen, die ihm in der Gesellschaft abverlangt werden. Diese bezieht sich auf alle Gebiete, die wesentlich für die Selbstbestimmung und ein Leben in der Gemeinschaft sind« (zit. nach Heiden 1996, 20f.). Dementsprechend hebt der Autor hervor: »Aus dieser Definition folgt eine ganz andere Konsequenz als aus der deutschen: Die Tatsache, daß die Straßenbahn zu hohe Stufen hat, schränkt meine Fähigkeit zur Eingliederung in die Gesellschaft ein, die Straßenbahn muß also zugänglich gemacht werden. Konsequent geht dieser Aktionsplan denn auch in der Umsetzung der Definition daran, die noch vorhandenen Barrieren in der Gesellschaft Stück um Stück abzubauen«.

In der Meinung des Forums behinderter JuristInnen in der BRD (vgl. Heiden 1996, 21) sind behinderte Menschen Individuen mit körperlichen, geistigen und seelischen Beeinträchtigungen, denen aufgrund von nicht entwickelten gesellschaftlichen Strukturen Entfaltungsmöglichkeiten genommen werden. Hier wird Behinderung konsequenterweise unter der Hervorhebung der Wechselwirkung zwischen funktionellen und sozialen Komponenten neu bzw. umdefiniert: »Eine Behinderung ist jede Maßnahme, Struktur oder Verhaltensweise, die Menschen mit Beeinträchtigungen Lebensmöglichkeiten nimmt, beschränkt oder erschwert« (zit. nach Heiden 1996, 21).

»Behindert *ist* man also nicht, behindert *wird* man: durch die ›Gesellschaft der Behinderer‹« (Heiden 1997, 15), oder – wie Hensle und Vernooij (2000) – in Anlehnung an Bärsch (1973, 7) formulieren: »Behinderung ist nicht durch die bloße Funktionsbeeinträchtigung bereits eine Behinderung, sondern erst durch die Erschwerung der gesellschaftlichen Partizipation, die diese mit sich bringt. Merkmale des Behinderten und Merkmale seiner Gesellschaft bewirken also erst gemeinsam das Phänomen der Behinderung« (2000, 11).

Unter dem Aspekt der Hervorhebung einer *interaktionistischen* Sichtweise zwischen behinderten Menschen und ihrer sozialen Umwelt soll abschließend die Definition von Cloerkes (1997) angeführt werden, weil diese sich u. a. auch an Kriterien der Einstellungsforschung orientiert und deshalb für vorliegende Arbeit von Bedeutung ist:

»Eine Behinderung ist eine dauerhafte und sichtbare Abweichung im körperlichen, geistigen oder seelischem Bereich, der allgemein ein entscheidend negativer Wert zugeschrieben wird.

Das Kriterium ›Dauerhaftigkeit‹ unterscheidet Behinderung zwar von Krankheit als vorübergehenden Prozess, nicht jedoch von chronischer Krankheit, weshalb auch die Unterscheidung zwischen Behinderung und chronischer Krankheit manchmal schwierig ist, z. B. bei DMD (progressiver Muskeldystrophie vom Typ Duchenne). ›Sichtbarkeit‹ ist im weitesten Sinne das ›Wissen‹ anderer Menschen um die Abweichung.

Ein Mensch ist behindert, wenn erstens eine unerwünschte Abweichung von wie auch immer definierten Erwartungen vorliegt und wenn zweitens deshalb die soziale Reaktion auf ihn negativ ist« (Cloerkes 1997, 6).

Behinderung nach ICF

Die ICF (International Classifikation of Functioning, Disability and Health) ist die Nachfolgerin ICIDH von 1980. Sie wurde – »nach siebenjähriger Diskussion und Erprobung unter Beteiligung von 65 Ländern« (Lindmeier 2002, 413) – von der 54. Vollversammlung der WHO im Mai 2001 verabschiedet. Besonders folgende zwei Weiterentwicklungen sind gegenüber der ICIDH von 1980 herauszustellen: Zum einen verschiebt sich die Perspektive der Betrachtung »von der Fähigkeitsstörung zur Aktivität und von der Beeinträchtigung oder Benachteiligung zur sozialen Teilhabe« (Mühlum/Gödecker/Geenen 2003, 16). Zum zweiten wurde das bio-psycho-soziale Modell, das bereits der ICIDH unterlag, mit der ICF erheblich erweitert und damit der Lebenswirklichkeit Betroffener besser angepasst. Insbesondere wird nun der gesamte Lebenshintergrund der Betroffenen (Kontextfaktoren: Umweltfaktoren, personenbezogene Faktoren) berücksichtigt, der für die Entstehung und Bewältigung gesundheitlicher Probleme und ihrer Auswirkungen auf die Aktivitätspotenziale und Partizipationsmöglichkeiten der Betroffenen bedeutsam ist. »Die ICF ermöglicht so, das positive und negative Funktions- und Strukturbild (Organismus), Leistungsbild (Aktivitäten) und Teilhabebild (Partizipation) samt Umfeldfaktoren zu beschreiben. Nach den Maßgaben der ICF gilt eine Person als ›funktional gesund‹, wenn – vor dem Hintergrund ihrer Kontextfaktoren – sie ihr Dasein in allen Lebensbereichen, die ihr wichtig sind, in der Weise und dem Umfang entfalten kann, wie es von einem Menschen ohne gesundheitsbedingte Beeinträchtigung der Körperfunktionen oder -strukturen oder der Aktivitäten erwartet wird (Konzept der Partizipation (Teilhabe) an Lebensbereichen) (vgl. Schuntermann 2002; Deutsches Institut für medizinische Dokumentation und Information DIMID 2002).

Die dynamischen Interaktionen zwischen dem Gesundheitsproblem (Krankheiten, Gesundheitsstörungen, Verletzungen, Traumata usw.), den Körperfunktionen und -strukturen, Aktivitätspotenzialen, Partizipations- bzw. Teilhabemöglichkeiten und den Kontextfaktoren verdeutlicht folgende schematische Darstellung (Abb. 2):

```
                    Gesundheitsproblem
              (Gesundheitsstörung oder Krankheit)
         ┌──────────────────┼──────────────────┐
         ▼                  ▼                  ▼
  Körperfunktionen  ◄───► Aktivitäten ◄───►  Partizipation
   und -strukturen                            (Teilhabe)
         ▲                  ▲                  ▲
         └──────────────────┼──────────────────┘
                            │
         ▼                                     ▼
      Umwelt-                           personenbezogene
      faktoren                               Faktoren
```

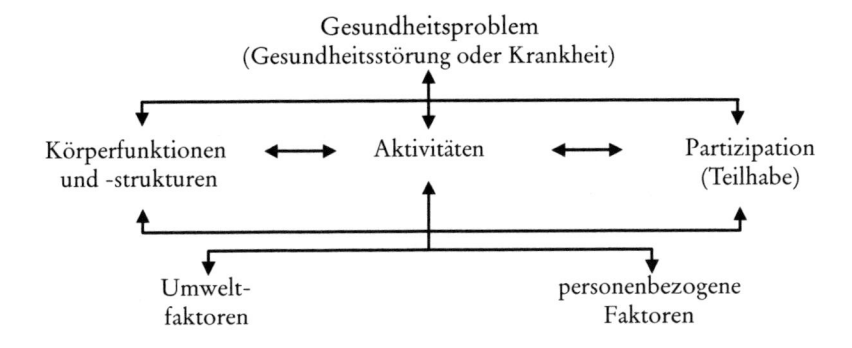

Abb. 2: Wechselwirkungen zwischen den Komponenten der ICF
(nach Lindmeier 2002, 418)

Die mehrdimensionale Sichtweise von Behinderung, wie sie in der ICIDH angelegt und in der ICF weiterentwickelt worden ist, hat für den thematischen Kontext dieser Arbeit eine hohe Bedeutung. Wie noch später ausgeführt wird, führen Diskriminierungen zu sozialen Beeinträchtigungen für den behinderten Menschen, in der Terminologie der ICF formuliert: zu Beeinträchtigungen in der Partizipation. Wie betroffene Menschen z. B. mit sichtbaren Körperschädigungen Diskriminierungen und Partizipationserschwerungen wahrnehmen und damit umgehen und wie sie diese zu bewältigen versuchen, steht in einem engen Zusammenhang sowohl mit umfeld- und personenbezogenen Faktoren (z. B. sozialen und individuellen Ressourcen).

Zum Begriff der »*Körperbehinderung*« existieren zahlreiche unterschiedliche Definitionen.

Cloerkes (1979) zählt in Anlehnung an die angloamerikanische Terminologie zu der Gruppe der Körperbehinderten neben Personen, deren Bewegungsfreiheit beeinträchtigt ist, auch Personen mit Gesichtsentstellungen, Blinde, Sehgeschädigte, Taube, Hörgeschädigte und Sprachbehinderte. Er definiert Körperbehinderung als »eine dauerhafte und sichtbare Abweichung im Körperlichen, der wir allgemein einen ausgeprägt negativen Wert zuschreiben« (Cloerkes 1979, 14).

Jetter (1975) versteht unter Körperbehinderung eine »dauernde, überwindbare oder überwundene Beeinträchtigung der Bewegungsfähigkeit mit anhaltenden, erheblichen Auswirkungen auf die kognitiven, emotionalen und sozialen Vollzüge infolge einer Schädigung des Stütz- und Bewegungsapparates oder einer anderen organischen Schädigung« (Jetter 1975, 108). Dabei ersetzt er den Begriff der Bewegungsbeeinträchtigung durch den der motorischen Defizienz und unterscheidet hierbei zwei Arten:

- *Konstitutionelle motorische Defizienz:* Sie umfasst Schädigungen des Stütz- und Bewegungsapparates, bei denen die Funktion der Bewegungsorgane im Rahmen der anatomischen Möglichkeiten erhalten ist. Hierzu zählen vor allem Fehlbildungen der Gliedmaßen sowie Schädigungen der Muskulatur und des Skelettsystems.
- *Funktionelle motorische Defizienz:* Der anatomische Bau des Stütz- und Bewegungsapparates ist primär nicht betroffen. Da im weiteren Sinne das Zentralnervensystem geschädigt ist, wird die Ausführung und Kontrolle normaler Bewegungsmuster eingeschränkt oder verhindert.

Für die dieser Arbeit zugrunde liegende Fragestellung scheint mir die folgende Definition von Schönberger am besten geeignet zu sein, da sie auch psycho-soziale Aspekte der Behinderung angemessen berücksichtigt:

»Körperbehindert ist, wer infolge einer Schädigung der Stütz- und Bewegungsorgane in seiner Daseinsgestaltung so stark beeinträchtigt ist, daß er jene Verhaltensweisen, die von Mitgliedern seiner wichtigsten Bezugsgruppen in der Regel erwartet werden, nicht oder nur unter außergewöhnlichen individuellen und sozialen Bedingungen erlernen bzw. zeigen kann und daher zu einer langfristigen schädigungsspezifisch-individuellen Interpretation wichtiger sozialer Rollen finden muß« (Schönberger 1974, 209).

Leyendecker (2000) definiert Körperbehinderung – »auf die wesentliche Kürze begrifflicher Eingrenzung« (2000, 22) – wie folgt:

»Als körperbehindert wird eine Person bezeichnet, die infolge einer Schädigung des Stütz- und Bewegungssystems, einer anderen organischen Schädigung oder einer chronischen Krankheit so in ihren Verhaltensmöglichkeiten beeinträchtigt ist, daß die Selbstverwirklichung in sozialer Interaktion erschwert ist«.

Formen und Ursachen von Körperbehinderungen

Nach Leyendecker (2000, 23ff.; vgl. auch Stadler 1999, 160ff.) lassen sich Körperbehinderungen nach ihren Ursachen in drei große Gruppen klassifizieren.
a) Die häufigste Körperbehinderung besteht in einer *Schädigung der zentralen bewegungssteuernden Systeme des Gehirns oder des Rückenmarks,*

wobei die cerebralen Bewegungsstörungen die größte Gruppe bilden. Cerebrale Bewegungsstörungen sind die Folge einer angeborenen oder frühkindlichen Hirnschädigung in der prä-, peri-, und postnatalen Phase. Diese können »obligat zu motorischen Ausfallserscheinungen führen« (Schmid nach Jetter 1975, 112), die ersichtlich werden in einer abnormen Koordination der Muskelaktionen und einem abnormen, d. h. zu hohen, zu niedrigen oder wechselndem Muskeltonus. Das Ausmaß und die Art der Bewegungsbeeinträchtigung hängen von der Schwere und der Lokalisation der Schädigung ab. Zu den häufigsten Formen der infantilen Cerebralparese zählen Spastik (erhöhter Muskeltonus), Athetose (wechselnder Muskeltonus) und Ataxie (erniedrigter Muskueltonus).

Viele Personen mit cerebralen Bewegungsstörungen sind mehrfachbehindert durch Seh- und Hörstörungen, Sprech- (und auch Sprach)störungen (insbesondere Dysarthrie) und durch kognitive Beeinträchtigungen.

b) Bei einer weiteren Gruppe körperlicher Behinderungen liegt eine *Schädigung der Muskulatur oder des Skelettsystems* vor. Bei progressiven Muskeldystrophien oder und Muskelatrophien wird das Muskelgewebe fortschreitend bis zur Funktionsunfähigkeit abgebaut (wobei die progressive Muskeldystrophie vom Typ Duchenne im Kindes- und Jugendalter besonders häufig auftritt). Schädigungen des Knochengerüstes zeigen sich z. B. in Fehlstellungen oder Versteifungen der Gelenke oder in Skoliosen (Schiefwuchs).

c) Zu Körperbehinderungen werden weiter alle Einschränkungen der Bewegungsfähigkeit gezählt, die mittelbar auf eine *chronische Krankheit oder Fehlfunktionen eines inneren Organs* zurückzuführen sind. Weitere Informationen über die medizinischen Ursachen, Klassifikationen und Erscheinungsbilder finden sich u. a. bei Leyendecker (2000) und Stadler (2000).

2 Psychologie der Einstellungen

Diskriminierungen können als die »konative« Komponente von Einstellungen und Vorurteilen betrachtet werden.

2.1 Einstellungen und Vorurteile

Einstellungen

Nach Krech, Crutchfield & Balley (1962) ist eine Einstellung »ein stabiles System von positiven oder negativen Bewertungen, gefühlsmäßigen Handlungen und Handlungstendenzen in bezug auf ein soziales Objekt« (1962, 177). Wie die meisten Einstellungstheoretiker (vgl. Cloerkes 1997, 76) gehen die Autoren davon aus, dass eine Einstellung aus drei Komponenten (kognitiv, affektiv, konativ) besteht, die im Einzelnen folgendermaßen beschrieben werden können:

a) »Die ›kognitive‹ oder ›Wissenskomponente‹ bezieht sich darauf, daß das Einstellungsobjekt in ganz spezifischer Weise wahrgenommen wird. Sie zeigt sich in den Vorstellungen, Überzeugungen und bewertenden Urteilen des Individuums gegenüber einem Einstellungsobjekt.

b) Die ›affektive‹ oder ›Gefühlskomponente‹ umschreibt den emotionalen Aspekt, die (positiven oder negativen) Gefühle und subjektiven Bewertungen des Individuums gegenüber einem Einstellungsobjekt.

c) Die ›konative‹ oder ›Handlungskomponente‹ hebt auf die Verhaltensintentionen oder Handlungstendenzen des Individuums gegenüber einem Einstellungsobjekt ab (Cloerkes 1979, 16).

Vorurteile

Vorurteile werden in der wissenschaftlichen Literatur sehr unterschiedlich beschrieben und definiert (vgl. z. B. Allport 1971; Ehrlich 1979; Estel 1983; Schäfer & Six 1978; Secord & Backman 1974 u. a.).

Auf die Vielfalt vorliegender Definitions- und Bestimmungsversuche soll nicht näher eingegangen werden. Es ist aber festzuhalten, dass viele der vorliegenden Definitionsversuche zwischen den Wissenschaftsdisziplinen Psychologie und Soziologie angesiedelt sind.

Eine relativ umfassende Definition, die auch als Arbeitsdefinition für die vorliegende Untersuchung herangezogen werden soll, ist diejenige von Horn (1969), demzufolge sind soziale Vorurteile »klischeehafte und stereotype, im allgemeinen im Verlauf des Sozialisationsprozesses erlernte, kulturbedingte und von den gesellschaftlichen und politischen Faktoren, aber auch von Persönlichkeitsmerkmalen ihrer Träger abhängige, durch rationale Beweisführung nur schwer oder gar nicht zu beeinflussende, von Emotionen der Sympathie und Antipathie getragene, meist positiv oder negativ akzentuierte, moralisch wertende Urteile, Meinungen und Ansichten über Menschengruppen bzw. -kategorien und die ihnen zugehörigen Personen« (1969, zit. in Schultheis 1976, 235) sind.

Barres (1978) zieht mit Blick auf die vielfältigen Definitionsversuche von »Vorurteil« den Schluss, »daß zumindest ausgeprägte Vorurteile nicht nur bloße Gewohnheiten, nicht nur einfache Klischeewiederholungen sind, sondern, daß Vorurteile auch bestimmte funktionelle Bedeutungen für das Individuum oder eine Gruppe haben können, d. h., daß Vorurteile auch unter einem Nutzens- und Mittelaspekt zu betrachten sind« (1978, 115).

In diesem Zusammenhang nennt er (1978, 155ff.) fünf Funktionen von Vorurteilen: die Orientierungs-, die Anpassungs- und die utilitaristische Funktion sowie die Selbstdarstellungs- und Selbstbehauptungsfunktion, mit denen er deutlich zu machen versucht, dass Vorurteile sehr wohl dazu dienen, die Welt des Menschen zu ordnen, leichter zu gestalten und vor allem den Umgang mit Minoritäten aus funktionalem Aspekten zu erklären.

2.2 Diskriminierungen

2.2.1 Begriffliche Klärungen

Am 15. November 1994 trat die neue Verfassung für das geeinte Deutschland in Kraft, in der in Artikel 3, Absatz 3 der Satz: »Niemand darf wegen seiner Behinderung benachteiligt werden« aufgenommen wurde.

Im Folgenden soll nun kurz auf eine Klärung der Begriffe »Benachteiligung« und »Diskriminierung« eingegangen werden.

Nach Knaurs Lexikon der sinnverwandten Wörter (zit. in Heiden 1996, 16) werden die Begriffspaare »Benachteiligung, Diskriminierung« synonym verwendet. Unter Diskriminierung versteht man laut Fremdwörterbuch »1. Herabsetzung, Herabwürdigung, 2. unterschiedliche Behandlung«.

Ausgehend von dem bereits skizzierten Begriff des »Vorurteils« liegt es nahe, »Diskriminierung« bzw. »diskriminierendes Verhalten« als eine mögliche konkrete Umsetzung von Vorurteilen zu verstehen. So definiert Levin »negative Gefühle, Überzeugungen und Handlungstendenzen oder diskriminierende Handlungen« (Levin 1972, zit. in Schäfer & Six 1978, 22) als zum Vorurteilsbegriff gehörig.

Nach Markefka (1995) wird »Diskriminierung [...] als Handlung verstanden, als eine registrierbare Folge individuellen Handelns, die eingetreten ist, *weil* Akteure andere Akteure aufgrund wahrgenommener sozialer oder ethnischer Merkmale als ungleiche bzw. minderwertige Partner angesehen und, im Vergleich zu den Angehörigen des eigenen Kollektivs, entsprechend abwertend behandelt haben« (Markefka 1995, 43).

Das Forum der behinderten JuristInnen hat den Begriff der »Diskriminierung« wie folgt gefasst:
»Eine Diskriminierung liegt vor, wenn Menschen wegen ihrer Beeinträchtigung in der Entfaltung ihrer Persönlichkeit, der gleichberechtigten Teilhabe am Leben der Gesellschaft oder in ihrer selbstbestimmten Lebensführung behindert oder benachteiligt werden« (zit. nach Heiden 1996, 17).

2.2.1 Formen von Diskriminierungen

Die Palette möglicher und denkbarer diskriminierender Verhaltensweisen ist breit gefächert, so dass die Frage nach Arten und Formen diskriminierenden Verhaltens kaum erschöpfend beantwortet werden kann. Grundsätzlich werden in der Literatur die Formen der *offenen* bzw. *direkten* Diskriminierung und die der *strukturellen* bzw. *indirekten* Diskriminierung unterschieden.

Der Kategorie der *offenen* bzw. *direkten* Diskriminierung werden z. B. Herabwürdigen, Ausgrenzen sowie Vorurteile zugeordnet, »die sich von Hänseleien und Verspottungen bis zu wüsten Beschimpfungen wie ›Du blöder Spasti!‹ oder ›Dich Krüppel nehme ich in meinem Bus nicht mit!‹ äußern können« (Heiden 1996, 16). Behinderte Menschen werden auch dann »herabgesetzt«, wenn ihnen der Zugang zu einem öffentlichen Schwimmbad verweigert wird, wenn sie ein Lokal nicht betreten dürfen oder wenn sie als behinderte Menschen tätlich angegriffen werden.

Strukturelle bzw. *indirekte* Diskriminierungen geschehen in einem versteckteren Rahmen und sind subtiler. »Da kann die Busfahrerin noch so freundlich sein: Wenn sie einen Bus mit hohen Stufen steuert, der Fahrgäste im Rollstuhl von der Beförderung ausschließt, so ist dieser Bus eine Form von Gewalt« (Heiden 1996, 16).

Ausdrücklich werden zu den indirekten Diskriminierungen auch *Unterlassungen* gezählt, wie es von der Juristin Theresia Degener in einem Kommentar zu den UN-Standardregeln festgestellt wird: »Das in den Regeln festgeschriebene Konzept der Gleichberechtigung lehnt nicht allein direkte und offene Formen von Diskriminierungen aufgrund einer Behinderung ab. Auch alle relativ subtilen Formen, die unter dem Ausdruck ›Verweigerung zumutbarer Anpassung‹ zusammengefasst werden können, fallen darunter. Das wohl bekannteste Beispiel für eine solche Haltung ist die Geschichte vom Schuldirektor, der behinderten Schülern den Zugang verweigert, indem er

Räumlichkeiten mit Absicht in einem baulich unzugänglichen Zustand belässt« (zit. nach Heiden 1996, 17).

Rose (1974) unterscheidet bei der Beschreibung von Arten von Diskriminierungen nach *verbalen* und *nonverbalen* Aspekten, wobei nonverbale Arten detaillierter als Verweigerungen und Segregationen sowie als Aggressionen und Gewaltaktionen konkretisiert werden.

Zusätzlich stellt er Formen der Diskriminierungen in folgender Kategorisierung zusammen:

1. »Verbale Beleidigungen in der Öffentlichkeit.
2. Mißachtung in Form der Segregation oder bloßen Kontaktmeidung. [...] ökonomischer Boykott und die Verweigerung des Zutritts zu Restaurants, Erholungsgebieten und anderen öffentlichen Einrichtungen. Neben diesen eher institutionellen Diskriminierungen treten dann die Formen der individuellen Diskriminierungen, wie z. B. keine Vermietung von Wohnungen, kein Verkauf von Grundstücken und Häusern, keine Beschäftigung oder nur gegen schlechtere Bezahlung, Erzeugung künstlicher Ghettos durch die Meidung von Wohnbezirken.
3. Diskriminierungen in Form der offenen Aggressionen, wie Lynchjustiz, Rassenunruhen mit Gewaltaktionen« (Rose 1974; zit. n. Schäfer & Six 1978, 227).

Neben der Aufteilung *verbal/nonverbal* können Diskriminierungen auch nach ihren Verursachern eingeteilt werden. Demnach gibt es »institutionelle« und »individuelle Diskriminierungen« (vgl. Schäfer & Six 1978).

Spätestens hier wird allerdings deutlich, dass es unbefriedigend und problematisch ist, eine objektive Systematik für diskriminierendes Verhalten ohne *situationsspezifische* Bestimmung zu entwickeln.

Markefka (1995, 62) unterscheidet diesbezüglich zwei Formen sozialen Handelns:

- abwertende Urteilsäußerungen (wie Schimpfnamen, Schmähnamen, Witze usw.) über andere Menschen und
- abwertende Behandlungen (Ungleichbehandlung, Benachteiligung usw.) anderer Menschen (in spezifischen Lebensbereichen wie Berufsleben, Rechtswesen usw.).

Schäfer & Six (1978, 231) weisen darauf hin, dass es illusionär wäre zu glauben, die Kenntnis der Ausprägung von Einstellungen und Vorurteilen wäre ausreichend, um eindeutig Verhalten in Form von Diskriminierungen vorauszusagen. Nach einer Analyse mehrerer empirischer Studien zu diesem Problem kommen die Autoren zu dem Schluss, dass der Zusammenhang zwischen Vorurteilen und diskriminierenden Verhaltensweisen nur bedingt gesehen werden kann und »sowohl soziostrukturelle, wie auch Situationsvariablen berücksichtigt werden müssen« (Schäfer & Six 1978, 245).

2.2.2 Gewalt hat viele Gesichter – Beispiele für Diskriminierungen im Alltag behinderter Menschen

Unter der Überschrift: »Deutschland im Herbst 1997: Gewalt hat viele Gesichter!« hat Arnade (1997) eine beeindruckende Dokumentation von Beispielen vorgelegt, die nachhaltig belegen:

»Menschenrechtsverletzungen der verschiedensten Art prägen den Alltag behinderter Menschen. [...] Gewalt gegen behinderte Menschen zeigt sich in einem weiten Spektrum: manchmal nur als ärgerliches Vorkommnis, meist als entmündigende Selbstbestimmung, und unter Umständen bedroht und vernichtet sie die Existenz der Betroffenen« (1997, 31).

Zur Veranschaulichung führt Arnade (1997, 29ff.) folgende Beispiele von Diskriminierungen gegenüber behinderten Menschen an:

Als eine rollstuhlfahrende Frau mit dem Zug von Köln nach Hannover fahren will, fehlt beim Intercity der Wagen mit der Behindertentoilette. Der Schaffner zuckt die Achseln. Die Frau schafft es, bis Hannover einzuhalten. Da es dort im Bahnhof aber nur eine Behindertentoilette für extrem schmale Rollstühle gibt, sitzt sie schließlich doch im Nassen.

Ein geistig behindertes Paar, das in einer Werkstatt für Behinderte arbeitet und in einem Wohnheim lebt, will heiraten. Der Standesbeamte lehnt dies ab.

Eine behinderte Frau bucht über Neckermann-Reisen einen 4-tägigen Urlaub an der Nordsee. Als sie anreist, lässt man sie nicht ins Hotel mit der Begründung, man wolle keine Behinderten.

Eine Gruppe körper- und geistigbehinderter junger Leute will in eine Disco in einem esoterischen Zentrum in Berlin. Dort kann man auf Auslegware barfuss tanzen. Die Gruppe wird nicht hereingelassen. Begründung: Die Rollstuhlreifen sind unhygienisch, und so viele Behinderte verbreiten ›bad vibrations‹.

Ein körperbehindertes Ehepaar will an einem Nachmittag im Hochsommer seinen Sohn ins Freibad begleiten. Sie werden nicht hereingelassen: ›Behindertenschwimmen ist morgens von 10.00 bis 12.00 Uhr‹, heißt es.

Eine allein erziehende behinderte Mutter bekam vom Sozialamt für ihr Auto eine Betriebsmittelpauschale von 82 Mark monatlich. Sie braucht das Auto, um ihr Kind täglich zum Kindergarten zu bringen. Das Geld wird ihr gestrichen, als sie die Berechtigung erhält, den örtlichen Fahrdienst zu benutzen. Dieser kann aber nicht ihre Bedürfnisse abdecken. Als sie sich an den zuständigen Behindertenbeauftragten wendet, bekommt sie zu hören: ›Das hätten Sie sich überlegen sollen, ehe sie sich ein Kind anschafften‹.

Ein nichtsprechender behinderter Mann kann mittels eines im Computer installierten Spracherkennungssystems kommunizieren. Also beantragte er die Kostenübernahme für dieses System bei der Krankenkasse. Der Antrag wird abgelehnt, der Mann legt Widerspruch ein. In einem Brief der Krankenkasse an den Medizinischen Dienst, der zur Beurteilung herangezogen wird, wirft die Krankenkasse die Frage auf, ob denn das Bedürfnis nach schriftlicher Kommunikation überhaupt ein Grundbedürfnis behinderter Menschen sei.

Ein sechsjähriger Junge aus Niedersachsen hat keine Zeit mehr zum Spielen: Eine integrative Beschulung wurde ihm verwehrt, so dass er die 20 Kilometer entfernte Sonderschule besuchen muss. Täglich ist er neun Stunden außer Haus und hinterher zu müde, um mit Freunden zu spielen.

Eine Rollstuhlfahrerin möchte sich den Film ›Das Leben ist eine Baustelle‹ ansehen. Im Kino ist aus ›versicherungsrechtlichen Gründen‹ niemand bereit, ihr über wenige Stufen ins Souterrain zu helfen. Eine Weile kämpft sie, dann verlässt sie frustriert das Kino. ›Das war sehr entwürdigend‹, sagt sie.

Zusammenfassend soll festgehalten werden:
1. Herabsetzung, Herabwürdigung und unterschiedliche Behandlung sind vorrangige Komponenten der Begriffsbestimmung »Diskriminierung«.
2. Dabei wird diskriminierendes Verhalten, ausgehend vom Drei-Komponentenmodell der Einstellung, hauptsächlich auf Handlungen bezogen, die aufgrund wahrgenommener Merkmale und vorgenommener Abwertungen zu Benachteiligungen führen. Es gibt eine Vielzahl von Belegen dafür, dass vor allem sichtbar behinderte Menschen von »Diskriminierungen« betroffen sind.
3. Die Erscheinungsformen von diskriminierenden Verhaltensweisen können sehr vielfältig sein. Es scheint schwierig, diese erschöpfend aufzulisten, wobei dennoch als konkrete Dimensionen genannt werden können:
   - offene (direkte) vs. versteckt-subtile (indirekte) Handlungen
   - verbale vs. nonverbale Handlungen (z. B. Rose 1974)
   - individuelle vs. institutionelle Handlungen (z. B. Schäfer & Six 1976).
4. Die Antwort auf die Frage nach den Lebensbereichen, in denen Diskriminierungen vorkommen, stellt noch einmal die Bedeutung des situativen Kontextes heraus, indem neben gesellschaftlichen Bereichen (Politik,

Recht, Arbeitswelt und gesellschaftliche Organisationen) alltägliche Situationen (auf der Straße, beim Einkauf, etc.) als besonders bedeutsam gesehen werden (vgl. Markefka 1995, 43).

5. Zu bedenken ist, dass eine exakte Vorhersage diskriminierender Verhaltensweisen aus negativen Einstellungen und Vorurteilen aufgrund vielfältiger Variablen, von denen die Durchführung benachteiligender Verhaltensmuster abhängt, nach dem bisherigen Stand der Einstellungsforschung wenig gesichert ist (vgl. Schäfer & Six 1978).

2.2.4 Überlegungen zu Folgen von Diskriminierungen und Stigmatisierungen für Identität und Selbstkonzept des Menschen

»... das ging schon an den Kern meines Selbstwertgefühles«
(Aussage aus einem Interview der durchgeführten Studie)

»Fällt das Urteil über einen Menschen ständig negativ oder verzerrt aus, macht er sich diese Meinung allmählich selbst zu Eigen. Wenn andere mir nichts zutrauen, keine Anforderungen an mich stellen, mich nicht mitspielen lassen oder zu ihren Partys einladen, wenn sie über mich lachen und ich ihre Verachtung spüre, wenn man von mir Verzicht verlangt oder mich einfach übersieht, dann stelle ich mich darauf ein« (Schott 1983, 111f.).
Dieses Zitat der körperbehinderten Ortrun Schott, ihrer Biographie »Verspottet: als Liliputaner, Zwerge, Clowns« (1983) entnommen, verdeutlicht auf anschauliche Weise, wie sehr Erleben und Verhalten eines behinderten Menschen von Diskriminierungen tangiert und beeinflusst werden können.
Im Folgenden soll gefragt und dargestellt werden, mit welchen psychologischen Sachverhalten und Annahmen die Wirkungen von Diskriminierungen erklärt und dargestellt werden. Bezug genommen wird hierbei vorrangig auf die Selbstkonzeptforschung und die der Selbstkonzeptforschung eng verwandte Identitätsforschung sowie auf die Annahmen und Erklärungen, die im Rahmen der Theorie der kognitiven Dissonanz von L. Festinger (1957) gemacht werden. Die folgende Darstellung eines in der Psychologie und Soziologie höchst bedeutsamen Forschungsgebietes muss im Rahmen dieses Abschnittes der Arbeit zwangsläufig fragmentarisch und verkürzt erfolgen.
Folgen, die sich für (behinderte) Menschen auf Grund erlebter Stigmatisierungen und Diskriminierungen ergeben können, lassen sich zusammenfassend nach Cloerkes (1997) auf drei Ebenen ansiedeln (die Ausführungen von Cloerkes werden zur Verdeutlichung durch Zitate aus den Interviews der vorliegenden Studie ergänzt):

a) »*Auf der Ebene gesellschaftlicher Teilhabe* droht (dem Individuum) Diskriminierung durch formellen oder informellen Verlust von bisher ausgeübten Rollen« (1997, 149). Daraus resultierende Konsequenzen sind Kontaktverlust, Isolation und Ausgliederung, wie es die nachfolgenden Auszüge aus den im Rahmen der Studie durchgeführten Interviews exemplarisch belegen:
»[...] in der Wirtschaft, da durfte ich nicht rein. Das war im Jahr der Behinderten. Mein Mann hat den Zigarettenautomat wegstellen wollen und gesagt: ›Da kommt ein Rollstuhlfahrer‹. Aber da kam ich gar nicht rein, er hat den Automaten nicht wegstellen dürfen.«
(Auszug aus einem durchgeführten Interview im Rahmen der vorliegenden Studie).

b) »*Auf der Ebene der Interaktionen* orientiert sich alles am Stigma, die Person und ihre Biographie wird in diesem Sinne regelrecht ›umdefiniert‹« (1997, 149). Folglich werden Interaktionen durch Spannungen, Verhaltensunsicherheiten, gespielte »Künstlichkeit« oder Angst erschwert oder gänzlich unmöglich gemacht:
»Es war im U-Bahn-Aufzug. Eine alte Frau stand da und wollte nicht mit in den Aufzug. Sie schaute bloß, das war mir unangenehm. ›Traut sie sich nicht oder will sie nicht?‹ [...] Als die Frau gesehen hat, daß ich reden kann, ist sie eingestiegen.«
(Auszug aus einem durchgeführten Interview im Rahmen der vorliegenden Studie).

c) *Auf der Ebene des Selbstkonzeptes bzw. der Selbstkonzeptentwicklung und der Identität bzw. der Identitätsentwicklung* drohen »erhebliche Gefährdungen und Probleme« (1997, 149; vgl. auch das oben angeführte Zitat von Ortrun Schott)
»... das ging schon an den Kern meines Selbstwertgefühles.« (Aussage aus einem durchgeführten Interview im Rahmen der vorliegenden Studie).

Diese zusammenfassenden Überlegungen von Cloerkes (1997) sollen durch die folgenden Ausführungen ergänzt werden.

Diskriminierungen stören das kognitive Gleichgewicht, erzeugen Dissonanzen (Theorie der kognitiven Dissonanz nach L. Festinger (1957)).

Menschen streben danach, Ordnung und »Konsonanz« in ihrem kognitiven System zu haben: Unordnung, Dissonanzen (belastende, mit unangenehmen Gefühlen verbundene Zustände) entstehen, wenn Menschen mit Meinungen über sich konfrontiert werden, die sie diskriminieren, als Menschen »zweiter Klasse« abstempeln (zu den folgenden Ausführungen: vgl. Six 2000, 195ff.).

Nach welchen Prinzipien organisieren und stabilisieren Menschen Informationen, die sie über sich selbst und ihre Umwelt haben? Eine Antwort auf diese Frage haben die kognitiven Konsistenztheorien zu geben versucht (z. B. Stahlberg & Frey, 1983). Die Theorie der kognitiven Dissonanz, die bekannteste Vertreterin dieser Theoriengruppe, geht wie alle Konsistenztheorien von der Grundannahme aus, dass Menschen bei der Aufnahme von Informationen in ihr kognitives System versuchen, Konsistenz zwischen den kognitiven Elementen zu erreichen und aufrechtzuerhalten. Kognitionen können in relevanter und irrelevanter Beziehung zueinander stehen. Relevant bedeutet, dass zwei Kognitionen inhaltlich etwas miteinander zu tun haben. Relevante Beziehungen wiederum können dissonant oder konsonant sein. Nach Festinger (1957), dem Begründer der Dissonanztheorie, besteht zwischen zwei kognitiven Elementen (z. B. Wahrnehmungen, Meinungen, Einstellungen, Wissenseinheiten) dann eine dissonante Beziehung, wenn ohne Berücksichtigung anderer Kognitionen aus dem einen Element das entgegengesetzte des anderen folgt: »These two elements are in a dissonant relationsship if, considering these, two alone, the obverse of one elernent would follow from the other« (Festinger, 1957, 13).

Dissonanz bedeutet für einen Menschen einen unangenehmen Zustand, der ihn dazu motiviert, diesen durch dissonanzreduzierende Maßnahmen zu beenden. Dazu bedient sich der Mensch eines Repertoires von Mechanismen (modern ausgedrückt: verschiedener Copingstrategien), die den psychologisch unangenehmen Zustand beenden sollen. Dies kann z. B. durch selektive Informationssuche, durch Umbewertung von Kognitionen, durch Hinzunahme entlastender oder Eliminierung belastender Kognitionen geschehen. Festingers vorgeschlagene Reduktionsmechanismen sind als »Copingstrategien« oder auch ggf. als »Identitätsregulierende Strategien« zu interpretieren, die dem gleichen Ziel dienen: Selbstwertbedrohende Situationen, Erfahrungen durch entsprechende Handlungen oder Denkvorgänge so neu zu »richten«, dass sie den Charakter der Bedrohung für das Selbstkonzept oder für die Identität eines Menschen verlieren.

Kognitive Dissonanz ist dann besonders unangenehm, wenn zentrale Kognitionen betroffen sind, die im Selbstkonzept eines Menschen verankert sind und bedroht werden. Dieser Fall trifft dann ein, wenn ein behinderter Mensch von der gesellschaftlichen Teilhabe ausgeschlossen (»in die Wirtschaft, da durfte ich nicht rein...«), oder in beleidigender Weise diskriminiert wird (»wenn's den Hitler heute noch gäbe, wärest du nicht mehr da!«).

Die Kognition »Ich halte mich für einen normalen Menschen« erhält mit dem in der Interaktion erworbenen Wissen »Der nichtbehinderte Mensch hält mich für einen Menschen zweiter Klasse« den Charakter der Unvereinbarkeit, der kognitiven Dissonanz, vor allem deswegen, weil das Selbstkonzept des Mensch in negativer Weise tangiert ist. Konfliktkonstellationen dieser Art erzeugen ein unangenehmes Gefühl und Angst, sind im Sinne von Lazarus (1995) als bedrohlich zu interpretieren mit und somit »coping-relevant«.

Diskriminierungen – Selbstkonzept – Selbstwertgefühl – Identität
Diskriminierungen und Aussagen aus der Selbstkonzeptforschung
Obwohl sich hinsichtlich der Definitionen der Begriffe »Selbstkonzept«, »Selbsteinschätzung«, »Selbstwertgefühl« in der Literatur keine Einmütigkeit feststellen lässt, kann mit Stahlberg, Grothe & Frey (1994, 149) festgehalten werden, dass jede der drei Komponenten »in erheblichem Maße [...] sozial bedingt ist«. Stahlberg, Osnabrügge & Frey (1985, 79, Fußnote) machen darauf aufmerksam, dass über alle Nuancen begrifflicher Differenzierungen in der Sozialpsychologie die drei genannten Begriffe wie folgt in der sozialpsychologischen Forschung rezipiert werden können:
Selbstkonzept ist definiert als die Summe aller Urteile einer Person über sich selbst (»Ich bin intelligent«). Selbsteinschätzungen sind die affektiven Beurteilungen dieser einzelnen Ansichten über die eigene Person, d. h. deren negative und positiven Bewertungen (»Es ist gut, dass ich intelligent bin«). Selbstwertgefühl ergibt sich aus der Summe der gewichteten Selbsteinschätzungen.
Frey & Benning (1983) weisen darauf hin, dass alle Arten von Informationen, die das Selbstkonzept einer Person tangieren, deren Selbstwertgefühl stabilisieren, erhöhen oder herabsetzen können.
Nach Stahlberg, Osnabrügge & Frey (1985, 79) kann entsprechend selbstwerttheoretischer Annahmen davon ausgegangen werden, dass Menschen grundsätzlich motiviert sind, ihr Selbstwertgefühl zu schützen bzw. zu erhöhen. Dieses Bedürfnis nach Selbstwertschutz und Selbstwerterhöhung ist umso stärker, je niedriger das akute Selbstwertgefühl einer Person, d. h. je geringer ihr Bedürfnis nach möglichst positiver Selbstbewertung erfüllt ist (vgl. auch Dauenheimer 1996; Dauenheimer 2000; Stahlberg 1988; Swann 1990).
Diskriminierungen können als Bedrohungen des Selbstwertgefühles eines Menschen betrachtet werden.
Filipp (1993, 131-139) spricht von internen Selbstmodellen und nicht vom Selbstkonzept; wobei interne Selbstmodelle und deren Einheiten als Endprodukte eines Informationsprozesses anzusehen sind. Filipp führt als Quellen für selbstbezogene Informationen folgende Zuweisungsformen an:
- direkte Prädikatszuweisung durch andere Personen
- indirekte Prädikatszuweisung durch andere Personen

- komparative Prädikats-Selbstzuweisung
- reflexive Prädikatszuweisung
- ideationale Prädikatszuweisung

Im Bezug auf das Problem: Selbstkonzepte, Urteile der Gesellschaft über behinderte Menschen und deren Wirkung für den behinderten Menschen scheinen mir vor allen die beiden erstgenannten Quellen von Bedeutung zu sein.

Schon Cooley (1902) behauptet, dass eine Person sich so sieht, wie sie glaubt, von anderen gesehen zu werden. Damit führt er das Konzept des »looking-glass-self« (zit. in Haußer 1995, 39) ein, indem er die Selbstwahrnehmung eines Individuums mit den Reflexionen eines Spiegels vergleicht. Einstellungen über die eigene Person werden laut Cooley durch Beobachtung der Wirkung auf Interaktionspartner gewonnen (vgl. auch weiter die Ausführungen von Frey & Schnabel 1999; 172ff. zu Handlungsstrategien im Zusammenhang der sozialen Interaktion vor dem Hintergrund der Hypothesentheorie der Wahrnehmung).

Selbstbezogene Einstellungen einer Person bilden sich demnach aus Informationen, die ein Individuum von der Umwelt erhält und verarbeitet. Nach Mead (1934) werden Kognitionen über das Selbst primär durch die Rollenpartner und durch das eigene Verhalten in den Rollen gebildet und beeinflusst. Sie sind abhängig von der sozialen Umwelt, in der eine Person aufwächst, von den Rollen, die sie übernimmt und von den Bezugsgruppen, mit denen sie agiert. Verschiedene experimentelle Studien lassen den Schluss zu, dass Personen Selbsteinschätzung danach vornehmen, wie sie sich im Vergleich zu dem jeweiligen Gegenüber beurteilen (vgl. Stahlberg, Grothe & Frey 1994, 680ff.).

Diskriminierungen und Identität

Goffman (1974), der innerhalb seiner Theorie »das Vorurteilsproblem mit Blick auf die von Vorurteilen Betroffenen analysiert« (Haeberlin & Niklaus 1978, 31), sieht das Individuum ebenfalls »durchweg sozial determiniert«.

Somit verfügt das Individuum neben einer *Persönlichen Identität*, die ihm aufgrund seiner biographischen Daten Einmaligkeit zuschreibt, zusätzlich über eine *Soziale Identität*, die als »Typisierung und Klassifizierung eines Menschen durch andere« (Goffman 1974, 9f.; zit. in Haußer 1995, 40) beschrieben werden kann, was sich gerade bei Menschen, »die in unerwünschter Weise anders sind« (Goffman 1967, 13) und demzufolge stigmatisiert werden, negativ auf deren Identität auswirken kann.

Eine inhaltliche Nähe und Vernetzung der beiden Kategorien »Identität« und »Selbstkonzept« lassen die Begriffsbestimmungen von Haußer (1995) erkennen:

»Identität läßt sich [...] bestimmen als die Einheit aus Selbstkonzept, Selbstwertgefühl und Kontrollüberzeugung eines Menschen, die er aus subjektiv bedeutsamen und betroffen machenden Erfahrungen über Selbstwahrnehmung, Selbstbewertung und personaler Kontrolle entwickelt und fortentwickelt und die ihn zur Verwirklichung von Selbstansprüchen, zur Realitätsüberprüfung und zur Selbstwertherstellung im Verhalten motivieren« (Haußer 1995, 66).

Im Falle erlebter Diskriminierungen kann beim behinderten Menschen angenommen werden:

»Identitätswidrige Erfahrungen können den Umkehrprozeß auslösen: die Spezifizierung von Selbstkonzept, Selbstwertgefühl und Kontrollüberzeugung. Bei diesen Prozessen des Aufbaus und der Differenzierung menschlicher Identität spielen Einfluß und Rückmeldung durch den sozialen Spiegel eine große Rolle« (Haußer 1995, 46).

»[...] Ich merke dann immer, wenn die Leute mich so anstarren, dass die mich ganz anders wahrnehmen als ich mich selber. Ich sehe das nur als ein Merkmal von mir. Ich glotze auch keine Leute an, die eine große Nase haben« (Aussage einer Interviewteilnehmerin im Rahmen der vorliegenden Studie)

Ständige Diskriminierungen von Menschen mit Behinderung, deren Selbstbild aufgrund der mitunter sichtbaren Einschränkung und daraus resultierender ständiger Vergleiche mit Nichtbehinderten bereits verändert sein kann, könnten nach Cloerkes (1997) dazu führen, dass sich diese Personen im Zuge ihrer Realitätsüberprüfung in ihrem negativen Selbstbild bestätigt sehen, was »unter Umständen (eine) fatale Gefährdung der Identität und der psychischen Integrität von Menschen« (Cloerkes 1997, 176) nach sich ziehen kann. Ähnlich formuliert Tröster (1990, 18): »Bestimmend für die Folgen für die Betroffenen ist nicht das Merkmal oder das Verhalten selbst, sondern die ihm durch den gesellschaftlichen Definitionsprozeß verliehene soziale Bedeutung, die im Alltag durch Verhaltenserwartungen und Verhaltensforderungen, die an Betroffene gestellt werden, durch die Zuschreibung ungünstiger Eigenschaften und durch diskriminierendes Verhalten ihnen gegenüber wirksam werden«.

In der Frage nach möglichen Folgen von Diskriminierungen für die Identität des Menschen nimmt die »Stigma-Identitäts-These« (vgl. Frey 1983) einen besonderen Stellenwert ein.

Nach Frey (1983) werden dem Individuum in der Interaktion mit anderen ständig Informationen über die eigene Person zugespielt.. Dies kann z. B. in Form von verbalen Äußerungen oder durch interaktive Verhaltensweisen (z. B. süffisantes Grinsen, unsicherer Blick, gespannte Körperhaltung) geschehen, woraus das Individuum Rückschlüsse über sich selbst zieht.

Indem nun eine Person Informationen darüber erhält, wie sie sich »*aus der Perspektive ihrer Umwelt definiert*« (Frey 1983. 47, zit. in: Cloerkes 1997, 161) und wie sie das Bild, das Interaktionspartner von ihr haben, selbst wahrnimmt, woraus ihrerseits »ein Bild von der Meinung anderer« (ebd., 162) entsteht, gelangt die Person innerhalb des internen Aspektes über das »vermutete Fremdbild« (ebd., 162) zu ihrem sozialen Selbst.

Von außen an das Individuum herangetragene Stigmatisierungen müssen nach Frey (1983) nicht zwangsläufig zu Änderungen der Identität und des Selbstbildes eines Menschen führen. Ob und inwieweit auf das Erlebnis einer Diskriminierung reagiert wird, hängt wiederum davon ab, welches Maß an Betroffenheit und subjektiver Bedeutsamkeit beim jeweiligen Individuum ausgelöst wird bzw. ob und wie sehr die stigmatisierte Person die Zuweisung auf sich selbst bezieht.

In der Abbildung 3 (S. 43) möchte versuchen, verschiedene Ebenen aufzuzeigen, auf denen sich die Konsequenzen erlebter Diskriminierungen manifestieren und auswirken können.

Zusammenfassung

Abschließend kann bezüglich der Folgen von Diskriminierungen und Stigmatisierungen für den betroffenen Menschen zusammenfassend festgehalten werden:

1. Die bisherigen Ausführungen machen deutlich, dass Selbstkonzept« und »Identität« von vielen angeführten Autoren (z. B. Haußer 1995) als in einer wechselseitigen Beziehung stehend angesehen werden, wobei der Beteiligung sozialer Interaktionen in der Ausprägung beider Variablen besondere Bedeutung beigemessen wird.
2. Selbstkonzept und Identität gestalten sich nicht nur unter dem Einfluss von individuellen Eindrücken und Erfahrungen eines Individuums, sondern sind vielmehr auch von Fremdbewertungen, -zuschreibungen und -erwartungen abhängig.
3. Stigmatisierungen und Diskriminierungen müssen nicht zwangsläufig zu einer »beschädigten Identität« führen. Erst wenn eine Situation bzw. Erfahrung Identitätsrelevanz gewinnt, d. h. wenn sie für das Individuum bedeutsam wird und dieses im Zuge der Stigmatisierung betroffen macht, kann es unter Umständen zu einer Bedrohung des Selbstkonzeptes und damit auch der Identität der Person kommen.

Psychologie der Einstellungen 43

```
┌─────────────────┐   ┌─────────────────┐   ┌─────────────────────┐
│ Verminderung der│   │  Erschwerung der│   │       Stress        │
│  Lebensqualität │   │ Daseinsgestaltung│   │     Belastung       │
│ z.B. am Arbeitsplatz│ │   (Thomae 1956)  │   │    Bewältigung     │
└─────────────────┘   └─────────────────┘   │ Bedrohung des emotionalen│
                                            │    Equilibriums     │
                                            │ Ertragen von Gefühlen wie│
                                            │ Angst, Ärger und weiterer aus│
                                            │    den Belastungen  │
                                            │ resultierenden Emotionen│
                                            └─────────────────────┘

┌─────────────────┐   ┌─────────────────┐
│    Einfluß auf  │   │ DISKRIMINERUNGEN│
│       die       │   │     Verbal      │
│ Identitätsentwicklung│ │    Nonverbal    │
└─────────────────┘   │    Handelnd     │   ┌─────────────────────┐
                      └─────────────────┘   │ Auf der Kognitionsebene:│
                                            │   Erzeugung eines   │
                                            │ unangenehmen, dissonanten│
                                            │      Zustandes      │
                                            │    Bedrohung der    │
                                            │ kognitiven Konsistenz│
                                            └─────────────────────┘

┌─────────────────┐                          ┌─────────────────────┐
│Kommunikationsstörungen│                    │    Gesellschaftliche│
│  Psycho-physische│                         │    Benachteiligung  │
│    Belastungen   │                         │       Isolation     │
└─────────────────┘                          │ Beeinträchtigung sozialer│
                                             │      Funktionen     │
                                             └─────────────────────┘

              ┌─────────────────────┐
              │     Bedrohung des   │
              │ Selbstkonzeptes und der│
              │     Zukunftspläne   │
              │ Gefährdung von Lebenszielen│
              │   und Wertvorstellungen│
              └─────────────────────┘
```

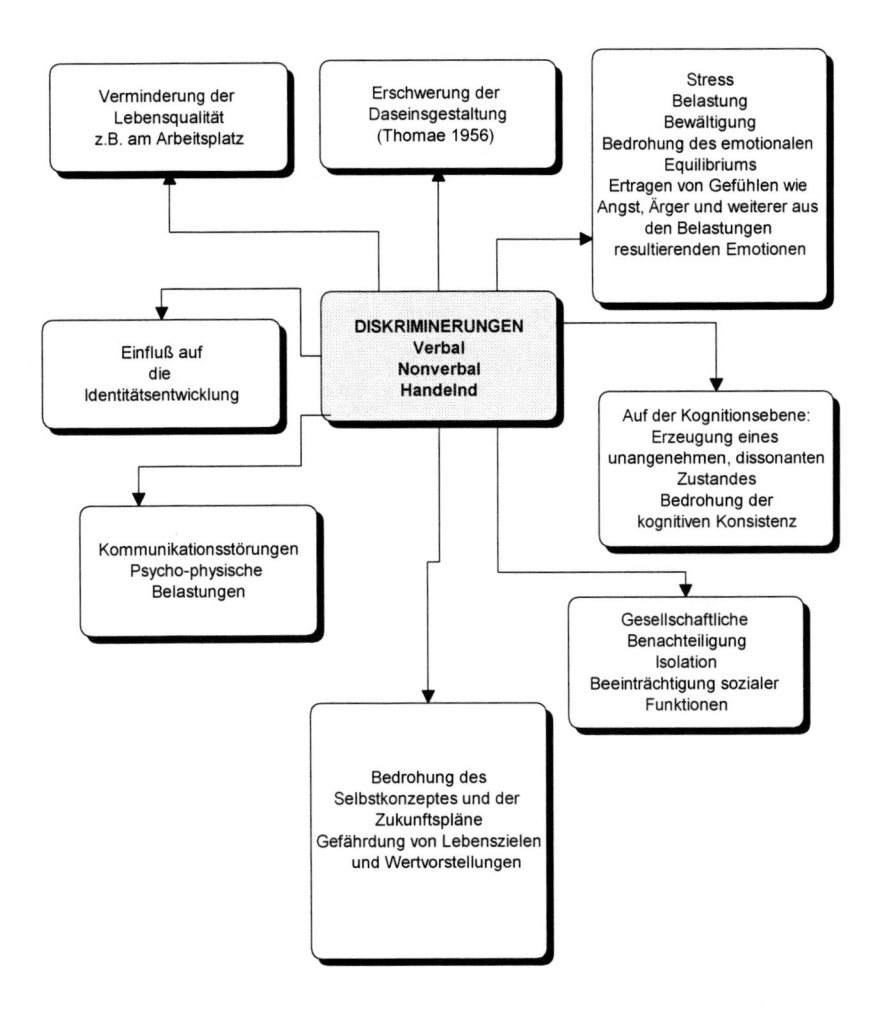

Abb. 3: Konsequenzen erlebter Diskriminierungen auf unterschiedlichen Ebenen

4. Folgen und Konsequenzen, die für das Individuum aus möglichen Diskriminierungen resultieren, können sich in nahezu allen Lebensbereichen des Menschen manifestieren. Sie lassen sich u. a. nach Cloerkes (1997, 177) unter folgenden Kategorien zusammenfassen:
   - Anpassung des Selbst an die Bewertung durch die Außenwelt
   - Fremdbestimmung statt Selbstbestimmung
   - Rückzug in die Gruppe ›seinesgleichen‹

- Fügung in die Randgruppenexistenz
- Isolation, Ausgliederung, Kontaktverlust, Desintegration‹

5. Ein Versuch, mit Schwierigkeiten in Form von subjektiv als belastend erlebten Situationen fertig zu werden, kann schließlich das Anwenden von dissonanzreduzierenden bzw. identitäts-fördernden Strategien sein, die den Schutz und Erhalt der Identität und des Selbstwertgefühles eines Menschen zum Ziel haben und dann eingesetzt werden, wenn aufgrund eines belastenden Ereignisses eine Diskrepanz zwischen dem sozialen Selbst und dem privaten Selbst erzeugt wurde. Dabei wird versucht, dieses Ungleichgewicht im Zuge der zu erbringenden Integrations- und Balanceleistung auf diese Weise wieder in Einklang zu bringen.

6. Der Erfolg der Auseinandersetzung mit Diskriminierungen steht somit in engem Zusammenhang mit Fragen der Bewältigungsforschung (Coping-Forschung). Dabei wird von der grundlegenden Annahme ausgegangen, dass es zu einer Beschädigung der Identität mit recht gravierenden Konsequenzen kommen kann, wenn Abwehrstrategien versagen (vgl. Cloerkes 1997, 176).

3 Forschungsergebnisse: Einstellungen der Gesellschaft zu behinderten Menschen

3.1 Darstellung und Analyse ausgewählter empirischer Studien

»Was und wie denken nichtbehinderte Menschen über behinderte Menschen?« Der Beantwortung dieser Frage hat sich die empirische sonderpädagogische Forschung seit Jahrzehnten gewidmet.

Ziel der vor allem im deutschsprachigen Raum sehr zahlreich vertretenen Untersuchungen war es, über eine große Vielzahl methodischer Zugänge ein umfassendes Bild von Ansichten und Meinungen über behinderte Menschen zu gewinnen, vorrangig auch mit der Zielsetzung, die Haltung der Bevölkerung zur Integration behinderter Menschen zu erfassen (vgl. dazu Tröster 1990, 66ff.)

Da es an dieser Stelle nicht möglich ist, einer Darstellung der Vielzahl vorliegender empirischer Studien gerecht zu werden, beschränkt sich die Schilderung auf die Beschreibung einiger ausgewählter Untersuchungen.

Die Studie von Jansen (1972)

Jansen hat 1972 die Ergebnisse einer Repräsentativbefragung veröffentlicht, in die 1567 Personen einbezogen waren. Ziel der Studie war es, Meinungen, Einstellungen und Vorurteile nichtbehinderter Menschen zu körperbehinderten Menschen zu erfassen. Das methodische Vorgehen bestand aus einer Kombination von standardisierten Fragen in einem Fragebogen und offenen Fragen in Tiefeninterviews (bei einer ausgewählten Stichprobe von 60 Personen). Zur Beantwortung der Fragestellungen wurde versucht, eine Kombination aus quantitativen und qualitativen Forschungsmethoden einzusetzen.

Die wichtigsten Ergebnisse der Studie sind u. a. (vgl. Jansen 1972, 124):

- Der Begriff der Körperbehinderung ist in der Öffentlichkeit nicht klar umrissen: Er bezieht für die Befragten Krankheiten, Sinnesschäden und geistige Behinderungen mit ein.
- Der Öffentlichkeit fehlt faktisches Wissen über die verschiedenen Behinderungsarten sowie über die berufliche, soziale und rechtliche Situation der Behinderten.
- Die Interaktion mit Behinderten ist für die Mehrzahl Nichtbehinderter eine Ausnahmesituation, der nicht mit der Routine des Alltags begegnet werden kann. Eine Verhaltensunsicherheit Nichtbehinderter bei der Begegnung mit körperbehinderten Menschen ist die Folge.
- Vor allem bei erstmaligen Begegnungen steht das Erleben der Fremdartigkeit des körperbehinderten Interaktionspartners im Vordergrund, was

zwei damit einhergehende emotionale Reaktionen zur Folge hat. Zum einen lösen gravierende ästhetische Beeinträchtigungen Gefühle des Abgestoßenseins, der Angst, des Abscheus und des Ekels aus, zum anderen werden diese aversiven Reaktionen von spontanen Empfindungen wie Mitleid, Mitgefühl, Erschüttertsein und dem Wunsch zur Hilfe begleitet.
- Die Begegnung zwischen Körperbehinderten und Nichtbehinderten verläuft umso komplikationsloser, je mehr der Behinderte das Verhalten des Nichtbehinderten steuert.

Die Studie von Bächthold (1981)

Über diese an 1200 Deutschschweizern durchgeführte Repräsentativumfrage urteilt Tuggener (1982, 103), dass es sich hier um eine gründliche und umfassende Auseinandersetzung mit dem Fremdbild des Behinderten handelt, bei der »im Hinblick auf die Erarbeitung eines theoretischen Konzeptes mit Abstand nicht nur der größte Aufwand betrieben, sondern auch der differenzierteste Ansatz erarbeitet worden ist« (1982, 104).

Als allgemeinstes Ziel seiner Untersuchung formuliert Bächtold (1981) die »Analyse informeller sozialer Reaktionen nichtbehinderter Erwachsener auf behinderte Jugendliche in Abhängigkeit von den gesellschaftlichen Verhältnissen« (1981, 35f.). Zielgruppe der Befragung waren körperbehinderte, lernbehinderte, geistigbehinderte und verhaltensgestörte Jugendliche.

Aus der Komplexität der Resultate ergeben sich in ausgewählter Form folgende Ergebnisse als bedeutsam:

1. Mit »Köperbehinderung« werden vorrangig Eigenschaften wie »verschlossen«, »passiv« und »unglücklich« assoziiert. Hinzu kommen hohe Ladungen auf den Eigenschaften der psychischen Unausgeglichenheit. In der wichtigsten Beurteilungsdimension werden Körperbehinderte als »einsam«, »unausgeglichen« und »unglücklich« charakterisiert (1981, 254). Mit der ästhetischen Abweichung verknüpft ist häufig ein Stereotyp des ›schlechten Menschen‹, Passivität wird als Kontaktunfähigkeit und Ausdruck des persönlichen Leidens interpretiert und mit dem Krankheitsstatus geht das Bild des unglücklichen und unselbständigen Patienten einher (1981, 259).
2. »Echtes Mitgefühl im empathischen Sinn« scheint nach Bächthold (1981, 286) nicht die Regel zu sein. Dagegen bewirken negative und ambivalente Affekte (Verunsicherung, Mitleid, Schuldgefühle, Neugier) eher soziale Distanz und die Neigung zu unpersönlichen, delegierenden Hilfen.
3. Zur Beschreibung von Einstellungen zu Behinderten werden von Bächthold (1981) vier Einstellungskomponenten als bedeutsam angesehen, wo-

nach er den im Einstellungsmodell bekannten kognitiven, affektiven und konativen Komponenten als vierten Faktor die »Erwartungskomponente« als »Antizipation bzw. Einschätzung von Bedürfnissen Behinderter durch Nichtbehinderte« (1981, 87) hinzufügt. Diese neue Komponente ist für Bächthold deshalb bedeutsam, weil sie »möglicherweise eine zentrale regulierende Funktion bei der Wahl von Handlungsplänen« (1981, 88) hat. Sie gliedert sich nach Bächtold (1981, 88) in die Gegensätze »Isolationsbedürfnisse« (»Anti-Normalisierung« mit den Komponenten »Bedürfnis nach sozialer Isolation«, »Bedürfnis nach institutioneller Isolation«, »Bedürfnis nach sozialer Rücksicht«) und »Integrationsbedürfnisse« (»Normalisierung« mit den Komponenten »Bedürfnis nach sozialer Integration«, »Bedürfnis nach beruflicher Integration« und »Bedürfnis nach finanzieller und persönlicher Unabhängigkeit«), woraus Bächthold (1981, 270) folgende Erkenntnisse gewonnen hat: Ungefähr die Hälfte der Befragten betont die Isolationsbedürfnisse der Behinderten (z. B. »am liebsten unter ihresgleichen bleiben«). Jedoch stimmen die meisten Personen gleichzeitig Integrations- und Isolationsbedürfnissen zu. Integrationsbedürfnisse scheinen sich allerdings kaum in Handlungsintentionen niederzuschlagen, dagegen scheint »die Einschätzung von Isolationsbedürfnissen sehr stark auf Isolierung, Evasion, unpersönliche delegierende Hilfe und die soziale Distanz zu Familien Behinderter zu wirken« (1981, 270).

4. Um der Komplexität menschlicher Einstellungsstrukturen gerecht zu werden, hat Bächthold die Ergebnisse der Studie auch in Abhängigkeit u. a. der Persönlichkeitssyndrome »Utilitarismus-Syndrom«, »Autoritarismus-Syndrom« und »Hilfsbereitschaftssyndrom« analysiert (zur inhaltlichen Beschreibung dieser Syndrome: siehe Bächthold 1981, 111ff.) und kommt zu folgenden Ergebnissen:
   - Bei starker Ausprägung des »Utilitarismus-Syndroms« lässt sich feststellen (1981, 316-415), dass neben der sozialen Distanz zu Körperbehinderten (und ihren Familien) auch die unpersönlich-delegierende Hilfe ausgeprägt ist. Utilitaristisch orientierte Personen befürworten eher Isolationstendenzen als Integrationstendenzen gegenüber Behinderten. Außerdem wirkt sich eine utilitaristische Einstellung sehr negativ auf Handlungsabsichten gegenüber Körperbehinderten aus.
   - Ähnlich wie beim Utilitarismus-Syndrom sind die soziale Distanz sowie die unpersönliche delegierende Hilfe zu Körperbehinderten und deren Familien auch bei starker Ausprägung des »Autoritarismus-Syndroms« festzustellen. Es zeigt sich ebenfalls, dass Isolationsbedürfnisse der Behinderten relativ hoch eingeschätzt werden. Bächtold (1981) äußert sich zusammenfassend, »daß das Autoritarismus-Syndrom [...] in

besonders starkem Maße negative Einstellungen erzeugt, welche alle Merkmale von Vorurteilen aufweisen: angefangen von den negativen Affekten, dem stärkeren Grad der Unähnlichkeit und der Abweichung vom Ideal, der Anormalität der Bedürfniseinschätzung bis hin zu der stark ausgeprägten sozialen Distanz« (1981, 332). Wichtig ist noch, dass die soziale Distanz dann verstärkt wird, wenn die Behinderten von (intoleranten) Nichtbehinderten als unähnlich betrachtet werden.

- Unter »Hilfsbereitschaft« versteht Bächtold (1981) eine Handlung, die auf Empathie beruht und darauf abzielt, anderen Menschen zu helfen. Gezeigte Hilfsbereitschaft der befragten Personen vollzieht sich jedoch meist in unpersönlicher, delegierender Hilfe aus verstärkten Mitleids- und Schuldgefühlen. Anhand der Kontrollskala (»soziale Erwünschtheit«) stellt sich heraus, dass nur bei einer Minderheit der »hilfsbereiten« Befragten auch von »echter« Hilfsbereitschaft gesprochen werden kann. Der größere Teil der befragten Personen äußert hilfsbereites Verhalten lediglich aufgrund sozialer Erwünschtheit.

Aus seiner Untersuchung zieht Bächthold (1981, 419f.) folgendes Fazit:

1. Behinderte sind zum gegenwärtigen Zeitpunkt durch Nichtbehinderte weder in ihrer leiblichen noch materiellen Existenz bedroht. Nichtbehinderte wollen Behinderte – Extremfälle ausgenommen – weder vernichten noch verhungern lassen.
2. Die Ziele sozialstaatlicher und privater institutionalisierter Hilfen werden von der überwiegenden Mehrheit der Bevölkerung befürwortet, auch von denjenigen, die gegenüber Behinderten negativ eingestellt sind.
3. Eine reale Lebenserschwerung droht Behinderten vielmehr durch soziale Isolierungsprozesse, die sich hinter einer Fassade vermeintlichen Wohlwollens und der Scheinakzeptanz verbergen.
Wird dieser Schein durchbrochen, so kommt eine Wirklichkeit zutage, die auf der unmittelbaren Beziehungsebene nur sehr enge Perspektiven eines Kontaktes mit Behinderten als gleichwertigen Partnern eröffnet.
4. Dem Ziel der sozialen Integration Behinderter steht eine Wirklichkeit entgegen, die in ihren dominierenden Zügen aus Menschen mit einer utilitaristischen Lebenspraxis, einer egozentrischen Weltsicht der Intoleranz oder mit rigiden Normen der Leistungsfähigkeit und der sozialen Anpassung besteht.
5. Neben diesen, die soziale Realität dominierenden Personengruppen existiert eine respektable Anzahl von Personen mit emphatischen Fähigkeiten, die über notwendige Voraussetzungen zur Entwicklung einer tragfähigen

Beziehung zu Behinderten verfügt, jedoch den Behinderten noch allzu oft in die Rolle des bemitleidenswerten Betreuungsobjektes drängt.

Die Studie von Tröster (1988)

In seiner Untersuchung versucht Tröster (1988) »durch die Erfassung des offenen Verhaltens gegenüber körperbehinderten Interaktionspartnern Anhaltspunkte für die Mechanismen zu gewinnen, die Spannungen und Unbehagen zwischen Behinderten und Nichtbehinderten verursachen und aufrechterhalten« (1988, 2).

Die Studie von Tröster (1988) basiert auf folgenden Überlegungen des Autors:

1. Die meisten der vorliegenden Studien zum Einstellungsverhalten gegenüber körper-behinderten Menschen basieren auf verbal geäußerten Reaktionen der befragten Personen. Nichtbehinderte Menschen äußern Meinungen Personen gegenüber, die sie oft gar nicht kennen.
2. Es besteht ein hohes Forschungsdesiderat bezüglich der Frage, wie sich nichtbehinderte Menschen in Situationen verhalten, wenn sich eine Interaktion mit einem körperbehinderten Menschen »Face-to-Face« abspielt.
3. Eine Interaktion mit Menschen wird immer durch zwei Ebenen bestimmt: Die Ebene verbaler Äußerungen und die Ebene »nonverbalen« Verhaltens. Beide Komponenten können »kongruent« sein, sie können aber auch »nicht-kongruent« sein, d. h. die geäußerte verbale Reaktion stimmt nicht mit der nonverbalen Reaktion überein. In diesem Fall treten Spannungen und Unbehagen auf – vor allem auf der Seite des Interaktionspartners, der diese Inkongruenz nicht schlüssig zu deuten weiß und mit »Unbehagen« reagiert.
4. Ausgehend von diesen Überlegungen soll eine experimentelle Untersuchung die »Unterschiede im verbalen und nonverbalen Verhalten gegenüber körperbehinderten und nichtbehinderten Interaktionspartnern offen legen. Von den Ergebnissen dieses Vergleichs werden Aufschlüsse über die Verhaltensmuster erwartet, die Spannungen in ›gemischten‹ Interaktionen hervorrufen und einer ›Normalisierung‹ sozialer Kontakte zwischen Behinderten und Nichtbehinderten entgegenstehen« (Tröster 1988, 2).

Nach Tröster (1988, 91f.) zeigt sich im nonverbalen Verhalten die ›Haltung‹, die ich jemandem gegenüber einnehme, was zugleich von einem Gegenüber (meist unbewusst) wahrgenommen, interpretiert und seinerseits zurückgespiegelt wird. Insgesamt wird auf diesem Wege das »Intimitätsniveau« (intimacy) oder die »psychische Nähe« zwischen den Interaktionspartnern abgestimmt (Tröster 1990, 187).

Somit stellt »die Grundannahme, daß im nonverbalen Verhalten Nichtbehinderter ihre Einstellung gegenüber dem behinderten Interaktionspartner zum Ausdruck kommt« (Tröster 1990, 188) den Ausgangspunkt entsprechender Untersuchungen (auch den Ausgangspunkt der Untersuchung von Tröster 1988) dar, wobei räumliche Distanz, Blickverhalten und Sprechdauer als Indikatoren gelten können.

Zum Ablauf der Untersuchung von Tröster (1988):
Die Gruppe der Versuchspersonen setzte sich aus 48 nichtbehinderten StudienanfängerInnen zusammen, bei denen in experimentell kontrollierten Interaktionen (Interviews) verbale und nonverbale Verhaltensaspekte gegenüber
1. einer körperbehinderten (rollstuhlabhängigen) und
2. einer nichtbehinderten Interaktionspartnerin ermittelt wurden.

Neben der Körperbehinderung (versus Nichtbehinderung) wurde das affiliative Verhalten der konföderierten Interviewerin variiert, indem sie während des Gesprächs entweder ihren Wunsch nach einem engen, persönlichen oder nach einem unpersönlich-neutralen Gesprächskontakt zu erkennen gab.

Erfasst wurden bei den Versuchspersonen Dauer und Latenzzeiten der Antworten, Blickkontakt mit der Interviewerin, demonstrative Gesten, selbstmanipulative Hand-, Arm- und Fingerbewegungen, die räumliche Distanz und der Abstandswinkel zur Interviewerin, die Dauer der persönlichen Rückmeldung sowie Eindrucksurteile über das Interview und die Person der Interviewerin.

Die Ergebnisse dieser Studie werden von Tröster (1988, 264) wie folgt zusammengefasst:

a) »Die Ergebnisse verweisen auf eine *Diskrepanz im Interaktionsverhalten Nichtbehinderter gegenüber körperbehinderten Interaktionspartnern*. Im intentionalen (verbalen) Verhalten Nichtbehinderter wird das Bemühen um eine freundliche und zuvorkommende Haltung gegenüber dem körperbehinderten Interaktionspartner sichtbar, während in nicht-intentionalen (nonverbalen) Verhaltensaspekten Spannungs- und Vermeidungstendenzen zum Ausdruck kommen.

b) Interaktionsspannungen zwischen Behinderten und Nichtbehinderten können somit auf eine durch ein diskrepantes Interaktionsverhalten Nichtbehinderter hervorgerufene Störung der Rückmeldungsprozesse zurückgeführt werden. Durch ein positiv-akzentuiertes verbales (intentionales) und ein negativ-akzentuiertes nonverbales (nicht-intentionales) Verhalten des Nichtbehinderten wird der behinderte Interaktionspartner mit widersprüchlichen Informationen seitens seines nichtbehinderten Gegenübers konfrontiert. Indem das verbale (intentionale) Verhalten Zugewandtheit und eine positive Wertschätzung und das nonverbale (nicht-intentionale) Verhalten Reserviertheit und Gespanntheit signalisiert, ist es für den behinderten Interaktionspartner erschwert, aus dem Verhalten seines nichtbehinderten Gegenübers angemessene und zuverlässige Rückschlüsse auf dessen Haltung, Intentionen, Gefühle etc. zu ziehen. Eine reziproke Erwiderung des diskrepanten Interaktionsverhaltens durch den behinderten Interaktionspartner könnte möglicherweise Prozesse einer ›sich-selbsterfüllenden-Prophezeiung‹ auslösen und so infolge einer gegenseitigen Erwartungsbestätigung zur Aufrechterhaltung von Interaktionsspannungen beitragen« (1988, 264).

Zusammenfassung der vorliegenden empirischen Forschungsergebnisse

Obwohl es schwer ist, aufgrund der großen Menge sehr heterogener Einzelstudien ein wissenschaftlich »stimmiges« Fazit über die Vielzahl der vorliegenden Ergebnisse zu ziehen, kann trotzdem festgehalten werden:

Die Mehrzahl der Autoren, die den Komplex der Einstellung zu behinderten Menschen untersucht haben, konstatiert mehr oder minder übereinstimmend eher ungünstige bis feindselige Tendenzen in der Bevölkerung, eine ausgeprägte Verhaltensunsicherheit gegenüber behinderten Menschen und eine immer noch verbrämte Befürwortung sozialer Segregation (vgl. u. a. Jäckel & Wieser 1970; Jansen 1972; Esser 1975; von Bracken 1981; Seifert & Stangl 1981; Christiansen-Berndt 1981; Bächthold 1981; Lenzen 1985; Fries 1991a; Fries 1991b; Bundschuh 2002 u. a.). Gegen viele der vorgelegten Studien über Einstellungen der Gesellschaft zu behinderten Menschen und Einstellungsuntersuchungen allgemein werden sowohl auf der inhaltlichen als auch auf der methodologischen Ebene Einwände vorgetragen (zur Kritik vgl. auch Tröster 1988, 1990; Fries 1991b). Der Forderung nach Einbeziehung realer Situationen zur Überprüfung der Interaktionsstrukturen zwischen nichtbehinderten und körperbehinderten Menschen wurde, wie beschrieben, bislang lediglich die Studie von Tröster (1988) gerecht.

Stellvertretend für viele Ergebnisse soll dennoch folgende Feststellung von Bächthold (1981) noch einmal hervorgehoben werden: »Dem Ziel der sozialen Integration Behinderter steht eine Wirklichkeit entgegen, welche in ihren dominierenden Zügen aus Menschen mit einer utilitaristischen Lebenspraxis, einer egozentrischen Weltsicht der Intoleranz oder mit rigiden Normen der Leistungsfähigkeit und der sozialen Anpassung besteht« (1981, 419).

Es soll aber darauf hingewiesen werden, dass in einer solchen Aussage zum Meinungsbild Nichtbehinderter gegenüber behinderten Menschen immer der Zeitpunkt der Untersuchung mitberücksichtigt werden muss. Es kann demnach zumindest davon ausgegangen werden, dass das Wissen der nichtbehinderten Bevölkerung über behinderte Menschen angestiegen ist.

3.2 Theoretische Ansätze zur Erklärung der Reaktionen auf physisch abweichende Personen

In diesem Abschnitt sollen einige ausgewählte theoretische Ansätze vorgestellt werden, die sich mit der Erklärung von Interaktionsspannungen gegenüber körperbehinderten Menschen beschäftigen. In der vorliegenden Untersuchung werden die Versuchspersonen u. a. auch danach gefragt, was ihrer Meinung nach die Gründe und Ursachen für Spannungen zwischen behinderten und nichtbehinderten Menschen sein könnten.

Diese Darstellung erschient mir insofern bedeutsam, als eine Übersicht über die Vielfalt der theoretischen Erklärungsversuche die Komplexität der Reaktionen nichtbehinderter Menschen auf physisch abweichende Personen unter verschiedensten Blickwinkeln erklärt. Allen Erklärungsmodellen für die komplexen Vorgänge der Reaktionen nichtbehinderter Menschen auf körperbehinderte Menschen ist gemeinsam, dass sie nach Faktoren und Erklärungszusammenhängen suchen, die »das ansonsten individuelle Geschehen auf eine abstrakte Ebene heben«, unter Einbeziehung eines konstruktiven Eigenanteils einer jeden Forschungsrichtung (vgl. auch Bergeest 1999, 220).

In der Literatur (vgl. Cloerkes 1979; 1997) wird nach psychoanalytisch orientierten, psychologischen (mit kognitionspsychologischen und sozialpsychologischen Überlegungen) und nach soziologisch orientierten Ansätzen unterschieden.

Die folgende Übersicht stellt den Versuch dar, die wichtigsten theoretischen Erklärungsversuche in einem Schaubild zusammenzufassen. Im Anschluss an die folgende Darstellung sollen die dargestellten Erklärungsansätze noch einmal kurz erläutert werden.

Forschungsergebnisse: Einstellungen der Gesellschaft zu behinderten Menschen

[Diagramm mit folgenden Elementen:]

(A) Psychologische Erklärungsansätze Psychoanalyse: Schuldangst Bedrohung der eigenen physischen Integrität

(B) Psychologische Erklärungsansätze Dissonanzmodelle der Kognitionspsychologie Gleichgewichtstheorien Spannungen durch Gefährdung von Gleichgewichtszuständen Dissonanzreduzierende Verhaltensweisen

(C) Sozialpsychologische Erklärungsansätze Austauschtheorie Investmentmodell Frey & Irle 1985 Beziehungen zu Behinderten sind nicht lohnenswert Wahl von Verhaltensweisen unter Kosten - Nutzen-Verhältnis

Theoretische Ansätze zur Erklärung der Reaktionen auf körperbehinderte Menschen (Auswahl - Übersicht)

(D) Soziologische Erklärungsansätze Strukturmodelle der Soziologie: Verstoß gegen Rollennormen, Schönheits-und Leistungsnormen, Gesundheitsnormen Angst, Unbehagen Unsicherheit

(E) Soziologische Erklärungsansätze Prozeßmodelle der Soziologie: Abweichung als Resultat gesellschaftlicher Zuschreibung, Etikettierung Diskriminierung Stigmatisierung Symbolischer Interaktionismus GOFFMAN

(F) Weitere Erklärungsansätze: Teilweise in anderen Erklärungsansätzen bereits enthalten z.B. Just-World-Hypothese Komplexitäts-Polarisierungs-Hypothese

Konfliktkonstellationen Problematik widersprüchlicher Normen Irrelevanzregel Scheinnormalität

Unsicherheit und Unbehagen auf Seiten des behinderten und nichtbehinderten Interaktionspartners

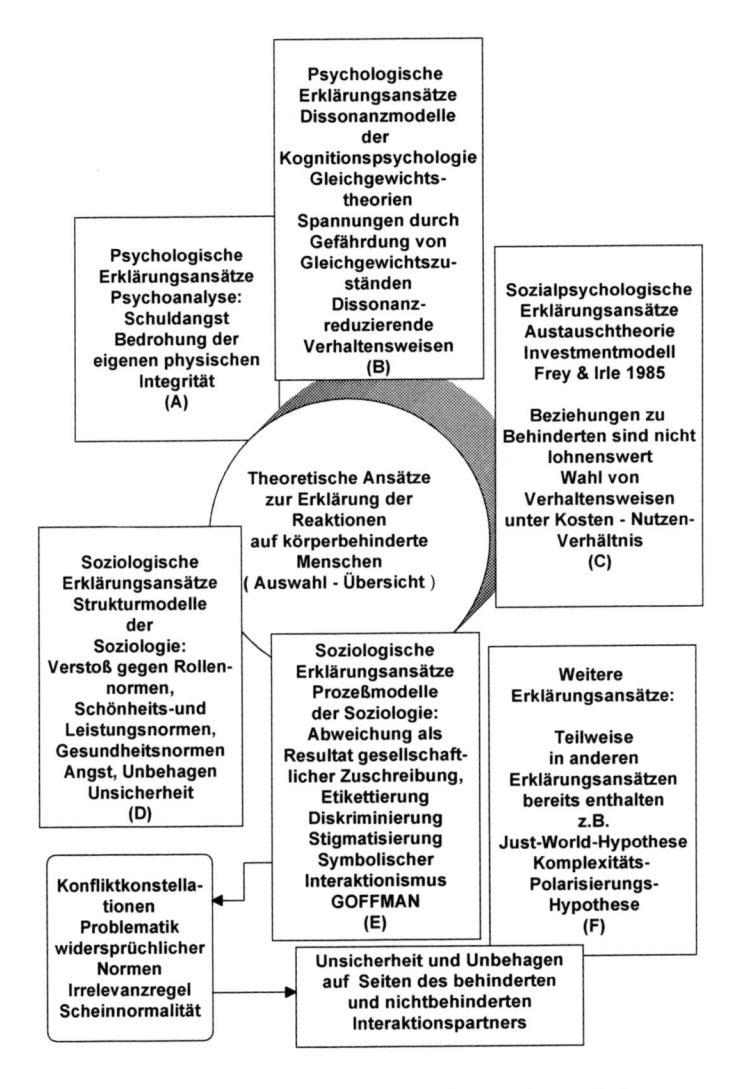

Abb. 4: Theoretische Ansätze zur Erklärung der Reaktionen auf körperbehinderte Menschen

Nach der *psychoanalytischen Lehre* muss das »Ich« eines Individuums zwischen »Über-Ich« (Gewissen, internalisierte Werte und Normen) und »Es« (triebhafte Neigungen) vermitteln. Um Gegensätze und Spannungen zwischen »Über-Ich« und »Es« auszugleichen, kann das »Ich« u. a. verschiedene sogenannte Abwehrmechanismen einsetzen.

Cloerkes (1979) stellt nun fest, dass der Anblick eines körperbehinderten Menschen beim Nichtbehinderten in der Regel angstauslösend wirkt. Die

»triebhafte Ablehnung von Behinderten (›Es‹) ist gesellschaftlich stark negativ sanktioniert und diese Tatsache führt zu Schuldangst vor dem verinnerlichten Über-Ich (›Gewissen‹)« (1979, 21). Die so entstandene Schuldangst führt zur Entwicklung von Abwehrreaktionen, mit deren Hilfe die nichtbehinderte Person ihre Schuldängste verdrängt (z. B. durch Zuschreibung von schlechten Eigenschaften einem Behinderten gegenüber).

Die *Bedrohung der physischen Integrität* und die damit verbundene Angst um die eigene körperliche Unversehrtheit ist nach den Annahmen des »Body-Concept bzw. Body-Image-Ansatzes« (Schilder 1923; Thomae 1944; 1951; vgl. auch Cloerkes 1979, 26) die ausschlaggebende Ursache dafür, dass die Interaktion mit körperbehinderten Menschen für den Nichtbehinderten eine angstbesetzte Situation darstellt, die es zu vermeiden gilt.

Es wird postuliert: Je größer die (unbewusste) Angst vor dem Verlust der eigenen körperlichen Unversehrtheit (bei der Begegnung mit Körperbehinderten) ist, umso negativer ist die Einstellung zu Körperbehinderten.

Je stärker eine bewusst positive Einstellung zum eigenen Körper ausgeprägt ist, umso positiver ist auch die Einstellung zu körperbehinderten Menschen.

Diese Thesen konnten durch Untersuchungen teilweise erhärtet werden (z. B. Noonan et al. 1970, zit. in Cloerkes 1979, 26ff.). Bemerkenswert erscheint mir noch in diesem Zusammenhang, dass das »body-concept« des Einzelnen natürlich auch davon abhängt, wie hoch in einer Gesellschaft Werte wie Gesundheit, körperliche Unversehrtheit, Attraktivität etc. und die Abweichung von diesen Werten betrachtet werden.

Innerhalb psychologischer *Konsistenztheorien* (Heider 1977: »Balancetheorie«; Osgood & Tannenbaum 1957: »Kongruitätstheorie«; Festinger 1957: »Dissonanztheorie«) wird von der Annahme ausgegangen, dass der Mensch nach Konsistenz strebt, harmonische, ausgewogene Beziehungen gegenüber unharmonischen bevorzugt und motiviert ist, die durch inkonsistente Wahrnehmungsprozesse erzeugte Disharmonie zu reduzieren (vgl. auch Frey & Irle 1985).

Bezogen auf die Einstellungs- und Vorurteilsproblematik bedeutet dies, dass Personen solche Einstellungen entwickeln und vertreten, die sich möglichst spannungsfrei in ihre gesamte Lebenssituation einfügen.

Warum spendet Person X lieber Geld für die »Aktion Mensch«, statt den Kontakt mit einer körperbehinderten Person zu suchen? Theoretiker der Dissonanztheorie würden für das Verhalten von Person X folgende Erklärung anbieten: Bei Herrn X stehen die gleichzeitig vorhandenen Kognitionen A: »Ich sollte mit einer körperbehinderten Person Kontakt aufnehmen, dies wird gesellschaftlich gefordert« und B: »Ich möchte diesen Kontakt nicht, weil ich ein sehr unangenehmes Gefühl habe, wenn ich einen körperbehinderten Menschen sehe« in einem Widerspruch, der als »kognitive Dissonanz« bezeichnet wird und für Herrn X unangenehm ist.

Durch eine Neubewertung der ursprünglich dissonanten Kognitionen (»Es ist besser, für behinderte Menschen Geld zu spenden, sie haben mehr davon als mit ihnen zu reden«) wird die kognitive Dissonanz reduziert und die unpersönliche Hilfe gerechtfertigt. Das kognitive und affektive Gleichgewicht bei Herrn X ist wiederhergestellt.

In den Annahmen der *Austauschtheorie* (Thibaut & Kelly 1959) werden soziale Interaktionsprozesse als Austausch von Handlungen betrachtet, die von den beteiligten Personen hinsichtlich der Maximierung des eigenen Nutzens, der aus einer sozialen Interaktion gezogen werden kann, bewertet werden (vgl. Frey & Irle 1985; Asendorf & Banse 2000, 205).

Bezüglich der Interaktion eines Nichtbehinderten mit einem körperbehinderten Menschen würde demnach aus der Überlegung, dass der Kontakt mit einem behinderten Menschen nur wenig Nutzen, aber viele Nachteile (z. B. hoher zeitlicher Aufwand) bringt, eine Kontaktvermeidung des von Seiten des Nichtbehinderten resultieren: Dieser könnte beispielsweise beim gemeinsamen Auftreten mit einem behinderten Menschen in der Öffentlichkeit Gefahr laufen, ebenso wie der Behinderte von der Gesellschaft mit ausgegrenzt oder von bestimmten gesellschaftlichen Aktivitäten durch »Nichterwünschtheit« ausgeschlossen zu werden.

Unter diesen Aspekten sind auch die Annahmen des *Investmentmodells* von Rusbult (1980, zit. in Asendorf & Banse 2000, 208) interessant, in der ein Bezug zwischen der Intensität der Aufrechterhaltung einer Beziehung und unterschiedlich starkem »Commitment« für eine andere Person postuliert wird: Das »Commitment« ist umso höher, je größer die Zufriedenheit mit der Beziehung ist.

Soziologische Erklärungsansätze gehen von den Rollen und Erwartungen der Beteiligten aus (vgl. Cloerkes 1985, 74ff.; 420ff.; Tröster 1988, 13ff.).

Nach Tröster (1988, 13ff.) stehen bei der Analyse von Interaktionsspannungen aus soziologischer Sichtweise zwei wesentliche Aspekte im Vordergrund der Betrachtungen:

a) die Beschreibung der Rollensituation Behinderter und Nichtbehinderter in gemischten Interaktionen,

b) die Analyse der aus der besonderen Rollenbeziehung resultierenden wechselseitigen Erwartungen in Interaktionen zwischen ›physisch Abweichenden‹ und ›Normalen‹.

So betrachtet z. B. Wolfgang Jantzen innerhalb seiner Überlegungen zum »*Polit-Ökonomischen-Ansatz*« (1974; 1976) die Behindertenproblematik auf der Grundlage des dialektischen Materialismus als »unmittelbar abhängig von den herrschenden gesellschaftlichen Verhältnissen, insbesondere den Produktions- (und Klassen-)verhältnissen« (Jantzen 1976, 433).

Vorurteile gegenüber Behinderten und daraus resultierende Abwertungen behinderter Menschen basieren nach Jantzen »auf der Beurteilung des durchschnittlichen Marktwertes (d. h. des Tauschwertes) ihrer Arbeitskraft« (1974, 158f.), weshalb ein Behinderter deshalb abgelehnt wird, weil er nur eine Arbeitskraft minderer Güte besitzt. Auch die Angst vor Behinderten erklärt er in diesem Zusammenhang als Angst des Nichtbehinderten »vor der Vernichtung der eigenen Arbeitskraft« (1974, 168f.).

Als weitere wichtige Vorurteilskomponente sieht Jantzen (1974) die Überbetonung von Werten wie Schönheit und Ästhetik, ebenfalls bedingt durch gesellschaftliches Denken und Bewerten. Menschen mit Körperbehinderungen entsprechen den ästhetischen Normen und der gesellschaftlichen Leistungsorientierung der Gesellschaft nicht oder nur sehr wenig, was auch Bleidick (1994, 8f.) pointiert hervorhebt und somit indirekt der Position von Jantzen eine vor allem heute sehr wichtige Bedeutsamkeit zukommen lässt: »Es ist auf Anhieb sichtbar, daß dieses Menschenbild vom Ideal des Gesunden, Schönen, Tüchtigen, Intakten, Erfolgreichen bestimmt wird. Das Menschenbild atmet den Zeitgeist der modernen Welt. Es blickt von jeder Litfaßsäule herab und leuchtet in Reklamespots allabendlich über die Mattscheibe.«

Eine weitere soziologische Überlegung beschäftigt sich mit den *Folgen von Zuschreibungsprozessen*, in unserem Fall im Kontext der Bewertung behinderter Menschen. Hierbei bildet »Stigma« einen der Grundbegriffe, auf denen die Überlegungen dieser theoretischen Konzeption basieren.

Eine physische »Deformation des Körpers« ist ein Merkmal eines (körperbehinderten) Menschen, das auffällt. Die Tatsache, dass die soziale Umwelt auf den körperbehinderten Menschen mit negativen Zuschreibungen (»Stigmata«) reagiert, führt den betroffenen behinderten Menschen zum einen zu Problemen in seiner Beziehung zur Umwelt, zum anderen aber auch zu Problemen in seiner Persönlichkeitsbeurteilung.

Im geschichtlichen Sinn war ein Stigma zunächst ein körperliches Zeichen, das dafür sorgte, dass die mit diesem Stigma versehene Person gemieden werden sollte. Das Stigma hatte somit die Funktion der Ausgrenzung und Isolierung.

Goffmann (1992) verwendet den Begriff als »eine Eigenschaft [...], die zutiefst diskreditierend ist, [...]« (1992, 11). Der Träger eines Stigmas wird demnach in seinem Ansehen und seinem Ruf herabgesetzt oder geschädigt, bis hin zur »Situation des Individuums, das von vollständiger sozialer Akzeptierung ausgeschlossen ist« (Goffman 1992, 7).

Nach Goffman ist ein Stigma somit ein Merkmal,
- das sich der Aufmerksamkeit aufdrängen kann (Fokussierung der Aufmerksamkeit),
- das bewirken kann, dass man sich von dem Merkmalsträger abwendet (Interaktionshemmung),
- das den Merkmalsträger in seinem Ansehen schädigt (Negative Bewertungen),
- das dazu führt, dass dem Merkmalsträger weitere negative Eigenschaften zugeschrieben werden (vgl. »Labeling-« und Etikettierungsprozesse).

Die gesellschaftliche Bewertung entscheidet darüber, ob ein Merkmal oder ein Verhalten die soziale Wertschätzung, die der/die Betroffene erfährt, mindert. Ein Stigma ist also nicht einfach eine ungünstige Eigenschaft, die einen unvorteilhaften Aspekt dieser Person zum Vorschein bringt, »ein Stigma diskreditiert vielmehr die ganz Person« (Tröster 1990, 15).

Die folgende Aussage einer körperbehinderten Frau bringt diesen Sachverhalt meiner Ansicht nach treffend zum Ausdruck: »Wenn ich mein Leben betrachte, so waren es fast 39 Jahre, die ich damit verbrachte, Behinderte zu sein und dann erst Mensch« (Interviewaussage im Rahmen der vorliegenden Studie).

Tröster (1988, 54ff.) diskutiert noch *weitere Erklärungsansätze* für Interaktionsprobleme zwischen behinderten und nichtbehinderten Menschen, die zwar teilweise schon in den vorher dargestellten theoretischen Erklärungsmodellen enthalten sind und so gesehen keine weiterführenden, neueren theoretischen Gesichtspunkte enthalten, auf die ich jedoch an dieser Stelle in Anlehnung an Cloerkes (1997, 82f.) in dargebotener Kürze zusammenfassend eingehen möchte.

In der »*Just-World-Hypothese*« wird davon ausgegangen, dass Menschen im allgemeinen an eine gerechte Welt glauben, in der jeder das bekommt, was er verdient hat. Durch die Konfrontation mit behinderten Menschen wird dieser Glaube gefährdet, es kommt zur Befürchtung, selbst in so ungerechter Weise vom Schicksal betroffen zu werden. Diese konfliktträchtige Situation kann nun durch zwei Mechanismen entschärft werden: Es wird entweder versucht, die Zweifel durch kompensatorisches positives Verhalten zu neutralisieren oder aber man unterstellt in negativer Weise, dass der Behinderte verdientermaßen und eigenverantwortlich zum Opfer wurde.

Die »*Komplexitäts-Polarisierungs-Hypothese*« basiert auf den Annahmen, dass Angehörige von Fremdgruppen kognitiv viel undifferenzierter wahrgenommen werden als die Eigengruppe, was zu polarisierenden, extremen Reaktionen führt. Interaktionsprobleme mit behinderten Menschen entstehen demnach durch eine zu diffuse Wahrnehmung des Bildes vom behinderten Menschen.

Nach der »*Novel-Stimulus-Hypothese*« besteht bei fremdartigen Wahrnehmungen (z. B. bei der Wahrnehmung eines körperbehinderten Menschen) ein intrapsychischer Konflikt zwischen der Neigung zum Anstarren und der gesellschaftlichen Norm, die dieses Anstarren untersagt und es negativ sanktioniert. Beide Konfliktpole führen zu einer Belastung der Interaktion.

In der »*Ambivalence-Amplification-Hypothese*« wird die zwiespältige Grundhaltung eines Menschen in der Begegnung mit behinderten Menschen verstärkt, löst innere Konflikte aus und wird als Bedrohung des Selbstkonzeptes erlebt. Eine Stabilisierung kann dadurch erfolgen, dass einer der beiden konträren Reaktionstendenzen gefolgt wird bzw. im Sinne der Annahmen der »Dissonanztheorie« einem Kontakt mit einem behinderten Menschen aus dem Weg gegangen wird.

Sicherlich genügt kein Ansatz allein, um Einstellungen und Vorurteile gegenüber körperbehinderten Menschen bzw. die daraus resultierenden Interaktionsspannungen z. B. in Form von Diskriminierungen zu erklären. Die Ansätze stehen auch nicht isoliert nebeneinander, sondern sie ergänzen und überschneiden sich. Für eine ausführlichere Darstellung und Bewertung der wissenschaftlichen Ansätze sei auf Cloerkes (1997, 80ff.) bzw. Lindenmeyer (1983) verwiesen.

Wichtigstes Verbindungselement aller dargestellten Ansätze bildet u. a. das Phänomen der Angst, des Unbehagens, der Unsicherheit, der Orientierungslosigkeit, der Gefährdung von psychischen Gleichgewichtszuständen sowie das Erleben des Momentes des Andersartigen.

Arnade folgert daraus: »Gewalt gegen behinderte Menschen zeigt sich in einem weiten Spektrum: manchmal nur als ärgerliches Vorkommnis, meist als entmündigende Fremdbestimmung, und unter Umständen bedroht und vernichtet sie die Existenz der Betroffenen. Die verschiedenen Ausprägungen gehen letztlich auf eine Wurzel zurück: Die Angst des Menschen vor eigener körperlicher, seelischer oder geistiger Beeinträchtigung und daraus folgend die Ablehnung und Abwehr behinderten Lebens« (Arnade 1997, 31).

Viele der aufgezeigten theoretischen Erklärungsversuche thematisieren, dass körperbehinderte Menschen in vielfacher Weise den Vorstellungen nichtbehinderter Menschen nicht entsprechen, dass zudem Angst und Verunsicherung als Ausdruck der affektiven Einstellungskomponente das Denken und Handeln nichtbehinderter Menschen leiten und begleiten.

Treffend hat Kampmeier (1999) hierzu angemerkt: »Menschen mit Körperbehinderungen entsprechen [...] Vorstellungen nicht. Diese Nichtentsprechung führt zu Verunsicherungen der lebensstrukturierenden Werte und

Normen der nichtbehinderten Gesellschaft. Stigmatisierende und diskriminierende Verhaltensweisen, wie Ablehnung und Aussonderung, aber auch übertriebenes Neugierverhalten, ›falsches‹ Mitleid und Distanzlosigkeit, sind als Schutzreaktionen die Folge« (1999, 248).

3.3 Determinanten der Entstehungen von Einstellungen gegenüber behinderten Menschen und Möglichkeiten der Änderungen von Einstellungen

In der hier vorliegenden Studie sollen die Versuchspersonen auch darüber Auskunft geben,

a) wie ihrer Meinung nach (negative) Einstellungen gegenüber körperbehinderten Menschen entstehen und

b) wie Meinungen und Einstellungen gegenüber körperbehinderten Menschen verändert werden können, um zu einem »normalen« Miteinander zwischen behinderten und nichtbehinderten Menschen zu kommen.

3.3.1 Determinanten der Entstehung von Einstellungen gegenüber behinderten Menschen: Sozialisationsinhalte, Sozialisationspraktiken, Kulturhistorischer Kontext

Einstellungen gegenüber Menschen und Sachverhalten werden erlernt, anerzogen und tradiert. Die Bedeutung gesellschaftlicher und familiärer Prozesse als bedingende Faktoren in der Genese von (ungünstigen) Einstellungsstrukturen gegenüber behinderten Menschen wird in der Literatur vor allem durch Cloerkes (1980) thematisiert und näher ausgeführt.

Soziokulturelle Werte und Normen werden Kindern in Sozialisationsprozessen vermittelt und von diesen verinnerlicht. Dabei wird Werten wie Gesundheit, Leistungsfähigkeit, Intelligenz, körperliche Integrität und gutes Äußeres besondere Bedeutung beigemessen. Es wird davon ausgegangen, dass Abweichungen von Werten und Normen die individuelle und gesellschaftliche Stabilität bedrohen.

Die Vermittlung soziokultureller Werte oder die Vermittlung der kulturellen oder sozialen Wirklichkeit (und damit auch die Vermittlung von Einstellungen gegenüber behinderten Menschen) geschieht u. a. auch über die Vermittlung von *Sozialisationsinhalten*, wobei beispielsweise körperliche, geistige oder seelische Abweichungen etwa mit dem Etikett »böse« oder »schlecht« versehen werden. Cloerkes (1997, 86) hebt diesbezüglich hervor, dass gerade kleine Kinder solche Gleichsetzungen (»Die ›häßliche‹ Person ist schlecht – die ›schöne‹ Person ist gut.«) aufgrund ihrer Neigung zu ganzheitlichem Denken sehr schnell übernehmen.

Sozialisationsinhalte werden über *Sozialisationspraktiken* weitergegeben, wobei der Praxis elterlicher Erziehungsstile und intrafamiliären Bedingungen in der Art und Weise, wie ein Kind seine Umwelt sieht, besondere Bedeutung beigemessen werden (vgl. Cloerkes 1997, 87): In diesem Zusammenhang sei auf die Untersuchung von Hofer u. a. (1994, zit. in: Noack & Wild 1999, 119) hingewiesen, in der ein Zusammenhang zwischen Gewaltbereitschaft von Schülern und der Praxis des elterlichen Erziehungsstiles nachgewiesen wird.

Nach Cloerkes (1980, 270) stehen die entsprechenden Sozialisationsinhalte und -praktiken in einer langen *soziokulturell-historischen Überlieferung*. So wurden beispielsweise in Griechenland Krankheit und physische Defekte als Strafe Gottes für begangene Sünden betrachtet, in Rom konnten körperbehinderte Neugeborene getötet werden, nach calvinistischer Auffassung galt das Fehlen materiellen Erfolges, auch bedingt durch Krankheit und Behinderung, als ein sichtbares Zeichen für den Entzug göttlicher Gnade.

Görres (1988) bemerkt, dass bei den Ursachenerklärungen von Behinderungen (wie z. B. bei Epilepsie) oft auf jahrhundertealte, magische Erklärungen zurückgegriffen wird und sich solche teilweise völlig irrationalen Einstellungen als recht dauerhaft erwiesen haben. »In diesem jahrhundertelangen Kampf zwischen spirituellen und materialistischen Ansätzen spielte die Epilepsie immer eine bedeutende Rolle. [...] Doch auch heute, in einer Zeit naturwissenschaftlicher Entmythologisierung und Aufklärung über das Krankheitsgeschehen und seine Ätiologie hat sich das von einem geheimnisumwobenen Schauer gerahmte Bild dieser Krankheit hartnäckig gehalten. Das Stigma der Geisteskrankheit bestimmt weiterhin die zwar verbrämte, aber dennoch wirksame öffentliche Zuschreibung ebenso wie die private Verarbeitung des Krankheitsgeschehens durch den Epileptiker und die Familienangehörigen« (1988, 649).

An anderer Stelle schreibt er weiter: »Die Anfälle galten in der Antike als dämonische oder göttliche Inspirationen, im Mittelalter als Zeichen der Besessenheit und in der Neuzeit als Ausdruck abnormaler Persönlichkeitsstörungen. [...] Im deutschen Faschismus fanden wissenschaftliche Fehldeutungen im Gefolge der Rassenlehre ihren Nährboden und dienten zur Legitimierung der sozialen Ächtung Anfallskranker. Unter staatlich-bürokratischer Regie wurden Epileptiker registriert, zwangssterilisiert und umgebracht. [...] Die Ansicht, Epileptiker seien Geisteskranke, die in der damals verfügten Sonder-Behandlung ihren quasi legalen Ausdruck fand, scheint auch heute noch dominierend in der Vorstellung großer Teile der Bevölkerung zu sein [...]« (1988, 660f.).

Zum Hintergrund von Meinungen über Menschen mit der sichtbaren Körperbehinderung einer Lippen-Kiefer-Gaumenspalte und gesellschaftlicher Reflexionen über die Ursachen dieser Behinderung merkt Uhlemann (1990) an: »Menschliches Leben ist seit jeher begleitet von Mangelerscheinungen, die seine Qualität beeinträchtigen oder es durch Krankheit zerstören. Dabei wiegt schwer, welche Bedeutungen den Abweichungen von Gesundheit, von Normalität beigemessen wird, beziehungsweise welche *Deutungen* sie erfahren. Gerade bei Spaltbildungen im Lippen-Kiefer-Gaumenbereich hat zu allen Zeiten ein solches Deuten stattgefunden und zu schwersten Belastungen des betroffenen Menschen und seiner familiären Umgebung geführt. So galt eine Familie mit einem Spaltkind als ›bestraft für die Sünden der Väter‹, man hütete sich, getreu einem durch Jahrhunderte überlieferten Rat, vor den ›Gezeichneten‹ und überließ diese schwer gezeichneten Menschen ihrem bitteren Schicksal. [...] Es gibt wohl kein Krankheitsbild, das seit alters und teilweise auch noch in der heutigen Zeit in ähnlicher Weise mit dunklen Mächten in Verbindung gebracht wird« (1990, 7).

In der Überlieferung und im »Volksmund« wurden Mütter für die Geburt eines Kindes mit einer Lippen-Kiefer-Gaumenspalte verantwortlich gemacht. Das behinderte Kind wurde als »Produkt« unmoralischen Verhaltens (Fremdgehen) der Mutter angesehen, weiter wurden der Mutter vor allem im Bereich der Sexualität abnormale Praktiken unterstellt (vgl. Uhlemann 1990, 28).

Cloerkes (1979) resümiert: »Rückgriff auf Vorurteile kann aber nur heißen: Rückgriff auf soziokulturell vorgegebene Interpretations- und Reaktionsschemata. Vorurteile werden nicht individuell ›geschaffen‹, sondern von der Gesellschaft bereitgestellt« (1979, 314).

3.3.2 Informationsvermittlung und Kontakt als Möglichkeiten der Einstellungsänderungen gegenüber behinderten Menschen

Die Frage, wie und wie effektiv Einstellungen und Vorurteile geändert werden können, zählt zu den großen Themenbereichen der Sozialpsychologie. Die Tatsache, dass seit Jahrzehnten Bemühungen mit mehr oder minder großem Erfolg angestellt werden, behinderte Menschen in die Gesellschaft zu integrieren, verweist auch in der Behindertenpsychologie auf die Tragweite und Brisanz dieses Themenkomplexes.

Wie können Spannungen zwischen behinderten und nichtbehinderten Menschen abgebaut werden?

Im Rahmen dieser Fragestellung wird den Komponenten »Information und Aufklärung« sowie »Kontakt« vorrangige Bedeutung beigemessen. Auf beide Wege möglicher Einstellungsveränderungen soll nun kurz eingegangen werden.

Information und Aufklärung

Die Generalversammlung der Vereinten Nationen bestimmte das Jahr 1981 zum »Internationalen Jahr der Behinderten«, wobei in der damaligen Bundesrepublik eine »Nationale Kommission« Verständnis für die volle gesellschaftliche Integration behinderter Menschen vorrangig durch Aufklärungs- und Informationsprogramme wecken wollte.

Hinter der Präferierung von Informationsprogrammen als herausragender Möglichkeit zur Vermittlung bestimmter Einstellungen stand die Überlegung, dass sich ein fundiertes Wissen über Behinderungen und Behinderte positiv auf Einstellungen gegenüber diesem Personenkreis auswirken würde. Einstellungen gegenüber Behinderten seien deshalb vorurteilsvoll, da sie auf falschen Urteilen beruhen, weshalb folglich mehr Informationen und Wissen zu Einstellungsänderungen führen könnten. Diese Annahme hat sich in dieser reduzierten Sichtweise der Wirkung von Aufklärung bezüglich Einstellungsveränderungen in der kritischen Bilanz der Effekte des »Internationalen Jahres der Behinderten« im wesentlichen als nicht haltbar erwiesen (vgl. Holtz 1982; Cloerkes 1982).

Tröster (1990, 116f.) sieht »Einstellungsänderung durch Information und Aufklärung« unter dem Aspekt des »Kommunikationsmodells« mit den beteiligten Komponenten

1. Sender, von dem Informationen und Aufklärungsmaßnahmen ausgehen;
2. Botschaft, die übermittelt wird;
3. Übertragungsmodus oder Kanal, über den die Botschaft vermittelt wird und
4. Adressaten oder Empfänger, dem die Botschaft gilt.

Bei jeder dieser vier Komponenten müssen im Blick auf eine höchstmögliche Effektivität von Aufklärungs- und Informationsmaßnahmen Bedingungen berücksichtigt werden:

- Der Sender (1) muss kompetent und glaubwürdig erscheinen (was am ehesten erreicht werden kann, wenn behinderte Menschen selbst mitwirken);

- Die Botschaft (2) muss klare Zielsetzungen enthalten. Viele der Programme sind zu unspezifisch; oft ist nicht bekannt, welche Meinungen tatsächlich zu korrigieren sind. Eine vorherige Meinungsanalyse steigert die Effektivität;
- Beim Übertragungsmodus (3) ist zu beachten, dass eine rein verbale Information wenig sinnvoll ist; am ehesten wirken multimodal ausgerichtete Ansätze;
- Voraussetzungen für eine größere Effizienz auf der Seite des Adressaten (4) sind die Bereitschaft des Adressaten zur Annahme der Information, das Verstehen des Inhaltes und das Akzeptieren der daraus resultierenden Konsequenzen.

Tröster (1990) bemerkt, dass die Voraussetzungen bezüglich des Adressaten auf einen entscheidenden Nachteil von Informations- und Aufklärungsprogrammen aufmerksam machen:

Viele Aufklärungs- und Informationsprogramme sind vornehmlich bei solchen Personen erfolgreich, die für die Probleme behinderter Menschen sowieso schon aufgeschlossen sind, während gerade Personen, die behinderten Menschen eine gleichgültige oder ablehnende Haltung entgegenbringen, von Informations- und Aufklärungsprogrammen in der Regel nicht erreicht werden. »Die Tendenz, Informationen und Erfahrungen nicht oder nur verzerrt wahrzunehmen, die der eigenen Einstellung widersprechen oder die die eigenen Meinungen und Ansichten erschüttern können, macht Informations- und Aufklärungsprogramme gerade bei den Personen mit negativen Einstellungen in der Regel oftmals wirkungslos. Da liegt die Vermutung nahe, daß am ehesten Personen mit neutralen oder leicht positiv-gefärbten Einstellungen von derartigen Programmen profitieren« (1990, 120).

Tröster (1990, 116) kommt zu dem Schluss, dass Informations- und Aufklärungsprogramme nur dann effektiv sind, wenn diese nicht nur die Kenntnisse der Teilnehmer erweitern, sondern über die Vermittlung von Wissen hinaus persönliche Kontakte mit behinderten Menschen eingebunden werden. Erst über den Weg des Einbeziehens von Kontakten können – über Information und Aufklärung – neu gewonnene Einsichten mit persönlichen Erfahrungen im sozialen Umgang verbunden werden. Damit wird schon auf die Bedeutung der Variable »Kontakt« hingewiesen.

Kontakt

Cloerkes (1979, 209f. vgl. zu den folgenden Ausführungen: Fries 1991a, 28ff.) begründet die Erwartung, dass zwischen Kontakt mit Behinderten und Einstellungen gegenüber Behinderten ein bedeutsamer Zusammenhang besteht, folgendermaßen:

1. Vorurteile als »Vorausurteile« (Allport 1971, 31ff.), die nicht anhand der Tatsachen auf ihre Gültigkeit überprüft werden können (Heintz 1957, 28), werden in dem Maße einer ausgewogenen, realitätsbezogenen Haltung weichen, in dem das Kennen lernen des Vorurteilsobjekts eine Korrektur des fehlerhaften Verhaltens zulässt.
2. Nach der Auffassung von Heider (1977, 227ff.) neigt eine Person »P« dazu, eine ihr nicht vertraute Person »O« nicht zu mögen, und umgekehrt dazu, eine ihr vertraute Person »o« zu mögen. Da das Verhältnis von Behinderten und Nichtbehinderten durch Mangel an Wissen über und/oder Vertrautheit mit dem physisch oder psychisch »Andersartigen« gekennzeichnet ist, trägt Kontakt dazu bei, Fremdheit abzubauen und stattdessen Vertrautheit zu schaffen.
3. Crawly (1927, 108; zit. in Heider 1977, 226) hat hervorgehoben, dass Vermeidung von Kontakt [...] das universelle Kennzeichen von solchen menschlichen Beziehungen ist, bei denen Ähnlichkeit, Harmonie, Freundschaft und Liebe fehlen, während auf der anderen Seite eine Person dazu neigt, solche Personen zu mögen, mit denen durch Interaktion oder Nähe ein Kontakt besteht. Nach den Annahmen von Homans gilt, dass Personen, die häufig miteinander in Interaktion stehen, dazu tendieren, einander zu mögen. Er schreibt weiter: »Wenn sich die Häufigkeit der Interaktion zwischen zwei oder mehr Personen erhöht, so wird auch das Ausmaß ihrer Neigung füreinander zunehmen und vice versa« (Homans 1968, 125f.).

Cloerkes (1979) hat diese drei Überlegungen zur Begründung der hohen Relevanz des Faktors »Kontakt« in der Einstellungsbildung gegenüber behinderten Menschen in folgender Annahme zusammengefasst, die zugleich den Kern der Erörterungen des Für und Wider zur Gültigkeit der »Kontakthypothese« darstellt: »Personen, die über Kontakt mit Behinderten verfügen, werden günstigere Einstellungen gegenüber Behinderten zeigen als Personen, die keine derartigen Kontakte haben oder hatten. Je häufiger Kontakte mit Behinderten bestanden haben, um so positiver wird die Einstellung des Betreffenden sein« (1979, 210; vgl. auch Cloerkes 1982, 563).

Durch Untersuchungen scheint belegt, dass Kontakt, der lediglich durch eine erhöhte Interaktionsfrequenz gekennzeichnet ist, kaum zu einer Verminderung von (negativen) Einstellungsstrukturen führt. Yuker (1986, zit. in Tröster 1990, 121f.) kommt nach einer Sichtung von 318 empirischen Studien zur Wirkung der Variable »Kontakt« zu folgendem Fazit: Von den insgesamt 318 Untersuchungen zeigten 51% einen positiven Zusammenhang zwischen Kontakten zu Behinderten und der Einstellung ihnen gegenüber, in 39% der Studien ergab sich kein Zusammenhang und 10% der Untersuchungen deuten auf einen ungünstigen Einfluss sozialer Kontakte auf die Einstellungen gegenüber Behinderten hin.

In der Untersuchung von Fries (1991a) wurden insgesamt 263 Nichtbehinderte mit einem standardisierten Fragebogen bezüglich ihrer Einstellungen gegenüber körperbehinderten Personen befragt. Von diesen 263 Versuchspersonen wohnten 144 Personen in einer Ortschaft, in deren Nähe keine Behinderteneinrichtungen angesiedelt waren, 119 Versuchspersonen wohnten in unmittelbarer Nachbarschaft zu einem Körperbehindertenzentrum. Bei einem insgesamt gesehen eher positiven »Einstellungsklima« aller Befragten zeigte sich, dass die Versuchspersonen in unmittelbarer Nachbarschaft zu dem Behindertenzentrum zwar weniger Kontaktunbehagen bei der Begegnung mit körperbehinderten Kindern und Jugendlichen angaben, ansonsten aber keine positiveren – aber auch keine negativeren – Meinungen äußerten als die, die nicht in unmittelbarer Nähe zu einer Behinderteneinrichtung lebten.

Nach einer Sichtung der einschlägigen empirischen Studien listet Cloerkes (2001) folgende positiven und negativen Bedingungen für Kontaktverhalten im Rahmen von Einstellungsänderungen auf:

Positive Bedingungen für die Effizienz der Variablen Kontakt sind demnach: Eine eher positive anfängliche Grundeinstellung und Freude am Kontakt, Freiwilligkeit des Kontaktes, Relative Statusgleichheit in der Beziehung und Verfolgung gemeinsamer Aufgaben.

Zu den negativen Bedingungen können gezählt werden: Häufige, aber unpersönliche und oberflächliche Zufallskontakte, eine eher negative anfängliche Grundeinstellung, Zwangscharakter des Kontaktes und Sozialbeziehungen, die Konkurrenzdenken und Wettbewerb beinhalten.

4 Das Konzept der Bewältigung

*Diskriminierung: »Löst Gefühle von Hilflosigkeit,
Angst und teilweise auch Wut aus«
(Interviewteilnehmerin).*

*»Das lässt mich kalt... Lass sie denken, was sie wollen!«
(Interviewteilnehmerin in der vorliegenden Studie).*

*»Ich verdränge die Behinderung,
ich lasse sie nicht an mich herankommen«
(Aussage einer Mutter; Hackenberg 1992, 97).*

*»Ich versuche es, nach außen zu tragen.
Ich erzähle alles, bringe es den Leuten nahe!«
(Aussage einer Mutter; Hackenberg 1992, 97).*

4.1 Vorbemerkungen

Kaum ein Konstrukt hat nach Broda (1993; 67) die Diskussion der letzten Jahre in der klinischen und medizinischen Psychologie so geprägt wie das Konzept der Bewältigung oder des Coping (in dieser Arbeit werden die Begriffe »Coping« und »Bewältigung« gleichsinnig gebraucht, da sie in der deutschsprachigen Literatur inhaltlich meist nicht klar gegeneinander abgegrenzt werden; vgl. auch Heim 1998).

Die Anzahl der Publikationen ist nahezu unübersehbar geworden, die Vielfalt der Themen innerhalb der Bewältigungsforschung reicht vom »Triathlon bis chronische Krankheit, vom Examensstreß bis zum Verlust von Angehörigen« (Broda 1993, 67), von der Belastung und Bewältigung bei einer progredienten Sehschädigung (Tschamper 1997), von der Auseinandersetzung von Vätern und Müttern mit der Behinderung ihrer Kinder (Hinze 1999), von der Bewältigung von Brustkrebs (Aebischer 1987), von der Entwicklung sozialer Beziehungen und dem Umgang mit Belastungen und seelischer Gesundheit von Theologiestudenten (Jacobs 1994), von der Bewältigung von Prüfungsängstlichkeit (Küpfer 1997), der Bewältigung und Hilfe bei Fehl- und Totgeburt (Beutel 1996) bis hin zu kleinen Widrigkeiten, Unannehmlichkeiten (hassles) des täglichen Lebens (Weber & Knapp-Glatzel 1988b; Weber 1997, 8).

Nach Tesch-Römer (1997) zentriert sich die wissenschaftliche Coping-Forschung u. a. auf die Beantwortung folgender Fragen:

- Was kann unter Bewältigung verstanden werden und wie lässt sich Bewältigung beschreiben?

- Welche Wirkungen auf körperliches Wohlergehen, psychische Befindlichkeiten und soziale Beziehungsnetze haben Bewältigungsprozesse?
- Auf welche Ressourcen kann bei Bewältigung zurückgegriffen werden – und nützt es, das zu tun?
- Wann kann von der Beendigung eines Bewältigungsprozesses ausgegangen werden?

Beutel und Muthy (1988, zit. in Krause 1997, 87) datieren den Beginn systematischer Coping-Forschung auf das Erscheinen des programmatischen Buches von R. S. Lazarus: Psychological Stress and the coping Process (1966).

Themenbereiche wie »Bewältigung chronischer Krankheiten« und »Erforschung kritischer Lebensereignisse« bestimmen seit über zwanzig Jahren die Schwerpunkte forscherischer Tätigkeiten innerhalb der Bewältigungsforschung (vgl. Krause 1997). Im Bereich der Behindertenpädagogik und Behindertenpsychologie werden erst in letzter Zeit Themenbereiche wie »Bewältigung der Geburt eines behinderten Kindes« (vgl. Lang 1999) und »Alltagsbewältigung mit behinderten Kindern« (vgl. Krause 1997; Lang 1999), ebenso Fragestellungen zum Umgang mit Behinderung aus der Sicht betroffener Menschen (vgl. Leyendecker 1992) unter Bewältigungsaspekten dargestellt bzw. vorliegende Ergebnisse im Lichte der Bewältigungsforschung neu interpretiert (z. B. Phasenmodell der Akzeptanz eines behinderten Kindes; vgl. Lang 1999).

Zur detaillierten Darstellung des aktuellen Standes von grundlegenden Fragen der Forschungen zum Bewältigungskonzept sei auf die Publikation von Tesch-Römer, Salewski & Schwarz (1997) verwiesen, ebenso auf eine Bestandsaufnahme des Forschungsstandes der 90iger Jahre von Heim (1998).

4.2 Ausgewählte Konzeptualisierungen und Quellen moderner Bewältigungsforschung

Die Entwicklung der Copingtheorie leitet sich aus Forschungen innerhalb der Psychoanalyse der 50er/60er Jahre ab, wobei man davon ausging, dass jedem psychopathologischen Bild eine bestimmte Abwehrstruktur zugeordnet werden könne. Der Begriff Coping, der die Persönlichkeitsstile im Umgang mit belastenden Situationen umschreiben soll, ist eine Art Überbegriff für die klassischen Abwehrmechanismen, um mit einer belastenden Situation fertig zu werden (zur Diskussion dieses wissenschaftlichen Ansatzes und seiner Modifizierungen: vgl. Beutel 1988, der sich sehr ausführlich mit dem Stellenwert der psychoanalytischen Sichtweise im Rahmen der Coping-Forschung auseinandersetzt).

Ein weiterer Grundstein für die heutigen Konzepte der Bewältigungsforschung liegt im Stresskonzept begründet (z. B. Selye 1956, 1974). Selye (1974, 58) definiert Stress »als die unspezifische Reaktion des Körpers auf jede Anforderung, die an ihn gestellt wird«. Stress löst dabei im Körper Anpassungsvorgänge aus, die Ausdruck von Bestrebungen sind, eine vorausgesetzte und durch Stressoren beeinträchtigte Homöostase wiederherzustellen. Die vorwiegend physiologischen Reaktionen auf bedrohliche und potentiell schädigende externe Anforderungen fasst Selye im »allgemeinen Anpassungssyndrom« zusammen. Diese Sichtweise der Entstehung und Wirkungsweisen von Stress wird später u. a. durch Lazarus & Folkman (1984) erweitert: Lazarus und seine Mitarbeiter rücken kognitive Bewertungen des Bedrohungsgehalts der stressinduzierenden Reizbedingungen als ausschlaggebende Einflussfaktoren (Brüderl 1988a, 29) in den Mittelpunkt einer erweiterten Sichtweise des Stresskonzeptes. Damit wird ein erster Schritt ausgehend vom Reiz-Reaktions-Modell hin zu einem Transaktionalen Modell vollzogen.

Beutel (1988, 2) bemerkt zusammenfassend, dass sich ein Wandel des Bewältigungsparadigmas zu dem Zeitpunkt abzeichnete, als erkannt wurde, dass bei der Lösung von Belastungen nicht die Art, Häufigkeit oder Intensität der Stressperioden entscheidend ist, sondern die Art und Weise, wie Personen Belastungen wahrnehmen und bewältigen, welche Ressourcen und Kompetenzen für die Bewältigung stressvoller Situationen zur Verfügung stehen und wie der permanente Austausch zwischen Person und Umwelt aussieht. Im Zuge dieser veränderten Sichtweise bekommt somit auch die soziale Umwelt eine größere Bedeutung für den Umgang und die Verarbeitung von Belastungen.

In den 70er Jahren ist Coping Gegenstand der Soziologie, wobei man Coping als einen Teil eines allgemeineren Anpassungssyndroms versteht, welches das Ziel hat, die Anforderungen des sozialen Umfelds zu erfüllen. Weiter wurde verstärkt danach gefragt, wie Menschen mit kritischen Lebensereignissen (akuten, gravierenden Belastungssituationen, z. B. Verlust einer Bezugsperson oder Krankheiten) umgehen. Nach French et al. (1974) ist das Ziel des Copingprozesses die bestmögliche Passung (*personal-environment-fit*) zwischen Belastung aus Umfeld und persönlicher Reaktion zu finden. So wurden in zahlreichen Untersuchungen in den vergangenen 20 Jahren (vgl. auch Filipp 1995) konsistent positive Zusammenhänge zwischen dem Auftreten bedeutsamer Lebensereignisse, somatischer und psychischer Belastungen gefunden, bei allerdings mäßigen Zusammenhängen: So zeigten, ähnlich wie bei der Stressforschung, einige Menschen bei wenigen Lebensereignissen hohe Zeichen der Belastung, andere bei vielen Lebensereignissen geringe Belastungen.

Daran änderte auch der Versuch einer standardisierten Gewichtung von Lebensereignissen wenig (vgl. Beutel 1988, 3).

Des weiteren nimmt die Theorie der Salutogenese (Antonovsky 1987; Heim 1994, Schüffel et al. 1998) Einfluss auf die aktuelle Coping-Forschung: Nach den Annahmen der Vertreter der Theorie der Salutogenese befindet sich der Mensch immer auf einer Gratwanderung zwischen Gesundheit und Krankheit, er kann jederzeit je nach seiner Biographie/Ganzheitlichkeit und seinen Ressourcen (pathogene Belastung oder förderlicher Eustress) in Richtung Gesundheit oder Krankheit abbiegen. Das heißt: Im Gegensatz zu kausalen Risikofaktoren stehen nun die persönlichen Ressourcen des Individuums, sein soziales, kulturelles und physikalisches Umfeld, ebenso wie die Person selbst mit ihrer sozialen Einbindung, Intelligenz, Wissen und Identität im Vordergrund der Krankheitsforschung. Vor allem aber auch die Befähigung des Individuums, Belastungen zu bewältigen. Mit Fragestellungen dieser Art wird dem hohen Stellenwert, den Ressourcen in der Bewältigung belastender Situationen innehaben, große Bedeutung beigemessen.

Weiterführende Literatur zum Aspekt der Quellen moderner Bewältigungsforschung und Konzeptionalisierungen des Bewältigungskonzeptes: vgl. Heim (1998), Krause (1997), Tesch-Römer u. a. (1997).

4.3 Bewältigung (Coping): Begriffsbestimmungen und Komponenten

Ganz allgemein formuliert Beutel: »Coping ist immer Auseinandersetzung mit etwas, d. h. mit einer irgendwie gearteten Belastung« (Beutel 1988, 33). Anhand dieser eher weit und pauschal gefassten Beschreibung werden zwei wesentliche Kriterien des Begriffes Bewältigung (Coping) deutlich:
- Coping wird als ›Auseinandersetzung‹ verstanden, die auf einen prozesshaften Charakter des Geschehens hinweist.
- Die vage Beschreibung von Belastung als ›irgendwie geartet‹ verdeutlicht die Problematik, Belastungen und die daraus resultierenden Bemühungen einer Auseinandersetzung mit Belastungen präzise zu definieren.

Es ist eine in der Psychologie hinlänglich bekannte Tatsache, dass die Vielfalt von Fragestellungen eines Forschungsfeldes einhergeht mit der begrifflichen Präzision, mit der wissenschaftliche Aussagen abgeleitet werden können. Dies ist bei Fragen im Kontext der Bewältigungsforschung nicht anders. Die Vielschichtigkeit, wie Vorstellungen von »Bewältigung« sich in einer begrifflichen Vielfalt niederschlagen, soll im Folgenden kurz angerissen werden.

So fassen laut Broda viele Autoren unter Coping alle Bemühungen eines Individuums zusammen, »mit einer belastenden Situation fertig zu werden, *unabhängig* davon, ob die Bemühungen von unmittelbarem (oder mittelbarem) Erfolg begleitet sind« (Broda 1987, 19).

Andere Autoren sprechen erst von einem Bewältigungs- oder Copingverhalten, wenn durch das angewandte Verhalten ein positives Ergebnis, also eine *erfolgreiche Bewältigung* der anstehenden Belastung zu erwarten oder gegeben ist (Effektivitätszentrierte Definitionen von Bewältigung; vgl. Pearlin & Schooler 1982, zit. in Krause 1997, 89; Braukmann & Pilipp 1984, zit. in Trautmann-Sponsel 1988, 14). Als Kriterien der Effektivität sollte nach Pearlin & Schooler (1982) das Ausmaß gelten, zu dem ein Coping-Verhalten die Beziehung zwischen Lebensereignis und emotionalem Stress abschwächt.

Die Autoren vertreten dabei das Konzept der *situativen Spezifität von Coping-Stilen*, d. h.: Weniger psychologische Dimensionen entscheiden über den Bewältigungserfolg als vielmehr unterschiedliche Reaktionen in unterschiedlichen Situationen. Ferner vermuten sie, dass eine erfolgreiche Bewältigung auch davon abhängt, wie viele verschiedene Coping-Verhaltensweisen zur Verfügung stehen (quantitativer Aspekt der Coping-Strategien; vgl. auch Krause 1997, 93).

Eine weitere Gruppe von Autoren stellt bei der begrifflichen Fassung von Bewältigung den *zeitlichen Aspekt im Zusammenhang mit dem Bewältigungsgeschehen* in den Vordergrund, wie z. B. Broda (1987): »Das Bewältigungsergebnis muß sich nicht im kurzfristigen Erfolg oder Scheitern zeigen, sondern kann durchaus längerfristige Konsequenzen haben. Dieser Umstand läßt sich auch an der oft als schützend beschriebenen Wirkung von Verleugnung aufzeigen; dabei wird erkennbar, daß unter bestimmten Konstellationen Verleugnung sehr adaptive Funktionen beinhaltet, während in anderen Zusammenhängen für das Individuum Schaden entstehen kann.« (Broda 1987, 19).

Als von vielen Autoren akzeptiert und anerkannt (z. B. von Beutel & Muthy 1988; Bossong 1999, 5) gilt die Bewältigungs-Definition von Lazarus & Folkman (1984). Die Autoren haben vorgeschlagen, Coping zu bestimmen als »sich ständig verändernde, kognitive und verhaltensmäßige Bemühungen einer Person, die darauf gerichtet sind, sich mit spezifischen externen und/ oder internen Anforderungen auseinander zu setzen, die ihre adaptiven Ressourcen stark beanspruchen oder übersteigen« (Lazarus & Folkmann 1984; zit. n. Brüderl 1988a, 15).

Bewältigung bezieht sich demnach auf alle Versuche eines Individuums, interne oder externe Anforderungen zu vermindern, zu meistern oder zu tolerieren: »The cognitive and the behavioral efforts to made to master, tolerate or reduce external and internal demands and conflicts among them« (Folkman & Lazarus 1980, 223).

Diese Definition enthält folgende wesentliche Komponenten:
- Bewältigung ist ergebnisunabhängig
- Bewältigung ist prozess- und nicht statusorientiert
- Bei Bewältigung wird differenziert zwischen externen und/oder internen Anforderungen
- Bewältigung beinhaltet kognitive und handlungsorientierte Aspekte
- Bewältigung ist von Ressourcen abhängig

Es wird deutlich, dass im Sinne von Lazarus und Mitarbeitern die Belastung nicht absolut als gegeben, sondern als Ausdruck des Verhältnisses zwischen Anforderung und Möglichkeiten (adaptive Ressourcen) verstanden wird. Der Prozesscharakter von Coping wird zusätzlich durch die permanente Veränderung unterstrichen. Auf eine explizitere Darstellung der Auffassung von Lazarus und Mitarbeitern wird später noch einmal genauer eingegangen werden.

Zusammenfassend soll festgehalten werden:
Begriffliche Dissonanzen über Coping bzw. Bewältigung haben dazu geführt, dass die Zahl der Publikationen nahezu »unüberschaubar« (Schwarz u. a. 1997, 1) geworden ist, die Thematik der »Bewältigung« sich größter Popularität erfreut, wobei aber die Popularität des Copingkonzeptes beispielsweise bezogen auf das Feld »Krankheitsbewältigung« – »in inverser Beziehung zum Grade seiner Präzisierung steht« (Braukmann & Filipp 1984, 53). Braukmann & Filipp (1984, zit. in Schwarz u. a. 1997, 1) schlagen deshalb als Reaktion auf die Begriffsvielfalt konsequenterweise vor, den Bewältigungsbegriff jeweils nur in Zusammenhang mit der Theorie, in der er entwickelt und verwendet wird, zu gebrauchen.

4.4 Ausgewählte Theorien und Modelle der Bewältigung

4.4.1 Übersicht

In der Bewältigungsforschung können nach Wendt (1995, 25ff.) drei theoretische Strömungen mit unterschiedlichen Erklärungsansätzen unterschieden werden, wobei das Bewältigungsverhalten in seiner Komplexität von keinem »Modell vollständig verstanden wird«.

Die theoretischen Strömungen sollen im folgenden Schaubild kurz skizziert werden, in den sich anschließenden theoretischen Ausführungen soll die transaktionale Sichtweise von Lazarus und Mitarbeitern näher erörtert werden.

Theorien und Modelle in der Bewältigungsforschung
Auswahl und Übersicht
Quelle: Wendt 1995

Ich-Psychologisches Modell

Konzept der Abwehr
Gefühle werden durch unbewußte, adaptive Abwehrmechanismen gemeistert
Bewältigung als Funktion reifer Ich-Prozesse
z.B. VAILLANT 1971
Kritik: Wendt 1995
Beutel 1988

Dispositionales Modell

Der Bewältigungsprozess wird gesehen in Abhängigkeit bestimmer Dispositionen, z. B. in Abhängigkeit unterschiedlich ausgeprägter Persönlichkeitsdimensionen
(Kritik: Wendt 1995)

Umgebungsbezogene Sichtweisen

Bewältigung im Kontext einer spezifischen stressreichen Situation.
Grundlegende Annahme: Bewältigungsgedanken und -Handlungen werden von der Beziehung zwischen Person und Umwelt während des stressreichen Ereignisses beeinflusst
Lazarus und Mitarbeiter: Transaktionales Modell
Perrez & Reicherts: Situation-Verhaltensmodel der Belastungsverarbeitung
Heim und Mitarbeiter: Integriertes Modell der Krankheitsverarbeitung
Darstellung und Kritik: Wendt 1995, S.72ff.

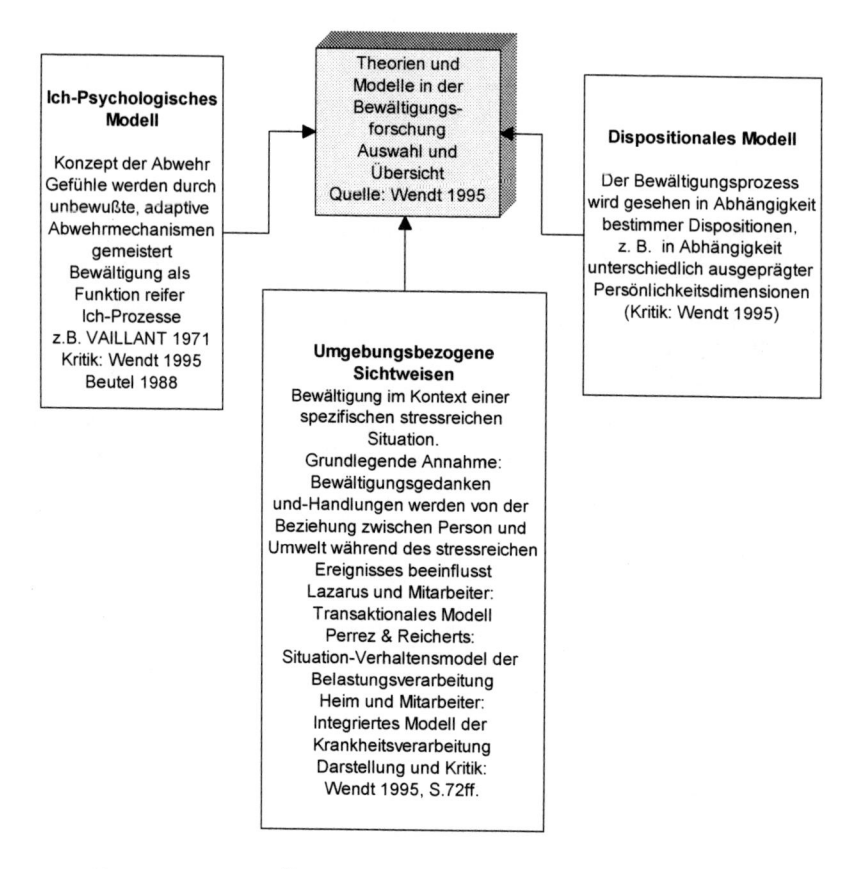

Abb. 5: Vereinfachte Übersicht über Theorien und Modellvorstellungen zum Bewältigungsverhalten
(in Anlehnung an die theoretischen Ausführungen von Wendt 1995)

Nach Bossong (1999, 5) können grundlegenden Fragen der Bewältigungsforschung am besten im Rahmen des Transaktionalen Bewältigungsmodells von Lazarus und Mitarbeitern beantwortet werden, das »zur Zeit die breiteste Akzeptanz besitzt«.

4.4.2 Das Transaktionale Modell der Bewältigung von Lazarus und Mitarbeitern

Grundannahmen

Broda (1993, 70) macht darauf aufmerksam, dass mit dem Forschungsansatz von Lazarus und Mitarbeitern in der Bewältigungsforschung eine »radikal andere Betrachtungsweise« durch folgende neue Sichtweisen zustande kam:
1. Es wurden weiche, also subjektive Daten in die Betrachtung mit einbezogen.
2. Es rückte die Erkenntnis in den Vordergrund, dass »objektiv identische Stimuli unter gleichen Außenbedingungen (Konstanthaltung von Moderatorvariablen) deswegen unterschiedliche Reaktionen hervorriefen, weil subjektive Bewertungsvorgänge die emotionale Bedeutung eines jeweiligen Ereignisses unterschiedlich akzentuierten« (Broda 1993, 70).

Das Transaktionale Modell von Lazarus und Mitarbeitern basiert auf folgenden *Grundannahmen* (vgl. Wendt 1995, 27ff.):

a) Geschehen und Verhalten werden weder ausschließlich von der Person noch von den Umweltbedingungen her betrachtet. *Transaktion* soll betonen, dass Person und Umwelt untrennbar miteinander zusammenhängen, wechselseitig aufeinander einwirken und sich ständig verändern.
Ein weiteres Merkmal von Transaktion ist, dass die Beziehung zwischen Person und Umwelt reziprok ist, so dass sich eine Veränderung auf der einen Seite unweigerlich auf die andere Seite auswirkt. Dazu führt Wendt (1995, 27) beispielsweise an, dass eine Bedrohung erst dann entsteht, wenn eine Situation mit bestimmten Charakteristiken und eine Person, die genau diese Situation als Bedrohung erlebt, zusammentreffen.

b) Ein wechselseitiges Zusammenspiel von Person und Umwelt ist ein prozesshaftes Geschehen, mit ständiger *Veränderung über die Zeit und über verschiedenen Situationen hinweg*.
Lazarus & Folkman (1984) folgern daraus, dass die Beobachtung des Bewältigungsgeschehens somit an Bedingungen geknüpft sind, die von Wendt (1995, 28) wie folgt beschrieben werden (wobei mit diesen Bedingung zugleich schon die Problematik der Diagnostik und der empirischen Überprüfungsmöglichkeiten des Transaktionalen Modells angesprochen sind):
- Die Bewältigungsgedanken und -handlungen müssen, während sie stattfinden oder sobald sie auftauchen, erfasst werden. Es geht nicht darum, was eine Person gewöhnlich denkt und tut, sondern wie sie jetzt in dieser speziellen Situation denkt und handelt.

- Die Situation, in der Bewältigungsverhalten stattfindet, muss detailliert beschrieben werden. Bewältigung kann nur dann als ein Prozess betrachtet werden, wenn das Verhalten in einem Moment mit dem Handeln im nächsten verglichen werden kann. Für jeden einzelnen Moment müssen Kontextbedingungen bestimmt werden.
- Bewältigung muss immer über zahlreiche Zeitpunkte und über unterschiedliche Situationen hinweg gemessen werden.

Die Bausteine des Transaktionalen Modells

Der Bewältigungsvorgang im Sinne von Lazarus und Mitarbeitern lässt sich nach Wendt (1995, S. 30; vgl. auch die folgende Abbildung) in die Hauptvariablen

- kausale Ausgangsbedingungen
- vermittelnde Prozesse
- und die Effekte einteilen.

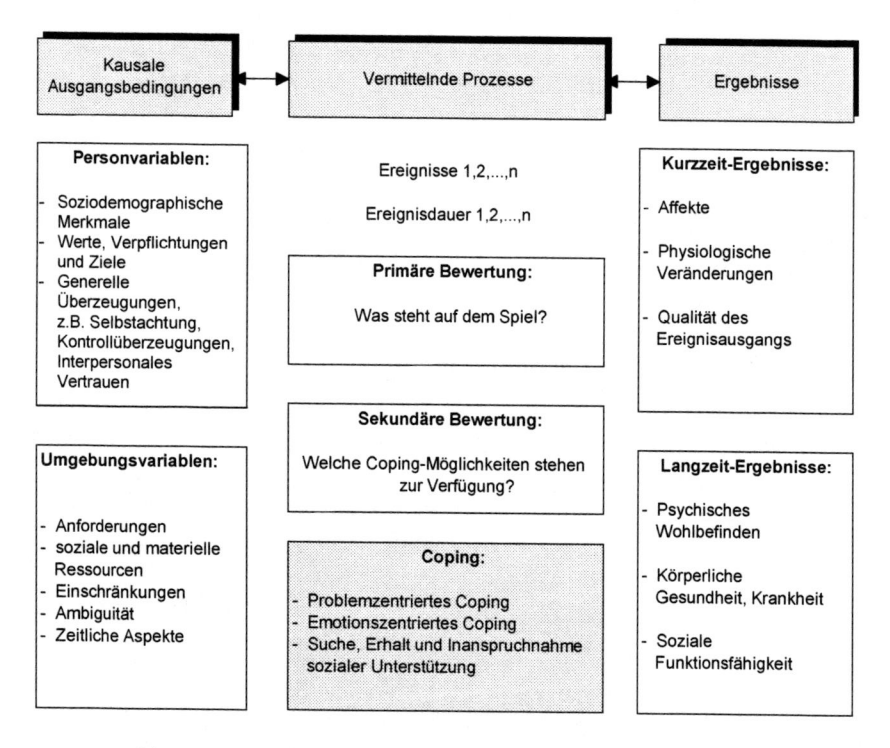

Kausale Ausgangsbedingungen	Vermittelnde Prozesse	Ergebnisse
Personvariablen: - Soziodemographische Merkmale - Werte, Verpflichtungen und Ziele - Generelle Überzeugungen, z.B. Selbstachtung, Kontrollüberzeugungen, Interpersonales Vertrauen	Ereignisse 1,2,...,n Ereignisdauer 1,2,...,n **Primäre Bewertung:** Was steht auf dem Spiel?	**Kurzzeit-Ergebnisse:** - Affekte - Physiologische Veränderungen - Qualität des Ereignisausgangs
Umgebungsvariablen: - Anforderungen - soziale und materielle Ressourcen - Einschränkungen - Ambiguität - Zeitliche Aspekte	**Sekundäre Bewertung:** Welche Coping-Möglichkeiten stehen zur Verfügung? **Coping:** - Problemzentriertes Coping - Emotionszentriertes Coping - Suche, Erhalt und Inanspruchnahme sozialer Unterstützung	**Langzeit-Ergebnisse:** - Psychisches Wohlbefinden - Körperliche Gesundheit, Krankheit - Soziale Funktionsfähigkeit

Abb. 6: Modell der kognitiven Bewertung und Stressbewältigung (nach Wendt 1995, S. 31; mod. in Anlehnung an Lazarus & Folkman 1987, S. 144; Übersetzung durch die Verfasserin)

Das Konzept der Bewältigung

Kausale Ausgangsbedingungen

Zu den umgebungsbezogenen und personenbezogenen Ausgangsbedingungen zählen personenimmanente Variablen wie z. B. Überzeugungssysteme eines Menschen, Zielhierarchien, bestimmte Persönlichkeitseigenschaften, Vertrauen in die eigenen Fähigkeiten, Selbstwertgefühl usw. und bestimmte Merkmale, mit der eine bestimmte Situation als möglicherweise bedeutsam für den Gang des Bewältigungsprozesses gekennzeichnet werden kann (z. B. soziale und materielle Ressourcen).

Viele Autoren (z. B. Beutel 1988) nehmen an, dass dieses mögliche Set vielfältiger umgebungsbezogener und personenbezogener Ausgangsbedingungen interindividuelle Unterschiede im Bewältigungsverhalten und in der Bewertung der stressreichen Situation bedingt, worauf später noch einmal eingegangen werden soll.

Vermittelnde Prozesse: Primäre Bewertung, Sekundäre Bewertung, Bewältigung

Das *Konzept der unterschiedlichen Bewertungsvorgänge* wird von Lazarus und Mitarbeitern schon in den früheren Arbeiten thematisiert (vgl. Wendt 1995, 30 mit zahlreichen Literaturhinweisen zu Arbeiten von Lazarus und Mitarbeitern) und zählt zu den zentralen Annahmen der Konzeption.

Es gilt für eine Person folgende Annahme: Ein Ereignis tritt ein, dieses bestimmte Ereignis führt zu Veränderungen, die sich auf die Transaktion von Person und Umwelt auswirken. Es treten *Bewertungsprozesse* auf, die wie folgt gekennzeichnet werden können:

Primäre Bewertung (primary appraisal)

Eine Person bewertet eine Transaktion (Person-Umwelt-Beziehung), die Person schätzt z. B. ein, was für sie auf dem Spiel steht, welche Bedeutung das Geschehen für das eigene Wohlbefinden hat. Ist die Transaktion nach der Bewertung der Person stressreich, so sind drei Varianten primärer Bewertungen von Stress möglich (vgl. Wendt 1995, 30):
Die stressreiche Transaktion kann für das Individuum

- *Schädigung oder Verlust* sein, was sich auf ein bereits eingetretenes Ereignis bezieht, z. B. den Verlust einer geliebten Person, den Verlust körperlicher Funktionstüchtigkeit, den Verlust der sozialen oder Selbstwertschätzung oder den Verlust der existenziellen Sinngebung.
- *Bedrohung* sein, wobei davon ausgegangen wird, dass Ereignisse noch nicht eingetreten sind, aber erwartet werden, was auch in Form einer Schädigung oder eines Verlustes geschehen kann, z. B. bevorstehende oder

voranschreitende Behinderung durch eine Krankheit. Ein Ereignis wird sozusagen gedanklich vorweggenommen und als bedrohlich eingeschätzt.
- *Herausforderung* sein, wobei es sich hier um eine positive Einschätzung der Transaktion handelt und diese einen Ansporn und eine Möglichkeit für persönliches Wachstum, Gewinn und Meisterung einer Situation darstellt.

Lazarus (1990) geht davon aus, dass diese drei Formen der stressreichen Bewertung unterschiedlichen Einfluss auf die Effektivität von Bewältigungsprozessen und das psychische und physische Wohlbefinden haben.

Sekundäre Einschätzung (secondary appraisal)

Die primäre Bewertung wird durch die nachfolgende *sekundäre Bewertung* »entscheidend ergänzt« (Wendt 1995, 32):

Die Einschätzung der Situation erfolgt hinsichtlich der Frage einer Person an sich selbst, ob kognitive, emotionale oder aktionale Verhaltensmöglichkeiten vorhanden sind, mit denen die gestörte Person-Umwelt-Beziehung verbessert werden kann. Im *Prozess der sekundären Einschätzung* überprüft eine Person also alle Ressourcen, die ihr verfügbar erscheinen, um auf eine Herausforderung einzugehen, eine Bedrohung abzuwenden oder die Konsequenzen eines Verlustes abzumildern (vgl. Leppin 1994, zit. in Starke 2000, 9)

Während bei primären Einschätzungen das subjektive Wohlbefinden Gegenstand des Informationsverarbeitungsprozesses ist, sind es bei den sekundären Einschätzungen die subjektiven Ressourcen, die zur erfolgreichen Bewältigung beitragen können« (Jerusalem 1990, 11) Damit wird die Entscheidung getroffen, welches Bewältigungsverhalten man anwendet. Werden in der »sekundären« Einschätzung kaum oder keine Möglichkeiten für die Veränderung der stressreichen Transaktion gesehen, so können intrapsychische Copingmechanismen (Abwehrverhalten, Reaktionsbildung, verstärkte negative Emotionen, Aktionshemmung) in den Vordergrund treten. Lazarus (1990, 215) hebt hervor, dass die Prozesse der sekundären und primären Einschätzung voneinander abhängig sind, »untrennbar miteinander verbunden sind«.

Wendt (1995, 32) führt zu diesem Sachverhalt aus: »Sobald die Person Veränderungsmöglichkeiten in einer bedrohlichen Situation sieht, nimmt die Bedrohung ab oder verschwindet ganz. Primäre und sekundäre Bewertung beeinflussen sich gegenseitig, eine feste zeitliche Reihenfolge kann nicht festgelegt werden. Nachdem klar ist, was auf dem Spiel steht und ob Handlungsressourcen vorhanden sind, kann die Person entscheiden, was sie tun will, um die Anforderung zu bewältigen.«

Neubewertung (reappraisal)

In den ersten Arbeiten von Lazarus und Mitarbeitern (vgl. Wendt 1995, 32) ist neben der primären und sekundären Bewertung eine *Neubewertung (reappraisal)* wesentlicher Bestandteil der Theorie. Dieser dritte Schritt erfolgt nach der Anwendung verschiedener Copingmechanismen und dient der Reflexion, in dem Informationen über die eigenen Reaktionen und Copingformen verarbeitet und bewertet werden. Die »Neueinschätzung« als Rückkopplung darf dabei nicht nur als auf die angewandten Copingmechanismen bezogen, sondern auch als auf die sich weiter verändernden Transaktionen (Situation und Informationen aus der Umwelt → Rückmeldungen) und die »primären Einschätzungen« (Emotionen) bezogen verstanden werden. Die *Neueinschätzungen als permanente Rückkopplungen* ermöglichen erst die *Flexibilität von* Copingprozessen, die zu einer erfolgreichen Verarbeitung notwendig ist.

Begründet wird die Forderung nach Flexibilität durch folgende Aussage: »Unser ganzes Leben hindurch sind wir dabei, Ereignisse auf ihre Bedeutung und ihren Sinn einzuschätzen und umzubewerten. Dies ist ein Grund dafür, warum Emotionen fortwährend im Fluß sind und sich in Intensität und Qualität verändern, abhängig davon, wie die sich wandelnden Merkmale von Ereignissen und Situationen von Personen eingeschätzt werden« (Lazarus 1995, 214).

Der Prozess der Neueinschätzung setzt später als die anderen Bewertungsprozesse ein und liefert neue Informationen aus der Umwelt oder den Reaktionen des Individuums, wodurch eine neue primäre Bewertung, eine Umbewertung und damit ein neuer Verarbeitungskreislauf möglich ist.

Starke (2000, 9) weist darauf hin, dass der »reappraisal«-Vorgang sich inhaltlich nicht von den Vorgängen der primären und sekundären Einschätzung unterscheidet. Die Neubewertung erfolgt zu einem späteren Zeitpunkt in der Chronologie der transaktionalen Auseinandersetzung von Person und Umwelt und stellt eine Wiederholung dar, die immer dann vorgenommen wird, wenn das »Individuum neue Informationen hinsichtlich der Situation respektive der Person erhält«.

Konkretes Bewältigungsverhalten (Coping)

Konkretes Bewältigverhalten resultiert – wie oben dargestellt – aus den beschriebenen Bewertungsprozessen. Bewältigung beinhaltet nach Lazarus und Mitarbeitern zwei wesentliche Hauptfunktionen, nämlich die problemzentrierte Bewältigung und die emotionszentrierte Bewältigung.

Zur *problemzentrierten Bewältigung* gehören vor allem bewusst geplante Handlungen, um die aktuell gestörte Person-Umwelt-Beziehung zu verändern. *Emotionszentrierte Bewältigung* setzt an der Kontrolle der durch die Situation entstandenen (negativen) Emotionen an (auch: Regulation negativer Effekte).

In der Regel dürften in Belastungssituationen sowohl problem- als auch emotionszentrierte Formen der Bewältigung auftreten, wobei Wendt (1995, 36) auf Studien hinweist, in denen Versuchspersonen in Abhängigkeit bestimmter Situationen eher problemorientiertes oder eher emotionsorientiertes Bewältigungsverhalten präferierten (zur Problematik der Wahl der Bewältigungsstile: vgl. Wendt 1995).

Diese beiden Grundfunktionen werden durch vier näher beschriebene Copingformen operationalisiert:

- *Informationssuche:* Diese konkretisiert sich in der Suche nach Informationen, die zur (aktiven) Lösung des Problems beitragen, oder aber in der Suche nach solchen Informationen, die zur Regulation von Emotionen hilfreich sind (indem beispielsweise dissonante Informationen vermieden und selbstwertdienliche Informationen im Sinne der Annahme der Theorie der kognitiven Dissonanz gesucht werden).
- *Direkte Aktion*: Diese Form schließt alle Aktivitäten ein, die dazu verwendet werden, stressreiche Situationen in den Griff zu bekommen. Sie können sehr vielfältig und beiden Funktionen zugeordnet sein.
- *Aktionshemmung*: Sie kann eingesetzt werden, um Schädigung durch Unterdrückung von Handlungsimpulsen zu verhindern. Genauso kann sie beitragen, normative Grenzen einzuhalten und andere Handlungsimpulse möglich zu machen.
- *Intrapsychische Formen*: Damit sind alle Prozesse gemeint, die der Regulation von Emotionen dienen. Inbegriffen sind demnach Abwehrmechanismen, Distanzierungen und Reaktionsbildungen, die hilfreich sind, die Belastung zu lindern und das Wohlbefinden zu steigern oder andere Persönlichkeitsvariablen wie den Selbstwert zu schützen.

Ergebnisse der Bewältigungsbemühungen

Die vielfältigen kognitiv-emotionalen Bemühungen des Menschen können – wie das vorherige Schaubild gezeigt hat – in Ergebnisse mit eher *kurzfristiger Wirkung* und in Ergebnisse mit eher *längerfristiger Wirkung* unterteilt werden.

Zu den kurzfristigen Ergebnissen können nach Wendt (1995, 34f.) beispielsweise unmittelbar auftretende Affekte (z. B. Wut, Freude, Trauer), physiologische Veränderungen (z. B. erhöhte oder verminderte Muskelspannung) und die Qualität des Ereignisausganges (Situation – verbessert oder verschlechtert) gezählt werden. Längerfristige Ergebnisse lassen sich unterteilen in Kategorien wie körperliche Gesundheit, subjektives psychisches Wohlbefinden und soziale Funktionsfähigkeit.

Das folgende Schaubild (Abbildung Nr. 7) enthält in schematisierter Form die wichtigsten Variablen des Transaktionalen Modells nach Lazarus und Mitarbeitern.

Bewertung der Situation (primäre Bewertung)
> bedrohend
> schädigend
> herausfordernd

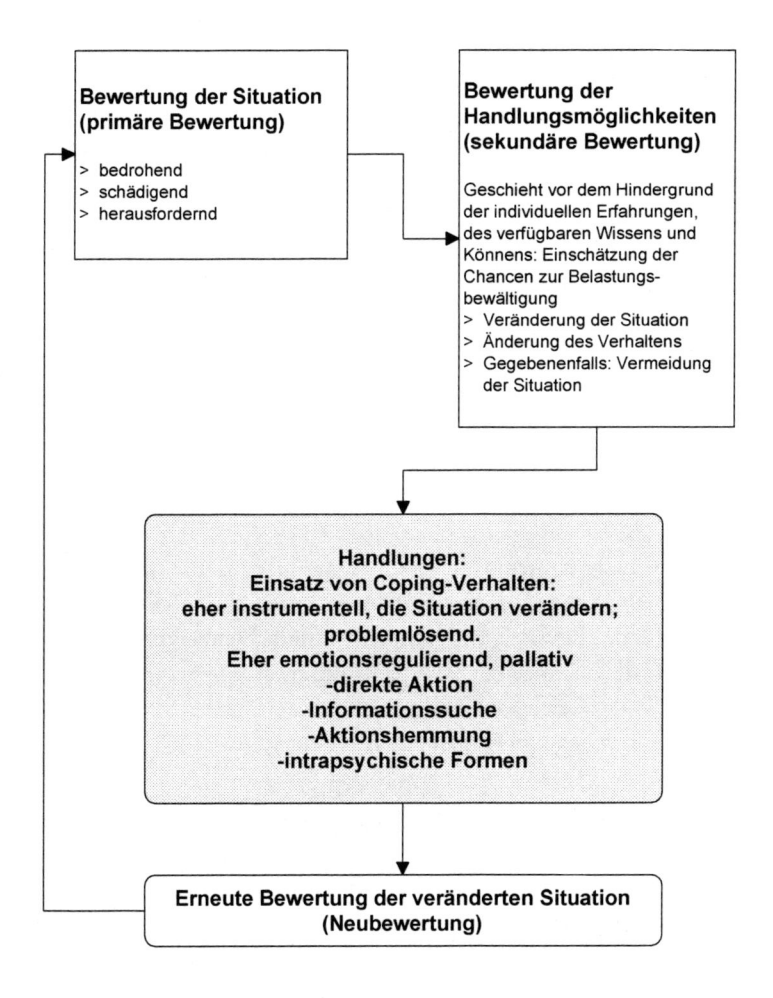

Bewertung der Handlungsmöglichkeiten (sekundäre Bewertung)
Geschieht vor dem Hindergrund der individuellen Erfahrungen, des verfügbaren Wissens und Könnens: Einschätzung der Chancen zur Belastungsbewältigung
> Veränderung der Situation
> Änderung des Verhaltens
> Gegebenenfalls: Vermeidung der Situation

Handlungen:
Einsatz von Coping-Verhalten:
eher instrumentell, die Situation verändern;
problemlösend.
Eher emotionsregulierend, palliativ
-direkte Aktion
-Informationssuche
-Aktionshemmung
-intrapsychische Formen

Erneute Bewertung der veränderten Situation (Neubewertung)

Abb. 7: Der Prozess der Bewältigung im Transaktionalen Modell von Lazarus und Mitarbeitern (schematisch vereinfachte Darstellung)

Zusammenfassung der Annahmen des Transaktionalen Modells

Grundlage des Copingprozesses nach Lazarus und Mitarbeitern ist das Transaktionale Modell der Beziehungen zwischen Personen und Situationen (Umwelt). Kernpunkt dieses Modells ist die Annahme, dass die Person nicht passiv irgendwelchen Belastungen ausgesetzt ist, sondern zwischen der Person und ihrer Umwelt eine prozesshafte, dynamische und wechselseitige Beziehung besteht.

1. Die Theorie nennt zwei Prozesse als zentrale Mediatoren: Kognitive Bewertungen und Bewältigung (Coping). Sie bestimmen die unmittelbaren und längerfristigen Ergebnisse der stressbezogenen Person-Umwelt-Interaktion.

2. Kognitive Bewertungen sind Beurteilungsprozesse, durch die eine Person feststellt, ob und in welcher Weise eine bestimmte Umweltgegebenheit für ihr Wohlergehen relevant ist. Es werden primäre und sekundäre Bewertungen postuliert.

   Zur Bewältigung (Coping) gehören alle kognitiven oder verhaltensmäßigen Versuche der Person, die belastenden Anforderungen, die sich aus ihrer Auseinandersetzung mit den bedrohlichen Aspekten der Umwelt ergeben haben, in den Griff zu bekommen. Diese können problemzentriertes Coping sein, die Bewältigung kann aber auch emotionszentriert ablaufen, wobei beiden Wege oft ineinander übergehen.

   Die Transaktionale Konzeption der Auseinandersetzung der Personen mit Verlusten, Bedrohungen und Herausforderungen impliziert, dass dieses Wechselspiel von Bewältigungsversuchen und Neubewertungen solange fortgesetzt wird, bis entweder die Bedrohung eliminiert, das Ziel erreicht ist oder die Person sich von nicht erreichbaren Zielen innerlich abgelöst hat, sich stressfrei arrangiert hat (vgl. Bossong 1999, 6).

3. Lazarus und Mitarbeiter haben somit den Zusammenhang und die wechselseitige Abhängigkeit deutlich gemacht, unter der Belastungsbewältigung konzipiert werden muss.

   Bewältigung ist also zusammenfassend ein ständig fortschreitender Prozess und kein Zustand oder Ergebnis, wobei dieser Prozess in aktiven Leistungen des Menschen besteht, innerhalb dessen keine Unterscheidung zwischen gutem und schlechtem Coping gemacht wird und diese Bemühungen auch unabhängig vom Ergebnis gesehen werden (vgl. Broda 1993, 67f.).

4. Kritisch ist festzuhalten:
   Die Stärke dieses Modells liegt ohne Zweifel darin, dass darauf hingewiesen wird, dass Bewältigung in einem komplexen Prozess stattfindet, stress-

reiche Ereignisse unterschiedliche Phasen durchlaufen, in denen sich situative Anforderungen, kognitive Bewertungen und das Bewältigungsverhalten verändern. Damit wird ein Stück menschlicher Wirklichkeit hinterfragt und zu erklären versucht.

Allerdings – und dies ist die Konsequenz einer solchen komplexen Sichtweise – lässt sich dieses Modell aufgrund seines nicht-linearen Charakters nur schwer »messen«. Ähnlich der Vorstellungen von Kommunikationsabläufen (vgl. Watzlawick 1993) bedingen die beteiligten Komponenten gegenseitige Veränderungen, die wiederum auf sie zurückwirken und zum Ursprung neuer Veränderungen werden. Somit kann Coping als Kreislauf beschrieben werden, der durch eine kausale Ursache-Wirkung-Beschreibung nicht erfasst werden kann. Beim Coping kommt hinzu, dass die Situation mit mehreren Komponenten (Ort, beteiligte Personen, Zeit) auf die Bewertungen der Person Einfluss nimmt.

Zu weiteren kritischen Anmerkungen zum Transaktionalen Modell verweise ich auf Starke 2000, 83ff.

Der Zusammenhang von Belastung und Bewältigung ist – wie dargestellt – von »hochkomplizierter Natur« und nach Broda (1993, 71) objektiven Untersuchungen nur schwer zugänglich. Dies gilt vor allem für die Erfassung von Copingverhalten unter dem Aspekt der Neubewertungen in Situation und Zeit. Bei der Diskussion der diagnostischen Erfassung von Bewältigungsverhalten wird auf dieses Problem im Zusammenhang mit den Annahmen des Transaktionalen Modells noch einmal eingegangen werden.

4.5 Ressourcen im Bewältigungsprozess

Bossong (1999, 5) beginnt seine Ausführungen zur Thematik »Bewältigungsregulierender Dispositionen« mit folgenden Fragestellungen:

»Wie gehen Personen mit Belastungen um? Welche Mechanismen bewirken, daß die gleichen objektiven Belastungen bei verschiedenen Personen zu ganz unterschiedlichen Emotionen und Verhaltensreaktionen führen? Und wie kommt es, daß bestimmte Personen mit einer Vielzahl verschiedenartiger Belastungssituationen besser zurechtkommen als andere?«.

Die Thematik von Stress und Belastung bei Eltern behinderter Kinder wird innerhalb der Heilpädagogik verstärkt zum Gegenstand von wissenschaftlichen Forschungen, was zur Folge hat, dass Fragestellungen aus der Copingbzw. Bewältigungsforschung zwangsläufig an Bedeutung gewinnen und systematischer bearbeitet werden. In diesem Zusammenhang möchte ich einige

Studien aus der Heilpädagogik anführen, um die von Bossong oben genannten Fragestellungen – in Anlehnung an Krause (1997, 86) – zu illustrieren.

In der Studie von Cameron und Orr (1989, zit. in Krause 1997, 86) über Stressbelastung von Eltern schulpflichtiger Kinder mit kognitiver Entwicklungsverzögerung hielt sich nur die Hälfte der befragten Eltern als allenfalls mäßig oder geringfügig belastet.

Sarimski und Hofmann (1994, zit. in Krause 1997, 86) konnten ebenfalls bestätigen, dass einem großen Teil der befragten Mütter geistigbehinderter Kinder eine befriedigende Anpassung an die Lebenssituation gelingt und sie sich nicht stärker überfordert fühlen als Mütter gleichaltriger, nichtbehinderter Kinder. Dyson (1993, zit. in Krause 1997, 86) folgert aus einer Analyse vorliegender Untersuchungen, dass höhere Stressbelastung bei Familien mit behinderten Kindern nicht notwendigerweise in deviante Familienentwicklungen und gestörte Familiendynamiken münden muss.

Zur Divergenz der vorliegenden Forschungsergebnisse zum Thema: Stress und Belastung bei Eltern behinderter Kinder bemerkt Krause (1997, 86) weiter: »Einesteils ist die Uneinheitlichkeit der Forschungsergebnisse auf Verschiedenheit der Meßinstrumente zurückzuführen. Andrerseits scheinen *Moderatorvariablen* zu existieren, die bei großer Streßbelastung die Person vor dem Zusammenbruch bewahren. Dazu gehören Faktoren wie soziale Unterstützung, eheliche Harmonie, Bewältigungsstrategien und sozioökonomische Sicherheit. Deren Wirkweise zu analysieren ist Thema der Coping- bzw. Bewältigungsforschung«.

In diesem Abschnitt möchte ich kurz darstellen, durch welche Faktoren und in welcher Form Prozesse der Bewältigung mitbeeinflusst werden können, wobei schwerpunktmäßig solche Faktoren ausführlicher beschrieben werden sollen, die im Rahmen der vorliegenden Studie in die experimentelle Planung miteingeschlossen worden sind. Bezogen auf den Aspekt der Bewertung und Bewältigung diskriminierenden Situationen sind dies die Faktoren Alter, Geschlecht, Persönlichkeitsdispositionen und soziale Unterstützung.

Nach Beutel (1988) sind es bestimmte situative Einflüsse, personale Ressourcen und soziale Ressourcen, die in den Verlauf von Bewältigungsprozessen in unterschiedlicher Weise wirksam werden können.

Das Konzept der Bewältigung

Situative Einflüsse	Personale Ressourcen	Soziale Ressourcen
Erwünschtheit	Kontrollüberzeugung	Soziale Unterstützung
Kontrollierbarkeit	Attributionen	
Vorhersagbarkeit	Selbstwertgefühl	
Ambiguität	Kompetenz	
Intensität	Alter, Geschlecht	
Zeitlicher Verlauf		

Tabelle 1: Übersicht über bewältigungsregulierende Faktoren (Auswahl in Anlehnung an Beutel 1988, S. 61ff.)

Personale Ressourcen

Die Bedeutung von Personfaktoren als Moderatoren im Bewältigungsprozess wird von Bossong (1999) dahingehend beschrieben, »daß sie nur mittelbar in das Geschehen eingreifen, indem sie das *Auftreten spezifischer Bewertungen, Emotionen und Bewältigungsformen entweder begünstigen oder erschweren*« (1999, 9). Bossong illustriert die Bedeutung von spezifischen Persönlichkeitsfaktoren an folgenden Beispielen: »So werden Personen mit einer hohen generalisierten Einschätzung ihrer Selbstwirksamkeit, angesichts einer Bedrohung, eher zu einer sekundären Bewertung kommen, die eine erfolgreiche Auseinandersetzung anzeigen als Personen mit einer geringeren Einschätzung der eigenen Tüchtigkeit. Oder wir würden bei hochängstlichen (im Vergleich zu niedrigängstlichen) Personen erwarten, daß sie auf das gleiche Verhältnis von eingeschätzter Belastung und eigenen Kräften mit höherer Angst reagieren und in der Folge auch vermehrt emotionszentrierte Bewältigungsformen einsetzen«.

Diese beiden Beispiele verdeutlichen, dass beispielsweise im Rahmen des Transaktionalen Modells von Lazarus und Mitarbeitern Menschen in Abhängigkeit unterschiedlicher persönlichkeits-spezifischer Strukturen sowohl Situationen anders bewerten (Persönlichkeitsfaktoren und primäre Bewertung) als auch zu einer anderen Problemlösestrategie kommen (Persönlichkeitsfaktoren, sekundäre Bewertung und Problemlösestrategien).

In der folgenden Auflistung hat Beutel (1988, 72) den Versuch unternommen, in einer Zusammenstellung ausgewählte Persönlichkeitsvariablen dahingehend zu bewerten, wie sie Verarbeitungsprozesse beeinflussen können. Allerdings kann eine solche Aufstellung nur Hinweise auf irgendwie geartete Einflüsse der genannten Persönlichkeitsvariablen, auf den Prozess und die unterschiedlichen Phasen des Bewältigungsprozesses veranschaulichen, ohne hinreichend gesicherte empirische Absicherungen.

Selbstkonzeptvariablen	Ich-Funktionen
+* Selbstwertgefühl	+ Intelligenz
+ Selbstwirksamkeit	+ Ich-Stärke
+ Optimismus	± Repression
− Fatalismus	± Sensitization
+ Hardiness	± Feldorientierung
− Hilflosigkeit	+ Problemlösungsfähigkeiten
− Hoffnungslosigkeit	+ soziale Kompetenz
± Kontrollüberzeugungen	+ Selbstbehauptung
+ Interpersonales Vertrauen	+ Toleranz von Ambiguität
+ Religiöse Überzeugungen	+ Frustrationstoleranz
± Gesundheitsüberzeugungen	
+ Vorerfahrung Bewältigung	
+ Aktive Copingorientierung	

Tabelle 2: Mögliche Einflüsse von Persönlichkeitsvariablen auf den Bewältigungsprozess (nach Beutel 1988, S. 72)

Bezogen auf die Fragestellung, wie Personen mit belastenden Erfahrungen umgehen, wurden beispielsweise in neueren Forschungen Attribuierungsstile (Metalsky, Halberstadt & Abramson 1987; zit. In Bossong 1999, 2), Optimismus (Scheier & Carver 1992; zit. in Bossong 1999, 2), religiöse Überzeugungen (vgl. Krause 1997, 139f.) mit Blick auf bestimmte Variablen im Verarbeitungsprozess untersucht. Bossong (1999) kommt nach den Ergebnissen eigener empirischer Studien zu dem Schluss, dass eher »handlungsorientierte« Menschen (Personen, die befähigt sind, ihre Intentionen in konkrete Handlungen umzusetzen) Stresssituationen effektiver bewältigen können als sog. »lageorientierte« Menschen (Personen, die ihre Absichten eher weniger in die Tat umsetzen können und stattdessen in selbstzentrierter, grübelnder Form an Problemen haften bleiben).

Krause (1997, 113f.) weist darauf hin, dass sich Bewältigungsforschung in jüngerer Zeit verstärkt mit der Frage auseinandersetzt, wie trotz Stressbelastung Gesundheit und allgemeine Adaptation zu erhalten sind (Protektive Faktoren und Stress-Resistenz). Krause (1997, 114) schreibt in diesem Zusammenhang zur Studie von Kobasa (1979):

»Als eine der ersten Untersuchungen protektiver Faktoren figuriert Kobasas Studie (1979) über Unterschiede zwischen zwei mit kritischen Lebensereignissen hochbelasteten Managergruppen, von denen nur Gruppe eine hohe Krankheitsraten produzierte. Sie suchte bei Persönlichkeitsunterschieden nach Mediatoren. Streßresistente Individuen seien mit dem Persönlichkeitsmerkmal *hardiness*, etwa Zähigkeit oder Ausdauer, ausgestattet. Mehr als anderen Personen sei ihnen die Überzeugung, Geschehnisse selbst beeinflussen zu können (*control*), sich ihren Lebensangelegenheiten zutiefst verpflichtet zu fühlen (*commitment*) und Veränderung als Herausforderung aufzufassen (*challenge*), zu eigen«.

In der *vorliegenden Arbeit* wurden bei den Versuchspersonen die Ausprägungen der Persönlichkeitsvariablen *Selbstwirksamkeit, Selbstwertgefühl, Selbsteinschätzung und Kontrollüberzeugung erfasst,* vor allem im Hinblick auf eine mögliche Bedeutung dieser Variablen in Bezug u. a. auf die Wahrnehmung, Bewertung und möglichen Bewältigung diskriminierender Situationen und Erlebnisse.

Denkbare Einflüsse der genannten Persönlichkeitsfaktoren wären beispielsweise dahingehend zu erwarten, dass Menschen mit ausgeprägten Selbstwertstrukturen Situationen mit diskriminierenden Inhalten im Alltag weniger wahrnehmen, somit eine höhere Frustrationsschwelle für Begegnungen im Alltag zeigen, diese anderes bewerten und sich beispielsweise in Bezug auf die Wahl von Copingstrategien von Menschen mit weniger ausgeprägten Selbstwertstrukturen unterscheiden.

Beutel vermutet nach der Durchsicht relevanter Literatur, dass *höheres Selbstvertrauen oder Überzeugung von Selbstwirksamkeit* einhergeht mit aktiveren und überdauernderen Bemühungen zur aktiven Bewältigung bedrohlicher Situationen und verminderter psychischer Belastungen angesichts kritischer Lebensereignisse (vgl. Beutel 1988, 72f.). Selbstwirksamkeitserwartungen (self-efficacy; Badura & Wood 1989) werden als kognitive Mediatoren zwischen belastendem Ereignis und Bewältigungsverhalten angesehen: Das Konstrukt bezieht sich auf die Überzeugung einer Person, erforderliche Fähigkeiten zu besitzen, um erwünschte Ergebnisse zu erzielen.

Kontrollüberzeugungen werden definiert als »generalisierte Erwartungshaltungen eines Individuums darüber, ob es durch sein eigenes Verhalten Verstärker und wichtige Ereignisse in seinem Leben beeinflussen (internale Kontrolle) oder nicht beeinflussen kann (externale Kontrolle; vgl. Krampen 1982, zit. in Beutel 1988, 68). Zusammenfassend zeigte sich in Untersuchungen (vgl. Beutel 1988, 72ff.), dass Personen mit internaler Kontrolle eine höhere Toleranzschwelle für Belastungssituationen zeigten und sich in der Inanspruchnahme sozialer Unterstützung als effektiver erwiesen als Personen mit eher externalen Kontrollüberzeugungen.

Selbstwertgefühl und andere Komponenten des Selbstkonzeptes werden in ihrer Bedeutung für die Verarbeitung von Belastungen insofern als bedeutsam erachtet, als Einflüsse angenommen werden auf die primäre Einschätzung einer Situation, den Umgang (Verhalten) mit belastenden Ereignissen und in bezug auf negative Wirkungen einer Belastung auf die weitere Entwicklung: Nach Stahlberg, Osnabrügge & Frey (1985, zit. in Laux & Weber 1993, 55) haben Menschen das grundlegende Bedürfnis, beispielsweise durch den Einsatz bestimmter Bewältigungsstrategien das eigene Selbstwertgefühl zu schützen und zu erhöhen (Prinzip der Selbstwertmaximierung; Bundschuh 2003).

Kohärenzgefühl: Unter Kohärenzgefühl (sense of coherence; Antonovsky, 1979; Antonovsky & Sourani, 1988; Margalit et al. 1992, zit. in Krause 1997, 141) wird das Konstrukt einer persönlichen, generalisierten Weitsicht verstanden. Sie drückt das Ausmaß aus, zu dem die Person eine durchgängige, überdauernde, zugleich dynamische Gewissheit der Vorhersagbarkeit ihrer inneren und äußeren Lebenswelt sowie der Wahrscheinlichkeit besitze, dass Lebenssituationen so gut ausgehen werden, wie man es vernünftigerweise erwarten könne. Insofern spiegelt sie das individuelle Niveau psychologischer Widerstandskraft, globalen Optimismus und subjektiver Adaptation wider. Wird die Welt als geordnet und erklärbar angesehen, so fördert dies die kognitive Einordnung auftauchender Schwierigkeiten als von Stressoren ausgelöst und erleichtert die Suche nach geeigneten Bewältigungsmechanismen. Antonovsky & Sourani (1988) heben hervor, dass dieses Konstrukt keinen spezifischen Bewältigungsstil meine, sondern Flexibilität der Wahl zweckmäßiger Bewältigungsstrategien.

Zur Bedeutung von bestimmten Persönlichkeitsmerkmalen im Coping-Geschehen soll zusammenfassend mit Broda (1993, 68f.) festgehalten werden, dass mit bestimmten Persönlichkeitskonstrukten (wie z. B. dem Konzept von »Repression-Sensation«) »ein übergeordneter Einflußfaktor mit hoher Stabilität konzipiert wurde, dessen Evidenz auch in der späteren Forschung nie von der Hand zu weisen war«. Bossong (1999) nimmt an, dass mit bestimmten, theoretisch fundierten Persönlichkeitsmerkmalen nicht nur das Auftreten einzelner Bewertungen, Emotionen und Bewältigungsformen begünstigt oder erschwert wird, sondern »in vielfacher Weise die Auseinandersetzung mit dem Stressor beeinflusst wird« (1999, 10). In diesem Zusammenhang verweise ich auf Schröder & Schwarzer (1997), die einen Überblick über den aktuellen Forschungsstand hinsichtlich personaler (und sozialer) Ressourcen im Bewältigungsgeschehen geben.

Faktor Geschlecht

Broda (1987, 96) weist darauf hin, dass zum Problem von Geschlechtsunterschieden bei der Bewältigung von Belastungen nur wenige Studien zu finden sind, die diese Fragestellung in den Mittelpunkt ihrer Untersuchung stellen: »Meist handelt es sich um Nebenaussagen verschiedener Studien, deren Ergebnisse kaum vergleichbar und unter sehr verschiedenen Gesamtfragestellungen erhoben worden sind« (1987, 96).

Die Ergebnisse von Billings & Moos (1984), Folkman & Lazarus (1980), Stone & Neale (1984), Kleinke (1982; vgl. Beutel 1988, 65f. und Broda 1987, 86ff.) deuten darauf hin, dass die Nutzung von Copingstilen – wenn auch in geringer Ausprägung – geschlechtsspezifisch zu sein scheint: In Untersuchungen wurde beobachtet, dass Männer stärker instrumentelles Coping und direkte Handlungen, Frauen eher emotionsbezogene Verarbeitung und Strategien wie Ablenkung, Abreagieren, Entspannung und Suche nach sozialer Unterstützung bevorzugen.

Broda (1987, 98) warnt allerdings vor einer Verallgemeinerung solcher Ergebnisse, da in den zitierten Untersuchungen die Variablen des strukturellen Kontextes nicht kontrolliert wurden, »was bedeuten kann, daß Frauen schon allein aus ihrer Position im Beruf und ihrer Familie heraus keine problemorientierten Bewältigungsversuche anwenden konnten«. Außerdem verweist Broda (1987, 96) auf verschiedene Studien, in denen keine geschlechtsspezifischen Unterschiede bezüglich der Bewältigung von Belastungen festgestellt werden konnten.

Zusammenfassend bemerkt Broda (1987) zum Problem geschlechtsspezifischer Bewältigung von Belastungen: »Es scheint zu einfach, generell zwischen Frauen und Männern Unterschiede im Bewältigungsverhalten zu postulieren, ohne die jeweiligen strukturellen Kontexte, unter denen Bewältigungsverhalten stattfindet, miteinzubeziehen. Dies ist aber in den wenigsten Untersuchungen versucht worden – deswegen können die hier erwähnten Ergebnisse nur sehr zurückhaltend interpretiert werden« (1987, 99).

Lebensalter

Lebensalter und Bewältigung von Belastungssituationen wurde hauptsächlich im Zusammenhang mit chronischen Krankheiten untersucht. Der Einfluss des Lebensalters bei der Bewältigung von Belastungen wird in der Literatur unter zwei gegensätzlichen Hypothesen beschrieben:

In den Annahmen der Regressionshypothese (McCrae 1982; vgl. Beutel 1988, 65) wird die Annahme vertreten, dass Copingprozesse im zunehmenden Alter erschwert seien und ältere Menschen sich stärker lebensgeschichtlich früheren, weniger effektiven, passiven und rigiden Verarbeitungsmechanismen (z. B. Depression, Rückzug, Projektion, Somatisierung, Verleugnung) zuwenden. Nach den Annahmen der Wachstums- oder Reifungshypothese (Vaillant 1977; vgl. Beutel 1988, 66) hingegen wird die Annahme vertreten, dass Personen mit zunehmenden Alter effektiver und flexibler in ihren Verarbeitungsbemühungen werden.

Für beide theoretische Positionen liegen empirische Belege vor (vgl. Broda 1987, 94ff.), die den Schluss zulassen, »daß die Coping-Forschung in Bezug auf ältere Menschen noch auf keine überzeugenden Aussagen verweisen kann. [...] Eine isolierte Betrachtung des Alters scheint aber nach den vorliegenden Untersuchungsergebnissen nicht zu rechtfertigen sein« (Broda 1987, 95 bzw. 96). Broda (1987, 96) vermutet, dass – ähnlich wie bei der Variablen Geschlecht – Einflüsse des Alters bei der Verarbeitung von Belastungen immer im Kontext von situativen und personenbezogenen Bedingungen gesehen und interpretiert werden müssen.

Soziale Unterstützung

Obwohl sich die Coping-Forschung und die Erforschung der sozialen Unterstützung »weitgehend parallel und unabhängig voneinander« entwickelt haben (Beutel 1988, 52), zeigt sich inzwischen immer wieder, dass »individuelle Bewältigungsprozesse kaum zureichend ohne den Hintergrund oder das Zusammenwirken mit sozialer Unterstützung den Adaptationserfolg erklären und umgekehrt Auswirkungen sozialer Unterstützung kaum ohne die Einbeziehung individueller Verarbeitungsprozesse verständlich gemacht werden können«.

Soziale Unterstützung »thematisiert, in welchem Ausmaß Individuen ihre sozialen Interaktionen und Beziehungen als unterstützend, hilfreich und fördernd wahrnehmen und wie sich dies auf Gesundheit und Krankheit auswirkt« (Sommer 1989, 3).

In diesem Zusammenhang wird im sog. »Puffermodell« (vgl. Cobb 1976, 1982; Thoits 1982) die Annahme vertreten, dass soziale Ressourcen die negativen Folgen von belastenden Ereignissen abmildern, effektives Bewältigungsverhalten erleichtern und auf diese Weise einen wesentlichen Beitrag zum allgemeinen Wohlbefinden und psychischer wie physischer Gesundheit leisten können.

Nach Sommer (1989, 9) stellt soziale Unterstützung eine Art »Schutzschildmodell« dar, in dem durch die soziale Unterstützung Belastungen vom Individuum ferngehalten bzw. vorhandene Probleme von Personen aus dem Netzwerk bewältigt werden können.

Die explizite Einführung von sozialen Ressourcen als einem Element im Stressverarbeitungsprozess erfolgte erstmals im Transaktionalen Modell von Lazarus & Folkmann (1984; vgl. dazu frühere Ausführungen).

Schröder & Schmitt (1988, 157) sehen den Effekt einer als hilfreich antizipierten sozialen Unterstützung bei einem als bedrohlich empfundenen Ereignis in dreifacher Weise:

a) Negative Emotionen der Bedrohung (z. B. Angst, Unsicherheit, Wut, Trauer etc.) können abgemildert werden.
b) Die Aufmerksamkeit einer Person kann sich dann – als Folge einer Neubewertung der primären Einschätzung – stärker auf unmittelbare Problemlöseanforderungen zentrieren.
c) Bei einer Neubewertung (reappraisal) verringert sich durch die Wahrnehmung potentieller Bewältigungshilfen seitens der Umwelt das Ausmaß bedrohlicher Einschätzung.

Auf *problematische Fragen* innerhalb der Thematik »Coping und soziale Unterstützung« soll kurz eingegangen werden:

- Schröder & Schmitt (1988, 150 mit weiteren Literaturbelegen) weisen darauf hin, dass der Fülle an empirischen Untersuchungen zu sozialer Unterstützung Defizite in einer einheitlichen Konzeptualisierung und Theorienbildung gegenüberstehen. Somit erweist es sich als wenig sinnvoll, von »der« sozialen Unterstützung zu sprechen, da sie »als kein einheitliches Konzept und in sich abgeschlossenes Konzept anzusehen ist« (Röhrle 1994, 5).
- Ein weiteres Problemfeld betrifft z. B. den Umstand, dass sich Leistungen des social support nur schwer operationalisieren lassen: Es gibt kein sozial unterstützendes Verhalten »an sich«. Ob es als solches erlebt wird, hängt von diversen Faktoren (wie z. B. der personalen Ausgangslage und des situativen Kontextes) ab. So wird beispielsweise »einem Arbeitslosen [...] mehr mit Geld oder Informationen als mit Händchenhalten geholfen sein, einem unglücklich Verliebten mehr mit Zuhören als mit Geschenken« (Schwarzer & Leppin 1989, 8) – und es kann »die gleiche Verhaltensweise, etwa ein Ratschlag, als unterstützend, manipulativ oder abwertend interpretiert werden« (Aymanns 1992, 35).
- In ihren kritischen Anmerkungen zum Konzept der sozialen Unterstützung verweisen Schröder & Schmitt (1988, 151ff.) auf das Problem der Bewertung erhaltener sozialer Unterstützung durch den Hilfesuchenden. Unter Verweis auf entsprechende Studien heben Schröder & Schmitt (1988, 154) hervor, dass soziale Unterstützung nur dann positive Effekte wird entwickeln können, wenn die einer Person vermittelten Signale, Hinweise oder Interaktionen auch ihren aktuellen Bedürfnissen entsprechen, d. h. wenn die betreffende Person mit den ihr zur Verfügung stehenden Unterstützungspotentialen auch zufrieden ist und eine ausgewogene Person-Umwelt-Anpassung vorliegt. Im Falle einer Inkongruenz zwischen erlebter und erwünschter Hilfe kann sich die soziale Unterstützung schnell zur sozialer Belastung umkehren.

Somit kann die Tatsache, dass einer Person umfangreiche Hilfe angeboten wird, zu dem Effekt führen, dass diese Person an ihrer eigenen Kompetenz zweifelt und das Vertrauen in persönliche Bewältigungsressourcen verlieren kann. Weitere mögliche negativen Auswirkungen von social support können beispielsweise sein: die Verursachung von Schuldgefühlen, Überbehütung, Vereinnahmung, Abhängigkeit, soziale Kontrollen, Viktimisierung des Empfängers, Freiheitseinschränkung, Verpflichtungsgefühle, Selbstwertprobleme usw. (z. B. vgl. Röhrle 1994, 97; Schröder & Schmitt 1988, 155f.).

Zusammenfassung

Zusammenfassend soll festgehalten werden (zum aktuellen Stand der Forschung zum Themenkreis »soziale Unterstützung«: vgl. Schröder & Schwarzer 1997; Leppin 1997):

a) Der besondere Stellenwert des social support innerhalb der Coping-Forschung liegt darin, dass das Konzept die Möglichkeit eröffnet, »den begrenzten Bereich personaler Ressourcen zu erweitern. Hieraus soll auch die Motivation resultieren, soziale Unterstützungsbeziehungen aufrecht zu erhalten, um das Arsenal potentieller Ressourcen zu sichern. Zugleich wird deutlich, daß eine Einbuße an sozialer Unterstützung selbst zu einem Streßfaktor werden kann, da damit potentielle Mittel der Zielerreichung verloren gehen« (Aymanns 1992, 56).

b) Beutel (1988) hat darauf hingewiesen, dass akute Lebensereignisse und chronische Stressoren, Bewertungs- und Verarbeitungsprozesse, Persönlichkeitsvariablen, psychische Reaktionen, psychopathologische Symptome und soziale Unterstützungsprozesse nahezu untrennbar miteinander verflochten sind (Beutel 1988, 52).

Damit wird dezidiert darauf hingewiesen, dass soziale Unterstützung nur *einen* Baustein im Bewältigungskonzept darstellt, wobei man von einer Wechselwirkung zwischen individuellen und sozialen Bewältigungsressourcen ausgehen muss. Daraus folgt:

c) Eine Entscheidung der Frage »Determiniert das Coping-Verhalten das Ausmaß und die Art der sozialen Unterstützung, die ein Individuum erhält, oder beeinflusst die Menge und Art der sozialen Unterstützung das Coping-Verhalten einer Person?« (Schwarzer & Leppin 1989, 82f.) ist nicht möglich, denn beide Prozesse beeinflussen sich gegenseitig, wobei abhängig von situativen Konstellationen und Persönlichkeitsmerkmalen und Beziehungscharakteristika der Beteiligten der eine oder andere Faktor primär sein kann (Schwarzer & Leppin 1989, 83).

Das Konzept der Bewältigung

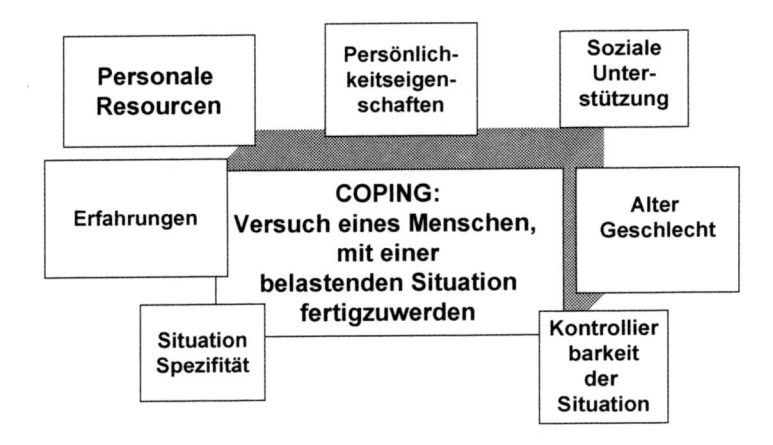

```
   ┌──────────┐  ┌──────────┐  ┌──────────┐
   │ Personale│  │Persönlich-│  │  Soziale │
   │ Resourcen│  │keitseigen-│  │  Unter-  │
   │          │  │ schaften  │  │ stützung │
   └──────────┘  └──────────┘  └──────────┘
   ┌──────────┐  ┌──────────────────┐  ┌──────────┐
   │          │  │     COPING:      │  │          │
   │Erfahrungen│ │Versuch eines     │  │  Alter   │
   │          │  │Menschen, mit einer│  │Geschlecht│
   │          │  │belastenden Situation│ │         │
   │          │  │fertigzuwerden    │  │          │
   └──────────┘  └──────────────────┘  └──────────┘
              ┌──────────┐     ┌──────────┐
              │Situation │     │Kontrollier│
              │Spezifität│     │ barkeit  │
              │          │     │   der    │
              │          │     │Situation │
              └──────────┘     └──────────┘
```

Abb. 8: Übersicht über den Coping-Prozess bedingenden bzw. beeinflussenden Faktoren (auszugsweise)

4.6 Messung von Bewältigung

4.6.1 Möglichkeiten und Probleme

Die Frage, wie Bewältigung gemessen werden kann, wird in der Literatur sehr unterschiedlich beantwortet. Nach Wendt (1995, 83) beleuchten verschiedenen Autoren entweder ein Problem von allen Seiten oder skizzieren jedes Problem mit wenigen Sätzen (zu Literaturhinweisen: siehe Wendt 1995, 83).

Zu den grundlegenden Problemen zählt Wendt (1995, 83ff.) die Fragen

a) ob theoretische Konzepte zur Verfügung stehen, auf deren Grundlage spezifische Entwicklungsverfahren entwickelt werden können

und

b) wie Bewältigung als Prozess gemessen werden kann.

Bemängelt wird von Schwarz u. a. (1997, 2) weiter, dass in der Bewältigungsforschung – mit wenigen Ausnahmen – kaum Versuche unternommen worden sind, Bewältigungskognitionen differenziert zu erfassen.

Nach Weber (2000, 224) lassen sich in den derzeit vorliegenden Ansätzen drei Möglichkeiten unterscheiden, potentielle Formen von Bewältigungsverhalten zu strukturieren:

Ein Strukturierungsversuch besteht darin, mit einer in der Regel eher willkürlichen Zusammenstellung von inhaltlichen Kategorien wesentliche Formen des Bewältigungsverhaltens zu inventarisieren (dies betrifft vor allem die große Anzahl von Fragebogenverfahren).

Der zweite Strukturierungsversuch besticht nach Weber (2000, 224) durch seine »Sparsamkeit« und beinhaltet die Reduktion aller möglichen Bewältigungsmöglichkeiten auf die Definition von zwei Klassen von Bewältigungsverhalten: Problemzentriertes vs. emotionszentriertes und assimilatives vs. akkomodatives Bewältigungsverhalten.

Im einem dritten Strukturierungsgesichtspunkt werden einzelne, ausgewählte Verhaltensformen aus einer Theorie abgeleitet und im Kontext der Theorie interpretiert (dazu mehr: Weber 2000, 224ff.).

Wendt (1995, 84) zeichnet zu den Problemen des Verhältnisses von theoretischer Fundierung und diagnostischer Praxis von Bewältigung ein eher pessimistisches Bild, wenn sie schreibt: »Immer wieder fehlen die theoretischen Grundlagen, auf denen die Erfassung von Bewältigungsverhalten aufbauen kann«.

Unter dem Blickwinkel, dass Coping prozesshaft verläuft, ergibt sich weiter folgende wichtige Frage: Wie kann ein Prozess bzw. wie können mehrere Prozesse im Verlauf der Zeit und unter sich verändernden Bedingungen gemessen werden?

Wenn es darum geht einen Prozessverlauf zu messen, so müssen Veränderungen gemessen werden (vgl. Wendt 1995, 85). Dies gelingt dadurch, dass mehrere Messzeitpunkte gewählt werden, mit deren Hilfe die Veränderungen im Prozessverlauf abgebildet werden können.

Problematisch ist hierbei, dass oft der Beginn des Prozesses in der Vergangenheit liegt und folglich nicht klar ist, an welcher Stelle die erste Messung stattfindet, weil die Ausgangsbedingungen nicht bekannt sind.

Es kann also sein, dass die erfasste Bewertung im Copingprozess bereits eine Rückkopplung (nach Lazarus eine »Neubewertung«) ist.

Komplizierend kommt hinzu, dass es sich hier nicht um lineare Zusammenhänge handelt wie z. B. die Messung der Geschwindigkeit eines sich bewegenden Körpers, weil Ursache und Wirkung sich gegenseitig verändern. Aus psychologischer Sicht besteht zusätzlich das Problem, dass mehrere Messungen bei derselben Person zu Messfehlern führen können, weil diese für ihr Verhalten sensibilisiert werden kann, sie ihm mehr Aufmerksamkeit schenkt und so das Verhalten die Messung beeinflussen kann (vgl. Wendt 1995, 86). Letztendlich ist auch unklar, wie lange ein Copingprozess dauert bzw. wie seine Effektivität erfasst werden kann.

Welche Konsequenzen ergeben sich aus den angedeuteten Schwierigkeiten und welche Bedingungen müssen erfüllt sein, um Copingprozesse adäquat erfassen zu können?

Ideal wäre es, Coping von dem Moment an zu erfassen, in dem eine Person mit einem belastenden Ereignis konfrontiert wird. Dies könnte nur durch Beobachtung geschehen, ohne in die Situation einzugreifen und sie zu verändern. Aber wie kann Coping für eine Verhaltensbeobachtung operationalisiert werden? Bisher gibt es meiner Kenntnis nach keine Bemühungen in diese Richtung.

Günstig für die Messung ist es, wenn sie zeitlich nicht weit entfernt vom belastenden Ereignis stattfindet, weil in der Zeit vom Ereignis bis zur Messung Copingprozesse stattfinden können (vgl. Beutel 1988). Problematisch ist dabei, dass damit in den Prozess eingegriffen und er verändert wird. Ereignisbegleitend kann nicht gemessen werden, da kein geeignetes Verfahren existiert und die Situation unterbrochen würde. Es bleibt also die am meisten angewandte Methode der retrospektiven Erfassung von Copingprozessen übrig.

4.6.2 Messung von Bewältigungsverhalten im Rahmen des Transaktionalen Modells

Um diesem theoretischen Modell von Copingprozessen eine pragmatische Bedeutung beimessen zu können und seine Umsetzung in diagnostische Verfahren verwirklichen zu können, müssen mehrere Kriterien erfüllt sein:
- Coping kann nicht durch einmalige Messung (»Momentaufnahme«) erfasst werden; es müssen mehrere Messzeitpunkte vorliegen.
- Coping kann nicht festgemacht werden, d. h. kausale Ursache-Wirkung-Beschreibungen sind nicht ausreichend.
- Coping und sein Auftreten sind abhängig von wiederum relationalen Bewertungsprozessen wie dem der primären Einschätzung, die durch Rückkopplungen ebenso ständig verändert werden.

Die wichtigsten Kriterien, die für eine exakte Erfassung und Beschreibung von Copingprozessen von Bedeutung sind, müssen sowohl in quantitativen als auch in qualitativen Verfahren Berücksichtigung finden:
- Bezugnahme auf die als belastend eingeschätzte Situation und deren ausreichend detaillierte Beschreibung.
- Analyse des Kontextes in verschiedenen Dimensionen (räumlich, zeitlich, personbezogen, entwicklungsbezogen).
- Veränderungen im Verhalten, die aufgrund der Situationseinschätzung vorgenommen werden.
- Wiederholte Bewertungen (Rückkopplungen) müssen in die Analyse mit einbezogen werden.

Mit Hilfe einer genauen Analyse können über die Zeit betrachtet Copingprozesse nachvollzogen werden. Eine Vorhersage von Coping, insbesondere bezogen auf die Anwendung einzelner Verhaltensweisen oder Mechanismen, dürfte jedoch schwierig bleiben.

Zusammenfassend soll festgehalten werden:

1. Alle in der psychologischen Forschung bekannten Methoden – von Selbstberichtsmethoden wie standardisierten Skalen, Explorationen und Tagebüchern bis zu Fremdbeobachtungen physiologischer und psychologischer Merkmale – finden auch in der Erforschung des Belastungs-Bewältigungszusammenhanges Verwendung, mit der bekannten Problematik von Methoden allgemein. Dieser *Methodenpluralismus* in der Bewältigungsforschung bietet eine Chance, sich dem komplexen Phänomen des Belastungs-Bewältigungszusammenhanges auf unterschiedliche Weise zu nähern (nach Schwarz u. a. 1997, 2). Auf diesen zuletzt genannten Aspekt wird bei der Darstellung und der Begründung des methodischen Vorgehens innerhalb dieser Studie noch näher eingegangen werden.
2. Aus den unterschiedlichen Problemen, die bei der Messung von Bewältigungsverhalten auftreten, resultieren nach Wendt (1995, 106) verschiedene Standards, die vor allem die Notwendigkeiten berücksichtigen müssen, eine person- und situationsspezifische Bewältigung zu erfassen und in situationsspezifischen Erhebungsverfahren die Belastungssituationen konkret zu definieren. Auch diese Forderung von Wendt wurde – wie noch dargestellt werden wird – bei der Planung des experimentellen Vorgehens berücksichtigt.
3. Die Vielzahl der Erhebungsverfahren zur Messung von Coping haben Stärken und Schwächen und können nur bedingt die Komplexität von Coping erfassen.

4.7 Bewältigungsforschung und vorliegende Studie

Wie in der Einleitung der Arbeit bereits dargestellt, tangiert die vorliegende Forschungsarbeit auch Fragen und Themenbereiche aus der Bewältigungsforschung. Auf dem Hintergrund der in diesem Abschnitt dargestellten Ausführungen zur Bewältigungsforschung möchte ich folgende Gedanken noch einmal hervorheben:

Bewältigungsprozesse werden von Menschen immer dann in Gang gesetzt, wenn sie sich in belastenden Situationen befinden, diese Situationen als stressreich erlebt werden und die Menschen motivieren, ein Problem lösen zu wollen und zu müssen. Man kann davon ausgehen, dass für behinderte Menschen Diskriminierungen unterschiedlichster Art eine Belastung im Sinne der Bewältigungs- und Stressforschung darstellen (Diskriminierung: »Löst Ge-

Das Konzept der Bewältigung

fühle von Hilflosigkeit, Angst, teilweise auch Wut aus.«; Aussage einer Interviewteilnehmerin).

Wenn untersucht werden soll, was behinderte Menschen an diskriminierenden Situationen in ihrem Alltag erleben, und wenn die Frage beantwortet werden soll, wie Menschen mit solchen diskriminierenden Situationen umgehen bzw. diese zu bewältigen versuchen, dann bietet sich das Transaktionale Modell von Lazarus und Mitarbeitern als die am ehesten geeignete theoretische Fundierung an, und zwar aus – teilweise schon beschriebenen – Gründen:

Nach den Grundannahmen von Lazarus und Mitarbeitern wird die Transaktion von Person und Umwelt in den Mittelpunkt der Annahmen gerückt: Der Gedanke der *Transaktion* betont, dass Person und Umwelt untrennbar miteinander zusammenhängen, wechselseitig aufeinander einwirken und sich ständig verändern. Dieser Umstand kommt dem Alltag, in dem sich der behinderte Mensch in seiner Interaktion mit nichtbehinderten Menschen und gesellschaftlichen Institutionen befindet, sehr nahe.

Diskriminierungen werden in der Interaktion erlebt, bewertet, es wird gehandelt und die Transaktion wird neu bewertet (kann neu bewertet werden).

Bewältigung ist immer gebunden an konkrete Situationen. Ich habe deshalb vor allem in den eingangs gestellten Fragen des Interviewleitfadens die Spezifität der erlebter Diskriminierungen in den Vordergrund gestellt, wobei auch hier differenziert wird zwischen der Bewertung konkret erlebter Situationen und Ereignisse auf der einen Seite, und der Bewertung von diskriminierenden Ereignissen auf der anderen Seite, die auf einer eher abstrakten Ebene (in Form von Zeitungsmeldungen) präsentiert wurden. Es ist unklar, ob die konkret erlebten Diskriminierungen anderes bewertet werden als beispielsweise in der Presse geschilderte Diskriminierungen. Wendt (1995, 36) hat auf Studien hingewiesen, in denen Versuchspersonen in Abhängigkeit bestimmter Situationen eher problemorientiertes oder eher emotionsorientiertes Bewältigungsverhalten präferierten. Die Beantwortung einer solchen Frage könnte auch im Rahmen der vorliegenden Studie geschehen.

In den vorherigen Ausführungen wurde auf den besonderen Stellenwert von Ressourcen im Bewältigungsprozess hingewiesen. Während eine Interviewteilnehmerin Diskriminierungen als angstbesetzt erlebt hat, gekoppelt mit dem Gefühl von Wut und Hilflosigkeit, antwortete eine andere Interviewteilnehmer zur gleichen Situation: »Das lässt mich kalt. Lass sie denken, was sie wollen!«. Alter, Geschlecht, Persönlichkeitsdimensionen (wie Selbstwertgefühl, Kontrollüberzeugungen, Selbstwirksamkeit, Lebenszufriedenheit), soziale Unterstützung und variierende situative Einflüsse werden in der vorliegenden Forschungsarbeit in ihrer Bedeutung als mögliche Puffervariablen und Moderatorenvariablen eingefügt und auf ihre Effizienz hin untersucht.

Damit wird ein Bezug zu wichtigen Fragen der Bewältigungsforschung in einem noch wenig systematisch bearbeiteten Terrain hergestellt.

Schwarz (1997, 2) hat darauf hingewiesen, dass ein Methodenpluralismus in der Bewältigungsforschung eine Chance bietet, sich dem komplexen Phänomen des Belastungs-Bewältigungszusammenhanges auf unterschiedliche Weise zu nähern. Ich habe versucht, dieser Möglichkeit in meiner Studie dadurch Rechnung zu tragen, in dem ich – auch im Rahmen der Fragen zur Bewältigung – qualitative *und* quantitative Forschungsmethoden zur Beantwortung von Fragen eingesetzt habe.

Es soll aber auch darauf hingewiesen werden, dass auch diese Arbeit noch anstehende Probleme der Coping-Forschung nicht lösen kann, so z. B. folgendes Problem: Durch die Reduktion der Fragen zur Bewertung und zum Umgang mit diskriminierenden Ereignissen auf der konkreten wie abstrakten Ebene auf schwerpunktmäßig problemorientierte und emotionsorientierte Items kann und will ich (im Rahmen der Intention der Arbeit) nicht den Anspruch erheben, dass hier auch nur annähernd alle denkbaren Verarbeitungsstrategien erfasst worden sind.

Es kann im Rahmen dies Forschungsdesigns dieser Arbeit auch nicht die Frage geklärt werden, ob die Antworten, die ich von den behinderten Menschen zur Bewertung und zum Umgang mit diskriminierenden Ereignissen zum Zeitpunkt der Aussagen im Rahmen des Interviews erhalten habe, nicht das Ergebnis zahlreicher Neubewertungen geworden sind. Das, was sich zwischen dem diskriminierenden Erlebnis und dem Zeitpunkt, wann über dieses diskriminierende Ereignis berichtet worden ist, abgespielt hat, kann ich keinesfalls mehr in der Komplexität erfahren, geschweige denn interpretieren.

5 Thematik »Diskriminierung« in ausgewählten Autobiographien behinderter Menschen

In den vorhergehenden Abschnitten der Arbeit wurde das Problem der Diskriminierung behinderter Menschen vor dem Hintergrund der verfügbaren theoretischen Aussagen und Modelle zur Sozialpsychologie, Bewältigung und Stress beschrieben. Es wurde auch zuvor erwähnt, dass es sowohl quantitative wie qualitative Möglichkeiten der Datenerhebung zur Überprüfung vorliegender Aussagen und Modelle gibt. Ein ganz anderer Zugang ist die Autobiografie. Diese können oft Realitäten noch viel differenzierter schildern, als dies z. B. in Fragebögen möglich ist, oder wie es auch von Theorien dargestellt werden kann. Insofern können solche Autobiographien

a) Hinweise geben, ob die in den Theorien formulierten Aussagen noch ergänzt werden müssen;
b) als Möglichkeiten angesehen werden, Aussagen von Theorien zu überprüfen.

Auf den folgenden Seiten sollen nun Menschen mit Behinderung selbst zu Wort kommen. Dabei soll der Versuch unternommen werden, einige vorliegende ausgewählte Autobiographien körperbehinderter Menschen exemplarisch vor allem im Blick auf nachstehende Fragen zu analysieren:

1. Was berichten körperbehinderte Menschen über erlebte Diskriminierungen durch nichtbehinderte Menschen oder gesellschaftliche Institutionen?
2. Welche Wirkungen haben diese Erlebnisse im Urteil und Erleben der behinderten Menschen hervorgerufen bzw. hinterlassen?
3. Welche Strategien werden bezüglich der Bewältigung derartiger Erfahrungen angewendet?

Anmerkungen zu »Autobiographien«

In Autobiographien stellt der Verfasser sein eigenes Leben retrospektiv dar, wobei Ereignisse nicht nur dargelegt, sondern auch bewertet werden. Sie sind eine literarische Form der Selbstdarstellung und gelten als eigene literarische Gattung.

Lehmann definiert die Autobiographie als »eine Textart, durch die ihr Autor in der Vergangenheit erfahrene innere und äußere Erlebnisse sowie selbstvollzogene Handlungen in einer das Ganze zusammenfassenden Schreibsituation sprachlich in narrativer Form so artikuliert, daß er sich handelnd in ein bestimmtes Verhältnis zur Welt setzt« (Lehmann 1988, 36).

Der Autor entwirft also zu einem bestimmten Zeitpunkt ein narrativ organisiertes Spektrum einer Lebens-Phase oder seines ganzen Lebens. Die Autobiographie ist eine bestimmte Art der Bezugnahme auf Erlebnisse, Handlungen und Sachverhalte der Vergangenheit. Sie entsteht häufig aufgrund einer entscheidenden Zäsur in der geistigen und seelischen Entwicklung des Autors, die beispielsweise in und durch Krisensituationen hervorgerufen wird.

Vielfaches Thema von Autobiographien sind Identitätskrisen und deren Bewältigung.

Autobiographien enthalten sowohl die Komponente der sozialen Anpassung als auch die Komponente des subjektiven Potentials des Verfassers. Sie können als aktive Verarbeitung lebensgeschichtlicher Zumutungen gesehen werden.

»Mittels ihrer lebensgeschichtlichen Rekonstruktion und Reflexion ist die autobiographische Produktion besonders geeignet, stigmatisierende Etikettierungen aufzunehmen und als Material zur Gestaltung eines Selbstbildes zu nutzen, das in seinen Grundzügen entscheidende Differenzen aufweist gegenüber jenen ursprünglichen Zuschreibungen« (Bergmann 1991, 126).

Bergmann (1991) stellt weiterhin fest, dass die Stigmatisierungsproblematik umso mehr ins Zentrum des Selbstbildes rückt, je niedriger der soziale Status eines Individuums ist.

So steht auch in zahlreichen Autobiographien die Tatsache des Stigmatisiert-Seins im Mittelpunkt, worunter andere Aspekte der Persönlichkeit und unterschiedliche Erfahrungsbereiche zusammengefasst werden.

Diskriminierungen und Bewältigung: Aussagen körperbehinderter Menschen in ausgewählten Autobiographien

Im Bezug auf erlebte Diskriminierungen beschreibt Peter Radtke, der mit der Glasknochenkrankheit ›Osteogenesis imperfecta‹ in Verbindung mit Kleinwuchs zur Welt gekommen ist, in seiner Autobiographie »Karriere mit 99 Brüchen« (1994) auf besonders anschauliche Art und Weise, wie er beispielsweise unangenehme Blicke von Fremden erlebt und einschätzt (zu den folgenden Ausführungen zu Peter Radtke vgl. auch Handwerker 1998, 63ff.):

»Im täglichen Umgang mit Neugierigen aller Art entwickelte ich nach und nach ein feines Gespür für ihre verschiedenen Kategorien. [...] An erster Stelle sind die üblen Patrone zu nennen, die aus bloßer Sensationslust gucken. Am passendsten umschreibe ich sie mit der Bezeichnung ›Glotzer‹. [...] Die zweite Gruppe der Neugierigen sind die Naiven. [...] Oft haben mich solche Menschen angeschaut, und doch schien mir ihr Blick nie verletzend. [...] Sie sahen mich einfach an, weil ihnen etwas mir Ähnliches noch nie begegnet war. [...] ›Homo curiosus‹. Freilich muß man sich auch an sie erst gewöhnen. [...] Schließlich dürfen die mitleidig Mitleidigen nicht vergessen werden. [...] Der Umgang mit ihnen ist jedoch wesentlich schwieriger. Ihr allzu weiches Butterherz kann einem das Leben mitunter arg versauern. Zu ihnen gehören beispielsweise die notorischen Almosengeber. [...]« (1998, 31ff.).

Innerhalb dieser und anderer individuell dargestellten Lebensgeschichten lassen sich insgesamt gesehen zwei Kategorien von Bewältigungsstrategien unterscheiden.

Zum Einen werden von den Autoren Coping-Verfahren geschildert, die im Zusammenhang mit konkret erfahrenen Situationen erlebt und angewendet wurden. Die Reaktion entspricht keinem immer wiederkehrenden Handlungsmuster, erfolgt demnach spontan und der jeweiligen Situation entsprechend. So schreibt Peter Radtke an einer anderen Stelle weiter:

»Einmal hatte meine Mutter in der Stadt Besorgungen zu machen. Natürlich nahm sie mich dabei mit. [...] Es herrschte großes Gedränge, und da die Angelegenheit nicht lange dauern sollte, ließ sie mich vor dem Geschäft stehen. [...] In kurzer Zeit hatte sich eine schaulustige Menge um mich versammelt. Mit dem Kinderwagen gegen die Wand, oder genauer gegen die erstaunlich solide Schaufensterscheibe gepreßt, harrte ich der Dinge, die noch kommen sollten. Zu behaupten, dass ich mich in meiner Lage besonders wohl fühlte, wäre eine Übertreibung. Allerdings hatte ich auch längst aufgegeben, belehrend auf die stieräugigen Gaffer einzuwirken. Es macht niemandem Spaß, fortwährend tauben Ohren zu predigen« (1998, 34f.). Diese Schilderungen machen deutlich, dass Peter Radtke sich unwohl fühlt, wenn er den Blicken Neugieriger ausgesetzt ist. Nicht selten empfindet er es sogar als Bedrohung, wenn ihm solche Menschen zu nahe kommen (1998, 32).

Trotzdem scheint der Verfasser in der Vergangenheit immer wieder aufs Neue das Gespräch mit den »stieräugigen Gaffern« (1998, 34) als eine direkte Aktion gesucht zu haben, in der Absicht, diesen eventuell aufgetretene Fragen bezüglich seiner Behinderung zu beantworten, um so mit Hilfe von Information und Aufklärung möglichen Vorurteilen und Ängsten entgegenzuwirken oder diese auch zu revidieren. Obwohl in diesem Fall die grundlegende Situation stets gleich zu sein scheint, nämlich Nichtbehinderte mit Hilfe des Gespräches zu informieren und gewissermaßen über Menschen mit Behinderung aufzuklären, gestaltet sich das jeweilige Gespräch mit Sicherheit immer wieder anders, wodurch Peter Radtke ständig angehalten wird, sich auf den Gesprächspartner bzw. auf dessen Fragen und Probleme einzulassen, neue Wege und Formen der Argumentation und Gesprächsführung zu finden, um so Voraussetzungen für einen günstigen und »erfolgreichen« Verlauf der Unterhaltung zu schaffen. Sämtliche Erfahrungen, die Peter Radtke auch in ähnlichen Situationen machen musste, scheinen sich allerdings dahingehend zu bestätigen, dass derartige Bemühungen keinerlei Wirkung zeigen und dass Gespräche mit Neugierigen seiner Ansicht nach grundsätzlich am Verhalten der Nichtbehinderten nichts ändern: »Alle rationalen Überlegungen werden [...] hinfällig, wenn es um Vorurteile geht« (1998, 64).

Gegenteilige Erfahrungen im Gespräch mit hauptsächlich nichtbehinderten Kindern und Jugendlichen werden von Ursula Eggli in ihrem Buch »Herz im Korsett. Tagebuch einer Behinderten« (1990) dargestellt, die mit einer Progressiven Muskeldystrophie zur Welt gekommen ist. Im Anschluss an einen Schulbesuch, in dem sie in einigen Religionsstunden mit Schülern und Schülerinnen gesprochen hat, schreibt sie zunächst:

»Als die schüler mich sahen, wurden sie plötzlich ruhig und verlegen. Ich weiß nicht, wem es peinlicher war, ihnen oder mir. Einen augenblick fühlte ich panik in mir hochkommen. Ich wusste überhaupt nicht mehr weiter, kein wort von meinem vorbereiteten gespräch. Nur leere, nichts« (1990, 5f.).

Jedoch gelingt es der Autorin, ihre Scheu und Unsicherheit zu überwinden und sich der Herausforderung zu stellen, indem sie »irgend etwas zu reden« (1990, 6) begann, wodurch sich mit der Zeit auch Veränderungen bei den Zuhörern einstellten: »Die schüler wurden immer interessierter und stellten sich auf mich ein. [...] Wieder gab es ein neues abtasten und sich finden, und wieder musste ich ganz da sein, mit jeder faser und jedem nerv. [...] Die Kinder haben keine ahnung von den schwierigkeiten. Sie wissen nicht, wie und wo invalide leben, sie wissen nicht, was und wie sie arbeiten und was sie denken. Sie haben einfach keine oder ganz falsche vorstellungen. Aber sie sind sehr willig und interessiert, etwas zu erfahren« (1990, 6f.).

Auch nach einem weiteren Gespräch mit anderen Schülern, über die sie im ersten Moment empfindet: »Ich hatte überhaupt keine lust, mich mit dieser horde abzugeben, und die horde hatte keine lust, sich mit mir abzugeben.« (1990, 19), schreibt sie schließlich: »ich habe den kampf aufgenommen gegen ihre gleichgültigkeit und abneigung – und ich habe ihn gewonnen. [...] Die gesichter lösten sich von ihrer gewohnten maske, wurden interessiert. Die schüler fragten, überlegten, brachten einwände.«

Schulbesuche, wie sie eben geschildert wurden, blieben Ursula Eggli später möglicherweise gerade aufgrund ihres zu anfangs unerwarteten Verlaufs in überwiegend positiver Erinnerung.

Mit Hilfe der nachfolgenden Tabelle (vgl. Handwerker 1997, 73) soll versucht werden, die von Ursula Eggli erlebten und geschilderten Gesprächs-Situationen in übersichtlicher Weise darzustellen. Besonders deutlich treten dabei die vielfältigen und nicht selten unkomplizierten Interaktionsprozesse hervor, die entweder als nach außen hin sichtbare oder als intrapsychische Vorgänge ablaufen.

Thematik »Diskriminierung« in ausgewählten Autobiographien 101

Ortsangaben Situationsbeschreibung in Stichpunkten	Verhalten des/der Nichtbehinderten	Einschätzung u. Bewertung der Situation durch den Behinderten	Verhalten des Behinderten	Bewältigungsstrategien	Funktion des Bewältigungsverhaltens
Schule	Als Schüler sie sehen, werden sie ruhig und verlegen	Peinliche Situation für alle Gefühl der Panik, Leere	Wortfindungsprobleme	*Aktionshemmung*: Unterdrückung von Panik	Problemlösung (mit Erfolg)
Gespräche in unterschiedlichen Religionsstunden		Herausforderung trotz anfänglicher Panik ein Gespräch zu beginnen	Annahme der Herausforderung: Beginn des Vortrages, zunächst ohne Konzept	*Direkte Aktion*: Beginn des Vortrages *Intrapsychische Bewältigungsform*: Selbstinstruktionen (»an was muss ich denken?« (6))	Selbstregulation von Emotionen (mit Erfolg: Freude am Gespräch)
Schule Gespräche in unterschiedlichen Religionsstunden	Abneigung und Abwehrhaltung der Schüler; sie sind desinteressiert und ignorieren U. Eggli	Verlust der sozialen Wertschätzung: U. Eggli spürt Abneigung, hat das Gefühl, »invalid« und »mickrig« (19) zu sein Zunächst keine Lust, sich mit den Schülern abzugeben	Gedanken: »Lauter hühner, die an nichts anderes denken können, als an den freund und die neuesten jeans.« (19)	*Intrapsychische Bewältigungsform*: Gefühl der eigenen Minderwertigkeit wird abgelöst von Beurteilung der Schüler: Lümmel, Hühner, Horde	
		Herausforderung, trotz Unsicherheiten ein Gespräch zu beginnen	Nimmt sich vor, Schüler zu interessieren, gegen Gleichgültigkeit und Abneigung zu kämpfen Beginnt konzentriert mit leiser Stimme das Gespräch	*Direkte Aktion*: Beginn des Gesprächs	Selbstregulation von Emotionen (mit Erfolg: Interesse auf beiden Seiten) Problemlösung (mit Erfolg)

Tabelle 3: Analyse von stigmatisierenden Situationen und deren Bewältigungsstrategien

Innerhalb der autobiographischen Darstellungen lassen sich zum Anderen immer wieder auch Verhaltensstrategien ausfindig machen, die nicht unmittelbar als Reaktion auf *eine* konkrete, mit Vorurteilen behaftete Situation angewendet werden, sondern in allgemeiner Form als mehr oder weniger gut funktionierender Verhaltensgrundsatz Verwendung finden.

So berichtet Ursula Eggli in ihrem Buch gleichermaßen immer wieder davon, dass Menschen im allgemeinen davor zurückschrecken, behinderten Personen zu begegnen und mit diesen in Beziehung zu treten, weshalb auch sie sich in der Welt der Nichtbehinderten oft unverstanden und übergangen fühlt. Aus diesem Grund hat sich die Autorin mehrere Verhaltensstrategien angeeignet, die sie im allgemeinen Umgang mit nicht behinderten Menschen anzuwenden versucht, um Vorurteile und andere mögliche Schwierigkeiten bezwingen zu können: »Freundlichkeit ist eine starke waffe, und als B. braucht man sie gerade zum überleben. Fröhliche und dankbare B. werden eher mit- und aufgenommen« (1990, 78). Außerdem ist es für die Autorin wichtig, »sich selber zu stärken, das selbstbewusstsein, die durchhaltekraft und, gerade auch für B., den kritischen geist und die auflehnung« (1990, 130), wobei sie auch der Meinung ist, dass man »Mit anpassen und dankbarkeit [...] oft weiter (kommt) als mit kritik und auflehnung« (1990, 130).

Auch Peter Radtke versucht mit Hilfe allgemeiner Verhaltenstrategien, sich von derartigen Erlebnissen und Eindrücken nicht emotional überwältigen zu lassen, indem er sich u. a. immer wieder darum bemüht, sich von anderen behinderten Menschen abzugrenzen, aus »Angst, [...] gleichgestellt zu werden« (1994, 91), denn »der Kontakt [...] konnte vielleicht dritte zu falschen Schlüssen verleiten« (1994, 91). Im ständigen Kampf um Anerkennung und Selbstbestätigung kommt Radtke außerdem zu einer Erkenntnis, die ihm fortan auch als Grundsatz dienen soll: »›Für einen Behinderten genügt es nicht, nur gut zu sein. Du mußt stets mehr können als die anderen.‹ Dass ich es tatsächlich weitergebracht habe als manch einer in ähnlicher Lage, geht vielleicht auf die Beherzigung dieses Spruches zurück« (1994, 45f.). Allerdings gibt Radtke auch zu Bedenken: »Andererseits haben mir einige bittere Erfahrungen gezeigt, dass auch bester Wille und überdurchschnittliches Können wenig ausrichten, wenn die Umwelt taub bleibt gegenüber ihren behinderten Mitmenschen« (1994, 45f.). Schließlich gelangt der Autor, der im Großen und Ganzen »seine Ampel auf Optimismus geschaltet hat« (1994, 150f.), zu dem Schluss, dass »nicht vergessen, sondern verarbeiten [...] der richtige Weg« (1994, 124) ist.

Arten von Bewältigungsstrategien

Wie es in den ausgewählten Beispielen bereits angeklungen ist, können innerhalb der ausgewählten autobiographischen Schriften auch unterschiedliche Formen des Umgangs mit belastenden Situationen ausfindig gemacht werden.

So wird auf der einen Seite deutlich, dass die verschiedenen Autoren in vielen konkret dargestellten Situationen, die den unterschiedlichsten Lebensbereichen entstammen, wie beispielsweise dem der Öffentlichkeit, des Berufslebens oder der Partnerschaft, versuchen, auf die ebenfalls zahlreichen bewusst oder unbewusst durchgeführten diskriminierenden Verhaltensweisen der Nichtbehinderten mit direkten Aktionen zu reagieren, um so eine Lösung des sie belastenden Problems bewirken zu können.

So lässt beispielsweise Ortrun Schott, die auf der Suche nach ihrer Identität und, weil sie als Kleinwüchsige »nicht länger verdrängen, nicht länger leiden (will), [...]« (1983, 14) das Buch »Verspottet als Liliputaner, Zwerge, Clowns« geschrieben hat, in ihren Darstellungen erkennen, dass sie selbst unterschiedlichste Formen des Umgangs mit Diskriminierungen erprobt hat: »Ich war 15 Jahre alt. Damals war es noch so, dass auch Erwachsene schallend hinter mir her lachten und mit dem Finger auf mich zeigten. Da habe ich dann ein paarmal den Leuten den Vogel gezeigt oder die Zunge rausgestreckt und dergleichen. Ich wollte auch einmal zurückschlagen, ich wollte böse sein« (1983, 28). Eine Änderung des Verhaltens der Menschen sowie persönliche Erleichterung konnte sie dadurch allerdings nicht bewirken, weshalb sie auch wieder von derartigem Verhalten Abstand genommen hat, denn »Es war keine mir angemessene Reaktionsweise« (1983, 28). In einer anderen Situation gelingt es der Autorin wenige Jahre später, sich auch verbal gegen Vorurteile und Benachteiligungen zu wehren, wie es das folgende Beispiel zeigt: »Einmal erfuhr ich von einem Ausflug, und ich wäre dieses eine Mal besonders gerne mitdabeigewesen. Sonst hatte ich das immer runtergeschluckt, die Enttäuschung, habe das für mich behalten und nichts gesagt, aber dieses eine Mal habe ich mich dann doch bei einer Freundin beschwert und ihr gesagt: ›Ihr hättet mich doch wirklich mitnehmen können, ich hätte den Weg schon geschafft!« (1983, 30; vgl. auch Handwerker 1997, 118).

Auch bei Ursula Eggli lassen sich solche sogenannten direkten Aktionen finden, etwa dann, wenn sie von einer Situation in einer Pizzeria in Luzern berichtet, als die Bedienung, »Obschon Theres und ich beharrlich selber auskunft gaben, [...] sich doch ebenso beharrlich immer wieder an die gesunden (wandte), wenn sie wissen wollte, welche pizza ›es‹ und ›es‹ und ›er‹ bevorzugten und was die herrschaften trinken möchten. Wie wenn es sich bei uns um schwer geistesgestörte, absolut idiotische wesen aus einer unverständlichen anderen welt handelte« (1990, 30f.). Schließlich resultieren aus dieser

Begebenheit noch am selben Abend ein längeres Gespräch über mögliche Ursachen und Gründe für das Verhalten von nichtbehinderten Menschen sowie einige Lösungsversuche für dieses Problem, woraus sich schließlich später in Form eines Theaterstückes ein Projekt zur Information über Menschen mit Behinderung entwickelt hat.

Weitere Hinweise über Bewältigungsformen, die sich dieser Kategorie zuordnen lassen, finden sich auch in dem Buch »Herrgott, schaff die Treppen ab! Erfahrungen einer Behinderten.« (1994) von Luise Habel, die im Alter von 15 Monaten an spinaler Kinderlähmung erkrankte. So schreibt sie von Erlebnissen, die sie nach ihrer Anstellung auf Probe bei einer Behörde machte: »Meine direkte Vorgesetzte, die mich einarbeiten sollte, unterwies mich in vielen Aufgaben nicht. Zunächst dachte ich mir nichts dabei, bis ich schließlich hörte, wie sie dem Kassenleiter gegenüber äußerte, schwierige Arbeiten können sie mir nicht geben, dazu sei ich zu dumm. Dabei hatte sie nie den Versuch unternommen, mich mit diesen Aufgaben vertraut zu machen. Ich bat eine andere Kollegin, die den gleichen Aufgabenbereich hatte, mir das Wichtigste zu zeigen, und ich war verblüfft, wie einfach alles war. Eines Tages sagte ich zu meiner Vorgesetzten: ›Das kann ich auch erledigen.‹ [...] Nach und nach wurde ich von den Mitarbeitern anerkannt. Sie hatten mich auf Herz und Nieren geprüft, hatten mich auch immer wieder provoziert, hatten mir Arbeit gegeben, die gar nicht zu meinem Aufgabenbereich gehörten, und ich hatte sie ohne Murren ausgeführt. Ich machte Überstunden, wenn es nötig war. Kurzum: Ich hatte mich angepaßt. Ich beanspruchte keine Sonderstellung aufgrund meiner Behinderung. [...] Die Kollegen lernten, mich nicht nach meiner Behinderung, sondern nach meiner Leistung zu beurteilen. Ich gehörte dazu. Freilich nur während der Arbeitsstunden. In meiner freien Zeit war ich allein« (1994, 43f. vgl. Handwerker 1997, 98). Die Aktivität der Autorin in der Bewältigung der Diskriminierungen zeigt sich hier vor allem dadurch, dass Luise Habel zum Einen um Informationen und Hilfe bei Kollegen bittet, zum Anderen passt sie sich an die äußeren Gegebenheiten an, indem sie sämtliche Aufgaben erledigt, die ihr aufgetragen werden. Dass sich diese Strategien als für sie erfolgreich erweisen sollen, erfährt sie nach einiger Zeit, als sie einen festen Arbeitsvertrag bekommt und ihr auch von Seiten der Kollegen Anerkennung und Wertschätzung, zumindest im Arbeitsbereich, entgegengebracht werden.

Neben diesen Formen von Handlungsstrategien, die sich in ihrer Struktur deutlich auf nach außen hin sichtbare Tätigkeiten konzentrieren, können anhand dieser Schilderung auch solche Arten der Bewältigung festgestellt werden, die sich vornehmlich im Inneren der Autorin abspielen und somit nicht für Außenstehende erkennbar werden. Diese können als intrapsychische Bewältigungsformen bezeichnet werden, wozu sich in diesem Fall vor allem das Ignorieren der Sticheleien und Provokationen, die von den Arbeitskollegen ausgehen, rechnen lässt.

Diese Form der Bewältigung von Situationen zeigt sich bei Luise Habel wie auch bei den sonstigen Autoren in unzähligen anderen diskriminierenden Situationen, die sich den unterschiedlichsten Lebensbereichen zuordnen lassen. Dabei fällt auf, dass die betroffenen Personen oft zunächst sehr stark über die erlebte Situation reflektieren und im Zuge von Ursachenforschungen nicht selten von negativen Gedanken über ihre Person und ihre Gefühle beherrscht werden. Diese Tendenz, die Erlebnisse vor allem gedanklich zu bewältigen, zeichnet sich hauptsächlich in den autobiographischen Schilderungen der Frauen mit Behinderung ab, vor allem dann, wenn sie sich über ihre Erfahrungen mit partnerschaftlichen Beziehungen Gedanken machen. So schreibt Ortrun Schott diesbezüglich: »Engere Beziehungen blieben immer nur ganz kleine Episoden, so dass ich letzten Endes zu dem Schluß kam, nicht wirklich liebenswert, begehrenswert für einen Mann zu sein. Später habe ich mich damit auseinandergesetzt: Woran liegt es? Was kann es sein? Es gab nur zwei Möglichkeiten, die beide nicht sehr angenehm waren, entweder ist es der Körper – oder die Persönlichkeit, der Charakter. [...] Aber beides war eine bittere Schlußfolgerung« (1983, 33f.). Da diese Erkenntnis ihr nicht bei der Bewältigung der Probleme hilft, verfällt die Autorin in Depressionen: »Ich konnte es einfach nicht verarbeiten, damit nicht fertig werden, es nicht begreifen, dass ich nicht landen konnte. [...] Es war ein Gefühl der Ohnmacht: [...] Ich war hilflos, ratlos« (1983, 33f.), woraus sich schließlich eine von Verzichtdenken geprägte innere Haltung entwickelte: »Weil du so bist, wie du bist, deshalb mußt du verzichten« (1983, 33f.). Somit bilden diese psychischen Prozesse für Ortrun Schott die einzige Möglichkeit, mit dieser Situation und den daraus resultierenden Gedankengängen fertig zu werden.

Ähnliche Überlegungen stellt auch Ursula Eggli zu diesem Thema an, indem sie sich selbst immer wieder dazu zwingt, ihre Hoffnung auf eine Beziehung zu einem ihr bereits bekannten Mann zu unterdrücken, um nicht durch ein Aussprechen der Gefühle die bereits bestehende Freundschaft aufs Spiel zu setzen: »Was hätte das genützt? [...] Es wäre für mich viel einfacher gewesen, alles zu gestehen. Aber was habe ich für ein recht, ihn damit zu belasten? Er kann ja schließlich nichts dafür, dass ich mich in ihn verliebe. Und was hätte mein geständnis geändert? Es wäre ihm peinlich gewesen, und er wäre nicht mehr gekommen« (1990, 246). Um mit dieser Trauer und Hoffnungslosigkeit fertig zu werden, die aus den ständigen Gedanken um die Gründe für ihr Alleinsein resultieren, vertraut Ursula Eggli ihre Wünsche und Sehnsüchte einzig ihrem Tagebuch an. Die Bemühung, sich selbst einzureden, dass sie

»nicht für die Liebe geschaffen« (1990, 252f.) ist, hilft ihr jedoch nicht, angemessen und sinnvoll mit ihren Emotionen umgehen zu können. Nicht selten fühlt sich die Autorin in derartigen Situationen überfordert, was sie letztendlich auch darüber nachdenken lässt, ihr Leben aufzugeben: »Tot, vorbei, fertig [...] – Der gedanke daran erschreckte mich und hatte zugleich etwas sehr verlockendes. Es erfüllte mich mit einem geheimen triumph, dass ich es nun zum ersten mal in der hand hatte, zu leben oder zu sterben. [...] Schluss mit all den mühsalen dieser Erde« (1990, 182).

Dass aus solchen intrapsychischen Prozessen auf der anderen Seite auch erfolgreiche Konsequenzen wie beispielsweise Einstellungsänderungen resultieren können, wird bei Luise Habel deutlich, deren Gedanken immer wieder um ihre zunächst unbeliebte Arbeitsstelle kreisen, wo sie anfangs ständig negativen Einstellungen und ablehnenden Verhaltensweisen ausgesetzt ist, bis sie schließlich zu der Erkenntnis gelangt: »Nach und nach begriff ich, dass es nicht so sehr darauf ankommt, was man tut, sondern wie man es tut. Als ich diese Einstellung gewonnen hatte, machte mir mein Beruf auch Spaß« (1994, 46).

Nicht immer wird in als unangenehm erlebten Situationen nur eine der beiden dargestellten Bewältigungsformen, entweder die direkte Form der Aktion, oder die Strategie der Bewältigung durch intrapsychische Prozesse, angewandt, was sich wiederum besonders deutlich bei Luise Habel zeigt, wenn sie von ihren Erlebnissen bezüglich der Planung und Errichtung eines rollstuhlgerechten Bungalows berichtet: »Meine Bekannten, mit denen ich es besprechen möchte, sagen: ›Jetzt ist sie verrückt geworden.‹ Sie zweifeln ernsthaft an meinem Verstand. Sie schildern mir das Heimleben als die erstrebenswerteste Möglichkeit. Sie sagen mir vor, dass ich dann versorgt wäre und mich um gar nichts mehr kümmern müsste. Meine Einwände, es würde zum Leben noch etwas mehr dazu gehören, als nur versorgt zu sein, tun sie mit kränkender Oberflächlichkeit ab. Sie verunsichern mich sehr. Ich verbringe manche Nacht schlaflos und weiß nicht, wie ich mich entscheiden soll. [...] Wie soll ich es wagen mit verständnislosen Freunden im Rücken? Einer hat erbost zu mir gesagt: ›Komme nur ja nicht eines Tages und beklage dich, dass du keine Hilfe hast.‹ Die Auseinandersetzungen spitzen sich zu. Irgendwann werde ich so wütend, dass ich sage, was ich denke: ›Ja, euch sind die Sorgen abgenommen. Keiner muss mehr Angst haben, er könnte einmal einspringen müssen. Es geht euch gar nicht um mich und darum, dass ich sinnvoll leben kann...‹« (1994, 207f.). Das ausgewählte Beispiel zeigt, dass die Autorin versucht, die für sie problematische Situation mit Bewältigungsstrategien beider Art zu lösen. Zum Einen wird sie durch die vorgefertigten Meinungen ihrer Freunde dazu gebracht, über ihre gegenwärtige Situation nachzudenken, zum Anderen veranlassen die unveränderlichen Ansichten der anderen die Autorin dazu, offen und wütend ihre Denkweise bezüglich der Reaktionen ihrer Freunde zu äußern. Schließlich ignoriert Luise Habel deren Einstellungen und setzt sich über diese hinweg, indem sie sich für den Bau des ihren Bedürfnissen entsprechenden Hauses entscheidet, was von ihr auch nicht im Geringsten bereut wird.

Coping als Prozess im Sinne einer Veränderung von Handlungsstrategien
Vergleicht man nun die jeweiligen Aufzeichnungen der ausgewählten Autoren innerhalb einer chronologischen Abfolge bezüglich ihrer Inhalte und dargestellten Bewältigungsstrategien, so lassen sich durchaus auch Veränderungen in den Handlungsstrategien, die bei ähnlichen Situationen angewandt werden, erkennen.

Besonders deutlich zeigt sich dieser prozesshafte Charakter von Coping bei Peter Radtke im Bezug auf seine Bemühungen, eine Arbeitsstelle zu finden: »Die Stelle paßte wie maßgeschneidert. [...] Voller Zuversicht setzte ich mich an das Bewerbungsschreiben. Damals machte ich zum ersten Mal die bittere Erfahrung, daß wir zwar in einer Leistungsgesellschaft leben, aber eben nicht ausschließlich. Überall herrschen irrationale Vorurteile. So fällt ein behinderter Mensch in der Regel immer durch das Netz. Entweder er kann die geforderte Leistung nicht erbringen, oder, wenn er sie erbringen könnte, traut man ihm dies nicht zu und gibt ihm nicht einmal eine Bewährungschance.« (1994, 94f.).

Radtke erfährt später, dass eine Klassenkameradin, die fachlich weitaus weniger qualifiziert ist als er, die Stelle erhielt. Nach dieser Information hat er das Gefühl, alle Berufsaussichten würden »wie ein Kartenhaus« (1994, 95) in sich zusammenstürzen. In dieser Situation ist Peter Radtke außerstande zu handeln. Er nimmt die Nachricht, trotz seiner guten Ausbildung die Stelle nicht bekommen zu haben, enttäuscht entgegen: »Ich glaubte meinen Ohren nicht zu trauen« (1994, 95). Er ist erschüttert über die ungerechten Einstellungspraktiken und darüber, dass ein gutes Abschlusszeugnis »manchmal weniger wert (ist) als das Papier, auf dem es steht« (1994, 95). Doch ihm bleibt keine Alternative, er muss diese Tatsache hinnehmen. Er sieht keine Chance des Protestes oder Kampfes gegen den betreffenden Arbeitgeber. Aus dieser Erfahrung zieht er für sich selbst die Erkenntnis: »Ein arbeitsuchender Behinderter kann sich nicht die Rosinen aus dem Kuchen picken« (1994, 135).

Während er sich nach dieser ersten Bewerbung um eine Anstellung und der darauf folgenden Absage noch gezwungen sieht, diese Tatsache tief enttäuscht als gegeben und somit kampf- und protestlos hinzunehmen, ist der Autor Jahre später nach wiederholter Abweisung in der Lage, sich nicht mehr tatenlos abweisen zu lassen, sondern vielmehr um Hilfe von außen zu bitten (vgl. 1994, 136), woraufhin ihm eine weitere Stelle vorgeschlagen wird, auf deren Bewerbung hin Peter Radtke jedoch abermals eine Absage erhält. Diese nimmt er als Anlass dafür, sich an die Öffentlichkeit zu wenden, um so auf seine scheinbar ausweglose Situation aufmerksam zu machen. Als er dann ein Arbeitsverhältnis an einer Volkshochschule bekommt, »*begann ein neuer Abschnitt in meinem Leben*« (1994, 144). Schließlich ist es ihm möglich, seine lange Suche nach einer Anstellung neu zu bewerten, indem er jeder Erfahrung auf diesem Weg eine Bedeutung für seine Tätigkeit in der Erwachsenenbildung an der Volkshochschule zuschreibt (vgl. 1994, 144).

Diese Veränderungen sind auch an anderen Stellen in der Autobiographie Peter Radtkes zu finden, beispielsweise in den immer wieder geschilderten Erfahrungen mit mitleidigen Personen. So berichtet er von einem Erlebnis im Kindesalter, das sich an einem Grenzübergang nach Österreich zugetragen hat, wo er unbedingt einmal gewesen sein wollte. Trotz fehlender Papiere lässt der Grenzpolizist ihn und seine Mutter kurz passieren, wozu der Autor sich mit folgender Anmerkung äußert: »Mitleid ist zwar ein Gefühl, das ich nicht liebe, aber mitunter soll man seinen Nutzen auch nicht unterschätzen« (1994, 63). Dieser Kommentar macht deutlich, dass Peter Radtke zum damaligen Zeitpunkt die Mitleidsgeste bewusst in Anspruch genommen hat, während er auf der anderen Seite seine eigentlich negativen Emotionen bezüglich des Mitleidsverhaltens unterdrücken konnte.

In ähnlicher Weise äußert sich der Autor, wenn er beschreibt, dass er als Schüler in der Vorweihnachtszeit von durch den Lehrer aufgeforderten Mitschülern besucht und beschenkt wurde: »So fragwürdig mir heute diese Mitleidsgeste erscheint, so falsch sich aus heutiger Sicht dieser Ansatz einer Kontaktanbahnung zwischen nichtbehinderten Schülern und einem behinderten Kameraden darstellt, ich muss gestehen, damals freute ich mich ungemein über die milden Gaben« (1994, 72).

Derartigen Mitleidsgesten versucht sich Peter Radtke im Erwachsenenalter immer wieder zu widersetzen, indem er vor allen Dingen emotional dagegen ankämpft. Dies macht es ihm möglich, persönliche Erfolge tatsächlich als solche zu empfinden, was sich auch positiv auf sein Selbstbewusstsein und sein Selbstwertgefühl auswirkt: »Wichtig war für mich, dass mich die Korrektoren (der Fernuniversität) nicht kannten. Ich hatte glanzvoll eine Prüfung bestanden, ohne dass man um meine Behinderung wusste. Mein Erfolg beruhte also nicht auf Mitleid, sondern kam allein aus mir selbst« (1994, 109).

Auch bei Ortrun Schott lässt sich die Prozesshaftigkeit der angewandten Strategien ansatzweise erkennen, zum Einen, wie es die bereits geschilderten Erlebnisse im Umgang mit Erwachsenen zeigen, als sie versucht, für sie neue verschiedenartige Bewältigungsformen zu erproben, die jedoch wieder von ihr verworfen werden, da sie sich als wenig effektiv erweisen. Zum Anderen wird diese Verhaltensänderung auch deutlich, wenn sie von ihren partnerschaftlichen Misserfolgen berichtet. Dabei führt sie der Weg, wie bereits dargestellt, von der Suche nach Ursachen und Gründen für das Alleinsein über Depressionen zu einer inneren Verzichthaltung, die es ihr schließlich möglich macht, die Tatsache für Männer nicht attraktiv zu sein leichter zu ertragen.

Diskriminierungen und Veränderungen der Persönlichkeit

Innerhalb der ausgewählten Literatur lassen sich auch immer wieder Stellungnahmen der Autoren dazu finden, dass sich die von der Gesellschaft ausgehenden Spannungen und Diskriminierungen bezüglich ihrer Behinderungen auch deutlich auf die Persönlichkeitsstruktur der betroffenen Personen auswirken.

Dabei ist auch an dieser Stelle noch einmal auf die verinnerlichte Haltung Ortrun Schotts hinzuweisen, die sie eine Liebesbeziehung zu einem Mann grundsätzlich ausschließen lässt, wobei sie die ihr entgegengebrachte Meinung der Männer, körperbehinderte Frauen seien als Partnerin minderwertig, in allgemeinen Vorurteilen gegenüber Menschen mit einer Körperbehinderung begründet sieht.

Auswirkungen auf die Persönlichkeit zeigen derartige Gedankengänge auch bei Ursula Eggli, die sich zwingt, ihre Gefühle Männern gegenüber zu unterdrücken und unausgesprochen zu lassen.

Auch Luise Habel beschreibt deutlich, welchen Einfluss Enttäuschungen in partnerschaftlichen Beziehungen auf ihre Persönlichkeit genommen haben: »Immer wieder gab es einen Mann, der mir sagte, dass er mich liebe. Aber ich war vorsichtig geworden, ich traute nicht mehr all den Komplimenten und Versprechungen. Ich war auch mißtrauisch gegen meine eigenen Gefühle, wenn mir jemand gut gefiel, und ich verstand es meisterhaft, sie zu verbergen« (1994, 72).

Im beruflichen Bereich vollzieht sich dagegen bei ihr eine weitaus positivere Entwicklung ihrer emotionalen Einstellung. Während sie nach einem Wechsel des Arbeitsplatzes zunächst große Schwierigkeiten hatte, auf andere Menschen zuzugehen und diese um Hilfe zu bitten, was stets ein Gefühl in ihr hervorbrachte, für andere eine Belastung oder Zumutung zu sein, kommt sie schließlich zu folgender Erkenntnis: »Mein Denkfehler war, daß ich den für mich so schmerzlichen Satz absolut nahm; daß ich mich nicht als augenblickliche Zumutung empfand, sondern daß ich befürchtete, es immer und für jedermann zu sein. [...] Und so kann ich jetzt denken: ›Ja, du darfst es mir sagen, wenn ich eine Zumutung bin. Aber sage mir auch, wenn dich etwas an mir freut« (1994, 149).

Negative Reaktionen auf seine körperliche Erscheinungen und Diskriminierungen in der Art von »Angestarrtwerden«, seine Empfindungen darüber sowie daraus resultierende Auswirkungen auf seine Persönlichkeit schildert auch Christy Brown in seiner Autobiographie »Mein linker Fuß« (1995) auf eindrucksvolle Weise.

Er ist ein durch einen Geburtsfehler fast völlig gelähmter Junge aus einer kinderreichen Arbeiterfamilie in Dublin, der bis zum Alter von zehn Jahren gemeinsam mit seinen Brüdern viele Unternehmungen startet, die dadurch möglich sind, dass Christy Brown in einem alten verrosteten Sportwagen sitzt und so gut »transportiert« werden kann. Er ist sich seiner Behinderung noch nicht bewusst und kann deshalb die Blicke der Außenstehenden, die ihm beim Spielen und bei Spaziergängen begegnen, nicht verstehen:

»Die Leute blieben manchmal stehen und starrten mich an, wenn meine Brüder mich spazierenfuhren, aber ich machte mir nichts daraus, weil ich keine Ahnung hatte, warum sie mich anstarrten. Vielleicht lauerte versteckt auf dem Grunde meiner Seele eine Ahnung, daß irgendwo etwas mit mir nicht stimmte, irgend etwas an mir, was die Leute veranlaßte, mich auf so merkwürdige Weise anzusehen, wenn sie vorbeigingen. Aber es war ein unbehaglicher Gedanke, und er erschreckte mich, so daß ich versuchte, ihn von mir zu schieben. Ich wollte nichts weiter als glücklich sein. Und meine Brüder sorgten dafür, daß ich glücklich war« (1995, 41).

Als schließlich sein Sportwagen kaputt geht und er deshalb künftig auf Vorhaben mit seinen Geschwistern und Freunden verzichten muss, wird ihm seine Behinderung und die damit verbundene Hilflosigkeit bewusst. Von nun an beurteilt er auch die Blicke der Menschen in der Öffentlichkeit anders:

»Wenn ein Fremder vorbeikam, versteckte ich jedesmal mein Gesicht, aber es ließ sich nicht vermeiden, daß ich immer wieder sah, wie sie mir zuerst ins Gesicht und dann auf die Hände blickten. Beim Weitergehen schüttelten sie dann bedeutungsvoll den Kopf, wenn sie, mit wem es auch sei, die Straße hinaufgingen und immer wieder zu mir zurückblickten, bis sie nicht mehr zu sehen waren. Diese Blicke der Menschen auf den Straßen gingen mir durch und durch. [...] Im Zeitraum von nur wenigen Wochen, seitdem mein alter Sportwagen zusammengebrochen war, war ich auch geistig ein anderer geworden. Mein Geist war jetzt ebenso anders, wie – ich wußte es jetzt – mein Körper es war« (1995, 53f.).

Als Reaktion zieht er sich immer mehr zurück und wird zum Einzelgänger:
»Ich krabbelte nicht mehr im Hause herum, wie ich es gewohnt gewesen war, sondern saß zusammengerollt in dem großen Armstuhl, starrte ins Feuer oder

auch nur auf die Wand [...] und begann, mich immer tiefer und tiefer in mich selber zu versenken. Mutter gab sich Mühe, aber nichts konnte mich aufrütteln, nichts konnte das glückliche Kind, als das ich mich früher gefühlt hatte, zurückholen. Es existierte nicht mehr. An seine Stelle war ein aufs äußerste gespanntes, schweigendes, großäugiges Geschöpf getreten, mit Nerven, die geschärft waren wie zerbrochenes Glas und gestrafft wie Telegraphendraht« (1995, 54ff.).

Positiven Einfluss auf seine Persönlichkeit nimmt schließlich ein Tuschkasten, der ursprünglich einem seiner Brüder geschenkt, allerdings dann von diesem, als »Mädchensache« (vgl. 56) abgetan, verschmäht wurde. Die Auswirkungen, die das Malen auf ihn hatte, beschreibt Christy Brown folgendermaßen:

»Ich veränderte mich. Ich wußte es damals noch nicht, aber ich hatte einen Weg gefunden, wieder glücklich zu sein und einen Teil von dem, was mich unglücklich gemacht hatte, zu vergessen. Jetzt litt ich nicht mehr darunter, dass ich nicht mit meinen Brüdern ausfahren konnte, denn ich besaß etwas, um meinen Geist zu beschäftigen« (1995, 58).

Peter Radtke beschreibt ebenfalls in seiner Autobiographie nachhaltig, welche negativen Auswirkungen vor allem die lange Zeit der Suche nach einer Arbeitsstelle auf seine Persönlichkeit hatte: »Nach und nach gewahrte ich in meinem Wesen Veränderungen, die ich früher für unvorstellbar gehalten hätte. Aus einem kontaktfreudigen Menschen wurde in den langen Monaten des erzwungenen Müßiggangs ein verschlossener, den Umgang mit anderen meidender Griesgram. Die Leistungen, die ich stolz auf Pergamentpapier, nach Hause getragen hatte, kamen mir plötzlich unwirklich, beinahe erschwindelt vor. Schuldlos in diese Lage verstrickt, fühlte ich mich trotz allem schuldig, War vielleicht doch etwas Wahres an der landläufigen Meinung ›Wer arbeiten will, der findet Arbeit?‹ Auch die Ehe knarrte bedrohlich in ihren Fugen. Nie hörte ich den geringsten Vorwurf von meiner Frau, und dennoch kam ich mir vor wie der schäbigste Schuft auf Erden« (1994, 139f. vgl. auch Handwerker 1997, 67).

Auch Ortrun Schott versucht, mit Hilfe ihres Buches der Öffentlichkeit zu zeigen, wie ein Mensch sich fühlt, der allen zum Gespött dient. Meist werden kleinwüchsige Menschen unterschätzt und unterfordert, was beispielsweise im Zusammenhang mit Etikettierungen in der Öffentlichkeit dazu führen kann, dass die negativen Fremdbewertungen in das Selbstkonzept übernommen werden. Zuschreibungen werden internalisiert, was dazu führt, dass sich der kleinwüchsige Mensch nun wirklich als minderwertig empfindet:

»Fällt das Urteil über einen Menschen ständig negativ oder verzerrt aus, macht er sich diese Meinung allmählich selbst zu eigen. Wenn andere mir nichts zutrauen, keine Anforderungen an mich stellen, mich nicht mitspielen lassen oder zu ihren Partys einladen, wenn sie über mich lachen und ich ihre Verachtung spüre, wenn man von mir Verzicht verlangt oder mich einfach übersieht, dann stelle ich mich darauf ein« (1983, 111f.).

Ihr Bruder Erhard Schott, ebenfalls kleinwüchsig, leidet besonders stark unter der mangelnden Akzeptanz seiner Umwelt. Zwar berichtet er nicht von einer direkten Konfrontation mit Vorurteilen der Umgebung, er leidet jedoch unter diesen negativen Einstellungen. Klee schreibt über ihn:

»Niemand nahm ihn als Mensch ernst. Man verspottete ihn, hänselte ihn, stellte ihm nach. So haben ihm andere beigebracht, sich selbst hassen zu lernen« (Klee in: Schott 1983, 14).

Erhard Schott versucht den Kampf gegen eine ihm feindlich gesinnte Umwelt aufzunehmen und zerbricht daran. Da er sein Leben nicht mehr erträgt, beendet er es und begeht Selbstmord.

Dass Ortrun Schott froh darüber ist, dass ihr gerade bei der Bewältigung von im allgemeinen diskriminierenden Situationen viele Freundinnen zur Seite stehen und helfen, wird deutlich, wenn sie schreibt: »Ich glaube, alle diese Freundschaften haben mir immer wieder geholfen, nicht aufzugeben und neue Schwierigkeiten zu bewältigen, auch wenn es Punkte gab, über die man nicht sprach und wo ich mich nicht verstanden fühlte« (1983, 44).

Auf die Wichtigkeit funktionierender sozialer Beziehungen weist auch das nächste Beispiel hin, das in dem von Helga Geisler verfassten Buch »Danke, das kann ich selbst« (1991) niedergeschrieben wurde. Auch sie wird häufig mit den in unserer Gesellschaft herrschenden negativen Einstellungen der Bevölkerung gegenüber behinderten Menschen konfrontiert, worüber sie stets Schmerz, Trauer und Wut empfindet. Auch ihr mühsam errungenes seelisches Gleichgewicht wird dadurch permanent gefährdet.

Folgende Begebenheit ereignet sich bei einem gemeinsamen Kaufhausbesuch der Familie:

»Zwei Damen postierten sich in unserer Nähe. Nach Minuten der Musterung klang ein Gespräch der beiden zu uns herüber: ›Sieh nur, der Mann sieht doch gar nicht so schlecht aus und nimmt sich so eine Frau! Und zwei Kinder schaffen sie sich auch noch an!‹ Kopfschütteln auf beiden Seiten.

Ich schickte einen stillen Hilferuf nach oben: ›Gib bitte, daß die Kinder und Reiner das nicht gehört haben!‹

Zu spät! Schon vernahm ich seine Stimme hinter mir: ›Meine Damen, das sind noch nicht alle Kinder, wir haben noch drei zu Hause!‹« (1991, 65).

Zusammenfassung

1. Wie es die zahlreichen Auszüge aus den Veröffentlichungen der ausgewählten Autoren und Autorinnen zeigen, lassen sich weder gänzlich generalisierbare noch vergleichbare Ergebnisse ableiten. Es wird vielmehr deutlich, dass die einzelnen Schilderungen starken persönlichkeitsbezogenen und situationsabhängigen Charakter aufweisen.
2. Die dargestellten Erfahrungen lassen sich den unterschiedlichsten gesellschaftlichen Situationen zuordnen. Besonders häufig zeigt sich Diskriminierung in Form von Angestarrtwerden und Mitleid, das den betroffenen Personen von ihnen in der Regel nicht bekannten Menschen entgegengebracht wird.
Trotz der vielfältigen Erlebensweisen der diskriminierenden Situationen kann an dieser Stelle ein Zitat von Ursula Eggli angeführt werden, dessen Aussage auf nahezu alle der dargestellten Erfahrungen bezogen werden kann:
»Mein aussehen, invalidität – all das ist mir doch schon bewusst (und sollte man es einmal vergessen, bringt es einem die umgebung todsicher wieder zum bewusstsein)« (1990, 219).
3. Auch lassen die Schilderungen zwei wesentliche Bereiche erkennen, in denen von den jeweiligen betroffenen Autoren Strategien zur Bewältigung mehr oder weniger erfolgreich erprobt und angewendet werden.
So lässt sich bei einem Teil der Coping – Verfahren eine strukturierte und möglicherweise auch wiederholt durchgeführte Anwendung erkennen, die in jeweils konkreten und vielleicht mehrmals als ähnlich erlebten Situationen zur Lösung der Probleme herangezogen werden.
Auf der anderen Seite werden Handlungsstrategien deutlich, die sich in ihrer Ausführung nicht auf speziell festgelegte Ausführungen beschränken, sondern die sich mit der Zeit zu allgemeinen Verhaltensreaktionen oder Lebensgrundsätzen entwickelt haben.
4. Dennoch kann die Bewältigung von Situationen nicht als eine jedem Autor eigene Technik angesehen werden, die, einmal erworben, immer wieder verwendet werden kann. Deshalb ist es nicht möglich, Verhaltensstrategien vorherzusagen oder als jeweils typisch für den einen oder anderen Autoren zu benennen. Coping – Verfahren sind, wie die Beziehung zwischen Person und Umwelt, nicht als stabil zu betrachten, sondern sie unterliegen vielmehr dynamischen und prozessualen Vorgängen (vgl. auch Handwerker 1997, 126).

5. Vielmehr wird, im Sinne der Stressbewältigung nach Lazarus, jede als diskriminierend erlebte Situation im Bezug auf ihren persönlichen Bedeutungsgehalt und ihre Wichtigkeit wahrgenommen und bewertet, wodurch sowohl emotionale wie auch weitere Reaktionen beeinflusst werden.
Erst im Anschluss an eine derartige Situationsanalyse erfolgt das eigentliche Bewältigungsverhalten.
6. Die Summe der dargestellten unterschiedlichen Bewältigungsformen kann ebenfalls im Wesentlichen in zwei Bereiche von Strategieformen unterteilt werden.
Lösungsversuche, die sich in Form von direkten Aktionen der betroffenen Personen äußern, beinhalten sehr oft den Versuch, mit Menschen über das Gespräch in Kontakt zu treten oder eine weitaus energischere Konfrontation zu suchen, was allerdings nicht grundsätzlich positive Ergebnisse zu bewirken scheint.
Auch nach außen eher passiv erscheinende Verhaltensweisen wie beispielsweise das Anpassen an äußere Gegebenheiten oder das bewusste Vermeiden von partnerschaftlichen Beziehungen lassen sich dieser Form der möglichen Handlungsstrategien zurechnen.
Eine weitere Möglichkeit, sich mit Schwierigkeiten und Problemen auseinander zu setzen, verdeutlichen solche Beispiele, bei denen ebenfalls nach außen gesehen keinerlei Aktivitäten zu erkennen sind, da sie sich hauptsächlich im Inneren der jeweiligen Person in Form von Nachdenken, Selbstinstruktionen, Ignorieren von Sticheleien und Provokationen oder auch Einstellungsveränderungen abspielen.
Dabei ist es in den einzelnen Begebenheiten möglich, dass entweder eine der beiden Bewältigungsformen Verwendung findet, nicht selten zeigt sich nachfolgendes Verhalten auch in einer Kombination der möglichen Verhaltensweisen.
7. Nur selten geben die Autoren Auskunft darüber, wer ihnen bei der Bewältigung von diskriminierenden Reaktionen der Gesellschaft auf ihre Behinderung geholfen hat. Handwerker (1997, 126) schreibt: »Es bleibt also unklar, wie bedeutend für sie das »Soziale Netzwerk ist, in dem sie sich befinden, und ob und welche soziale Unterstützung sie bei der Lösung anstehender Probleme finden.«
8. Die gesellschaftlichen Spannungen und Diskriminierungen wirken sich demnach durchaus auch auf die Persönlichkeitsstrukturen der betroffenen Personen aus.
Dabei fällt auf, dass insbesondere dann von einer negativen Einwirkung gesprochen wird, wenn die Autoren immer wieder die Erfahrung machen

mussten, dass sich die stereotypen, von Vorurteilen geprägten Ansichten der Nichtbehinderten über Menschen mit Körperbehinderung durch rationales Argumentieren oder ähnliche Verhaltensweisen nur schwer oder gar nicht beeinflussen und revidieren lassen.

II Empirischer Teil

1 Methode

Gegenstand der Psychologie ist das menschliche Verhalten und sein Erleben. Als Wissenschaft versucht die Psychologie Aussagen über diesen Gegenstand zu machen. Dabei werden meist grundlegende Ziele verfolgt. Auf der Suche nach allgemeingültigen Aussagen oder grundlegenden Gesetzen versuchen Forscher sich dem Gegenstand auf verschiedene Weise zu nähern. Dies geschieht durch Tätigkeiten, die gleichzeitig auch Ziele sein können: Beschreiben, Erklären, Vorhersagen (vgl. Zimbardo 1992, 2ff.).

Nach Allport (1968, zit. in Bottenberg 1996, 8) ist es vorrangiges Ziel der Sozialpsychologie, zu beschreiben, zu erklären, zu prognostizieren, wie das Erleben und Verhalten des Menschen beeinflusst wird durch die reale, vorgestellte oder implizite Anwesenheit von Mitmenschen.

Die »jeweils interessierenden Beeinflussungen sind im Kontext der jeweiligen gesellschaftlich-kulturellen Welt zu studieren« (Bottenberg 1996, 8). Nach Lersch (1965, zit. in Bottenberg 1996, 9) richtet sich Sozialpsychologie auf die Beschreibung, Erklärung und Prognose von Erleben und Verhalten in Form von Aktions-Reaktionsbeziehungen, Interaktionen zwischen Menschen.

»Soziales Geschehen ist immer Geschehen zwischen Individuen, ein Feldgeschehen zwischen zwei oder mehr Personen, wobei jeder sowohl Ausgangspunkt als auch Empfänger von Wirkungen ist« (Lersch 1965, 16, zit. in Bottenberg 1996, 9).

Nach Bottenberg (1996, 10) beinhalten die Aufgaben der Sozialpsychologie – neben Deskription, Explikation, Prognose – auch den Aspekt des ›Veränderungs-Wissens‹, d. h. die systematische, kritisch kontrollierte Umsetzung sozialpsychologischen Wissens zur Veränderung sozialen Erlebens und Verhaltens. Dies geschieht durch Entwicklung effektiver sozialpsychologischer Technologien (z. B. Interventionsverfahren) und durch Beiträge zur Praxeologie im Hinblick auf sozialpsychologisch relevante Sachverhalte (z. B. auf unsere Untersuchung bezogen: Erkenntnisbeitrag zur Gestaltung einer verbesserten Beziehung zwischen nichtbehinderten und behinderten Menschen im gesellschaftlichen Kontext).

Um ihre Ziele erreichen zu können, z. B. ein bestimmtes Verhalten zu untersuchen und eine allgemeingültige Aussage darüber machen zu können, haben Forscher die Möglichkeit, unterschiedliche Wege zu gehen. Dies wird anhand verschiedener Methoden zur Beschreibung, Erklärung und Vorhersage von menschlichem Verhalten deutlich.

Grundsätzlich stehen für die Erforschung der sozialen Realität zwei Forschungsrichtungen mit unterschiedlichen theoretischen und methodischen Hintergründen zur Verfügung. Die *quantitative Sozialforschung*, die sich an naturwissenschaftlichen Vorstellungen von exakter und objektiver Messung orientiert und die *qualitative Sozialforschung*, die sich durch deskriptive und interpretative Prinzipien sowie eine starke Subjektbezogenheit und Nähe zu natürlichen sozialen Situationen kennzeichnen lässt (vgl. Mayring 1996).

1.1 Qualitative und quantitative Sozialforschung

Qualitative Sozialforschung

Kardoff (1991, 4, zit. in Lütje-Klose 1997, 43) beschreibt die Grundannahmen qualitativer Forschung folgendermaßen:

»Qualitative Forschung hat ihren Ausgangspunkt im Versuch eines vorrangig deutenden und sinnverstehenden Zugangs zu der interaktiv ›hergestellt‹ und in sprachlichen wie nicht-sprachlichen Symbolen repräsentiert gedachten Wirklichkeit. Sie bemüht sich dabei, ein möglichst detailliertes und vollständiges Bild der zu erschließenden Wirklichkeitsausschnitte zu liefern. Dabei vermeidet sie soweit wie möglich, bereits durch rein methodische Vorentscheidungen den Bereich möglicher Erfahrungen einzuschränken oder rationalistisch zu ›halbieren‹. Die bewußte Einbeziehung des Forschers und der Kommunikation mit dem ›Beforschten‹ als konstitutives Element des Erkenntnisprozesses ist eine zusätzliche, allen qualitativen Ansätzen gemeinsame Eigenschaft ...«

Qualitative Sozialforschung soll in unserer Untersuchung durch eine besondere Form des Interviews (»Problemzentriertes Interview«) realisiert werden. Nach Zimbardo (1992, 24) kann das *Interview* als »direkter Dialog zwischen dem Forscher und der Versuchsperson, mit dem Ziel, genaue Informationen zu erhalten« betrachtet werden.

Das Interview wird in seinen verschiedenen Formen anhand seiner Strukturiertheit (bezogen auf Frageform, Gesprächsstil und thematische Vorgaben) unterschieden (nach Mayring 1996).

Bei völlig unstrukturierten Interviews werden allenfalls Themenbereiche vorgegeben, halbstrukturierte Interviews bedienen sich stichwortartig vorgegebener Fragen, bei vollstrukturierten Interviews ist die Frageform sehr genau festgelegt.

Die in der Untersuchung gewählte Interviewform ist der *Methode des Problemzentrierten Interviews* zuzuordnen, das von Witzel (1985) auch als

Methode

offene, halbstrukturierte Befragung bezeichnet wird mit folgenden Bestimmungsstücken (vgl. auch Mayring 1996, 50):
- Das Interview lässt den Befragten möglichst frei zu Wort kommen, um einem offenen Gespräch nahe zu kommen.
- Es ist aber zentriert auf eine bestimmte Problemstellung, die der Interviewer einführt. Die Problemstellung wurde vom Interviewer bereits vorher analysiert; bestimmte Aspekte wurden vom Interviewer erarbeitet, die in einem Interviewleitfaden zusammengestellt sind und im Gesprächsverlauf von ihm angesprochen werden.

Neben den Merkmalen Problemorientierung, Gegenstandsorientierung und Prozessorientierung wird von Mayring (1996, 51) für die Interviewdurchführung das Kriterium der Offenheit als ein wichtiges weiteres Merkmal angeführt: Der Befragte soll frei antworten können, ohne bereits vorgegebene Antwortalternativen. Das Kriterium der Offenheit hat nach Mayring (1996, 51) folgende entscheidende Vorteile:

a) Man kann überprüfen, ob man vom Befragten überhaupt verstanden wurde.
b) Die Befragten können ihre ganz subjektiven Perspektiven und Deutungen offen legen.
c) Die Befragten können selbst Zusammenhänge, größere kognitive Strukturen im Interview entwickeln.
d) Die konkreten Bedingungen der Interviewsituation können thematisiert werden.

Mayring (1996, 51) hält das Merkmal der Offenheit für entscheidend, dass es zu einer stärkeren Vertrauensbeziehung zwischen Interviewer und Befragten kommt: »Der Interviewte soll sich ernstgenommen fühlen und nicht ausgehorcht fühlen. Wenn an relevanten gesellschaftlichen Problemen angesetzt wird und im Interview eine möglichst gleichberechtigte, offene Beziehung aufgebaut wird, so profitiert auch der Interviewte direkt vom Forschungsprozeß. Und deshalb ist er in der Regel auch ehrlicher, reflektierter, genauer und offener als bei einem Fragebogen oder einer geschlossenen Umfragetechnik – das zeigen auch alle Erfahrungen mit dieser Methode«.

Die *Grundgedanken des Problemzentrierten Interviews* werden von Mayring (1996, 51) wie folgt zusammengefasst:
- Das problemzentrierte Interview wählt den sprachlichen Zugang, um seine Fragestellung auf dem Hintergrund subjektiver Bedeutungen, vom Subjekt selbst formuliert, zu eruieren.
- Dazu soll eine Vertrauenssituation zwischen Interviewer und Interviewtem entstehen.

- Die Forschung setzt an konkreten gesellschaftlichen Problemen an, deren objektive Seite vorher analysiert wird.
- Die Interviewten werden zwar durch den Interviewleitfaden auf bestimmte Fragestellungen hingelenkt, sollen aber offen, ohne Antwortvorgaben, darauf reagieren.

Quantitative Sozialforschung

Mit Hilfe von quantitativ orientierten Forschungsverfahren, d. h. Erhebungs- und Auswertungsmethoden wird überwiegend versucht, lineare Ursache-Wirkung-Zusammenhänge und Beziehungen zwischen Bedingungen und Variablen des zu untersuchenden Phänomens (z. B. eines bestimmten Verhaltens) festzustellen und zu klären, wodurch das Verhalten bedingt wird.

Die in der Psychologie gängigen Verfahren hierzu sind Befragungen, Experimente, Beobachtungen und Selbstbeurteilungsverfahren. Etwas differenzierter betrachtet lassen sich die Verfahren zur Gewinnung und zum Umgang mit Datenmaterial über bestimmte Verhaltensweisen in drei methodische Bereiche einteilen (vgl. Manstead & Semin 1996):

- *deskriptive Methoden:* Sie ergeben eine genaue Beschreibung des zu untersuchenden Verhaltens. Man könnte diesem Bereich auch die Frage »Was ereignet sich, geschieht hier?« zuordnen.
- *korrelative Methoden:* Sie untersuchen gesammelte Informationen eines zu untersuchenden Verhaltens im Hinblick auf Beziehungen (Korrelationen) und Zusammenhänge von unterschiedlichen Faktoren (Variablen), die am Zustandekommen oder an Änderungen für ein bestimmtes Verhalten beteiligt bzw. dafür verantwortlich sind. In diesem Bereich wird mehr die Frage »Wie hängen die Variablen des Phänomens zusammen bzw. voneinander ab?« untersucht.
- *experimentelle Methoden:* Hier wird versucht, ein bestimmtes Verhalten oder Phänomen in einer kontrollierten Situation auszulösen bzw. seine auslösenden Bedingungen und Einfluss nehmenden Variablen in ihren Ausprägungen zu untersuchen. Das Ziel ist es, kausale Informationen zu erhalten, weshalb man hier eine Frage nach dem »Warum?« bzw. den Ursachen formulieren könnte.

Das gemeinsame Ziel dieser Zugänge und Forschungsmethoden ist es, möglichst klare Vorhersagen über ein Phänomen machen zu können oder zu einem Gesetz bzw. zu einer verallgemeinerbaren Aussage zu kommen. Dabei werden meist standardisierte bzw. normierte Verfahren zur Datengewinnung und statistische Verfahren zur Datenauswertung eingesetzt. Begründet ist dies durch das Ziel, Gütekriterien (Objektivität, Validität und Reliabilität) von hoher Qualität zu erreichen. Dazu werden die erhobenen Daten und gewonnenen Kategorien in Zahlenmaterial »übersetzt« (codiert), um sie statistisch auswerten zu können.

Fragebogenverfahren zählen zu den in der psychologischen (vor allem in der sozialpsychologischen) Forschung am meisten verwendeten Formen der Datenerhebung, um Auskünfte über Meinungen, Einstellungen, Verhaltensweisen usw. von Menschen zu erhalten.

Fragebogenverfahren sind mit einer Fülle von Vor- und Nachteilen verbunden (vgl. dazu mehr: Manstaed & Semin 1996, 103ff.).

Die Vorteile von Fragebögen liegen auf der Hand: Sie sind u. a. ökonomisch in der Durchführung und Auswertung, ein großer Adressatenkreis kann mit wenig materiellem und zeitlichem Aufwand erreicht werden, viele Fragestellungen können gleichzeitig erhoben werden.

Manstead & Semin (1996, 104) führen exemplarisch eine Untersuchung von Folkman & Lazarus (1985) an, um eine Vorstellung von der Fülle und Vielgestaltigkeit von ausschließlich mit Fragebogen erhobenen Daten zu vermitteln. In ihrer Untersuchung verwendeten Folkman & Lazarus (1985) Fragebogentechniken, um zu untersuchen, wie Versuchspersonen die Belastung einer Prüfung bewerteten, welche Gefühle sie empfanden und wie sie den belastenden Stress verarbeiteten. »Man kann sich kaum vorstellen, wie Folkman & Lazarus diese Studie ohne die Verwendung von Fragebögen hätten durchführen können« (Manstead & Semin 1996, 104).

Die Erhebung von Daten über Fragebogenverfahren beinhaltet aber auch eine Fülle von (bekannten) Problemen, auf die an dieser Stelle nicht näher eingegangen werden soll (vgl. auch die weiter unten erfolgte Gegenüberstellung). Lamnek (1995, 14) hat darauf hingewiesen, dass es im sozialwissenschaftlichen Bereich nicht um die Untersuchung von Objekten, sondern von Subjekten geht, die in ihrem situativen Kontext handeln, interpretieren und gesellschaftliche Wirklichkeit deuten. Gerade die Komplexität dieses Sachverhaltes kann in quantitativen Erhebungsmethoden nicht angemessen berücksichtigt werden – auch Girtler (1984, 26; zit. in Lamnek 1995, 7) teilt diese Auffassung.

Diese Kritik ist meiner Meinung nach solange berechtigt, als *ausschließlich* quantitativ-statistische Erhebungs- und Auswertungsmethoden zur Erfassung sozialer Situationen, der Bewertung und Deutung gesellschaftlicher Wirklichkeit herangezogen werden. Quantitative Methoden erweisen sich als sinnvoll, wenn sie zur Überprüfung und Ergänzung qualitativ erhobener Daten zur Analyse und Deutung gesellschaftlicher Wirklichkeit herangezogen und sinnvoll eingesetzt werden.

Manstead & Semin (1996) heben den Wert einer kombinierten Verwendung von qualitativen und quantitativ orientierten Forschungsmethoden ebenfalls hervor, wenn sie schreiben:

»Zusammenfassend kann man feststellen, daß die Verwendung von mehr als einer Methode in vielen Fällen hilfreich sein kann. Wenn Beobachtungs- und Selbstbeurteilungsdaten desselben theoretischen Konstrukts auf dasselbe Ergebnis hinweisen, wird das Vertrauen in dieses Ergebnis bestärkt« (1996, 107).

Zur Frage der Verwendung von qualitativen und/oder quantitativen Forschungsmethoden im Rahmen einer Erhebung von sozialen Daten zur Erforschung gesellschaftlicher Wirklichkeit bemerkt Atteslander (1991): »Beide schließen sich keineswegs aus, sondern bedingen sich oft gegenseitig. Ihr Einsatz hängt neben theoretischen Annahmen vor allem vom Forschungsziel, der Beschaffenheit des Forschungsgegenstandes und von den je aktuellen Gegebenheiten ab« (1991, 16).

Quantitative Sozialforschung soll in unserer Untersuchung durch *Fragebögen* zum Tragen kommen. Wie weiter noch darzustellen sein wird, werden dabei Fragebögen bei verschiedenen Fragen eingesetzt, teils in bereits standardisierter Form (z. B. Fragebögen zur Erfassung bestimmter Persönlichkeitsvariablen), teils aber auch in noch unstandardisierter Form (z. B. Fragebögen zur Erfassung von Coping-Reaktionen).

Auf die verwendeten statistischen Methoden bei der Verrechnung der Daten wird später noch eingegangen werden.

Wie noch näher zu begründen sein wird, sind beide methodischen Zugänge am ehesten geeignet, die Fragestellungen, die unserer Untersuchung zugrunde liegen, zu beantworten.

Die *gemeinsame Verwendung beider methodischen Zugänge* zur Erhellung gestellter Fragestellungen ist auch durch die Tatsache begründet, dass beide Verfahren Stärken und Schwächen aufweisen, auf die in der Literatur vielfach hingewiesen wird (vgl. z. B. Mayring 1996).

1.2 Nähere Begründungen der Verwendung qualitativer und quantitativer Methoden in der Untersuchung

Verwendung qualitativer Methoden

Gründe für die Wahl der qualitativen Befragungsmethode lassen sich – nach den bereits vorher erfolgten allgemeinen Erörterungen – auf die Fragestellungen der Untersuchung zusammenfassend wie folgt anführen:

- Das qualitative Paradigma ist durch den Gegensatz der Subjektbezogenheit charakterisiert, das heißt, dass die von der Forschung betroffenen

Menschen in ihrer Ganzheit, in ihren lebensweltlichen Zusammenhängen und mit ihren Problemen zum einen Ausgangspunkt und Ziel der Forschung sind (vgl. Lütje-Klose 1997, 43), zum anderen sind sie aber auch als »tatsächliche Experten« anzusehen: Als von der Untersuchungsproblematik betroffene Menschen können sie sich in herausragender Weise zu Forschungsfragen äußern.

- Das Forschungsfeld »Darstellung, Bewertung und Umgang mit Diskriminierungen aus der Sicht betroffener behinderter Menschen« ist in der sonderpädagogischen Forschung ein weitgehend unbearbeitetes Gebiet – auf dieses Desiderat in der sonderpädagogischen Forschung wurde bereits mehrmals hingewiesen. Wir wissen – von autobiographischen Berichten behinderter Menschen einmal abgesehen – nur bruchstückhaft, wie behinderte Menschen mit Stigmatisierungen und Diskriminierungen umgehen und über welche persönliche Erfahrungen sie zu berichten wissen. Daher haben die Interviews explorativen Charakter.
- Die vorliegende Untersuchung intendiert, die Sichtweisen betroffener Menschen herauszuarbeiten und dadurch ein neues Wissen des Verständnisses von gesellschaftlich bedingten Stigmatisierungen und Diskriminierungen behinderten Menschen gegenüber zu erreichen. Dazu ist ein deutender, sinnverstehender Zugang angemessen, wie er im qualitativen Paradigma vertreten wird, »denn er läßt sich auf Sichtweisen der Individuen ein, um deren Konstruktionsweisen der gesellschaftlichen Wirklichkeit zu erfassen« (vgl. Lütje-Klose 1997, 43).

»Die Erfassung von Deutungs- und Sinnzusammenhängen, die Nachfragen und Versuche exemplarischer Klärungen in sich einschließt, ist im Rahmen einer durch standardisierte Erhebungsinstrumente reglementierten Interviewkommunikation nur schwer vorzustellen. Sie erfordert andere Formen der Interviewkommunikation; Formen, die die Deutungs- und Artikulationsspielräume der Befragten möglichst wenig einschränken« (Hopf 1979, 22; zit. in Weiß 1989, 116). Diesem Anspruch versucht die Form des »*Problemzentrierten Interviews*« gerecht zu werden, das sich u. a. durch das Merkmal der *Offenheit* auszeichnet.

Die Fragestellungen meiner Arbeit zielen auf eine »fachwissenschaftliche Beurteilung fremder Individualität« (Hackenberg 1992, 97) ab und erfordern somit nach meiner Meinung in der Durchführung der problemzentrierten Interviews eine höchst sensible Vorgehensweise, die nur durch einen persönlichen Kontakt zwischen »Interviewleiter/in« und der behinderten Person gewährleistet sein kann. Durch die bekannten funktionellen Einschränkungen körperbehinderter Menschen im kommunikativ-sprachlichen sowie auch im motorisch-schriftsprachlichen Bereich ist es notwen-

dig, bei der Durchführung der »halbstandardisierten Interviews« im Verhältnis 1 : 1 (Interviewer : Interviewter) immer die Möglichkeiten ins Auge zu fassen, dass Unterstützungen und Hilfen bei der Beantwortung von Fragen gegeben werden können bzw. müssen.
- Es sollen in unserer Untersuchung gerade Menschen mit ihren Erfahrungen, Deutungs- und Problembewältigungsmustern »zur Sprache kommen«, die sich gegenüber einer Öffentlichkeit sonst nicht oder – u. a. aufgrund vielfach auftretender sprachlicher Probleme im Kontext der körperlichen Behinderung – nur schwer zu wichtigen Sachverhalten äußern können. Diesen Gedanken führt Weiß (1989) im Rahmen seiner Untersuchung auch an und bemerkt: »Um ihnen dies zu ermöglichen, muss der Interviewer auf sie auf der verbalen Ebene, etwa durch Nachfragen, verstärkt eingehen. Diesen Spielraum hat er nur bei einer qualitativen Befragungsform« (1989, 116f.).

Verwendung quantitativer Methoden

Gründe für die Wahl der quantitativen Befragungsmethode lassen sich – nach den bereits vorher erfolgten allgemeinen Erörterungen – auf die Fragestellungen der Untersuchung zusammenfassend wie folgt darstellen:
- Wie schon erwähnt, haben quantitative Erhebungs- und Auswertungsmethoden in Forschungsfragen, in denen von Befragten gesellschaftliche Wirklichkeit gedeutet und analysiert werden soll, dann ihren Sinn und ihre Berechtigung, wenn sie zur *Ergänzung* und *Absicherung* von qualitativ erhobenen Daten führen können.
Dies ist in vielen unserer Themenbereiche der Fall: In Frage 1 z. B. deuten und bewerten die Versuchspersonen in sprachlicher Form vorgegebene Zeitungsmeldungen, in denen über Diskriminierungen behinderter Menschen berichtet wird. In dem sich an die Spontanaussagen anschließenden Fragebogen werden mögliche Themen der Spontanaussagen noch einmal aufgeführt und durch weitere Aspekte (z. B. Vorlage von Items, die auf Umgangsweisen mit den vorgelegten Informationen über Diskriminierungen hinweisen) ergänzt.
- Fragebogendaten können über statistische Methoden verrechnet werden, korrelative Beziehungen können hergestellt und die Wirkungen bestimmter Einflussfaktoren auf die gewonnenen Daten analysiert werden.
So ist in unserer Untersuchung beispielsweise von Interesse, welchen Stellenwert Persönlichkeitsdimensionen im Umgang mit belastenden Situationen beinhalten, wie und in welcher Weise z. B. Copingreaktionen von anderen Variablen wie Geschlecht und Alter abhängen und welche Beziehungen zwischen ausgewählten Dimensionen bestehen.

In Frage 9 unseres Fragebogens beispielsweise wurden die Versuchspersonen anhand der Methode des problemzentrierten Interviews nach ihren momentanen Sorgen gefragt. In dem sich anschließenden Fragebogen – in dem eine Vielfalt verschiedener Sorgenbereiche zur Einschätzung vorgegeben wurde – kann durch statistische Methoden z. B. eruiert werden, welchen Stellenwert beispielsweise Sorgen um gesellschaftliche Diskriminierungen im Gefüge der anderen Sorgen haben und welche Zusammenhänge zwischen den einzelnen Sorgenbereichen bestehen.

1.3 Das Messinstrument

1.3.1 Die Struktur des Fragebogens: Interviewleitfaden und Fragebögen

Im Folgenden soll in detaillierter Form das verwendete Messinstrument dargestellt werden, wobei auf frühere theoretische Ausführungen im Rahmen der Diskussion um die Fragestellungen und die Begründung des methodischen Vorgehens verwiesen werden soll.

Die Darstellung des Messinstrumentes wird dann zum Schluss in einer zusammenfassenden graphischen Übersicht noch einmal in reduzierter Form dokumentiert, womit dem/der Leser/in eine bessere Übersicht über die Inhalte und Erfassungsmethoden einzelner Fragen in Form einer solchen komprimierten Zusammenfassung ermöglicht werden soll.

Frage 1
Im ersten Teil werden nach einer Einführung und Klärung eventuell nötiger Hilfen für die Beantwortung konkrete Ereignisse, die Diskriminierungen und Stigmatisierungen zum Inhalt haben, in Form von »Zeitungsmeldungen« vorgegeben.

Dies wird damit begründet, dass es zu Beginn eines Interviews nicht leicht fällt, von eigenen Erlebnissen zu berichten. Die Situation ist noch neu und es erscheint besser mit einer abstrakteren Ebene zu beginnen. Außerdem kann dies als nachgestellte Konfrontation mit einem belastenden Ereignis aufgefasst werden (ähnlich einem Experiment), die es erlaubt, zeitlich nah an der Begegnung mit dieser Situation mit einer Messung zu beginnen, um so Ausgangsbedingungen für Copingprozesse und evtl. eine »primäre Einschätzung« der Situation erfassen zu können. Dadurch wird es möglich, den retrospektiven Charakter einer Befragung mit seinen ungünstigen Folgen (Verarbeitungsprozesse zwischen Erlebnis und Messung) gering zu halten. Den Versuchspersonen steht es offen, sich spontan zu den vorgelesenen Ereignissen zu äußern. Danach stellt der/die InterviewerIn die eine offene Frage, die es dem Probanden erlaubt, ohne Einschränkungen zu antworten.

Einführende Hinweise zu Frage 1 durch den/die InterviewerIn:
»Immer wieder wird berichtet und beschrieben, daß die Beziehungen zwischen behinderten und nichtbehinderten Menschen nicht »normal« verlaufen. Auch in den Büchern, die behinderte Menschen selbst geschrieben haben, wird öfter auf diese nicht normalen Beziehungen in Form von Spannungen, Belastungen hingewiesen.

Wir wenden uns nun mit einem Fragebogen an Sie, weil wir mehr von Ihnen über die Beziehungen zwischen nichtbehinderten und behinderten Menschen wissen möchten.

In dem Fragebogen sprechen wir unterschiedliche Bereiche an. Wir bitten Sie, diese Fragen sehr sorgfältig zu beantworten. Ihre Aussagen können helfen, Wege zur Verbesserung der Beziehungen zwischen behinderten und nichtbehinderten Menschen zu finden.«

Nach dieser Hinführung erfolgt die Vorgabe von konkreten Ereignissen in nachfolgender Textform, die den Versuchspersonen, falls nötig, von dem/der Interviewer/in vorgelesen wird:

Text der Zeitungsmeldungen als Vorgabe zu Spontanantworten (1a)
»In einer Zeitung konnte man vor einigen Jahren folgendes lesen:

Ein Ehepaar, das in der Türkei Urlaub machte, erhielt durch ein Gerichtsurteil die Hälfte der Reisekosten wieder zurückerstattet, da im gleichen Hotel und zur selben Zeit eine Gruppe behinderter Menschen auch ihren Urlaub verbrachte. Der Richter, der dieses Urteil fällte, begründete seine Entscheidung damit, daß der Anblick behinderter Menschen dem Ehepaar nicht ›zumutbar‹ sei.

Weiter konnte man in dieser Zeitung lesen, daß den Bewohnern eines Heimes für geistig- und körperbehinderte Kinder grundsätzlich der Zugang zum örtlichen Schwimmbad verweigert wurde.

In einer Fernsehsendung berichteten körperbehinderte Menschen, daß sie in der Fußgängerzone der Stadt von Passanten angestarrt wurden.«

Nach der Vorgabe der Zeitungsmeldung fährt der/die InterviewerIn wie folgt fort:
»Bitte sagen Sie mir, was Ihnen im Augenblick durch den Kopf geht!«

Diese offene Frage erlaubt es den Versuchspersonen, frei zu antworten und ihre subjektive Einschätzung von den Ereignissen oder von Assoziationen zu berichten. Für den Fall, dass keine spontane Antwort gegeben wird, ist der/

Methode

die InterviewerIn dazu aufgefordert, die Versuchsperson durch den Zusatz
»Fällt Ihnen dazu etwas ein?« zum Erzählen zu ermutigen.

Frage 1b: Itemliste:

Nach diesem *ersten Interviewteil* folgt ein Fragebogen, der kognitive, emotionale und handlungsorientierte Reaktionen auf die vorgegebene Zeitungsmeldung mit diskriminierenden Inhalten erfassen soll.
Die Frage lautet:
»Was empfinden Sie jetzt, wenn Sie an diese Meldungen denken? – Solche Meldungen ...«
Die Itemliste umfasst insgesamt 27 Items, die auf einer 6-stufigen Beurteilungsskala mit den Polen 0 = »stimmt überhaupt nicht« und 6 = »stimmt auf jeden Fall« eingeschätzt werden sollen.
Die Itemliste umfasst in der Vorgabe folgende Items:

Item 1:   Gefühl, minderwertig zu sein
Item 2:   Machen mir Angst
Item 3:   Lassen mich Hilflosigkeit fühlen
Item 4:   Machen mich traurig
Item 5:   Lassen mich kalt
Item 6:   Machen mir Sorgen
Item 7:   Machen mich wütend
Item 8:   Machen mich aggressiv
Item 9:   Es gibt wichtigere Dinge, über die ich nachdenken muß
Item 10: Ich denke an etwas Angenehmes
Item 11: Ich nehme das von der leichten Seite
Item 12: Ich möchte am liebsten nicht an meine Zukunft denken
Item 13: Diese Meldungen werden mir so schnell nicht aus dem Kopf gehen
Item 14: Ich will diese Meldungen am liebsten gleich vergessen
Item 15: Ich möchte mich am liebsten zurückziehen, um niemanden zu sehen
Item 16: Ich möchte über diese Meldungen mit jemandem reden
Item 17: Ich möchte jetzt am liebsten irgendetwas an die Wand werfen
Item 18: Es ist nun mal so, ich versuche, damit zurecht zu kommen
Item 19: Ich möchte das verstehen, mir erklären können
Item 20: Ich habe das Bedürfnis, die Meinung von jemanden anderem zu hören
Item 21: Ich denke, es ist alles halb so schlimm
Item 22: Ich tue etwas, das mich ablenkt

Item 23: Mir passiert so etwas nicht, das geht mich nichts an
Item 24: Ich denke »Damit werde ich schon fertig!«
Item 25: Ich habe keine Lust mehr, mit Nichtbehinderten in Kontakt zu treten
Item 26: Das macht mich Nichtbehinderten gegenüber mißtrauisch
Item 27: Ich könnte mit meiner Behinderung besser leben, wenn es solche Meldungen nicht gäbe

Der Vorteil liegt hier ebenfalls in der zeitlichen Nähe der Konfrontation von einem Ereignis, das potentiell von der Versuchsperson hätte erlebt werden können, mit der Erfassung von Reaktionen und Copingformen. Folgende Tabelle zeigt noch einmal in der Übersicht die Items mit den zugeordneten Copingformen und Persönlichkeitsebenen (emotional, kognitiv und handlungsorientiert):

Copingform	Item	Ebene
Selbstabwertung	Geben mir das Gefühl, ein minderwertiger Mensch zu sein	emotional
Bedrohung, Fluchttendenz	Machen mir Angst	kognitiv, emotional
Kontrollverlust	Lassen mich Hilflosigkeit fühlen	kognitiv, emotional
Depression	Macht mich traurig	kognitiv, emotional
Abwehr/Vermeidung	Lässt mich kalt	kognitiv
Aggravieren	Macht mir Sorgen	kognitiv
Emotionen ausleben	Macht mich wütend	emotional
	Macht mich aggressiv	emotional
Ablenken	Es gibt wichtigere Dinge über die ich nachdenken muß	kognitiv
Ablenken, Entspannung	Ich denke an etwas Angenehmes	kognitiv
	Ich nehme es lieber von der leichten Seite	kognitiv
Selbstinstruktion	Ich denke mir, lasse dich nicht unterkriegen	kognitiv, emotional
Rückzug	Ich möchte am liebsten nicht an die Zukunft denken	kognitiv
Problemlösung	Dieses Ereignis geht mir nicht aus dem Kopf	kognitiv
	Ich denke daran wie dieses Problem gelöst werden könnte	kognitiv
Selbstaufwertung	Ich denke, ich bin ein wertvoller Mensch, der Fähigkeiten hat, die nichtbehinderte Menschen nicht sehen	kognitiv

Methode

Copingform	Item	Ebene
Aktives Ablenken	Ich gehe einer mir vertrauten Tätigkeit nach, um dieses Erlebnis zu vergessen	handlungsorientiert, kognitiv
Rückzug	Ich ziehe mich zurück, will niemanden sehen	handlungsorientiert
Suche nach sozialer Unterstützung	Ich suche den Kontakt zu nichtbehinderten Menschen, um mit ihnen zu reden	handlungsorientiert
Suche nach sozialer Unterstützung	Ich suche den Kontakt zu behinderten Menschen, um mit ihnen zu reden	handlungsorientiert
Suche nach sozialer Unterstützung	Ich frage jemand um Rat	handlungsorientiert
Gefühle ausleben	Ich möchte jetzt am liebsten etwas an die Wand werfen	handlungsorientiert, emotional
Akzeptieren	Es ist nun mal so, ich versuche damit zurecht zu kommen	kognitiv
Sinngebung	Ich möchte das verstehen, mir erklären können	kognitiv
Suche nach sozialer Unterstützung	Ich habe das Bedürfnis die Meinung von jemand anderen zu hören	handlungsorientiert, kognitiv
Relativieren	Ich denke das ist alles halb so schlimm	kognitiv
Handelndes Ablenken	Ich tue etwas, das mich ablenkt	handlungsorientiert
Wahrnehmungsabwehr	Das geht mich nichts mehr an	kognitiv
Anpacken, Optimismus	Damit werde ich schon fertig	kognitiv
Sozialer Rückzug, Frustration	Ich habe keine Lust mehr mit nichtbehinderten Menschen in Kontakt zu treten	kognitiv, emotional
Misstrauen	Das macht mich gegenüber nichtbehinderten Menschen mißtrauisch	kognitiv, emotional

Tabelle 4: Copingformen und Persönlichkeitsebenen der Items

Die Items des Fragebogen zur Frage 1b (Itemliste 1b) wurden dem BEFO-Fragebogen (Berner Bewältigungsformen; Heim u. a. 1991), dem Streßverarbeitungsfragebogen (SVF) von Janke & Mitarbeitern (1985) und dem Freiburger Fragebogen zur Krankheitsverarbeitung (FKV; Muthny 1989) entnommen und zur beschriebenen Itemliste neu zusammengestellt.

Der BEFO-Fragebogen orientiert sicht sich vom theoretischen Hintergrund her am integrierten Copingmodell von Heim (vgl. Wendt 1995). Dieses Modell ist spezifiziert auf psychosoziale Belastungen als Konsequenzen von Krankheiten. Der standardisierte Fragebogen von Janke & Mitarbeitern ist nicht spezifisch auf bestimmte Belastungen, sondern auf eine sehr allgemeine Belastungssituation bezogen. »Wenn ich durch irgend etwas oder irgend jemanden beeinträchtigt, innerlich erregt oder aus dem Gleichgewicht gebracht worden bin...« (Erfassungsbogen SVF). Im Unterschied zur BEFO werden Versuche des Menschen, mit belastenden Situation umzugehen, eher als zeitlich und situativ stabil bzw. länger überdauernd angesehen. Insgesamt werden 19 Copingformen durch je 6 Items operationalisiert.

Der Freiburger Fragebogen zur Krankheitsbewältigung (FKV) geht von einer mehrdimensionalen Erfassung von Coping aus, in dem Sinn, dass die Krankheitsverarbeitung auf kognitiver, emotionaler und handlungsbezogener Ebene abläuft. Es wird versucht vor dem Hintergrund der Theorie von Lazarus eine umfassende Messung von Coping zu erreichen. Jede der Copingformen wird durch 3-9 Items repräsentiert. Es werden 27 verschiedene Copingformen, die anhand von einer spezifischen Situation gemessen werden. Zu Beginn wird die Versuchsperson aufgefordert diese Situation zu schildern.

Wie aus der Darstellung zum Abschnitt: »Das Konzept der Bewältigung« deutlich wurde, besteht immer noch ein Defizit an Verfahren, die qualitative Methoden mit einbeziehen, um die Einseitigkeit standardisierter Verfahren überwinden zu können und den Anforderungen theoretischer Konzepte nachkommen zu können. Insbesondere die Berücksichtigung der Situationsspezifität, subjektiver Bewertungsprozesse und von Kontextmerkmalen kann auf diesem Weg verbessert werden.

Die BEFO kommt den Anforderungen an eine Methode, die subjektiven Bewertungen Raum läßt nach meiner Meinung am nächsten (zu weiteren Ausführungen zu den drei vorgestellten Coping-Fragebögen: vgl. Wendt 1995).

Frage 2

Im zweiten Teil werden die Versuchspersonen angeregt, eigene Erlebnisse zu erzählen. Hier bekommt das Interview narrativen Charakter. Im Anschluss an die Erzählung schätzen die Probanden selbst die Belastung auf einer Skala von 1 bis 4 ein. Diese Frage erlaubt bei der qualitativen Auswertung, festzustellen, welche Erlebnisse als belastend eingeschätzt werden, und gleichzeitig können aus den Erzählungen Kontextmerkmale sowie subjektive Bewertungen über Verarbeitungsmöglichkeiten analysiert werden. *Die Frage nach den eigenen Erlebnissen wird offen gestellt, so dass auch positive Ereignisse genannt werden können.*

Frage 2 wird durch folgenden Text eingeleitet:
»Wir haben Ihnen bei Frage 1 einige Meldungen aus der Zeitung gezeigt. Es wäre jetzt wichtig, wenn sie uns eigene Erlebnisse und Ereignisse im Umgang mit nichtbehinderten Menschen kurz beschreiben.«

Nach dem Erzählen der Erlebnisse werden die Versuchspersonen gebeten, das berichtete Erlebnis nach dem Grad der subjektiven Belastungseinschätzung

Methode

auf einer 4-stufigen Skala (1 = »überhaupt nicht belastend«; 2 = »wenig belastend«; 3 = »etwas belastend«; 4 = »stark belastend«) anhand folgender Frage zu bewerten:
»Wie sehr belastend war für Sie jedes dieser Erlebnisse, das Sie jetzt erzählt/ aufgeschrieben haben?
Bewerten Sie jetzt bitte jedes der von Ihnen beschriebenen Erlebnisse mit Hilfe der in folgender Skala dargestellten Punktwerte.«

Frage 3

Frage 3 gliedert sich in einen qualitativen Abschnitt (Spontanaussage) und die Beantwortung einer Itemliste (quantitativer Aspekt).
　In der dritten Frage soll das Erlebnis, das als am stärksten belastend erlebt wurde, noch einmal erinnert und beschrieben werden. Diese Situation wird dann zum Bezugspunkt für die zweite Beantwortung der Items. Diese Einschätzung ist dann retrospektiv und erfasst wahrscheinlich Copingmechanismen, die schon mehrere Bewertungen und Veränderungen erfahren haben.
»Unter Frage 2 haben Sie unter anderem Erlebnisse beschrieben, die Sie belastet haben. Im Folgenden werden wir uns auf diese Ereignisse konzentrieren.
　Schildern Sie bitte noch einmal das Erlebnis, das *Sie am meisten belastet* hat ausführlicher und versuchen Sie sich dabei an *Einzelheiten* zu erinnern.«
Die folgende Frage zielt darauf ab, nochmals eine genauere Beschreibung und mehr Informationen über das sehr belastende Ereignis zu erhalten.
»Was war für Sie in der obigen Situation so sehr belastend?«
Im Anschluss daran erfolgt die Beantwortung einer Itemliste, auf dem das als hochbelastend geschilderte Erlebnis unter verschiedenen Aspekten (vgl. dazu die inhaltlichen Ausführungen zur Itemliste bei Frage 1) analysiert wird.
　Die vorgelegte Zusammenstellung umfasst 31 Items, die auf einer 7-stufigen Skala mit den Ausprägungen 0 = »stimmt überhaupt nicht« bis 6 = »stimmt auf jeden Fall« beantwortet werden sollen. Einige Items sind negativ formuliert.
Der Auflistung wird vom Interviewer folgender Hinweis vorangestellt:
»Aus Frage 1 kennen Sie schon das Beantworten dieser Aussagen, wie genau jede dieser Aussagen für Sie stimmt.
Beantworten Sie nun bitte Frage b), indem Sie bei der für Sie zutreffenden Zahl ein Kreuz machen oder darauf deuten. Beantworten Sie bitte jetzt folgende Fragen:«

Diese Situation...:

Item 1: Gibt mir Gefühl der Minderwertigkeit
Item 2: Macht mir Angst
Item 3: Lässt mich Hilflosigkeit fühlen
Item 4: Macht mich traurig
Item 5: Lässt mich kalt
Item 6: Macht mir Sorgen
Item 7: Macht mich wütend
Item 8: Macht mich aggressiv
Item 9: Es gibt wichtigere Dinge, über die ich nachdenken muß
Item 10: Ich denke an etwas Angenehmes
Item 11: Ich nehme es lieber von der leichten Seite
Item 12: Ich denke mir, lasse Dich nicht unterkriegen
Item 13: Ich möchte am liebsten nicht an meine Zukunft denken
Item 14: Dieses Ereignis geht nicht aus dem Kopf
Item 15: Ich denke daran, wie dieses Problem gelöst werden könnte
Item 16: Ich denke, ich bin ein wertvoller Mensch, der Fähigkeiten hat, die nichtbehinderte Menschen nicht sehen
Item 17: Ich gehe einer mir vertrauten Tätigkeit nach, um dieses Erlebnis zu vergessen
Item 18: Ich ziehe mich zurück, will niemanden sehen
Item 19: Ich suche den Kontakt zu nichtbehinderten Menschen, um mit ihnen zu reden
Item 20: Ich suche den Kontakt zu behinderten Menschen, um mit ihnen zu reden
Item 21: Ich möchte jetzt am liebsten irgendetwas an die Wand werfen
Item 22: Ich frage jemanden um Rat
Item 23: Es ist nun mal so, ich versuche damit zurecht zu kommen
Item 24: Ich möchte das verstehen, mir erklären können
Item 25: Ich habe das Bedürfnis, die Meinung von jemand anderen zu hören
Item 26: Ich denke, das ist alles halb so schlimm
Item 27: Ich tue etwas, das mich ablenkt
Item 28: Das geht mich nichts mehr an
Item 29: Damit werde ich fertig
Item 30: Ich habe keine Lust mehr, mit Nichtbehinderten in Kontakt zu treten
Item 31: Das macht mich nichtbehinderten Menschen gegenüber misstrauisch

Methode

Frage 4

Intention dieser Frage 4 ist, von den Versuchspersonen zu erfahren, ob und in welchem Ausmaß sie sich nach einer für sie sehr belastenden Situation an andere Personen wandten und welchen möglichen Stellenwert das soziale Umfeld bei der Bewältigung der geschilderten belastenden Situation gehabt haben könnte. Den theoretischen Hintergrund für diese vierte Frage bildet somit die Thematik der sozialen Unterstützung bei der Bewältigung oder dem Umgehen mit belastenden Situationen im Rahmen der Coping-Forschung.

Frage 4 lautet:
»Sie haben vorher ein Erlebnis geschildert, das Sie in der Begegnung mit nichtbehinderten Menschen oder gesellschaftlichen Institutionen belastet hat. Erinnern Sie sich noch einmal an diese Situation.«
Den Versuchspersonen wird von dem/der InterviewerIn Zeit zum Nachdenken gegeben, dann wird Frage 4 wie folgt weitergeführt:
»Bitte überlegen Sie:
a) Haben Sie sich in oder nach dieser für Sie belastenden Situation an andere Menschen gewendet? und
b) Wer hat Ihnen am meisten geholfen, mit dieser für Sie belastenden Situation fertig zu werden?
c) Wodurch waren Sie erleichtert, entlastet?«
Die Spontanaussagen zu den jeweiligen Abschnitten werden notiert.
Für den Fall, dass jemand sagt:»Nein, ich habe mich an niemanden gewendet«, soll von dem/der InterviewerIn nachgefragt werden:
»Gab es niemanden, an den Sie sich wenden konnten?« und weiter:
»Wenn ›Ja‹, an wen hätten Sie sich gerne gewendet?
»Wenn ›Nein‹ (es hätte jemanden gegeben), warum haben Sie sich nicht an ihn/sie gewendet?«

Frage 5

Innerhalb dieser Fragestellung ist es Aufgabe der befragten Personen, sich ein Foto und die darauf dargestellte Situation genau zu betrachten um anschließend spontan Auskunft über das Wahrgenommene zu geben. Auf dem Foto ist ein Rollstuhlfahrer und ein Passant auf einer Querstraße in der Innenstadt von Würzburg zu sehen. Die Szene wurde mit den beiden Passanten vorher abgesprochen, ist also eine »gestellte« Szene. Die Vorgabe des Farbfotos erfolgte in einem Format von 20x30cm.

Frage 5a lautet:
»Was sehen Sie auf diesem Bild?«

Der zweite Teil der fünften Fragestellung (Frage 5b) erfragt nun genauer, was die Personen beim Betrachten des Fotos denken, welche Assoziationen und Impressionen dabei in ihnen hervorgerufen werden.

Frage 5b lautet:
»Was denken Sie, wenn Sie dieses Bild sehen?«

Abb. 9: Dokumentation des vorgelegten Fotos (hier in verkleinerter Form)

Frage 6

Frage 6 zielt darauf ab, von den Versuchspersonen zu erfahren, was ihrer Meinung nach nichtbehinderte Menschen über körperbehinderte Menschen denken.

Mit dieser Fragestellung soll somit die Antizipation des Fremdbildes körperbehinderter Menschen im Meinungsbild nichtbehinderter Menschen erfasst werden.

Frage 6 gliedert sich in drei Teilfragen und hat folgenden Wortlaut:

Frage 6a: »Wie glauben Sie, denken nichtbehinderte Menschen über Menschen mit sichtbaren Einschränkungen der Bewegung?«

Frage 6b: »Was meinen Sie, denken nichtbehinderte Menschen *Positives* über Menschen mit sichtbaren Einschränkungen der Bewegung?«

Frage 6c: »Was meinen Sie, denken nichtbehinderte Menschen *Negatives* über Menschen mit sichtbaren Einschränkungen der Bewegung?«

Den Versuchspersonen wird ausreichend Zeit gelassen, sich zu den einzelnen Aspekten der Frage Gedanken zu machen.

Methode   135

Frage 7
Mit dieser Frage wird das Bestreben verbunden, von den Versuchspersonen zu erfahren, wie in der Gesellschaft vorhandene Meinungen über behinderte Menschen von den Versuchspersonen auf ihre Richtigkeit bzw. des Zutreffens in der subjektiven Einschätzung beurteilt werden.
Frage 7 teilt sich wiederum in zwei Teilaspekte:
Eine Beurteilung von Aussagen zu einem vorgelegten bzw. vorgelesenen Text (Itemliste *Frage 7a*) und die sich daran anschließende Beantwortung einer weiteren Itemliste (*Frage 7b*), die darauf abzielt, die vorher vorgelegten Aussagen zu bewerten.
Der Beantwortung der Itemliste (Frage 7a) geht folgender Text voraus, der den Versuchspersonen entweder vorgelesen wird oder aber auch von den Versuchspersonen nach Wunsch selbst gelesen werden kann:
»Untersuchungen zeigen, daß nichtbehinderte Menschen über Menschen mit sichtbaren Einschränkungen der Bewegung denken,
- daß sie auch seelisch beeinträchtigt sind,
- daß sie auch geistig beeinträchtigt sind,
- daß sie viel leiden,
- daß sie viele Kosten verursachen und wenig leisten,
- daß sie nichtbehinderte Menschen verunsichern,
- daß ihr Anblick für nichtbehinderte Menschen unangenehm und störend ist,
- daß eine Begegnung mit ihnen von nichtbehinderten Menschen gemieden wird,
- daß das Zusammensein mit ihnen für nichtbehinderte Menschen eine Belastung darstellt,
- daß ihr Anblick bei nichtbehinderten Menschen Mitleid hervorruft,
- daß sie vielfach abhängig sind,
- daß sie in der Gesellschaft nicht angesehen sind,
- daß sie lieber unter sich bleiben sollten.

Nach Vorlage dieser Liste von Untersuchungsergebnissen werden die Versuchspersonen gebeten, diese Meinungen auf einer Skala von 1-4 (1 = »trifft überhaupt nicht zu« bis 4 = »trifft auf jeden Fall zu«) zu bewerten.
Die Frage lautet:
»Geben Sie bitte an, wie zutreffend für Sie jede der einzelnen Aussagen ist!«
Nach dem Ausfüllen der oben stehenden Zusammenstellung wird eine weitere Auflistung vorgelegt, mit deren Hilfe weitere Informationen darüber ein-

geholt werden sollen, wie die Versuchspersonen den unter Frage 7a vorgelegten Text unter verschiedenen Aspekten (emotionaler Aspekt; kognitiver Aspekt; Handlungsaspekt) auf einer 7-stufigen Skala mit bipolaren Ausprägungen bewerten.

Der Modus des Ausfüllens der Skala wird den Versuchspersonen bei Verständnisproblemen erklärt.

Die Itemliste wird mit folgendem Text eingeleitet:

»Alle von Ihnen als zutreffend oder mehr zutreffend bezeichneten Aussagen ergeben ein negatives Bild, das nichtbehinderte Menschen von Menschen mit sichtbarer Einschränkung der Bewegung haben können.

Dieses negative Bild ...«

Die Itemliste umfasst folgende 9 Items bzw. zu beurteilende Feststellungen:

Item 1:	macht mir nichts aus	–	macht mir sehr viel aus
Item 2:	belastet mich nicht	–	belastet mich stark
Item 3:	macht mich nicht wütend	–	macht mich sehr wütend
Item 4:	macht mich nicht aggressiv	–	macht mich sehr aggressiv
Item 5:	macht mich nicht traurig	–	macht mich sehr traurig
Item 6:	kann ich nicht in den Griff bekommen	–	kann ich sehr gut in den Griff bekommen
Item 7:	ich habe nie gelernt, damit umzugehen	–	ich habe sehr gut gelernt, damit umzugehen
Item 8:	stimmt so nicht	–	stimmt so auf jeden Fall
Item 9:	darüber denke ich nicht nach	–	darüber denke ich sehr nach

Frage 8

In Frage 8 sollen die Versuchspersonen darüber Auskunft geben, was Gründe und Ursachen dafür sein könnten, warum behinderte Menschen von nichtbehinderten Menschen diskriminiert werden.

Die Frage lautet:

»Die Zeitungsmeldungen, die Sie zu Beginn der Befragung gelesen haben, haben gezeigt, dass das Verhältnis zwischen nichtbehinderten und behinderten Menschen durch Spannungen und Diskriminierungen gekennzeichnet werden kann.

Welche *Gründe* sind Ihrer Meinung nach für solche Spannungen und Diskriminierungen verantwortlich?«

Der/die VersuchsleiterIn ruft, bevor die Versuchspersonen darauf antworten, noch einmal die drei Themen der in Frage 1 vorgelegten Zeitungsmeldungen (Urteil für Urlauber; Kinder und Badeverbot; Anstarren in der Öffentlichkeit) in Erinnerung.

Anschließend haben die Versuchspersonen Gelegenheit, sich spontan zu äußern.

Frage 9

In Frage 9 wird nach den Sorgen der Versuchspersonen gefragt und zwar unter zwei Gesichtspunkten:

Der erste Abschnitt der Frage (Frage 9a) bezieht sich auf die momentanen Sorgen der Versuchspersonen, wozu die Frage lautet:

Frage 9a:
»Was bereitet Ihnen in Ihrem Leben momentan Sorgen?«

In einem zweiten Abschnitt der Frage (Frage 9b) werden einzelne Bereiche des Lebens in Form einer 7-stufigen Skala (0 = »macht mir überhaupt keine Sorgen« bis 6 = »macht mir sehr große Sorgen«) im Hinblick auf die subjektive Einschätzung der Sorgenbelastung vorlegt. Die Frage dazu lautet:

Frage 9b:
»Wie schätzen Sie folgende Bereiche Ihres Lebens ein?«

Item 1: Arbeitsstelle
Item 2: Wohnsituation
Item 3: Finanzielle Situation
Item 4: Das Gefühl, abhängig zu sein
Item 5: Schule oder Ausbildungssituation
Item 6: Familiäre Situation
Item 7: Freundeskreis
Item 8: Verhalten Nichtbehinderter Ihnen gegenüber in der Öffentlichkeit
Item 9: Zukunftsaussichten
Item 10: Begegnungen, Erlebnisse mit Nichtbehinderten
Item 11: Unterstützung durch gesellschaftliche und staatliche Institutionen
Item 12: Medizinische Versorgung
Item 13: Freizeitgestaltung
Item 14: Teilnahme an gesellschaftlichen Aktivitäten
Item 15: Isolierung behinderter Menschen
Item 16: Partnerschaft
Item 17: Das Wissen um diskriminierendes Verhalten behinderten Menschen gegenüber, auch wenn ich davon nicht selbst betroffen bin
Item 18: Meine Behinderung

Wie schon früher ausgeführt, soll diese Frage nicht nur dazu dienen, den Sorgenkatalog behinderter Menschen zu erfassen, sondern bei dieser Fragestellung war es von hohem Interesse, auch zu erfahren, welchen *Stellenwert* die Thematik gesellschaftlicher Diskriminierungen in der Sorgenliste der körperbehinderten Versuchspersonen einnimmt.

Frage 10

In Frage 10 soll in Erfahrung gebracht werden, welche Behinderungsformen mit welcher Ausprägung möglicher Diskriminierungen von den Versuchspersonen in Zusammenhang gebracht werden.

Die folgenden Fragen sollen von den Versuchspersonen in spontanen Äußerungen nach jedem Teilaspekt der Frage beantwortet werden:

Frage 10 lautet:
»Eine Frau mit sichtbaren Einschränkungen der Bewegung sagt uns in einem Gespräch, dass diskriminierendes Verhalten Nichtbehinderter von der Sichtbarkeit und der Schwere der sichtbaren Einschränkungen der Bewegung abhängt.

a) Würden Sie diese Meinung teilen?
b) Welche Menschen mit sichtbaren Einschränkungen der Bewegung sind Ihrer Meinung nach von Diskriminierungen:
   - besonders stark betroffen?
   - weniger stark betroffen?
   - fast nicht betroffen?

Frage 11

Frage 11 wird gestellt, um zu erfahren, wie von der Behinderung betroffene Menschen die Möglichkeiten und Chancen des Abbaues von Diskriminierungen sehen, bewerten, ausführen und begründen, und zwar von unterschiedlichen Blickwinkeln aus gesehen: Aus der eigenen Perspektive, aus der Perspektive nichtbehinderter Menschen und aus der Perspektive beider Personengruppen: behinderte und nichtbehinderte Menschen.

Die spontanen Antworten zu diesem Themenkomplex erscheinen mir deshalb von hohem Interesse zu sein, weil – wie im theoretischen Teil schon erwähnt – bei der Frage des Abbaues gesellschaftlicher Barrieren zwischen behinderten und nichtbehinderten Menschen behinderte Menschen vergleichsweise selten um ihre Meinung und Stellungnahme zur Lösung anstehender Probleme gefragt werden.

Frage 11 enthält folgende Teilfragen, auf die von den Versuchspersonen jeweils spontan geantwortet werden konnte:

Methode 139

Frage 11a:
»Was kann man insgesamt tun, um Spannungen und Diskriminierungen zwischen nichtbehinderten und Menschen mit sichtbaren Einschränkungen der Bewegung vermindern?«

Frage 11b:
»Was können *nichtbehinderte* Menschen Ihrer Meinung nach tun, um Spannungen und Diskriminierungen zwischen nichtbehinderten und Menschen mit sichtbaren Einschränkungen der Bewegung zu vermindern?«

Frage 11c:
»Was können *behinderte Menschen* Ihrer Meinung nach tun, um Spannungen und Diskriminierungen zwischen Nichtbehinderten und Menschen mit sichtbaren Einschränkungen der Bewegung zu vermindern?«

Frage 12

Frage 12 hat folgenden Inhalt:
»Was wünschen Sie sich jetzt für Ihr jetziges Leben und für Ihre weitere Zukunft?
Nehmen Sie sich Zeit und überlegen Sie!«
Mit dieser Frage wird den Versuchspersonen die Möglichkeit gegeben, sich spontan zu ihren Wünschen – bezogen auf ihre momentane Lebenssituation wie auch bezogen auf die Zukunft – zu äußern. Auch hier ist es wieder im Rahmen der Themenstellung der darzustellenden Studie von Interesse, Informationen darüber zu bekommen, ob die Thematik gesellschaftlicher Diskriminierungen auch in den Katalog der Wünsche mit einbezogen wird, und falls ja, mit welchen Erklärungen und Begründungen.

Frage 13

Wie in theoretischen Ausführungen schon angemerkt, erfolgen Diskriminierungen über sehr vielfältige Kanäle, auch über die menschliche Sprache, die Zuschreibungen und Stigmata beinhalten und vermitteln kann. Begriffe beinhalten oft implizite Bewertungen von Sachen und Menschen.
Ausgehend von diesen Überlegungen sollen die Versuchspersonen in spontaner Beantwortung Auskunft auf folgende Fragen geben:
»Menschen wie Sie werden in unserer Gesellschaft als ›körperbehindert‹ bezeichnet:
a) Wie stehen Sie dazu? Welche Meinung haben Sie dazu?
b) Was stört Sie möglicherweise an diesem Begriff ›körperbehindert‹?

c) Schlagen Sie bitte von Ihnen bevorzugte Alternativen für diesen Begriff vor!«

Frage 14

In Frage 14 wurden die Persönlichkeitsdimensionen »Selbstwertgefühl«, »Kontrollüberzeugung«, »Problemlösefähigkeit« und »allgemeine Zufriedenheit« anhand von Auszügen aus Fragebögen bzw. eines Items (Allgemeine Zufriedenheit) erfasst.

Der Beantwortung der genannten Persönlichkeitsdimensionen wird folgender Text vorangestellt:
»Sie haben uns in den vergangen Fragen über Ihren Umgang mit belastenden Erlebnissen, mit Meldungen aus Medien und Presse und mit Spannungen zwischen Menschen mit sichtbaren Einschränkungen der Bewegung und nichtbehinderten Menschen geantwortet und berichtet, was Ihnen wichtig war.

In einem letzten Teil geht es jetzt darum, wie Sie ganz allgemein mit Problemen umgehen und wie Sie sich selbst einschätzen, was Sie sich zutrauen und wie zufrieden Sie mit Ihrem Leben sind.«

Persönlichkeitsvariablen und deren Erhebung über Fragebogenverfahren bzw. Einzel-Items

Im Folgenden erfolgt eine kurze Darstellung der Fragebögen bzw. des Items, mit denen die Ausprägung der Persönlichkeitsvariablen: Problembewältigung, Selbstwerteinschätzung, Kontrollüberzeugungen und Allgemeine Zufriedenheit erfasst werden.

Grundlage für die Erfassung der Persönlichkeitsvariablen Problembewältigung und Selbstwerteinschätzung sind Skalen, die den Frankfurtern Selbstkonzeptskalen entnommen worden sind. Diese Frankfurter Selbstkonzeptskalen sollen kurz beschrieben werden.

1. Die Frankfurter Selbstkonzeptskalen (FSKN; I. M. Deusinger; zu der folgenden Beschreibung: vgl. Ausführungen im Handbuch des FSKN)

Frankfurter Selbstkonzeptskalen: Selbstkonzeptskala
zur allgemeinen Problembewältigung (FSAP) und Selbstkonzeptskala
zur allgemeinen Selbstwertschätzung (FSSW)

Grundlage der FSKN ist die Fähigkeit des Individuums zur verbalen Bestimmung des jeweiligen Bildes von sich selbst, das es in wichtigen Bereichen der Person entwickelt hat (»Selbstkonzept«). Die Frankfurter Skalen versuchen, ein System von Einstellungen und Attitüden zur eigenen Person zu erfassen. Mit Hilfe differenzierter Skalen wird dieses Selbstkonzept-System bestimmt und nachgezeichnet, indem es als zur Persönlichkeit gehörend und diese konstituierend verstanden wird. Da die Skalen sowohl als Gesamtfragebogen als auch einzeln interpretiert werden können, war es möglich, für die vorliegende Untersuchung die Skala zur allgemeinen Problembewältigung (FSAP) und die Skala zur allgemeinen Selbstwerteinschätzung (FSSW) getrennt zu verwenden.

Der im Folgenden beschriebene Fragebogen wurde gewählt, weil er selbstbezogene Gefühle und Kognitionen des Individuums beschreibt, die im sozialen Kontext entstehen, aufrechterhalten werden und auch veränderbar sind. Den Autoren zufolge lassen sich bei Wiederholungsmessungen Veränderungen abbilden.

Da in dieser Untersuchung Selbstbildmerkmale unter der Prämisse des soziokulturellen Wandels betrachtet werden sollen, schien eine, wie im Fragebogen realisierte, sozialpsychologische Herangehensweise sinnvoll.

Die Bestimmung der Selbstkonzepte einer Person geschieht vor dem Hintergrund der theoretischen und empirischen Einstellungsmessung. Die Autoren verstehen das Selbstkonzept, welches sich aus Selbstkonzepten unterschiedlicher Bereiche zusammensetzt, als eine organisierte, relativ konsistente, aber auch änderbare Struktur des Individuums zur eigenen Person. Die einzelnen Selbstkonzepte beeinflussen einander. Gemessen werden die Realkonzepte eines Individuums.

Der Fragebogen besteht aus 10 Einzelskalen, welche sich aufgliedern lassen in 3 Skalen zum Leistungsbereich, 5 Skalen zum psychosozialen Bereich, 1 Skala zum Selbstwerterleben sowie 1 Skala zum Bereich Stimmung/Sensibilität.

Die Auswertung der Antworten erfolgt nach der Methode der Summierten Bewertungen nach Likert. Der Proband kann den Aussagen auf einer sechsstufigen Antwortskala von »trifft sehr zu« bis »trifft gar nicht zu« antworten. Er erhält je nach Zustimmung zu einer Aussage 1 bis 6 Punkte.

Die in der Arbeit verwendeten Selbstkonzeptsskalen werden im einzelnen durch folgende Items repräsentiert:

Selbstkonzeptskala zur allgemeinen Problembewältigung (FSAP)
mit den Items:

1. Ich verliere leicht den Kopf
2. Ich kann mit meinen persönlichen Problemen gut fertig werden
3. Ich werde auch in Zukunft meine Probleme meistern
4. Ich kann in jeder Situation für mich selbst sorgen

5. Meine persönlichen Probleme sind dazu da, um von mir gelöst zu werden
6. Ich kann genauso gut zurechtkommen wie andere
7. Ich versuche, vor meinen Problemen davonzulaufen
8. Ich wünschte, ich würde nicht so schnell aufgeben
9. Ich sehe der Zukunft hoffnungsvoll entgegen
10. Mich wirft so schnell nichts aus der Bahn

Selbstkonzeptskala zur allgemeinen Wertschätzung (FSSW)
mit den Items:

1. Manchmal glaube ich, dass ich zu überhaupt nichts gut bin
2. Ich bin ein Niemand
3. Ich verachte mich
4. Eigentlich bin ich mit mir ganz zufrieden
5. Manchmal wünschte ich, ich wäre nicht geboren
6. Ich wollte, ich könnte mehr Achtung vor mir haben
7. Manchmal fühle ich mich zu nichts nütze
8. Wenn ich mich mit anderen Menschen meines Alters vergleiche, schneide ich eigentlich ganz gut ab
9. Ich finde mich ganz in Ordnung
10. Ich bin zufrieden mit mir

2. Skala: Selbstvertrauen bzw. Kontrollüberzeugung« nach Badura (1987)

Die folgenden Ausführungen zur Selbstvertrauens- bzw. Kontrollüberzeugungsskala sind entnommen aus Badura u. a. (1987).

In Anlehnung an die »Sense-of-mastery«-Skala von Pearlin et al. (1982) ist eine aus 4 Items bestehende Skala entwickelt worden. Diese Skala soll eine Komponente des Selbstkonzepts operationalisieren, die in der theoretischen Literatur unter verschiedenen Bezeichnungen beschrieben worden ist. Soziologen haben diesen Aspekt der Selbsteinschätzung mit dem Begriff Selbstvertrauen bezeichnet (vgl. Badura 1987). Pearlin selber nennt ihn »sense of mastery« oder das Gefühl, Herr der Lage zu sein, die eigene Lebenssituation zu beherrschen.

In der psychologischen Literatur werden Begriffe wie Kontrollüberzeugung nach Rotter oder »Selbst-Wirksamkeit« (»self-efficacy«) nach Badura verwendet. Die Operationalisierung dieses wichtigen theoretischen Konstrukts wird gegenwärtig von Wissenschaftlern aus sehr unterschiedlichen Traditionen vorangetrieben. Dieses Konstrukt hat v. a. in der Rehabilitationsforschung eine große Bedeutung als Indikator einer erfolgreichen Krankheitsbewältigung.

In 2 Pilotstudien wurden 4 der 7 Items von Pearlin als adäquate Operationalisierung des Begriffs »Selbstvertrauen« bzw. »Kontrollüberzeugung« ausgewählt. Diese Skala aus 4 Items hat ausreichende statistische Eigenschaften mit einem Cronbach- von 0,82 und einem Test-Retest-Koeffizienten von 0,73 (vgl. Badura u. a. 1987)

Die Skala: Selbstvertrauen bzw. Kontrollüberzeugung enthält folgende Items, die auf einer vierstufigen Skala (von: »stimme voll und ganz zu« bis »stimme überhaupt nicht zu«) beantwortet werden sollten:
1. Ich werde mit einigen meiner Probleme nicht fertig.
2. Ich fühle mich in meinem Leben gelegentlich hin und her geworfen.
3. Ich habe wenig Kontrolle über Dinge, die ich erlebe.
4. Oft fühle ich mich meinen Problemen ausgeliefert.

3. Skala: Allgemeine Zufriedenheit

Das Ausmaß der allgemeinen Zufriedenheit sollte in der Untersuchung durch folgendes Item erfasst werden:

»Wenn Sie nun einmal daran denken, wie Sie leben, wie es Ihnen so geht und wie Sie sich fühlen, was meinen Sie, wie zufrieden sind Sie alles in allem heute mit Ihrem Leben?«

Die Versuchspersonen konnten diese Aussage auf einer Antwortskala von 0 = sehr unzufrieden bis 10 = sehr zufrieden beantworten.

1.3.2 Zusammenfassende Übersicht über die Struktur und die Inhalte des Messinstrumentes

Struktur und Inhalte des Messinstrumentes in einer zusammenfassenden Übersicht

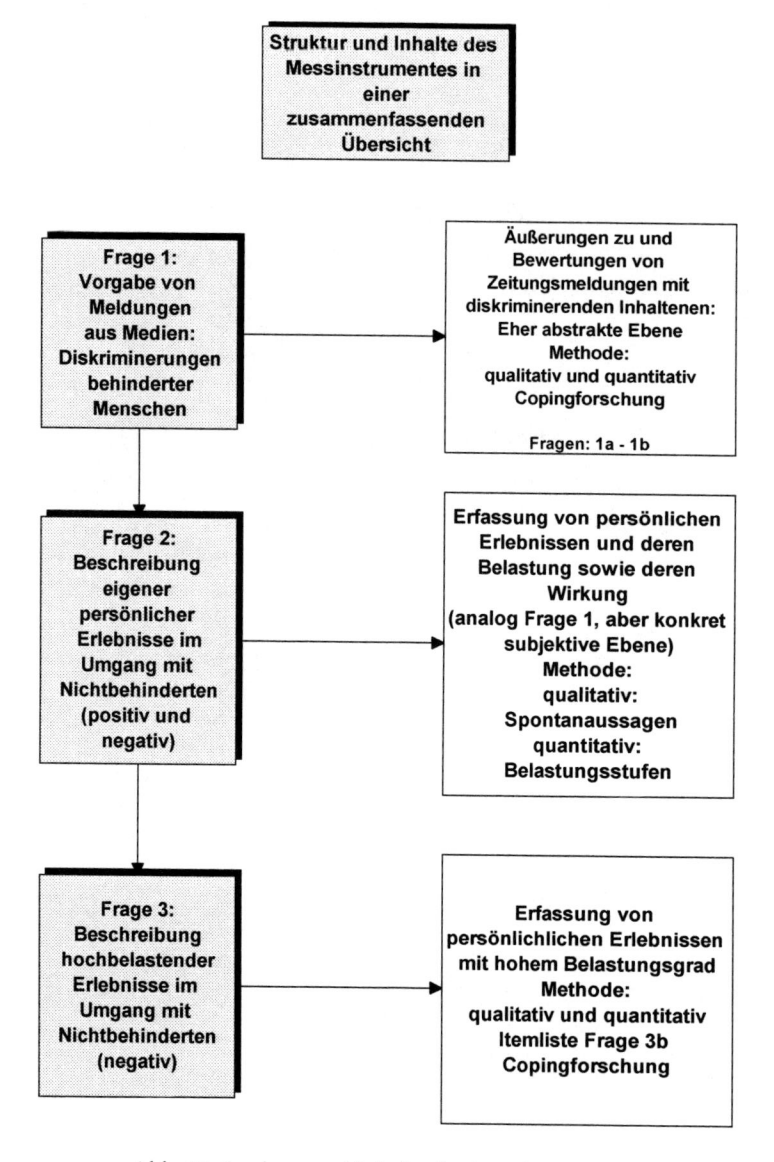

Frage 1: Vorgabe von Meldungen aus Medien: Diskriminerungen behinderter Menschen
→ Äußerungen zu und Bewertungen von Zeitungsmeldungen mit diskriminerenden Inhaltenen: Eher abstrakte Ebene
Methode: qualitativ und quantitativ Copingforschung
Fragen: 1a - 1b

Frage 2: Beschreibung eigener persönlicher Erlebnisse im Umgang mit Nichtbehinderten (positiv und negativ)
→ Erfassung von persönlichen Erlebnissen und deren Belastung sowie deren Wirkung (analog Frage 1, aber konkret subjektive Ebene)
Methode: qualitativ: Spontanaussagen quantitativ: Belastungsstufen

Frage 3: Beschreibung hochbelastender Erlebnisse im Umgang mit Nichtbehinderten (negativ)
→ Erfassung von persönlichen Erlebnissen mit hohem Belastungsgrad
Methode: qualitativ und quantitativ Itemliste Frage 3b Copingforschung

Abb. 10: Struktur und Inhalte des Messinstrumentes in einer zusammenfassenden Übersicht: Fragen 1-3

Methode 145

```
┌─────────────────────┐
│ Struktur und Inhalte des │
│  Messinstrumentes in │
│        einer         │
│   zusammenfassenden  │
│      Übersicht       │
│     (Fortsetzung)    │
└─────────────────────┘
```

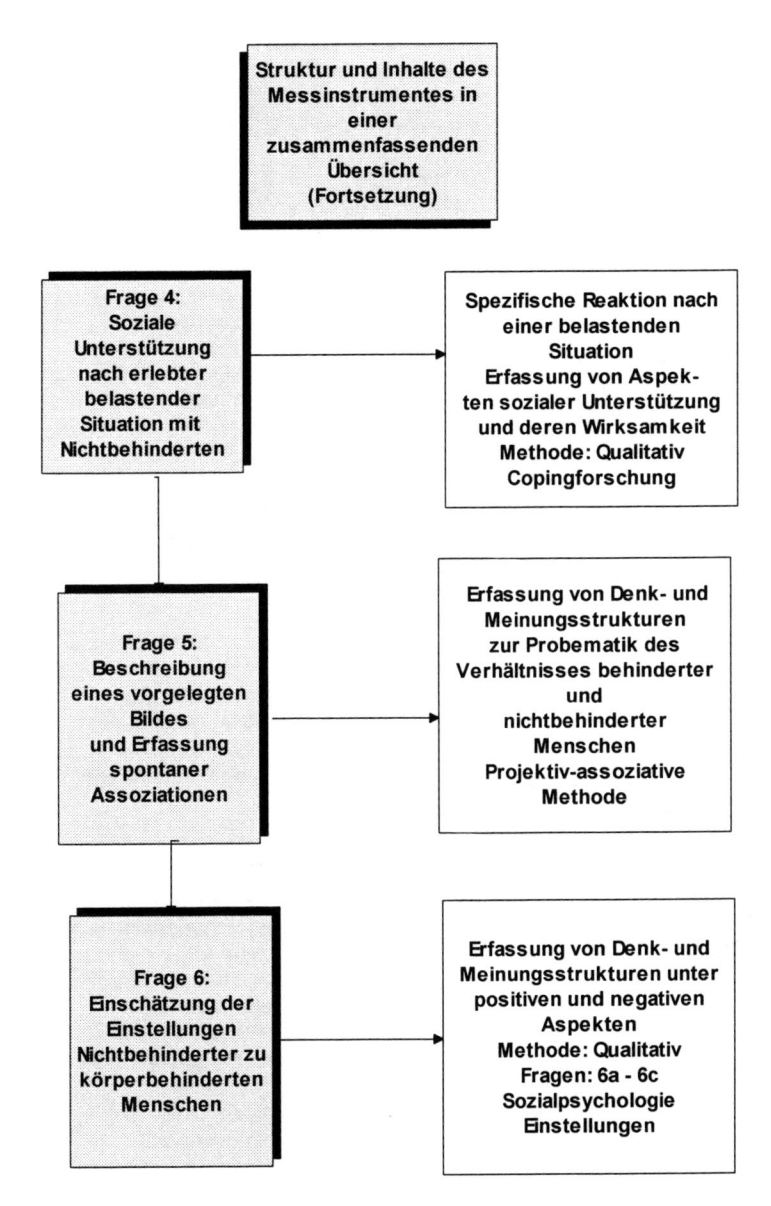

Frage 4: Soziale Unterstützung nach erlebter belastender Situation mit Nichtbehinderten	→	Spezifische Reaktion nach einer belastenden Situation Erfassung von Aspekten sozialer Unterstützung und deren Wirksamkeit Methode: Qualitativ Copingforschung
Frage 5: Beschreibung eines vorgelegten Bildes und Erfassung spontaner Assoziationen	→	Erfassung von Denk- und Meinungsstrukturen zur Probematik des Verhältnisses behinderter und nichtbehinderter Menschen Projektiv-assoziative Methode
Frage 6: Einschätzung der Einstellungen Nichtbehinderter zu körperbehinderten Menschen	→	Erfassung von Denk- und Meinungsstrukturen unter positiven und negativen Aspekten Methode: Qualitativ Fragen: 6a - 6c Sozialpsychologie Einstellungen

Abb. 11: Struktur und Inhalte des Messinstrumentes in einer zusammenfassenden Übersicht Fragen 4-6

Struktur und Inhalte des Messinstrumentes in einer zusammenfassenden Übersicht (Fortsetzung)

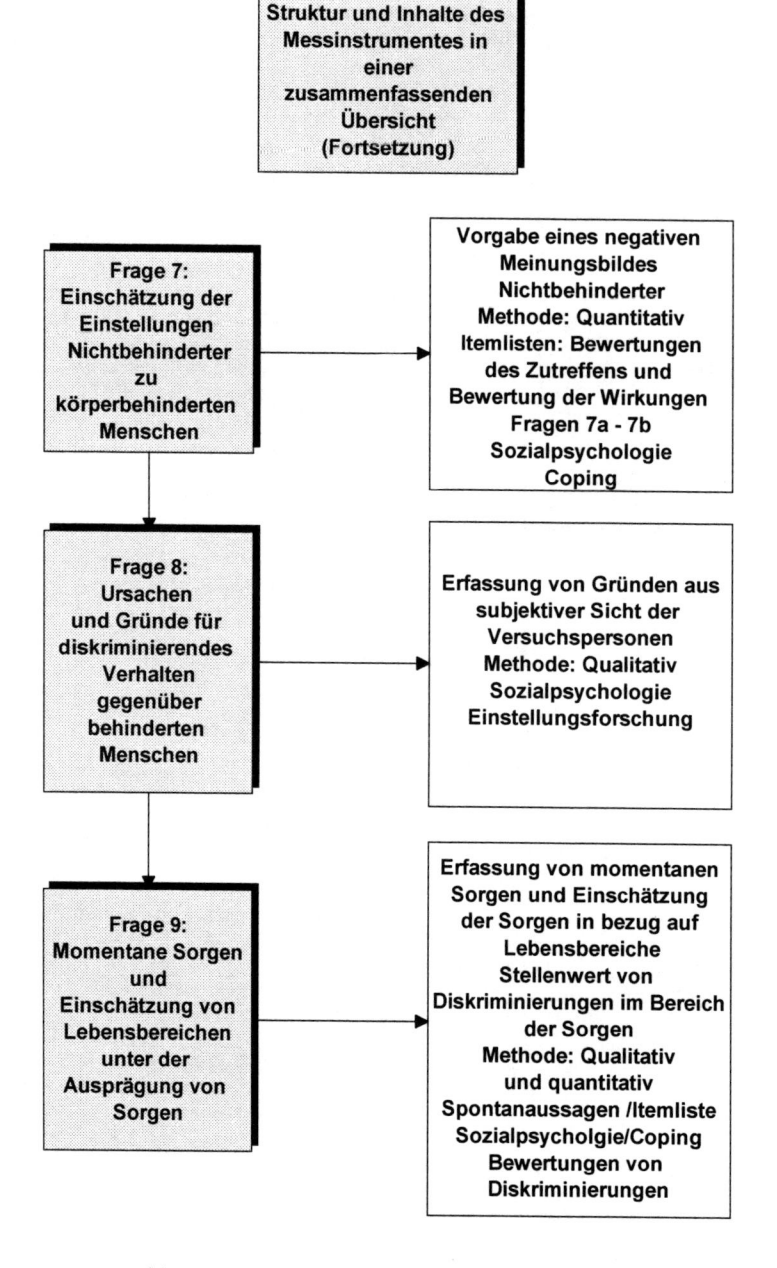

Frage 7: Einschätzung der Einstellungen Nichtbehinderter zu körperbehinderten Menschen
→ Vorgabe eines negativen Meinungsbildes Nichtbehinderter
Methode: Quantitativ
Itemlisten: Bewertungen des Zutreffens und Bewertung der Wirkungen
Fragen 7a - 7b
Sozialpsychologie
Coping

Frage 8: Ursachen und Gründe für diskriminierendes Verhalten gegenüber behinderten Menschen
→ Erfassung von Gründen aus subjektiver Sicht der Versuchspersonen
Methode: Qualitativ
Sozialpsychologie
Einstellungsforschung

Frage 9: Momentane Sorgen und Einschätzung von Lebensbereichen unter der Ausprägung von Sorgen
→ Erfassung von momentanen Sorgen und Einschätzung der Sorgen in bezug auf Lebensbereiche
Stellenwert von Diskriminierungen im Bereich der Sorgen
Methode: Qualitativ und quantitativ
Spontanaussagen /Itemliste
Sozialpsycholgie/Coping
Bewertungen von Diskriminierungen

Abb. 12: Struktur und Inhalte des Messinstrumentes in einer zusammenfassenden Übersicht Fragen 7-9

Methode 147

Struktur und Inhalte des Messinstrumentes in einer zusammenfassenden Übersicht (Fortsetzung)

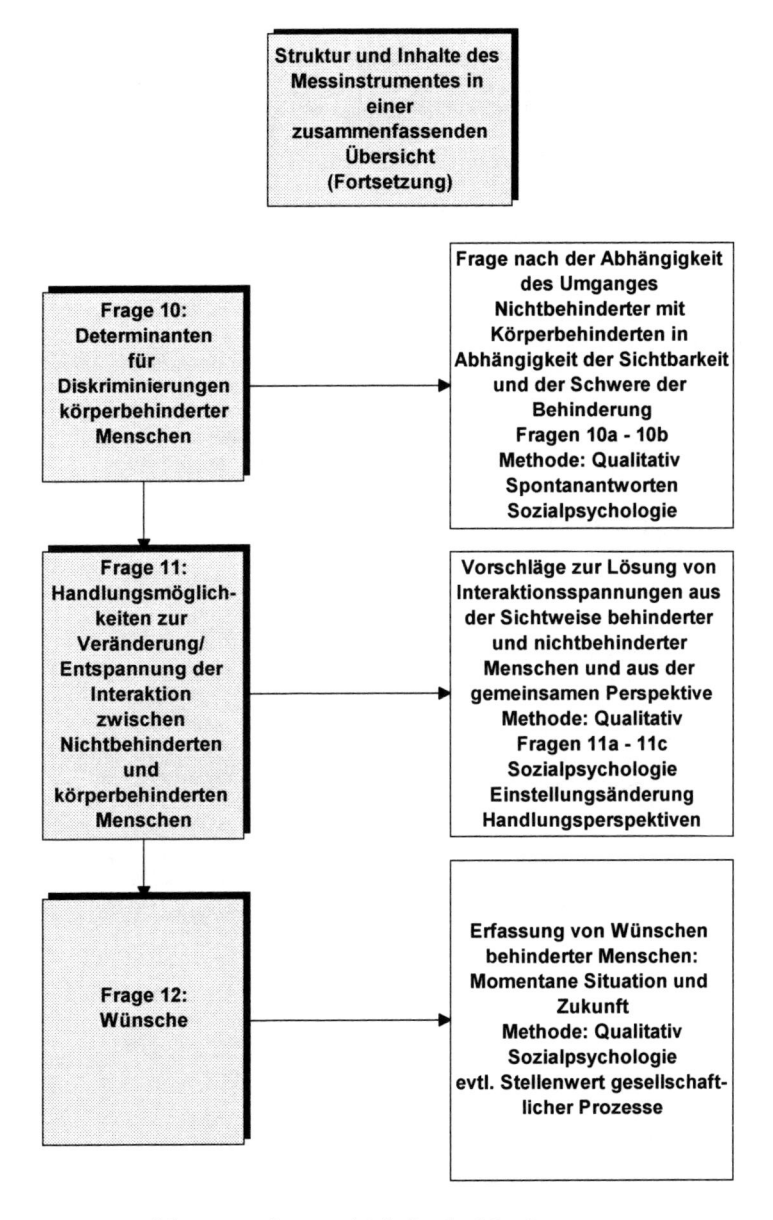

Frage 10: Determinanten für Diskriminierungen körperbehinderter Menschen

→ Frage nach der Abhängigkeit des Umganges Nichtbehinderter mit Körperbehinderten in Abhängigkeit der Sichtbarkeit und der Schwere der Behinderung
Fragen 10a - 10b
Methode: Qualitativ
Spontanantworten
Sozialpsychologie

Frage 11: Handlungsmöglichkeiten zur Veränderung/ Entspannung der Interaktion zwischen Nichtbehinderten und körperbehinderten Menschen

→ Vorschläge zur Lösung von Interaktionsspannungen aus der Sichtweise behinderter und nichtbehinderter Menschen und aus der gemeinsamen Perspektive
Methode: Qualitativ
Fragen 11a - 11c
Sozialpsychologie
Einstellungsänderung
Handlungsperspektiven

Frage 12: Wünsche

→ Erfassung von Wünschen behinderter Menschen: Momentane Situation und Zukunft
Methode: Qualitativ
Sozialpsychologie
evtl. Stellenwert gesellschaftlicher Prozesse

Abb. 13: Struktur und Inhalte des Messinstrumentes in einer zusammenfassenden Übersicht Fragen 10-12

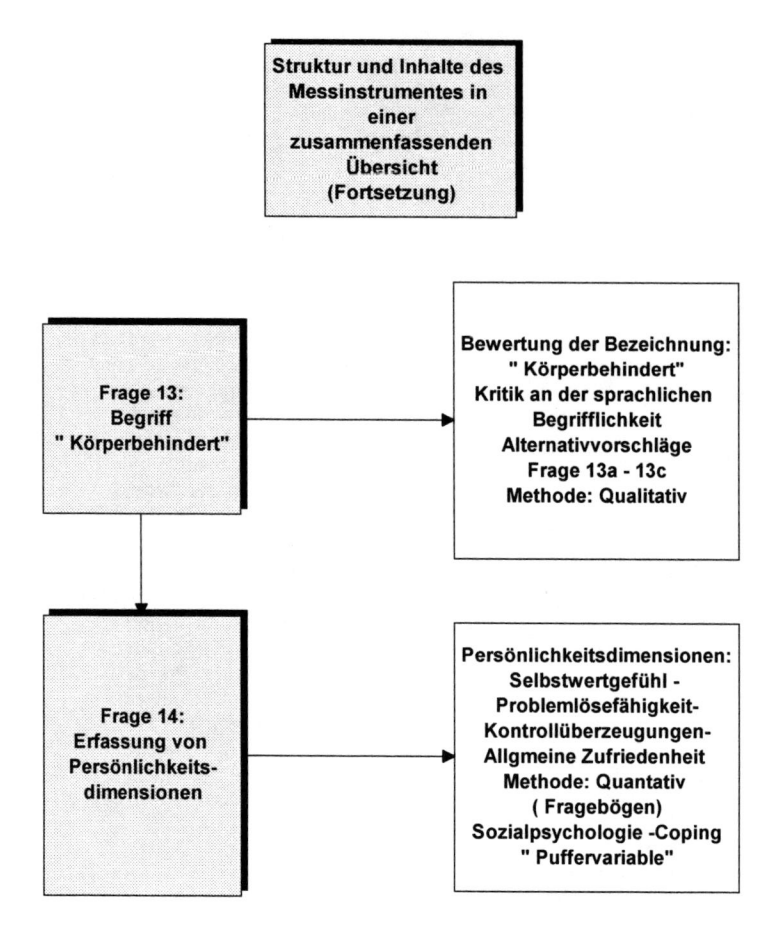

Abb.: 14: Struktur und Inhalte des Messinstrumentes in einer zusammenfassenden Übersicht Fragen 13-14

1.4 Anmerkungen zur Auswertung des qualitativen Datenmaterials

Allgemeine Anmerkungen

Der gewählte Weg der Auswertung orientiert sich an Prinzipien der qualitativen Erforschung sozialer Wirklichkeiten (vgl. Lamnek 1995; Mayring 1996)

Grundsätzlich ist zu beachten, dass es »keinen Konsens über eine bestimmte anzuwendende Analysemethode« (Lamnek 1995, 114) gibt, sondern

Methode 149

es als sinnvoll erachtet wird, »dem jeweiligen Projekt eine an Thema und Erhebungsmethode orientierte Auswertungsmethode auf den Leib zu schneidern« (1995, 114).

Für die Auswertung und Analyse der qualitativ erhobenen Daten dieses Projektes gelten einige Besonderheiten:

a) Das Projekt ist aus methodischer Sicht eine Kombination von quantitativen und qualitativen, pragmatisch-empirischen Datenerfassungs- und Auswertungswegen (siehe Entwicklung und Aufbau des Fragebogens).
b) Es wird eine vergleichende Analyse qualitativer und quantitativer Ergebnisse angestrebt.
c) Die Menge der qualitativ erhobenen Daten machen eine qualitativ-reduktive Auswertung notwendig.

Auswertungsschritte

Das schrittweise Vorgehen der Auswertung des qualitativen Datenmaterials beinhaltet folgende Teilschritte:
- Datenerhebung (Interviews)
- Transkription
- Analyse des Datenmaterials
- Übersicht über Themen, Situationskontext
- Entwicklung von Reaktions- und Wirkungsmechanismen

Es ist für alle kurz angedeuteten Schritte der Auswertung bedeutsam, dass im Verlauf auch das Verfahren bzw. die methodische Vorgehensweise einem Entwicklungsprozess unterliegt. Die Bereiche und Kategorien werden also aus dem vorliegenden Material herausgearbeitet und immer wieder revidiert bzw. erweitert. Ebenso enthält jeder der aufgeführten Arbeitsschritte auch Reduktionen des Datenmaterials auf sprachlicher Ebene. Der hohe Komplexitätsgrad und der subjektive Charakter des vorliegenden Materials machen diese reduzierenden Eingriffe notwendig.

Nach der Datenerhebung werden die in schneller Mitschrift notierten Erzählungen der Probanden von jeweils zwei InterviewerInnen abgetippt und als Textdatei im Computer gespeichert. Dabei ist zu beachten, dass möglichst der/die Interviewer/in, der/die die Mitschrift anfertigt, auch sein/ihr Protokoll diktiert oder selbst abtippt. Die von Lamnek für die Transkription geforderte Berücksichtigung nonverbaler Aspekte des Interviews entfällt, weil die Schwierigkeit besteht z. B. nonverbale Signale eines spastisch gelähmten Menschen zu interpretieren.

Zusammenfassend kann festgehalten werden, dass das im Interview mitgeschriebene Textmaterial durch die Transkription für die weitere Analyse aufbereitet wird und einen ersten Überblick über die Beantwortung der Frage nach eigenen Erlebnissen gewährt.

Entwicklung und Anwendung eines Schemas zur analytischen Differenzierung am Beispiel der Frage 2 des Messinstrumentes

Frage 2 zielt darauf ab,
- von den Befragten zu erfahren, was sie im Umgang mit Nichtbehinderten erleben bzw. erlebt haben;
- sie einzuschätzen zu lassen, wie belastend Erlebnisse im Umgang mit Nichtbehinderten erlebt wurden;
- herauszufinden, welche Bewertungen und Hinweise für den Umgang bzw. eine mögliche Verarbeitung solcher Erlebnisse in spontanen Erzählungen gefunden werden können.

Zur Veranschaulichung soll folgendes Beispiel angeführt werden:

»Vor 2, 3 Jahren: Hat mich so ein alter Opa angemacht. ›Du Scheißkrüppel, du! Was willst den[n] du? So etwas wie dich hätten wir früher vergast!‹ Ich: ›Halt's Maul, sonst fahre ich dich um!‹. War zwar net die feine Art, aber das hat mich schon auf die Palme gebracht ... In dem Moment, wo ich des zu ihm gesagt habe, hat es mich schon stark belastet, weil sonst hätte ich nicht so reagiert« (Belastungsstufe 4 = »stark belastend«).

Wie und unter welchen Aspekten eine solche beispielhaft dargestellt Aussage analysiert und ausgewertet werden kann, soll in den folgenden Ausführungen näher erläutert werden.

Die Entwicklung eines dem Gegenstand und dem Datenmaterial angemessenen Schemas zur Differenzierung und Auswertung erfolgt sowohl theoriegeleitet als auch aus den vorliegenden Erzählungen selbst.

Ziel dabei ist es, die von den Probanden auf einer Skala von 1-4 als mehr oder weniger belastend eingestuften Erlebnisse und Ereignisse nach bestimmten Kriterien zu analysieren und zu ordnen, damit sie später entsprechend ihrer Kategorien z. B. verschiedenen Bewältigungsformen zum Vergleich gegenübergestellt werden können. Die Grundgedanken, an denen sich die Entwicklung des Schemas orientiert, sind zum einen methodisch an die qualitative Inhaltsanalyse nach Mayring und zum anderen inhaltlich an das Konzept der Bewältigung von Belastungen (coping) nach Lazarus, Beutel, Brüderl, Rüger u. a. angelehnt.

Der Kontext, in dem die jeweilige Situation stattfindet und die in der Erzählung enthaltenen Bewertungen, Reaktionen und Hinweise auf Umgangsweisen werden aus dem Textmaterial herausgearbeitet.

Methode

Frage 2 / Frage 3: eigene Erlebnisse

Belastung 4 → Belastung 3 → Belastung 2 → Belastung 1

Für jedes Erlebnis gilt nach oben genannter Belastungsangabe folgendes Kategorien- bzw. Austwerungsschema:

Schritt 1: Transkribierter Text aus dem Fragebogen des jeweiligen Erlebnisses mit Bel.angabe Erstellen von Datenbanken nach Angaben zu den Balastungsstufen geordnet

Schritt 2: **Kontextbeschreibung** nach folgenden Kriterien:
- räumliche Umgebung (A)
- personale Umgebung (B)
- Geschehen, Ereignis (C)
Die Kriterien zerfallen dann in verschiedene Kategorien:

Geschehen, Ereignis (C):
Was ist passiert ?
=> Themen

personale Umgebung (B):
Wer war beteiligt?
- Unbekannte Personen;
- Passanten;
- Bekannte, Freunde;
- Mitschüler;
- Familienmitglieder, Verwandte;
- Dienstleistungspersonal, Angstellte;
- Verkäufer;
- Lehrer, Betreuer, Erzieher;
- Ärzte, Schwestern, Pfleger;
- Arbeitskollegen;

räumliche Umgebung (A):
Wo fand das Ereignis statt?
- öffentl. Einrichtungen;
- Geschäft, Gasthaus;
- öffentlicher Verkehr;
- auf der Straße;
- Fußgängerzone;
- Behörden, Ämter, Banken
- Arbeitsplatz;
- Bildungseinrichtungen (Schule, Ausbildung, Uni,...)
- Krankenhäuser, Ärzte
- privater Wohnbereich (Wohngruppe, Heim,...)
- ...

Schritt 3: Diskriminierung (Textzitat):
- verbal
- nonverbal
- tätlich
- keine

Schritt 4: Reaktionen der Befragten in der jeweiligen Situation:
- verbal
- nonverbal, emotional
- sonstige
- keine

Schritt 5: Umgang mit dem Erlebnis, mit der Situation:
- <u>Bewertungen:</u> - Erklärungen
                    - Schuldzuweisungen
                    - Forderungen

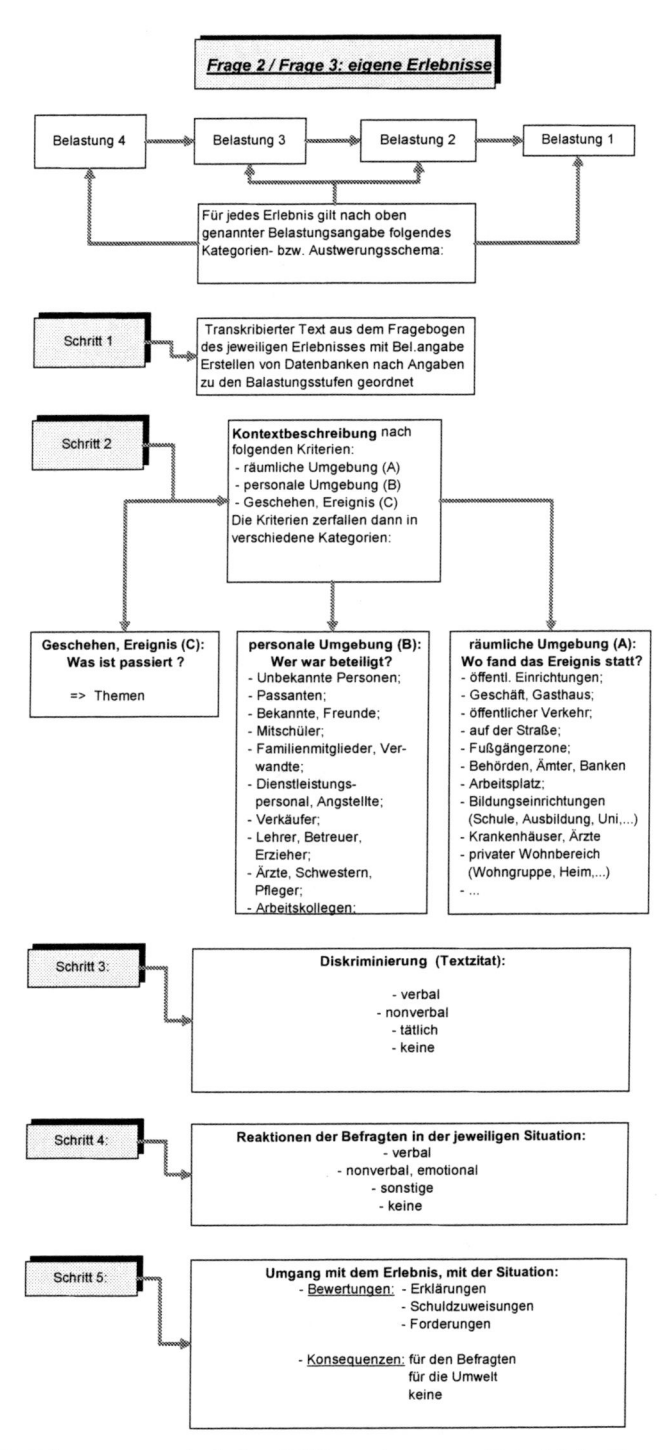

- <u>Konsequenzen:</u> für den Befragten
                    für die Umwelt
                    keine

Abb. 15: Schema zur analytischen Differenzierung am Beispiel der Frage 2 bzw. 3

Diese Skizze soll durch folgende Ausführungen verdeutlicht und anhand des oben angeführten Beispieles konkretisiert werden:

Ausgehend vom transkribierten Textmaterial und der Zuordnung des Textmaterials zu Datenbanken *(Schritt 1)* wird der Situationskontext nach drei Kategorien strukturiert *(Schritt 2)*:

- Orte, an denen sich diese Ereignisse abspielten (Im Beispiel: Öffentlichkeit)
- Personen, die an den Ereignissen beteiligt waren (Im Beispiel: Alter Opa)
- Themen der jeweiligen Situation (Im Beispiel: Behinderte Person wird massiv beleidigt)

Das in der jeweiligen Interaktion vorkommende Verhalten wird durch *Schritt 3* erfasst:

Zunächst wird versucht, die jeweilige Textstelle zu isolieren, die einen deutlichen Hinweis auf die vom Probanden empfundene Diskriminierung gibt (Im Beispiel: Beleidigung, verbale Beschimpfung, Anpöbeln). Anders formuliert könnte man auch sagen, dass so die Ursache für die als belastend empfundene Situation herausgefiltert wird. Dazu wird eine abstrakte begriffliche Benennung dieser Diskriminierung vorgenommen (Im Beispiel: Absprache des Lebensrechtes auf Grund der Behinderung).

In *Schritt 4* wird versucht, Aussagen zu erfassen, die unmittelbare Reaktionen in der Situation widerspiegeln (Im Beispiel: »Hat mich schon stark belastet!«).

Im letzten Schritt *Schritt 5*: Umgang mit dem Erlebnis, mit der Situation) wird nach Formulierungen gesucht, die reaktive Wirkungen und Bewertungen des Erlebnisses darstellen (Im Beispiel: Behinderte Person wehrt sich: »Halts Maul, sonst fahr ich dich um!«).

Damit ist das vorliegende Material strukturiert und kann weiteren Analysen unterzogen werden. Dabei werden den Bewertungen und Erklärungen interpretativ Begriffe zugeordnet, die verdeutlichen sollen, was die jeweilige Bewertung ausdrücken will:

z. B.: »das war sehr schlimm« Zuordnung: Bewertung: Betroffenheit
»ich war sauer« Bewertung: Ärger, Wut

Diese Begriffe können dann den Ebenen emotionaler, kognitiver oder handlungsorientierter Reaktionen zugeordnet werden.

Weiteres Beispiel

Auswertung einer Frage unter den Aspekten der Reduktion des Materials und der Zielsetzung der Fragestellung auf dem Hintergrund theoretischer Überlegungen

Folgende Überlegung soll noch einmal angeführt werden:
Bedeutsam für alle kurz angedeuteten Schritte der Auswertung ist, dass im Verlauf auch das Verfahren bzw. die methodische Vorgehensweise einem Entwicklungsprozess unterliegt. Die Bereiche und Kategorien werden also aus dem vorliegenden Material herausgearbeitet und immer wieder revidiert bzw. erweitert. Ebenso enthält jeder der aufgeführten Arbeitsschritte auch *Reduktionen des Datenmaterials auf sprachlicher Ebene*. Der hohe Komplexitätsgrad und der subjektive Charakter des vorliegenden Materials machen diese reduzierenden Eingriffe notwendig.

Weiter wurde schon ausgeführt, dass es Ziel der Studie ist, Fragestellungen unter qualitativen und quantitativen Aspekten zu erfassen, um die Ergebnisse beider methodischer Zugangswege vergleichen zu können, was letztlich auch zu einer Untermauerung und Stützung von Ergebnissen führen soll. Ferner sollte eine Diskussion der Auswertung zu den Fragen auf dem Hintergrund von theoretischen Zugangswegen erfolgen.

Diese Überlegungen lassen sich anhand von Frage Nr. 11 und Frage Nr. 13 (vgl. hierzu die Ausführungen zum Messinstrument) in Form einer grafischen Übersicht zusammenfassend verdeutlichen (Abb. 16 und 17).

Frage 11 lautet:
»Was kann man insgesamt tun, um Spannungen zwischen behinderten und nichtbehinderten Menschen zu vermindern?« Es wurde dann spezifiziert nach: »Was können nichtbehinderte Menschen tun?, Was können behinderte Menschen tun bzw. was kann man selbst tun?«

Frage 13 lautet:
»Menschen wie Sie werden in unserer Gesellschaft als ›körperbehindert‹ bezeichnet. Wie stehen Sie dazu? Welche Meinung haben Sie dazu? Was stört Sie möglicherweise an diesem Begriff ›körperbehindert‹?
Schlagen Sie bitte von Ihnen bevorzugte Alternativen für diesen Begriff vor!«

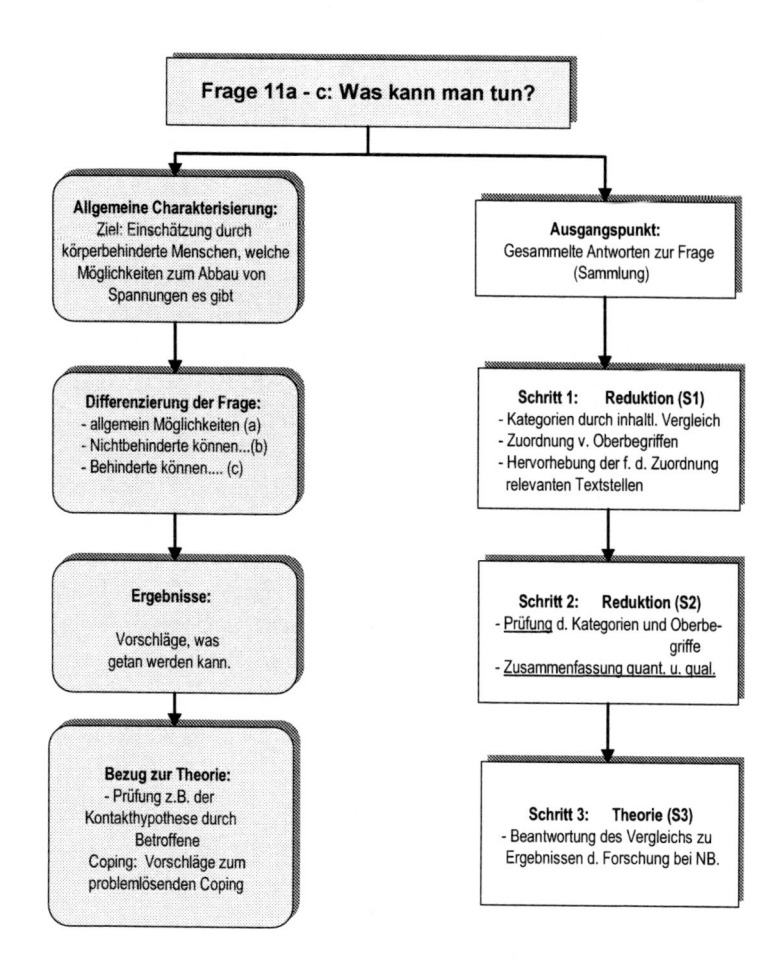

```
┌─────────────────────────────────┐
│ Frage 11a - c: Was kann man tun?│
└─────────────────────────────────┘
         │                    │
         ▼                    ▼
┌──────────────────────┐  ┌──────────────────────┐
│ Allgemeine           │  │ Ausgangspunkt:       │
│ Charakterisierung:   │  │ Gesammelte Antworten │
│ Ziel: Einschätzung   │  │ zur Frage            │
│ durch körperbehin-   │  │ (Sammlung)           │
│ derte Menschen,      │  └──────────────────────┘
│ welche Möglichkeiten │             │
│ zum Abbau von        │             ▼
│ Spannungen es gibt   │  ┌──────────────────────┐
└──────────────────────┘  │ Schritt 1: Reduktion (S1) │
         │                │ - Kategorien durch inhaltl. Vergleich │
         ▼                │ - Zuordnung v. Oberbegriffen │
┌──────────────────────┐  │ - Hervorhebung der f. d. Zuordnung │
│ Differenzierung der  │  │   relevanten Textstellen │
│ Frage:               │  └──────────────────────┘
│ - allgemein          │             │
│   Möglichkeiten (a)  │             ▼
│ - Nichtbehinderte    │  ┌──────────────────────┐
│   können...(b)       │  │ Schritt 2: Reduktion (S2) │
│ - Behinderte         │  │ - Prüfung d. Kategorien und Oberbe- │
│   können.... (c)     │  │   griffe │
└──────────────────────┘  │ - Zusammenfassung quant. u. qual. │
         │                └──────────────────────┘
         ▼                             │
┌──────────────────────┐               ▼
│ Ergebnisse:          │  ┌──────────────────────┐
│                      │  │ Schritt 3: Theorie (S3) │
│ Vorschläge, was      │  │ - Beantwortung des Vergleichs zu │
│ getan werden kann.   │  │   Ergebnissen d. Forschung bei NB. │
└──────────────────────┘  └──────────────────────┘
         │
         ▼
┌──────────────────────┐
│ Bezug zur Theorie:   │
│ - Prüfung z.B. der   │
│   Kontakthypothese   │
│   durch Betroffene   │
│ Coping: Vorschläge   │
│ zum problemlösenden  │
│ Coping               │
└──────────────────────┘
```

Abb. 16: Schema zur analytischen Differenzierung am Beispiel der Frage 11

Methode

```
                    ┌─────────────────────────────────┐
                    │ Frage 13: Begriff `körperbehindert` │
                    └─────────────────────────────────┘
```

Allgemeine Charakterisierung:
Ziel: Meinung zur Bezeichnung körperbehindert

Ausgangspunkt:
Gesammelte Antworten zur Frage (Sammlung)

Schritt 1:   Reduktion (S1)
- Kategorien durch inhaltl. Vergleich
- Zuordnung v. Oberbegriffen
- Hervorhebung der f. d. Zuordnung relevanten Textstellen

Ergebnisse:
- Zustimmung, Ablehnung,
- Identifikation mit dem Begriff
- Vorschläge für Alternativen

Schritt 2:   Reduktion (S2)
- Prüfung d. Kategorien und Oberbegriffe
- Zuordnung der Begründung/Erklärung der Zustimmung, Ablehnung
- Zusammenfassung quant. u. qual.

Bezug zur Theorie:
Sprache als Medium der Diskriminierung?

- Fühlen sich körperbehinderte Menschen durch diese Bezeichnmung diskriminiert?
- Gibt es Alternativen, oder führt jeder Begriff zum gleichen Ergebnis?

Schritt 3:   Theorie   (S3)

Liste von möglichen Alternativen

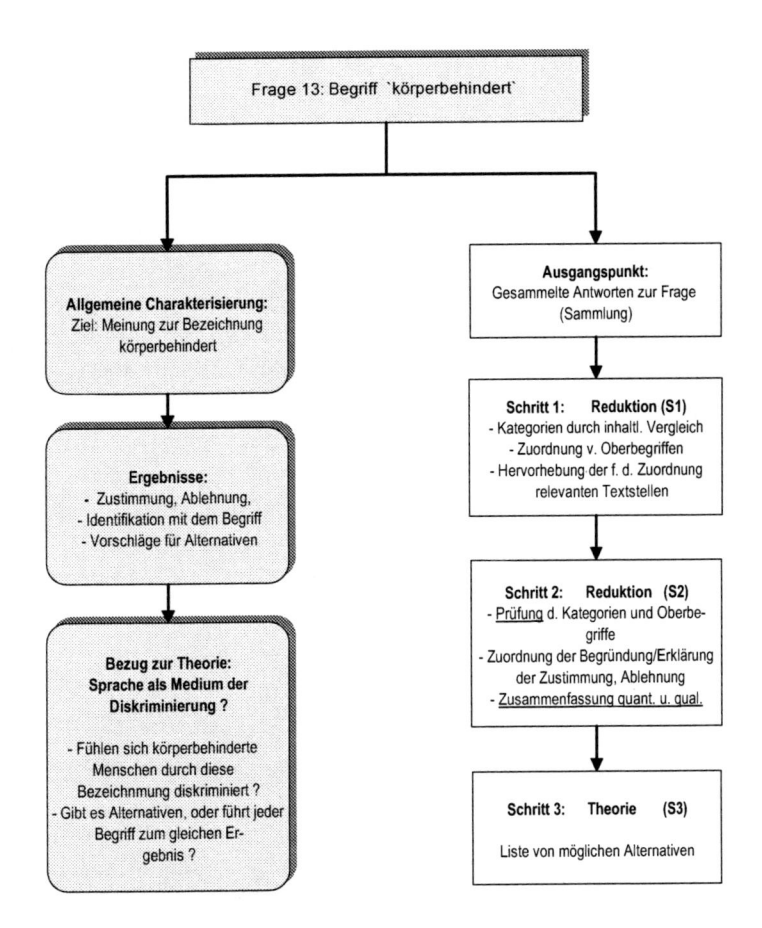

Abb. 17: Schema zur analytischen Differenzierung am Beispiel der Frage 13

2 Die Untersuchung

2.1 Beschreibung der Stichprobe

Die Stichprobe setzt sich aus 75 Personen mit unterschiedlichen Körperbehinderungen zusammen. Zur Auswahl der an der Untersuchung beteiligten Personen sollen noch folgende Anmerkungen gemacht werden:
Die Auswahl der Versuchspersonen gestaltet sich im Vorfeld der Planung der Untersuchung insofern als problematisch, als in die Untersuchung nur solche körperbehinderte Mitmenschen einbezogen werden konnten, die über eine ausreichende sprachliche Kompetenz und auch über ein ausreichendes kognitives Reflexionsvermögen verfügen. An dieser Stelle sei darauf hingewiesen, dass die Palette der Mehrfachbehinderungen bei körperbehinderten Menschen mit hirnorganischer Schädigung äußerst vielfältig sein kann, wobei vor allem die sprachlichen Fähigkeiten beeinträchtigt sein können. Ich bin mir dessen bewusst, dass diese zwangsläufig notwendige Einschränkung des Personenkreises bei der Interpretation der Ergebnisse berücksichtigt werden muss.

Alter und Geschlecht

43 Personen der Untersuchung sind männlichen, 32 Personen sind weiblichen Geschlechts.
Von den 75 Befragten beträgt das durchschnittliche Alter 25,16 Jahre. Die jüngste Person ist 16, die älteste an den Interviews teilnehmende Person 60 Jahre alt. Im einzelnen ergibt sich folgende Altersverteilung:

Alter	*Anzahl*	*%*	*Profil*
16	5	6.67	*****
17	4	5.33	****
18	3	4.00	***
19	8	10.67	********
20	6	8.00	******
21	4	5.33	****
22	12	16.00	************
23	2	2.67	**
24	2	2.67	**
26	1	1.33	*
27	4	5.33	****
28	3	4.00	***

Die Untersuchung

Alter	Anzahl	%	Profil
29	4	5.33	****
30	3	4.00	***
31	3	4.00	***
34	1	1.33	*
35	2	2.67	**
36	1	1.33	*
37	1	1.33	*
39	1	1.33	*
42	1	1.33	*
44	1	1.33	*
45	1	1.33	*
47	1	1.33	*
60	1	1.33	*

Tabelle 5: Altersverteilung der ProbandInnen

Es wird ersichtlich, dass die Stichprobe vorwiegend aus jüngeren Personen in den Altersbereichen von 16-22 und 27-31 Jahren zusammengesetzt ist. Statistische Berechnungen ergeben, dass der Faktor »Geschlechtszugehörigkeit« keinen Einfluss auf die Ausprägung der Variable »Alter« und der Variablen, mit denen die Ausprägungen verschiedener Persönlichkeitsdimensionen erfasst werden, ausübt.

Angaben zu den Behinderungen der Versuchspersonen

Die körperlichen Behinderungen der Versuchspersonen (vgl. dazu auch die Ausführungen über Ursachen und Formen von Körperbehinderungen in Abschnitt 1) verteilen sich in der Stichprobe nach folgenden Häufigkeiten:

Kategorie:	Anzahl	%	Profil
Infantile cerebrale Bewegungsstörungen	44	58.67	***
Muskelerkrankungen	9	12.00	********
Rückenmarkschädigungen.	6	8.00	******
Sonstige	16	21.33	***************

Tabelle 6: Prozentuale Häufigkeit der Behinderungsformen

Diese Einteilung wurde nach den von den Befragten gegebenen Informationen erstellt.

Es ist wichtig festzuhalten, dass die Kategorien zwar von den medizinischen Begriffen und Diagnosen aus gesehen, eine relativ klare Zuordnung erlauben, die Kategorien aber keine Hinweise über die individuellen funktionellen Einschränkungen verschiedenster Leistungsbereiche zulassen. Die Stichprobe setzt sich aus funktional sehr unterschiedlich eingeschränkten Personen zusammen.

Weitere soziodemographische Informationen

Zur Schulausbildung, Ausbildung und der beruflichen Tätigkeit der Versuchspersonen können folgende Informationen gegeben werden:

20 Personen gingen zum Zeitpunkt der Untersuchung einer beruflichen Tätigkeit nach, in der beruflichen Ausbildung befanden sich 26 Personen und 29 Personen besuchen noch unterschiedliche Schulen.

18 Personen haben eine eigene Wohnung, 15 Personen leben in Heimen für körperbehinderte Menschen, 21 Personen leben in einem Zentrum für körperbehinderte Menschen, 3 Personen wohnen zu Hause bei den Eltern und 18 Personen sind Mitglieder einer Wohngemeinschaft (WG).

2.2 Vorbereitung der Untersuchung

Neben den aufwändigen Arbeiten zur Erarbeitung eines geeigneten Erfassungsinstruments ist die Vorbereitungsphase für die Durchführung der Untersuchung ebenso aufwändig und bestand aus folgenden inhaltlichen Schritten bzw. Schritten in der organisatorischen Planung:

- *Kontaktaufnahme mit Einrichtungen*: Die Kontaktaufnahme mit den Einrichtungen in München erfolgte zunächst telefonisch. Diesem telefonischem Erstkontakt folgte ein ausführliches Schreiben an die Leitungspersonen der Einrichtungen, in dem sehr detailliert das Anliegen der Untersuchung dargestellt wurde. Anschließend erfolgte vor Ort eine nochmalige persönliche Kontaktaufnahme mit den Leitungspersonen der Einrichtungen: In diesem Gespräch wurden vor allem Fragen der organisatorischen Abwicklung der Untersuchung angesprochen und geklärt.
- *Kontaktaufnahme mit körperbehinderten Personen, die sich zur Teilnahme an der Untersuchung bereit erklären*: Diese notwendige Kontaktaufnahme betraf vor allem solche Personen, die nicht in behinderungsspezifischen Einrichtungen wohnen und somit nicht über Kontaktpersonen (LehrerInnen, GruppenleiterInnen, Heimleiter usw.) erreichbar waren. Mit diesen

Personen wurde vor dem eigentlichen Untersuchungstermin ein Termin vereinbart, der dem Kennenlernen und der Darstellung der Ziele der bevorstehenden wissenschaftlichen Untersuchung diente. Die Adressen dieser Personen wurden von befreundeten Personen bzw. vom Fachpersonal der Behinderteneinrichtungen mitgeteilt, die die Personen vor dem Beginn der beruflichen Tätigkeit besuchten.

- *Schulung der Interviewer:* In drei der Untersuchung vorausgehenden zeitlich sehr intensiven Sitzungen werden die beteiligten InterviewerInnen sowohl mit spezifischen Fragen der Interviewgestaltung als auch mit Besonderheiten der Interviewdurchführung innerhalb der wissenschaftlichen Untersuchung vertraut gemacht und hinsichtlich spezifischer Fragestellungen (Interviewtechniken) geschult.
- *Durchführung eines Probeinterviews:* Diese Probeinterviews wurden mit zwei körperbehinderten Menschen durchgeführt und verfolgten das Ziel, das Messinstrument zu testen (Durchführbarkeit, Motivation, Interview-Protokollführung), die InterviewerInnen zu trainieren (vor allem mit Blick auf die Weitergabe der gemachten Erfahrungen an die anderen Mitglieder des Interviewerteams), erste Rückmeldungen von den Test-Befragten zu erhalten und auf Grund dieser Informationen zu einer Revision des Messinstrumentes bzw. einzelner Abschnitte des Messinstrumentes im Sinne der reflexiven Weiterentwicklung zu gelangen.

2.3 Durchführung der Untersuchung

Die Untersuchung wurde von einem Team, bestehend aus insgesamt acht Personen, durchgeführt. Diese Personen waren – bis auf eine Ausnahme – alle Studierende der Fachrichtung Körperbehindertenpädagogik und waren nach dem Besuch einer thematisch einschlägigen Seminarveranstaltung im Semester vor der Untersuchung mit der Thematik der Untersuchung vertraut.

Die Untersuchung erfolgte jeweils als Einzeluntersuchung, wobei neben dem/der InterviewleiterIn und der zu befragenden Person eine dritte Person anwesend ist, die die Aufgabe hatte, die Aussagen zu protokollieren.

Die Versuchspersonen wurden vor Beginn der eigentlichen Erhebung noch einmal in der gebotenen Kürze über das Ziel der Untersuchung informiert, wobei größter Wert auf die Schaffung einer vertrauensvollen Atmosphäre gelegt wurde. Teilweise wurden die Versuchspersonen vor der Untersuchung auch im Klassenverband noch einmal über die Zielsetzung informiert, vor allem auch mit Blick auf ein persönliches Kennenlernen des Teamleiters und der MitarbeiterInnen des Interviewteams.

Zu Beginn der Interviews wurden die Personen gebeten, Angaben zur Behinderung, zur Ausbildung/Schulbildung, zur Wohnsituation und zu ihrer familiären Lage zu machen. Nicht alle Befragten kamen dieser Bitte nach. Die Interviewer waren dabei angewiesen, keine näheren Nachfragen zu stellen, um so die Befragten in ihrer Freiwilligkeit über persönliche und familiäre Hintergründe zu berichten, nicht einzuschränken. Folglich kann das demographische Datenmaterial – abgesehen von den Variablen »Geschlecht« und »Alter« – nicht immer vollständig für alle befragten Personen erhoben werden. Bei unklaren oder zu ergänzenden Informationen sollte bei den Versuchspersonen nachgefragt werden.

Die Untersuchungen wurden in den Räumen der Einrichtungen oder in den Wohnungen der Versuchspersonen durchgeführt.

Die Dauer der Untersuchung betrug im Schnitt etwa 120-150 Minuten, wobei allerdings entsprechend der physischen Verfassung und der sprachlichen Kompetenzen der Versuchspersonen auch längere Untersuchungszeiten von bis zu vier Stunden notwendig waren. Es wurde auch darauf geachtet, bei Bedarf Pausen einzulegen.

Als Zeitraum im Raume der Untersuchung dienten die Monate Mai bis Juni 1996. Die Durchführung der Untersuchung erfolgte in München und Würzburg in körperbehinderungsspezifischen Schulen, anderen Einrichtungen (u. a. Wohnheim für Köperbehinderte) oder aber auch in den Wohnungen der Versuchspersonen.

3 Darstellung und Diskussion der Ergebnisse

3.1 Darstellung und Diskussion der Ergebnisse zu den Einzelfragen

3.1.1 Ergebnisse zu Frage 1:
Bewertung vorgelegter Zeitungsmeldungen

Die erste Frage der vorliegenden Untersuchung besteht aus 2 Teilen:
In einem 1. Teil (Frage 1a) sollen zunächst spontane Reaktionen der befragten Personen auf Zeitungsmeldungen erfasst werden (Die Aufgabe 1a lautete: »Sagen Sie mir bitte, was Ihnen im Augenblick durch den Kopf geht!«).
In einem 2. Teil (Frage 1b) werden die Versuchspersonen gebeten, eine Itemliste mit insgesamt 27 Fragen zu beantworten (Die Frage lautete: »Was empfinden Sie jetzt, wenn Sie an diese Meldungen denken?«).
Dabei wird es den Versuchspersonen freigestellt, die Zeitungsmeldungen selbst zu lesen oder aber vom Versuchsleiter vorgelesen zu bekommen.

3.1.1.1 Darstellung der Spontanaussagen (Frage 1a) zu den Zeitungsmeldungen

Fragestellung und Inhalte der Zeitungsmeldungen

Die drei Zeitungsmeldungen, die den Befragten vorgelegt werden, enthalten folgenden Text:
In einer Zeitung konnte man vor einigen Jahren folgendes lesen:
Ein Ehepaar, das in der Türkei Urlaub machte, erhielt durch ein Gerichtsurteil die Hälfte der Reisekosten wieder zurückerstattet, da im gleichen Hotel und zur gleichen Zeit eine Gruppe behinderter Menschen auch ihren Urlaub verbrachte. Der Richter, der dieses Urteil fällte, begründete seine Entscheidung damit, dass der Anblick behinderter Menschen dem Ehepaar nicht »zumutbar« sei *(Meldung 1)*.
Weiter konnte man in dieser Zeitung lesen, dass den Bewohnern eines Heimes für geistig und körperlich behinderte Kinder grundsätzlich der Zugang zum örtlichen Schwimmbad verweigert wurde *(Meldung 2)*.
In einer Fernsehsendung berichteten körperbehinderte Menschen, dass sie in der Fußgängerzone der Stadt von Passanten angestarrt wurden *(Meldung 3)*.

Aufgabe 1a des Fragebogens lautet:
»Sagen Sie mir bitte, was Ihnen im Augenblick durch den Kopf geht!«
Insgesamt hat diese Frage zum Ziel, mögliche Reaktionen, Wirkungen, Bewertungen auf die Konfrontation mit diskriminierenden Meldungen zu erfassen. Der erste Teil der Frage wird von den Befragten spontan, also ohne Vorgabe oder Lenkung des Interviewers beantwortet.
Die aus den Medien gewählten Meldungen zeigen in der im Fragebogen dargestellten Reihenfolge, dass:

Meldung 1 (Gerichtsurteil: Reisekosten-Rückerstattung) mit größter Wahrscheinlichkeit von den meisten Befragten nicht selbst erlebt wurde, also eine große persönliche Distanz vorhanden zu sein scheint.

Meldung 2 (Zutritt zum Schwimmbad wird verweigert) potentiell mit größerer Wahrscheinlichkeit von den Befragten selbst erlebt werden kann und eher im persönlichen Erlebnisbereich liegt.

Meldung 3 (Anstarren in der Öffentlichkeit) vermutlich einer Mehrheit der Befragten selbst schon passiert ist, also wahrscheinlich eine schon mehrfach persönlich erlebte Situation darstellt.

Analyse der Spontanaussagen

Zur Vertrautheit der Zeitungsmeldungen innerhalb des Alltagslebens der befragten Personen kann nach einer Analyse der Spontanantworten folgendes ausgesagt werden:

Das Urteil ist vielen Probanden bekannt. Eine Verweigerung des Zutritts zu einer öffentlichen Einrichtung haben mehrere Befragte selbst erlebt. Viele der interviewten Personen schildern, dass sie den in *Meldung 3* beschriebenen Vorgang des »Angestarrt-Werdens« schon selbst erlebt haben bzw. dass dies eine ihnen nicht unvertraute Situation ist.

Etwa die Hälfte der Interviewten gab zu den Meldungen mit diskriminierendem Inhalt einen Kommentar ab. Im Einzelnen ergab sich folgende Verteilung der verwertbaren Aussagen zu den 3 Zeitungsmeldungen:

Spontanaussagen zu *Meldung 1*: 30 Äußerungen
Spontanaussagen zu *Meldung 2*: 26 Äußerungen
Spontanaussagen zu *Meldung 3*: 35 Äußerungen

Für die erhaltenen Spontanaussagen wurden folgende kategoriale Zuordnungen getroffen, die deutlich machen, dass Antworten in Richtung emotionaler Betroffenheit in der Häufigkeit der Nennungen deutlich dominieren.

Darstellung und Diskussion der Ergebnisse

Kategorie: Emotionale Betroffenheit   59 Nennungen
Ablehnung, Unverständnis, Wut, Ärger,
Betroffenheit, Empörung, Verletzung,
Widerstand, Beschwerden;

Kategorie: Ambivalenz   9 Nennungen
Verwunderung, Ironie, Ambivalenz,
Unsicherheit, Ratlosigkeit, Fassungslosigkeit,
Überraschung;

Kategorie: Gewöhnung, Vertrautheit   23 Nennungen
Gewöhnung, Bestätigung, Hinnehmen,
Verständnis, Normalität, selbst erlebte
und vertraute Situation;

Es sollen nun einige Beispiele für die Zuordnungen von Spontanaussagen zu ausgewählten, oben beschriebenen Kategorien dargestellt werden.

In diesem Zusammenhang sei auf die noch folgenden Einzelauflistungen der Aussagen zu den einzelnen Meldungen hingewiesen.

Kategorie: Emotionale Betroffenheit
»Ich finde das Quatsch, finde das blöd [...]. Die haben auch das Recht, dort Urlaub zu machen.«
»Das ist eine Sache, die versteh auch ich nicht so ganz, warum er so geurteilt hat. Wieso eigentlich? Behinderte sind doch ganz normale Menschen, können Urlaub machen, wo Sie wollen; Sehe die Verbilligung nicht ein.«
»Frechheit! Menschenunwürdig!«
»Ich fand das 'ne Schweinerei, ich hab' mich aufgeregt darüber. Das ist fast wie im 3. Reich, wo Leute in Lagern untergebracht wurden.«
»Finde ich echt ein ganz schön krasses Urteil.«

Kategorie: Gewöhnung, Vertrautheit mit der Situation
»Damit muß man rechnen.«
»Das erlebe ich selbst, das ist normal.«
»Na ja, nichts Neues.«
»Das passiert mir auch öfter, aber inzwischen nehme ich das nicht mehr wahr.«

Zum Zusammenhang zwischen den Häufigkeiten der den Kategorien zugeordneten Nennungen einerseits und den drei Meldungen der Zeitungsaussagen andererseits ergibt sich folgendes Bild:

Bewertungen:	Meldung 1	Meldung 2	Meldung 3
Negativ (Ablehnung, Unverständnis, Wut, Ärger, Empörung, Betroffenheit, Verletzung, Widerstand, Beschwerden);	27	20	12
Ambivalent (Verwunderung, Ironie, Unsicherheit, Ratlosigkeit, Fassungslosigkeit, Überraschung);	2	5	2
Positiv (Gewöhnung, Bestätigung, Hinnehmen, Verständnis, Normalität, selbst erlebte und vertraute Situation);	1	1	21

Tabelle 7: Zuordnung der Zeitungsmeldungen zu den Bewertungskategorien

Die zusammenfassende Darstellung macht deutlich, dass sowohl bei *Meldung 1* als auch bei *Meldung 2* in erster Linie negative Bewertungen wie Ablehnung, Unverständnis, Wut, Ärger, Empörung, Betroffenheit vorzufinden sind, während bei *Meldung 3* die Äußerungen aber eher in die Richtung gehen, dass diese Situation als eher »normal« bzw. »vertraut« angesehen wird, die man »halt so hinnehmen muss«, für die man auch ein gewisses »Maß an Verständnis« aufbringt.

Im Folgenden werden nun die individuellen Spontanaussagen getrennt nach den *Meldungen 1-3* aufgelistet:

Meldung 1:

Zuordnung	Aussage (Zitat)
Ablehnung	Das kann man nicht so beantworten. ... ich finde das Quatsch, das ist nicht zumutbar; die haben auch das Recht, dort Urlaub zu machen; ich finde das blöd. (28)
Ablehnung	Ich kann genauso Urlaub machen wie andere auch. Das ist nur die Meinung des Richters. Meiner Meinung ein verkehrtes Urteil. (30)
Ablehnung	Wow! Noch einmal! Warte mal: die hatten ein behindertes Kind? (I erklärt Situation); Ne, die können doch auch nichts dafür, daß sie behindert sind; wenn sie nicht wollen, sollen sie abreisen; Behinderte gehören auch in die Türkei; ich finde das doof; es können doch überall Behinderte sein; aber in der Türkei ist es schon happig; man wird schon als Frau blöd angeschaut; und dann als Behinderter; und dann auch noch als behinderte Frau! (34)

Zuordnung	Aussage (Zitat)
Ablehnung	Is' mir bekannt. Is' mir bekannt, dieser Fall. Ich kann mir denken, was ihr hören wollt von mir und ich find's einfach Scheiße. In Ordnung? (75)
Ablehnung	Ganz großer Schwachsinn. Behinderte sind nur Menschen, die in ihrer Motorik beeinträchtigt sind. Dies kann Jedem passieren. Behinderte sind keine minderwertigen Objekte. (84)
Ablehnung, Unverständnis	Hm, meine Meinung dazu: Ich kann den Richter nicht verstehen, denn wir sind auch Menschen wie ihr auch, und ich finde das eine Frechheit. Wir haben das gleiche Auftrittsrecht wie Nichtbehinderte, wir müssen nicht in Extraheimen oder Schulen untergebracht werden. Da errege ich mich schnell. (21)
Ablehnung, Unverständnis	Das ist diskriminierend, das ist kein Urteil, das ist menschenverachtend, damit kann ich als Urteil nichts anfangen. Das kann jeden treffen. So reden nur Leute, die sich nicht auskennen, sonst würden sie anders denken, auch dieser Richter hier. Behinderung wird als Strafe gesehen, es gibt Vergünstigungen, wenn Behinderte da sind. Solche Leute waren nie in einer solchen Lage. Für sie ist das Neuland. (39)
Ablehnung, Unverständnis	Wieso eigentlich? Behinderte sind doch ganz normale Menschen, können Urlaub machen, wo sie wollen. Das ist eine Sache, die versteh' ich auch nicht so ganz, warum er so geurteilt hat. Behinderte sind für mich ganz normale Menschen, auch wenn ich nicht behindert wäre. Sehe die Verbilligung nicht ein. (22)
Ablehnung, Unverständnis	Ja, das habe ich auch gelesen und das finde ich gar nicht gut, gar nicht o. k.; das war in der Zeitung ganz groß; die Behinderten können nichts dafür; bei manchen Behinderten ist das so. (25)
Ablehnung, Unverständnis	Wenn ich das so lese, ich weiß nicht, ob (es) dasselbe ist, entschuldigen Sie, wenn ich juristisch werde, aber es ist Unrecht, es ist unjuristisch. Was heißt denn, der Anblick ist nicht zumutbar? Das kann jedem passieren. Es ist einfach vermessen, so etwas zu sagen. (35)
Ablehnung, Unverständnis	Das ist ja unerhört, alle Menschen sollten doch gleich sein vor dem Gesetz. Behinderte Menschen sind nun mal etwas unnormal. Sie brauchen halt Hilfe. Wenn das sogar ein Richter sagen kann. Da greif' ich mir doch ans Hirn und sag, so ein Quatsch. (18)
Ablehnung, Wut	Ja, das habe ich noch mitgekriegt; das finde ich eine Frechheit, das ist menschenunwürdig; wenn ein Richter das sagt, habe ich das Gefühl, wir rutschen wieder in die Nazi-Zeit hinein. (44)
Unverständnis	Die Geschichte kenn' ich (tippt sich an die Stirn). (06)

Zuordnung	Aussage (Zitat)
Unverständnis	Ganz normal, dass auch Körperbehinderte in Urlaub fahren. (07)
Unverständnis	Habe ich schon gehört, dass ... Meiner Meinung nach ist das alles unzumutbar. Der Richter, war das sein erster Fall? Das ist Geldmacherei, man muss es selber erlebt haben. Aus Büchern ist alles anders. (09)
Unverständnis	Was ist das für ein depperter Richter gewesen; wenn ich zum Beispiel den Gerhard seh‹, wie der isst, ich geh' mit ihm auch normal um; im Gericht, da gibt's doch viel wichtigeres zu tun ... (33)
Unverständnis	(schüttelt Kopf) (41)
Unverständnis	Das Gerichtsurteil ist eine Frechheit. Das Ehepaar muß sich schon darauf einstellen. Behinderte sind jederzeit dazu berechtigt, da Urlaub zu machen. Was ein forsches (evtl. Münchner Dialekt: »falsches«?) Urteil. Das Ehepaar hätt' ja auch woanders hinfahren können – aber deswegen das Gericht einschalten? (43)
Unverständnis	Oh nein, das kenn' ich. Ach du Scheiße, das kenn' ich. (50)
Unverständnis	Das versteh' ich aber nicht so ganz (I. liest vor und erklärt). (78)
Verständnis	In der ersten Situation will ich sagen, dass dieses Ehepaar das Geld zurückgefordert hat; das kann man verstehen, weil der Anblick behinderter Menschen in der Gesellschaft noch nicht normal geworden ist; sich zu vergleichen, weil es noch etwas Neues ist, etwas Andersartiges, eben für unsere Begriffe, wie soll ich sagen, ekelerregendes ist; zumindest hat man so wenig Kontakt zu behinderten Menschen gehabt und geht jetzt auf Abwehr; ich finde das hier verständlich, weil es von einzelnen Personen ausging. (26)

Tabelle 8: Spontanaussagen zur Meldung 1
und die jeweilige Bewertung der Spontanaussagen

Darstellung und Diskussion der Ergebnisse

Meldung 2:

Zuordnung	Aussage (Zitat)
Ablehnung	Find I a net richtig. Wenn man Körper- und Geistigbehinderten den Zugang verweigert, verhindert man ja, dass Integration stattfindet. Ist ja eine öffentliche Einrichtung. Da wird einer bestimmten Personengruppe der Zugang verweigert. (43)
Ablehnung	Wie Frage 1: Ganz großer Schwachsinn, Leute haben einfach Angst. Leute haben nicht gelernt, mit Behinderten klarzukommen. Früher waren die Behinderten halt eingesperrt. Heutzutage ist das besser. (84)
Ablehnung, Ärger	Das ist das Ähnliche. Bekannte von mir wurden auch aus einem Lokal verwiesen. Anscheinend schämt man sich, wenn Behinderte da sind. Das ist diskriminierend und menschenverachtend. (39)
Ablehnung, Ärger	Frechheit, habe ich schon gehört; kommt auf dieselbe Problematik hinaus; die begründeten das aber damit, dass das für die Kinder zu gefährlich ist; das sind lauter Ausreden. (44)
Ablehnung, Ärger	Warum ist der Zugang verweigert worden? I.: Das kann ich nicht sagen, es stand so in der Zeitung. B.: Ist eine Unverschämtheit. Behinderte sind halt auch Menschen. (78)
Ablehnung, Ärger, Unmut	Schweinerei, da die Behinderten für ihre Behinderung ja wirklich am wenigsten können. (10)
Ablehnung, Unverständnis	Ja, das kommt darauf an, wie schwer die behindert sind; wenn da kein Betreuer dabei ist, kann ich es verstehen, dass die so reagieren; prinzipiell ist das Quatsch; die dürfen da auch rein. (28)
Ablehnung, Unverständnis	Find' ich auch doof, wenn sie Behinderte nicht ins Schwimmbad lassen. Könnens danach ja sauber machen. (18)
Ablehnung, Unverständnis	Pfff! (abwertendes Lachen) (11)
Ablehnung, Unverständnis	Das mit dem Schwimmbad ist Schwachsinn! (61)
Ambivalenz	Auf der einen Seite kann ich es verstehen, weil die Aufsichtspflicht vom Personal hier nicht gegeben werden kann. Auf der anderen Seite sollte die Stadt oder die Gemeinde schauen, daß sie dem Heim genügend Personal zur Verfügung stellen, um solche Besuche zu ermöglichen. (65)
Betroffenheit, Ablehnung	Auch Scheiße – ja klar. (01)
Ratlosigkeit	(Stirnrunzeln): Was soll ich dazu sagen? (71)

Zuordnung	Aussage (Zitat)
Ratlosigkeit	Was soll man denn da sagen? Wenn de anders bist, biste anders. (86)
Unsicherheit, Ablehnung	Ist völliger Quatsch, oder? (47)
Unsicherheit, Betroffenheit	Übel. Man weiß nie, welche Menschen so etwas bestimmen, ob die überhaupt Ahnung davon haben. (05)
Unverständnis	Das mit dem Schwimmbad verstehe ich nicht so ganz, weil ja öffentliche Einrichtungen die Verpflichtung haben, dieses Miteinander zu fördern. Z. B. erst mal alleine und (dass) eben die Annäherung langsam vonstatten geht und zusätzliche Öffnung bewirkt. (26)
Unverständnis	Wieso denn das? Das ist ja ein Käse! Ich habe mit geistig Behinderten auch viel zu tun, aber sowas würde ich nie tun, find' ich voll unsinnig, wie man sowas tun kann. (33)
Unverständnis	Warum? (34)
Unverständnis	Da kann ich wieder nur das gleiche sagen, wie oben. Was ist denn, wenn's umgekehrt wäre? Wenn nur eine Minderheit nichtbehindert wäre? (35)
Unverständnis, Ablehnung, Ärger	Das finde ich auch 'ne Frechheit. Ich denke, das ist eine Aussperrung. Ich kann verstehen, wenn man Alkoholikern oder Drogenabhängigen den Zugang verweigert, aber nicht körperbehinderten oder geistigbehinderten Menschen. (21)
Unverständnis, Ärger	Unmöglich sowas, unmöglich. Aber, mei, die Leute haben Angst, sie kennen uns nicht – es erschreckt sie. Und trotzdem isses einfach unverständlich, so 'ne Haltung. (75)
Unverständnis, Emotion, Perspektivlosigkeit	Sauerei! Es ist leider immer wieder so. Man kommt nicht dagegen an. (42)
Unverständnis, Fassungslosigkeit	Da frage ich mich auch wieder: Warum? Die haben genauso das Recht, ins Schwimmbad zu gehen. Kann ich einfach nicht begreifen; warum sind manche so, die denen das verweigern? (22)
Verständnis	Klar ist es für Nichtbehinderte ein Schock. (45)
Verwunderung	Nein??? Nichtbehinderte sagen, das sei nicht ästhetisch genug. Viele sind den Anblick nicht gewöhnt. Ich denke, Nichtbehinderte kennen es nicht. Haben Angst davor. Unsicherheit. (23)

Tabelle 9: Spontanaussagen zur Meldung 2 und die jeweilige Bewertung der Spontanaussagen

Darstellung und Diskussion der Ergebnisse

Meldung 3:

Zuordnung	Aussage (Zitat)
Ablehnung	Ich bin nicht der Meinung, wenn ich mit Stöcken lauf‹, dass ich angestarrt werde. Eher im Rollstuhl: armer Bub, kann eh nichts, kriegst fünf Mark. Mir ist folgendes passiert: ein alter Mann gibt mir 20 Mark: ›Armer Behinderter, kannst ja eh nichts.‹ Ich mag das Mitleid nicht. Hier in der Wirtschaft nehme ich einen Kaffee schon an. (09)
Ablehnung	Erleb' ich auch oft. Gerade, wenn ich mit jemandem zusammen bin, der im Rollstuhl ist, weil er nicht so weite Strecken laufen kann. Find' ich auf alle Fälle nicht gut. (18)
Ablehnung	Zu den Passanten: das stimmt schon, dass man in der Stadt angegafft und beleidigt wird. Ich find das schon blöd. Wir können ja nichts dafür, dass wir behindert sind. (61)
Ablehnung, Ärger	Manche Leute können sich einfach nicht beherrschen so hinzuschauen, dass jeder es gleich merkt. Ich war letzte Woche am Südfriedhof, da fährt doch kein Behindertenbus hin, ich bin also mit zwei Pflegehelfern in den Bus rein, es sind noch andere Leute eingestiegen und eine Frau sagte: ›Wollen Sie etwa raus?‹ Ich hasse das, wenn Leute so unvorsichtig sind. (46)
Ablehnung, Überraschung	Wahnsinn! (79)
Ablehnung, Verletzung	Das Anstarren kann zwar sehr verletzend sein für den, der angestarrt wird, aber es zeugt von keinem breiten Wissen. Ich finde das einfach unnormal. (35)
Ablehnung, Widerstand	Hin und wieder kommt das vor. Meine Meinung: man sollte zurückstarren, wenn die einen angucken, dann soll man zurückstarren, sie einfach ansprechen oder sich umdrehen und in 'ne andere Richtung gehen. (21)
Ambivalenz	Zur Fernsehsendung: Das ist unangenehm, daß man angestarrt wird,; passiert mir auch, aber das, was negativ empfunden wurde, wurde berichtet. Man muss auch die Menschen verstehen, die keine Behinderung haben, junge Menschen, Kinder, Jungendliche, die kein Verständnis für Behinderte haben. (26)
Bestätigung	Das stimmt. (28)
Bestätigung	Ja. (53)
Empörung	Passiert mir oft, als käme ich von einem anderen Planeten; wenn sie die Krankheit entdecken, kommen auch positive Reaktionen. (19)
Empörung	Ist mir neulich erst passiert. Es hat mich einer angeguckt, als ob ich ein Außerirdischer wäre. (78)
Gewöhnung, Resignation	Das kenn' ich schon auch. In M. (?) sollen die Menschen glotzen, soviel sie wollen. (23)

Zuordnung	Aussage (Zitat)
Mitleid Nichtbehinderten gegenüber	Die Passanten tun mir leid. Die haben keine Ahnung. Sie sind unsicher; wissen nicht, was sie tun sollen. Mir fällt da der Begriff »Hemmschwelle« ein. Muss Kontakt suchen. (42)
Normalität	Damit muss man rechnen. Gerade kleine Kinder fragen oft – und dann muss man das erklären. Ich ignoriere halt, angestarrt zu werden. Nur vom Anstarren mache ich mir da keine Probleme. (43)
Normalität	Das hast Du ja immer, gehört eigentlich zum normalen Leben. Selbst ist man da auch nicht anders. Man dreht sich auch um. (68)
Normalität	Ist normal. (83)
Unabänderliche Tatsache	Z. T. würde ich dann vielleicht nachfragen. Der eine (ist) verschüchtert und sagt gar nix, der andere wird härter. Gut, zu mir hat jetzt noch niemand was gesagt, aber wenn de in ne Gaststätte gehst, und 'n Kind spuckt dann wieder aus – des is' halt ne psychisch starke Belastung. Mir is' noch net passiert, da muss man halt damit fertig werden. (86)
Unverständnis	Passiert mir häufiger, genau dasselbe, da ich häufiger unterwegs bin. Warum schaut der so? Der soll uns doch als normale Menschen betrachten. Wart' nur ab, wenn du mal einen Unfall hast, du an einen Rolli gebunden wirst, dir wird es auch nicht gefallen. Sage dann nichts zu dem, traue mich dann doch nicht. Kann ihm doch passieren, dass er auch mal in einem Rollstuhl sitzt, das weiß man doch nicht. (22)
Unverständnis	Ist mir auch – das passiert mir auch manchmal, dass sie mitleidig tun und fragen. (25)
Unverständnis	Kann ich mir gut vorstellen. Z. B. ein Blinder, der mit seinem Laufstock pendelt, Verwunderung, Entsetzen, das geht ja gar nicht. Aufklärung müsste eigentlich besser sein. (45)
Vertraute Situation	Passiert mir auch, nichts Neues. (03)
Vertraute Situation	Das erlebe ich selbst, das ist normal. (10)
Vertraute Situation	Ja, das ist bekannt, ist schon oft passiert, kenn' ich. (14)
Vertraute Situation	Mei, das passiert mir auch! Wenn mich Kinder oder Frauen anschauen, das stört mich nicht. Aber wenn so Männer blöd schauen, denk' ich immer: Stimmt mit mir etwas nicht? Ich dreh' mich dann um und gehe. (33)
Vertraute Situation	Das ist normal. Jeder wird angestarrt. Eine Freundin war mit mir in der Stadt, da war eine 17-jährige, die sagte: ›Bevor ich mit einer Behinderten einkaufe, reiße ich mir erst die Beine aus.‹ Meine Freundin fragte: ›Warum bist Du der nicht ins Bein gefahren?‹ Ich dachte mir: Wenn sich jemand das Bein ausreißt, ist der auch behindert. (34)

Zuordnung	Aussage (Zitat)
Vertraute Situation	Das ist mir auch schon oft passiert, vor allem, wenn ich laufe, im Rolli weniger. Vor allem Kinder und alte Leute, vor allem im Schwimmbad. (39)
Vertraute Situation	Passiert mir auch jeden Tag; manche gucken weg, gucken hin, starren; einmal hat jemand so gestarrt, dass er gegen einen Pfahl gerannt ist. Kinder fragen dann auch oft: ›Warum bist Du so klein und kannst schon reden?‹ (44)
Vertraute Situation	Na ja, nichts Neues. (50)
Vertraute Situation	Ach, das kenn' ich auch. Da sind mir alte Leute hinterher gelaufen und steckten mir 'nen Apfel oder Geld in die Hand, das kenn' ich auch. (62)
Vertraute Situation	Da gilt das Gleiche, das passiert mir auch. Da sag' ich dann immer: ›Sie kriegen ein Polaroid-Foto, dann haben Sie das für die Ewigkeit.‹ (64)
Vertraute Situation	Das passiert mir schon öfters. Einerseits ignoriere ich es einfach. Aber die Leute haben so wenig Kontakt zu Behinderten und wissen oft nicht, wie sie damit umgehen sollen. (65)
Vertraute Situation	Das passiert mir auch öfter, aber inzwischen nehme ich das nicht mehr wahr. (71)
Vertraute Situation	Des passiert mir immer und überall, und da muss man sich mit abfinden; gibt ja noch extremere Fälle: kommen Leute, bieten dir Geld an. Finden die unnatürlich, dass ein Mensch im Rolli fröhlich sein kann. So anormal. Manchmal schreit man dann: ›Haust Du ab – Ich brauch' Dein Geld net!‹ Ein andermal sagt man dann: ›Danke.‹ Hängt davon ab, wie sie's einem sagen. (75)
Vertraute Situation	Einfach weitergehen und ignorieren. Leute gucken immer. Ist zwar peinlich, aber was soll's. (84)

Tabelle 10: Spontanaussagen zur Meldung 3
und die jeweilige Bewertung der Spontanaussagen

Zusammenfassung der Ergebnisse zu Frage 1a

Innerhalb der ersten Frage, die sich in zwei Teilbereiche gliedert, ist es zum Einen Aufgabe der Befragten, sich spontan auf die Vorlage von drei Zeitungsmeldungen mit diskriminierenden Inhalten (*Meldung 1*: Gerichtsurteil: Rückerstattung der Reisekosten; *Meldung 2*: Zutritt zum Schwimmbad wird verweigert; *Meldung 3*: Anstarren in der Öffentlichkeit) zu äußern.

Zum Anderen werden sie aufgefordert, vorgegebene Items nach ihrem persönlichen Empfinden im Hinblick auf die Zeitungsmeldungen einzuschätzen.

Auf diese Weise sollen Reaktionen, Wirkungen und Bewertungen erfasst werden, die bei den befragten Personen in Konfrontation mit diskriminierenden Meldungen ausgelöst werden.

Es zeichnen sich dabei folgende Ergebnisse ab:

1. Ungefähr die Hälfte der interviewten Personen äußert sich spontan zu den inhaltlich diskriminierenden Schilderungen, wobei die meisten Spontan-Aussagen mit 35 Äußerungen zu Meldung 3, die wenigsten mit 26 Äußerungen zu Meldung 2 getätigt werden. Auf Meldung 1 beziehen sich 30 Kommentare.

2. Die Inhalte der vorgelegten Zeitungsberichte werden überwiegend negativ und mit einer starken emotionalen Betroffenheit bewertet, die u. a. in Form von Unverständnis (»Wieso eigentlich? Behinderte sind doch ganz normale Menschen, können Urlaub machen, wo sie wollen [...]«), Ablehnung (»Ganz großer Schwachsinn. Behinderte sind nur Menschen, die in ihrer Motorik beeinträchtigt sind. Dies kann jedem passieren. Behinderte sind keine minderwertigen Objekte.«) und Ärger bzw. Wut (»Ich fand das 'ne Schweinerei, ich hab' mich aufgeregt darüber. So was gehört verboten, ein Richter hat darüber keine Entscheidungsgewalt. Das ist fast wie im Dritten Reich, wo Leute in Lagern untergebracht wurden.«) zum Ausdruck gebracht werden. Diese Feststellung trifft hauptsächlich auf die beiden zuerst vorgelegten Zeitungsmeldungen zu.

   Wenige Behinderte reagieren diesbezüglich mit Verständnis (»Klar ist es für Nichtbehinderte ein Schock!«; »[...] dass dieses Ehepaar das Geld zurückgefordert hat, das kann man verstehen, weil der Anblick behinderter Menschen in der Gesellschaft noch nicht normal geworden ist; [...]«).

3. Demgegenüber zeigt sich, dass die befragten Personen in ihren Reaktionen auf die dritte Meldung, die sich auf das Angestarrt-Werden in der Öffentlichkeit bezieht, hauptsächlich dahingehend tendieren, diese Situation als nahezu normal und vertraut hinzunehmen (»Einfach weitergehen und ignorieren. Leute gucken immer. Ist zwar peinlich, aber was soll's.«; »Das hast du ja immer, gehört eigentlich zum normalen Leben [...]«), da sie diese Art der Diskriminierung selbst erlebt haben bzw. erleben und dieser Vorgang für viele Betroffene längst zu einer unabänderlichen Tatsache geworden ist.

4. Die Zahl derjenigen Personen, die den Berichten u. a. mit Verwunderung (»Ne, echt?«), Ratlosigkeit (Stirnrunzeln: »Was soll ich dazu sagen?«) oder mit Ambivalenz (»Auf der einen Seite kann ich es verstehen, weil die Aufsichtspflicht vom Personal hier nicht gegeben werden kann. Auf der anderen Seite sollte die Stadt oder Gemeinde schauen, dass sie dem Heim genügend Personal zur Verfügung stellen, um solche Besuche zu ermögli-

3.1.1.2 Ergebnisse statistischer Verrechnungen (Frage 1b): Auswertung des Fragebogens zur Bewertung der vorgelegten Zeitungsmeldungen

Allgemeines

Vor Bearbeitung der Frage 1b werden den zu befragenden Personen erneut die drei Zeitungsmeldungen vorgelegt, in denen über Diskriminierungen behinderter Menschen berichtet wird.

Der Text der Zeitungsmeldungen lautet:
In einer Zeitung konnte man vor einigen Jahren folgendes lesen:
 Ein Ehepaar, das in der Türkei Urlaub machte, erhielt durch ein Gerichtsurteil die Hälfte der Reisekosten wieder zurückerstattet, da im gleichen Hotel und zur gleichen Zeit eine Gruppe behinderter Menschen auch ihren Urlaub verbrachte. Der Richter, der dieses Urteil fällte, begründete seine Entscheidung damit, dass der Anblick behinderter Menschen dem Ehepaar nicht »zumutbar« sei. *(Meldung 1)*
 Weiter konnte man in dieser Zeitung lesen, dass den Bewohnern eines Heimes für geistig und körperlich behinderte Kinder grundsätzlich der Zugang zum örtlichen Schwimmbad verweigert wurde. *(Meldung 2)*
 In einer Fernsehsendung berichteten körperbehinderte Menschen, dass sie in der Fußgängerzone der Stadt von Passanten angestarrt wurden. *(Meldung 3)*
Nachdem die Spontanaussagen, die von den Versuchspersonen bezüglich dieser Meldungen abgegeben werden, mitprotokolliert wurden, sind die Befragten nun im Teil 1b der ersten Aufgabenstellung aufgefordert, sich zu der nachfolgenden Frage in Form eines Fragebogens mit ursprünglich insgesamt 27 möglichen Antwort-Items zu äußern.

Frage 1b des Fragebogens lautet:
»Was empfinden Sie jetzt, wenn Sie an diese Meldungen denken?«

Die Antworten sollen auf einer 7-stufigen Skala mit den Ausprägungen 0 = »stimmt überhaupt nicht« bis 6 = »stimmt auf jeden Fall« eingeordnet werden. Einige Items sind negativ formuliert.
Die Itemliste umfasst in der ursprünglichen Form folgende Aussagen (in Klammern: Bezeichnung der Variablennummer für die statistischen Verrechnungen):

Item 1:   (20) Gefühl, minderwertig zu sein
Item 2:   (21) Machen mir Angst
Item 3:   (22) Lassen mich Hilflosigkeit fühlen
Item 4:   (23) Machen mich traurig
Item 5:   (24) Lassen mich kalt
Item 6:   (25) Machen mir Sorgen
Item 7:   (26) Machen mich wütend
Item 8:   (27) Machen mich aggressiv
Item 9:   (28) Es gibt wichtigere Dinge, über die ich nachdenken muss
Item 10:   (29) Ich denke an etwas Angenehmes
Item 11:   (30) Ich nehme das von der leichten Seite
Item 12:   (31) Ich möchte am liebsten nicht an meine Zukunft denken
Item 13:   (32) Diese Meldungen werden mir so schnell nicht aus dem Kopf gehen
Item 14:   (33) Ich will diese Meldungen am liebsten gleich vergessen
Item 15:   (34) Ich möchte mich am liebsten zurückziehen, um niemanden zu sehen
Item 16:   (35) Ich möchte über diese Meldungen mit jemandem reden
Item 17:   (36) Ich möchte jetzt am liebsten irgendetwas an die Wand werfen
Item 18:   (37) Es ist nun mal so, ich versuche, damit zurecht zu kommen
Item 19:   (38) Ich möchte das verstehen, mir erklären können
Item 20:   (39) Ich habe das Bedürfnis, die Meinung von jemand anderem zu hören
Item 21:   (40) Ich denke, es ist alles halb so schlimm
Item 22:   (41) Ich tue etwas, das mich ablenkt
Item 23:   (42) Mir passiert so etwas nicht, das geht mich nichts an
Item 24:   (43) Ich denke: »Damit werde ich schon fertig!«
Item 25:   (43) Ich habe keine Lust mehr, mit Nichtbehinderten in Kontakt zu treten
Item 26:   (45) Das macht mich Nichtbehinderten gegenüber misstrauisch
Item 27:   (46) Ich könnte mit meiner Behinderung besser leben, wenn es solche Meldungen nicht gäbe

Für die Verrechnung der Daten werden vorrangig folgende statistische Verfahren ausgewählt und verwendet:
1. Faktoren- und Itemanalyse
2. Berechnung der Stanine-Werte zum Zwecke der Standardisierung nach erfolgten Berechnungen der Faktorenanalyse und Itemanalyse
3. Berechnungen diverser korrelativer Beziehungen und Mittelwertsvergleiche zu ausgewählten unabhängigen Variablen bzw. Fragestellungen.

Ergebnisse der Faktoren- und Itemanalyse

Aus den Ergebnissen faktorenanalytischer Berechnungen wird die 6-Faktorenlösung ausgewählt, die folgende Kennwerte enthält:

Varianz-Gesamt: 58.70%
1. Faktor: Varianzanteil: 13.25% (6 Items)
2. Faktor: Varianzanteil: 9.83% (4 Items)
3. Faktor: Varianzanteil: 8.68% (3 Items)
4. Faktor: Varianzanteil: 9.24% (4 Items)
5. Faktor: Varianzanteil: 7.98% (3 Items)
6. Faktor: Varianzanteil: 9.71% (3 Items)

Durch die Berechnungen der Faktorenstruktur fallen von den ursprünglich 27 Items 4 Items aus den weiteren Analysen.

In einem 2. Schritt werden die Items der 6-Faktorenlösung einer Itemanalyse unterzogen, was zu einer endgültigen Reduzierung der ursprünglich 27 Items auf 21 Items führt. Die Ergebnisse der Faktoren- und Itemanalyse sind in der folgenden Tabelle 12 abgebildet.

In einem 3. Schritt werden die endgültigen Items des Fragebogens zu den Reaktionen auf Zeitungsmeldungen entsprechend der Zugehörigkeit zu den Faktoren in Stanine-Werte per Computerprogramm umgerechnet, so dass 6 neue Variablen entstehen. Mit diesem Verfahren kann jeder Versuchsperson ein individueller Stanine-Wert zugeordnet werden, bezogen auf die individuelle Ausprägung auf jedem der 6 Faktoren.

Dieses Verfahren dient der weiteren Verrechnung der Daten, erlaubt die Erstellung eines Antwortprofils einer jeden Person und ist bedeutsam für einen späteren Vergleich qualitativer Aussagen (Spontanantworten) mit quantitativen Aussagen (Fragebogen).

Faktor 1: Emotionale Betroffenheit			
V20:	Gefühl der Minderwertigkeit	rit.: .652	2.507
V21:	Angst	rit.: .734	2.573
V22:	Hilflosigkeit	rit.: .763	2.733
V23:	Traurigkeit	rit.: .713	4.013
V25:	Sorgen	rit.: .769	3.822
Faktor 2: Affektive Reaktionen			
V27:	Machen mich aggressiv	rit.: .791	2.486
V36:	Ich möchte am liebsten etwas an die Wand werfen	rit.: .760	1.760
V43:	Ich denke: »Damit werde ich schon fertig!« (codiert)	rit.: .720	3.872

Faktor 3: Verdrängung, Abwehr			
V31:	Ich möchte am liebsten nicht an meine Zukunft denken	rit.: .746	1.892
V33:	Ich möchte diese Meldungen am liebsten gleich vergessen	rit.: .793	2.405
V38:	Ich möchte das verstehen, mir erklären können (codiert)	rit.: .679	3.849
Faktor 4: Sozialer Rückzug			
V34:	Zurückziehen, niemanden sehen	rit.: .837	1.216
V41:	Ich tue etwas, das mich ablenkt	rit.: .835	2.893
V44:	Ich habe keine Lust mehr, mit Nichtbehinderten in Kontakt zu treten	rit.: .669	0.387
Faktor 5: Suche nach sozialem Kontakt			
V26:	Macht mich wütend	rit.: .718	4.311
V35:	Ich möchte über diese Meldungen mit jemanden reden	rit.: .845	4.000
V39:	Ich habe das Bedürfnis, die Meinung von jem. zu hören	rit.: .740	4.333
Faktor 6: Blockierung von Gefühlen			
V24:	Lassen mich kalt	rit.: .743	1.373
V28:	Es gibt wichtigere Dinge, über die ich nachdenken muß	rit.: .781	3.595
V29:	Ich denke an etwas Angenehmes	rit.: .821	2.392

Tabelle 11: Ergebnisse der Faktoren- und Itemanalyse zu Frage 1b:
Reaktionen auf Zeitungsmeldungen
(hinter den rit.-Angaben fettgedruckt: Mittelwerte)

Die Trennschärfe-Indizes der Items können bei allen sechs Faktoren als »gut« bis »sehr gut« bezeichnet werden. Die Trennschärfekorrelationen reichen bei den Items des Faktors 1 (»Emotionale Betroffenheit«) von .652 bis .769, bei den Items des Faktors 2 (»Affektive Reaktionen«) von .720 bis .791, bei den Items des Faktors 3 (»Verdrängung, Abwehr«) von .679 bis .793, bei den Items des Faktors 4 (»Sozialer Rückzug«) von .669 bis .837, bei den Items des Faktors 5 (»Suche nach sozialem Kontakt«) von .718 bis .845, bei den Items des Faktors 6 (»Blockierung von Gefühlen«) von .743 bis .821.

Ein Vergleich der Mittelwerte macht deutlich, dass die Versuchspersonen den Aussagen einzelner Items in unterschiedlicher Ausprägung zustimmen. Die folgende Übersicht stellt eine Rangliste nach Ausprägungen der Mittelwerte dar unter Zuordnung der Items zu den Faktoren:

V39:	Ich habe das Bedürfnis, die Meinung von jem. zu hören	4.333	Suche nach soz. Kontakt	F5
V26:	Macht mich wütend	4.311	Affekt. Reaktionen	F2
V23:	Traurigkeit	4.013	Emotionale Betroffenheit	F1
V35:	Ich möchte über diese Meldungen mit jemandem reden	4.000	Suche nach soz. Kontakt	F5
V43:	Ich denke: »Damit werde ich schon fertig!«	3.872	Affekt. Reaktionen	F2
V38:	Ich möchte das verstehen, mir erklären können	3.849	Verdrängung	F3
V25:	Sorgen	3.822	Emotionale Betroffenheit	F1
V28:	Es gibt wichtigere Dinge, über die ich nachdenken muß	3.595	Blockieren v. Gefühlen	F6
V41:	Ich tue etwas, das mich ablenkt	2.893	Sozialer Rückzug	F4
V22:	Hilflosigkeit	2.733	Emotionale Betroffenheit	F1
V21:	Angst	2.573	Emotionale Betroffenheit	F1
V20:	Gefühl der Minderwertigkeit	2.507	Emotionale Betroffenheit	F1
V27:	Machen mich aggressiv	2.486	Affekt. Reaktionen	F2
V33:	Ich möchte diese Meldungen am liebsten gleich vergessen	2.405	Verdrängung	F3
V29:	Ich denke an etwas Angenehmes	2.392	Blockieren v. Gefühlen	F6
V31:	Ich möchte am liebsten nicht an meine Zukunft denken	1.892	Verdrängung	F3
V36:	Ich möchte am liebsten etwas an die Wand werfen	1.760	Affekt. Reaktionen	F2
V24:	Lassen mich kalt	1.373	Blockieren v. Gefühlen	F6
V34:	Zurückziehen, niemanden sehen	1.216	Sozialer Rückzug	F4
V44:	Ich habe keine Lust mehr, mit Nichtbehinderten in Kontakt zu treten	0.387	Sozialer Rückzug	F4

Tabelle 12: Rangliste nach Ausprägungen der Mittelwerte und Zuordnung der Items zu den Faktoren (vgl. Tabelle 11)

Es wird deutlich, dass einzelne Items, die den Faktoren »Suche nach sozialem Kontakt«, »Emotionale Betroffenheit« und »Affektive Reaktionen« zugeordnet sind, die vergleichsweise höchste Zustimmung erfahren, während Items, die den Faktor »Sozialer Rückzug« thematisieren, eher am unteren Ende der Rangliste der Ausprägungen zu finden sind.

Diese bei der Interpretation der Ausprägung der Mittelwerte sichtbare Tendenz wird durch einen testtheoretischen Vergleich (Wilcoxon-Verfahren) der gemittelten Rohwerte der Items zu einem jeden Faktor erhärtet (vgl. folgende Tabelle 13).

1b: Gemittelte Rohwerte 6 Faktoren WILCOXON-Test						
	Faktor 5	Faktor 1	Faktor 2	Faktor 6	Faktor 3	Faktor 4
Faktor 5: Suche nach soz. Kontakt Mittelwert: 4.213	x	>: p<***	>: p<***	>: p<***	>: p<***	>: p<***
Faktor 1: Emotionale Betroffenheit Mittelwert: 3.125	<: p<***	x	>: p<**	>: p<**	>: p<***	>: p<***
Faktor 2: Affektive Reaktion Mittelwert: 2.677	<: p<.***	<: p<.***	x	gleich	>: p<**	>: p<***
Faktor 6: Blockierung v. Gefühlen Mittelwert: 2.497	<: p<.***	<: p<.***	gleich	x	gleich	>: p<***
Faktor 3: Verdrängung, Abwehr Mittelwert: 2.166	<: p<.***	<: p<.***	<: p<.***	gleich	x	>: p<***
Faktor 4: Sozialer Rückzug Mittelwert: 1.439	<: p<.***	<: p<.***	<: p<.***	<: p<.***	<: p<.***	x

Tabelle 13: Vergleich der gemittelten Itemrohwerte zu den sechs Faktoren (nach Wilcoxon-Test)

Ein Vergleich der gemittelten Rohwerte der Items der sechs Faktoren bestätigt, dass nach dem Lesen diskriminierender Zeitungsmeldungen statistisch gesehen die Items, die dem Faktor 5 (»Suche nach sozialem Kontakt«) und

Darstellung und Diskussion der Ergebnisse

dem Faktor 1 (»Emotionale Betroffenheit«) zugeordnet sind, die höchste Zustimmung erfahren.

Die Items, die sich dem Faktor 4 (»Sozialer Rückzug«) zuteilen lassen, erhalten die geringste Zustimmung.

Detailliert aufgelistet ergibt sich folgendes Bild:

- Der gemittelte Rohwert zu Faktor 5 (»Suche nach sozialem Kontakt«) ist größer als die gemittelten Rohwerte aller übrigen Faktoren.
- Der gemittelte Rohwert zu Faktor 1 (»Emotionale Betroffenheit«) ist kleiner als der gemittelte Rohwert zu Faktor 5 (»Suche nach sozialem Kontakt), größer als die gemittelten Rohwerte der Faktoren »Affektive Reaktion«, »Blockierung von Gefühlen«, »Verdrängung« und »Sozialer Rückzug«.
- Der gemittelte Rohwert zu Faktor 2 (»Affektive Reaktion«) ist kleiner als die gemittelten Rohwerte der Faktoren »Suche nach sozialem Kontakt«, »Emotionale Betroffenheit«, größer als die gemittelten Rohwerte der Faktoren »Verdrängung«, »Sozialer Rückzug«, gleich mit dem gemittelten Rohwert von Faktor »Blockierung von Gefühlen«.
- Der gemittelte Rohwert zu Faktor 6 (»Blockierung von Gefühlen«) ist kleiner als die gemittelten Rohwerte der Faktoren »Suche nach sozialem Kontakt«, »Emotionale Betroffenheit«, größer als der gemittelte Rohwert zu Faktor »Sozialer Rückzug« und gleich mit den gemittelten Rohwerten von Faktor »Affektive Reaktion« und Faktor »Verdrängung«.
- Der gemittelte Rohwert von Faktor 3 (»Verdrängung«) ist kleiner als die gemittelten Rohwerte der Faktoren »Suche nach sozialem Kontakt«, »Emotionale Betroffenheit«, »Affektive Reaktion«, größer als der gemittelte Rohwert zu Faktor »Sozialer Rückzug« und gleich mit dem gemittelten Rohwert von Faktor »Blockierung von Gefühlen«.
- Der gemittelte Rohwert von Faktor 4 (»Sozialer Rückzug«) ist signifikant kleiner als die gemittelten Rohwerte aller übrigen Faktoren.

Die vorherige Aufstellung der Rangmittelwerte zu den einzelnen Items macht abschließend deutlich, dass die Items – auch innerhalb der jeweiligen Faktoren – teilweise eine unterschiedlich hoch ausgeprägte Zustimmung erfahren, obwohl sie innerhalb eines Faktors liegen.

So sind bei den Items des Faktors »Emotionale Betroffenheit« die Items »Machen mich traurig« (Mittelwert: 4.013) und »Machen mir Sorgen« (Mittelwert: 3.827) in der Ausprägung gleich (nach den Ergebnissen des Wilcoxon-Tests), sie sind jedoch signifikant höher ausgeprägt als die Items »Geben mir ein Gefühl der Minderwertigkeit« (Mittelwert 2.507), »Machen mir

Angst« (Mittelwert: 2.573) und »Lassen mich Hilflosigkeit fühlen« (Mittelwert: 2.733).

Zwischen den Variablen Minderwertigkeit, Angst und Hilflosigkeit bestehen in der Ausprägung keine statistischen Unterschiede.

Zur Interkorrelation aller Items der Frage 1b wird auf die *Interkorrelationsmatrix* verwiesen, die auf der folgenden Seite in Tabelle 14 zusammenfassend abgebildet ist.

In Tabelle 14 sind nur die signifikanten Korrelationen der Items zwischen den Faktoren wiedergegeben, die Korrelationen der Items innerhalb der Faktoren werden in dieser Darstellung nicht berücksichtigt. Diese sind Tabelle 14 zu entnehmen.

Ergebnisse Korrel. Matrix		
Frage 1b	Signifikant positive Korrelat.	Signifikant negative Korrelat
V20 Minderwert.	V31, V26	V24
V21 Angst	V27, V36	V33
V22 Hilflos.	V27, V36	
V23 Traurigkeit	V38, V26	
V25 Sorgen	V27, V36, V26, V35, V39	V43, V24, V28
V27 Aggress.	V21, V22, V25, V26	V24
V36 Wand werfen	V21, V22, V25, V34, V41, V35	
V43 Fertig werden		V25, V28
V31 n. a. Zukunft denken	V20	
V33 Meld. vergessen		V21
V38 Erklären können	V23, V41, V39	
V34 Zurückziehen	V36	
V41 Ablenken	V36, V38, V29	
V44 Kontakt NB		
V26 Wut	V20, V23, V25, V27	
V35 mit jem. reden	V25, V36	V28
V39 Bed. Meinung hören	V25, V38	
V24 Lassen kalt		V20, V25
V28 Nachdenk. ü. w. Dinge	V43	
V29 Denken Angen.	V41	

Tabelle 14: Interkorrelationen von Items zwischen den Faktoren

Darstellung und Diskussion der Ergebnisse

Ergebnisse zu den unabhängigen Variablen Geschlecht, Alter, Kontrollüberzeugung, Problemlösefähigkeit, Selbstwertgefühl und allgemeine Zufriedenheit

Aus Gründen der Übersicht werden die Ergebnisse vorrangig in Tabellen, auf die bei der Analyse der einzelnen Ergebnisse verwiesen wird, zusammengefasst.

Ergebnisse zur unabhängigen Variablen Geschlecht

Die Ergebnisse zur unabhängigen Variablen Geschlecht sind in den folgenden Tabellen 15 und 16 wiedergegeben. Tabelle 15 nimmt bei den Mittelwertsvergleichen Bezug auf die Stanine-Werte der Faktoren 1-6, Tabelle 16 bezieht bei den Mittelwertsvergleichen alle Items zur Frage 1b ein.

1b Stanine Geschlecht				
Mittelwertsvergleiche				
	Männer	Frauen	Statistik	Interpretation
	N=43	N=32		
Faktor 1: Emotionale Betroffenheit	4,698	5,406	U=534.0; p<.096	Trend: Bei Frauen höher
Faktor 2: Affektive Reaktionen	4,419	5,906	U=409.5; p<.02**	Bei Frauen sign. höher
Faktor 3: Verdrängung, Abwehr	4,907	4,75	n.s.	
Faktor 4: Sozialer Rückzug	4,628	5,406	n.s.	
Faktor 5: Suche nach soz. Kontakt	4,535	5,594	U=467.5; p<0.17*	Bei Frauen sign. höher
Faktor 6: Blockierung von Gefühlen	5,233	4,625	n.s.	

Tabelle 15: Mittelwertsvergleiche zum Faktor Geschlecht: Stanine-Werte

Die Ergebnisse von Tabelle 15 und Tabelle 16 können wie folgt zusammengefasst werden:

Frage 1b Geschlecht	Männer	Frauen	Mittelwertsvergleiche	Interpretation
V20 Minderwert.	2.395 (43)	2.656 (32)	n.s.	
V21 Angst	2.209 (43)	3.063 (32)	U = 508.0; p < .051	Tendenz: Angst bei Frauen höher
V22 Hilflos.	2.349 (43)	3.250 (32)	U = 499.0; p < .041*	Frauen hilfloser als Männer
V23 Traurigkeit	3.860 (43)	4.129 (32)	n.s.	
V25 Sorgen	3.571 (42)	4.161 (31)	n.s.	
V27 Aggress.	1.976 (42)	3.156 (31)	U = 434.5; p < .008**	Frauen aggressiver als Männer
V36 Wand werfen	1.326 (43)	2.344 (32)	U = 460.5; p < .012*	Frauen höhere aktionale Aggression als Männer
V43 Fertig werden	4.163 (43)	3.375 (32)	U = 533.5; p < .093	Tendenz: Größere Ausprägung bei Männern
V31 n. a. Zukunft denken	1.762 (42)	2.063 (32)	n.s.	
V33 Meld. vergessen	2.558 (43)	2.194 (31)	n.s.	
V38 Erklären können	3.714 (42)	4.032 (31)	n.s.	
V34 Zurückziehen	0.905 (42)	1.625 (32)	U = 511.5; p < .065	Tendenz: Bei Frauen stärker als bei Männern
V41 Ablenken	2.674 (43)	3.188 (32)	n.s.	
V44 Kontakt NB	0.302 (43)	0.500 (32)	n.s.	
V26 Wut	3.786 (42)	5.000 (32)	U = 444.5; p < .011*	Frauen haben höhere Wut als Männer
V35 mit jem. reden	3.581 (43)	4.563 (32)	U = 465; p < .013*	Frauen möchten mehr als Männer ü. M. reden
V39 Bed. Meinung hören	4.279 (43)	4.406 (32)	n.s.	
V24 Lassen kalt	1.535 (43)	1.156 (32)	n.s.	
V28 Nachdenk. ü. w. Dinge	3.977 (43)	3.065 (31)	U = 480.0; p < .037*	Bei Männern stärker ausgeprägt als bei Frauen
V29 Denken Angen.	2.558 (43)	2.161 (31)	n.s.	

Tabelle 16: Frage 1b Mittelwertsunterschiede und Items: Geschlecht

»Affektive Reaktion« (Ausprägung der Stanine-Werte von Faktor 2) und die »Suche nach sozialem Kontakt« (Ausprägung der Stanine-Werte von Faktor 5) sind bei Frauen in der Reaktion und Bewertung diskriminierender Zeitungsmeldungen signifikant höher ausgeprägt als bei Männern.

Darstellung und Diskussion der Ergebnisse

Tendenziell ist dies auch bei Faktor 1 (»Emotionale Betroffenheit«) zu beobachten. Bezüglich der Faktoren »Verdrängung« (Faktor 3), »Sozialer Rückzug« (Faktor 4) und »Blockierung von Gefühlen« (Faktor 6) bestehen zwischen Männern und Frauen keine Unterschiede.

Bezogen auf die Interpretation der Mittelwertsunterschiede der *einzelnen* Items (vgl. Tabelle 17) kann folgendes festgehalten werden:
Nach dem Lesen der Zeitungsmeldungen fühlen sich Frauen hilfloser als Männer, schildern eine höhere Aggression, sind wütender und möchten über diese Meldungen – stärker als Männer – mit jemandem reden. Tendenziell trifft diese Aussage auch für die Items »Angst« und »Zurückziehen« zu. Männer hingegen stimmen dem Item »Nachdenken über wichtigere Dinge« signifikant häufiger zu als Frauen, in der Tendenz auch dem Item: »Ich denke: ›Damit werde ich schon fertig!‹«.

Ergebnisse zu den unabhängigen Variablen Alter, Kontrollüberzeugung, Problemlösefähigkeit, Selbstwertgefühl und allgemeine Zufriedenheit
Die Ergebnisse zu den unabhängigen Variablen Alter, Kontrollüberzeugung, Problemlösefähigkeit, Selbstwertgefühl und allgemeine Zufriedenheit sind in den Tabellen 17-19 dargestellt (Tabelle 17: Korrelationen zu den Stanine-Werten der 6 Faktoren; Tabelle 18: Korrelationen zu den Einzel-Items; Tabelle 19: Übersicht über die Medianhalbierungen der unabhängigen Variablen und Stanine Werte).

1b Stanine Faktoren 1-6					
Korrelationen					
	Alter	Kontrollüberz.	Problemlösef.	Selbstwert	Allgem. Zufriedh.
Faktor 1: Emotionale Betroffenheit	n.s.	n.s.	n.s.	n.s.	n.s.
Faktor 2: Affektive Reaktionen	n.s.	.279*-	n.s.	n.s.	n.s.
Faktor 3: Verdrängung, Abwehr	n.s.	n.s.	n.s.	n.s.	n.s.
Faktor 4: Sozialer Rückzug	n.s.	.394***-	.444***-	.437***-	n.s.
Faktor 5: Suche nach soz. Kontakt	n.s.	n.s.	n.s.	n.s.	n.s.
Faktor 6: Blockierung von Gefühlen	.388**	n.s.	n.s.	n.s.	n.s.

Tabelle 17: Korrelationen mit Stanine-Werten der Faktoren 1-6

Die Ergebnisse, dargestellt in den Tabellen 18-20, können wie folgt zusammengefasst werden:
Ergebnisse zu Tabelle 17
1. Keine signifikanten korrelativen Beziehungen bestehen zwischen Alter, Kontrollüberzeugung, Problemlösefähigkeit, Selbstwertgefühl, allgemeiner Zufriedenheit einerseits und der Ausprägung der Stanine-Werte zu den Faktoren »Emotionale Betroffenheit«, »Verdrängung, Abwehr« und »Suche nach sozialem Kontakt«.
Die Variable »Allgemeine Zufriedenheit« steht zu keinem der 6 Faktoren in Beziehung.
2. Alter und »Blockierung von Gefühlen« stehen in einem signifikanten Zusammenhang (p < .388**): Je älter also die Versuchspersonen sind, desto mehr werden Gefühle blockiert.
3. Ein schwache Korrelation besteht zwischen Kontrollüberzeugung und »Affektiver Reaktion« (p < .279*): Je höher demnach die Kontrollüberzeugung ist, desto weniger werden Gefühle nach dem Lesen der Zeitungsmeldungen blockiert.
4. Hochsignifikante negative Beziehungen bestehen zwischen »Sozialer Rückzug« und dem Ausmaß an Kontrollüberzeugung, Problemlösefähigkeit und Selbstwertgefühl: Je höher die Ausprägung auf diesen Persönlichkeitsvariablen ist, desto geringer ist der »Soziale Rückzug« ausgeprägt.

Frage 1b	Alter	Kontrollüberzeugung	Problemlösefähigkeit	Selbstwertgefühl
V20 Minderwert.				.300**-
V21 Angst				
V22 Hilflos.	.282*			
V23 Traurigkeit				
V25 Sorgen				
V27 Aggression	.265*			
V36 Wand werfen.				
V43 Fertig werden				
V31 Zukunftsdenken		.358**-	.382***-	.459***-
V33 Meld. vergessen				
V38 Erklären können			.233*-	
V34 Zurückziehen		.370**-	.265*-	.416***-
V41 Ablenken		.296*-	.406***-	.248*-
V44 Kontakt NB			.264*-	.285*-
V26 Wut				

Darstellung und Diskussion der Ergebnisse

Frage 1b	Alter	Kontroll-überzeugung	Problemlöse-fähigkeit	Selbstwert-gefühl
V35 mit jem. reden				
V39 Bedürfn., Mein. v. jem. zu hören				
V24 Lassen kalt	.328**			
V28 Nachdenken über wichtigere Dinge				
V29 Denken Angen.	.295*			

Tabelle 18: Übersicht über die Beziehungen zwischen den Einzel-Items und den unabhängigen Variablen

Ergebnisse zu Tabelle 18 (Beziehungen zwischen den Einzel-Items und den unabhängigen Variablen)

1. Die Variable Alter korreliert schwach mit den Items »Geben das Gefühl, minderwertig zu sein« (r = .282*), »Machen mich aggressiv« (r = .265*), »Ich denke an etwas Angenehmes« (r = .295*), und stärker mit dem Item »Lassen mich kalt« (r = 328**).
2. Personen mit höherem Selbstwertgefühl fühlen sich nach dem Lesen der Zeitungsmeldungen weniger *minderwertig* als Personen mit geringerem Selbstwertgefühl (r = -.300**).
3. Das Ausmaß an Kontrollüberzeugung, Problemlösefähigkeit und Selbstwertgefühl steht in einer signifikant negativen Beziehung zur Beantwortung des Items »Ich möchte am liebsten nicht an meine Zukunft denken«. Je höher die Kontrollüberzeugung (r = -.358**), die Problemlösefähigkeit (r = -.382**) und das Selbstwertgefühl (r = -.459***) ist, desto leichter fällt das Denken an die Zukunft.
Die gleichen Ergebnisse gelten für die Items »Ich möchte mich am liebsten zurückziehen, um niemanden zu sehen« (Kontrollüberzeugung: r = -.370**; Problemlösefähigkeit: r = -.265*; Selbstwertgefühl: r = -.416***) und »Ich tue etwas, das mich ablenkt« (Kontrollüberzeugung: r = -.296*; Problemlösefähigkeit: r = -.406***; Selbstwertgefühl: r = -.248*).
Ein – wenn auch schwacher – Zusammenhang besteht zwischen Problemlösefähigkeit und Selbstwertgefühl einerseits und der Beantwortung des Items: »Ich habe keine Lust mehr, mit Nichtbehinderten in Kontakt zu treten«. Je höher die Problemlösefähigkeit und das Selbstwertgefühl, desto weniger wird diesem Item zugestimmt (Problemlösefähigkeit: r = -.264*; Selbstwertgefühl: r = -.285*).

1b: Stanine-Faktoren 1-6: Median-Halbierungen		Alter		Kontrollüberz.		Problemlösef.		Selbstwert	
Faktor 1: Emotionale Betroffenheit		tief:	4,973	tief:	5,219	tief:	5,188	tief:	5,333
		hoch	5,026	hoch	4,875	Hoch	4,939	hoch	4,781
		Statistik	n.s.	Statistik	n.s.	Statistik	n.s.	Statistik	n.s.
Faktor 2: Affektive Reaktionen		tief:	4,838	tief:	5,031	tief:	5,656	tief:	5,182
		hoch	5,263	hoch	4,719	Hoch	4,182	hoch	4,625
		Statistik	n.s.	Statistik	n.s.	Statistik	p < .002**	Statistik	n.s.
Faktor 3: Verdrängung, Abwehr		tief:	4,595	tief:	4,906	tief:	4,813	tief:	5
		hoch	5,079	hoch	4,813	Hoch	4,818	hoch	4,625
		Statistik	n.s.	Statistik	n.s.	Statistik	n.s.	Statistik	n.s.
Faktor 4: Sozialer Rückzug		tief:	4,973	tief:	5,75	tief:	5,438	tief:	5,545
		hoch	4,947	hoch	3,906	Hoch	4,242	hoch	4,094
		Statistik	n.s.	Statistik	p < .001***	Statistik	p < .014*	Statistik	p < .002**
Faktor 5: Suche nach soz. Kontakt		tief:	4,946	tief:	4,719	tief:	5,001	tief:	4,697
		hoch	5,026	hoch	5,031	Hoch	4,818	hoch	5,125
		Statistik	n.s.	Statistik	n.s.	Statistik	n.s.	Statistik	n.s.
Faktor 6: Blockierung von Gefühlen		tief:	4,432	tief:	5,000	tief:	4,938	tief:	5,212
		hoch	5,5	hoch	4,594	Hoch	4,727	hoch	4,438
		Statistik	p < .014*	Statistik	n.s.	Statistik	n.s.	Statistik	p < .080

Tabelle 19: Übersicht über die Median-Halbierungen der unabhängigen Variablen und Stanine-Werte

Ergebnisse zu Tabelle 19 (Median-Halbierungen der unabhängigen Variablen und Stanine-Werte):

1. Die Ergebnisse der Verrechnungen nach Median-Halbierungen der unabhängigen Variablen bestätigen im Wesentlichen die Ergebnisse der Korrelationsvergleiche (Stanine-Werte) zum Faktor 4 (»Sozialer Rückzug«). Personen mit höherer Kontrollüberzeugung, höherer Problemlösefähigkeit und höherem Selbstwertgefühl unterscheiden sich signifikant von Personen mit niedrigerer Kontrollüberzeugung, niedrigerer Problemlösefähigkeit und niedrigerem Selbstwertgefühl in den Stanine-Werten zu Faktor 4. Bei höherer Ausprägung auf diesen Variablen ist die Absicht zum »Sozialen Rückzug« nach dem Lesen der Zeitungsmeldungen signifikant geringer vorhanden (Kennwerte der Mittelwertsvergleiche: Kontrollüberzeugung: U = 242.0; $p < .001^{***}$; Problemlösefähigkeit: U = 343.5; $p < .014^*$; Selbstwertgefühl: U = 300.0; $p < .002^{**}$).
2. Die Verrechnung nach Median-Halbierung ergab noch einen Effekt der Variable Problemlösefähigkeit in Bezug auf Faktor 2 (»Affektive Reaktion«; Stanine-Werte). Bei Personen mit geringerer Problemlösefähigkeit ist der Stanine-Wert signifikant höher ausgeprägt als bei Personen mit höherer Problemlösefähigkeit (Kennwert des Mittelwertsvergleiches: U = 296.0; $p < .002^{**}$).
3. Weiter spielt der Faktor Alter bei der Ausprägung des Stanine-Wertes zu Faktor 6 (»Blockierung von Gefühlen«) eine Rolle, und zwar in der Weise, dass die Ausprägung der Blockierung von Gefühlen bei älteren Personen höher ausgeprägt ist als bei jüngeren Personen (Kennwerte des Mittelwertvergleiches: U = 474.0; $p < .014^*$).

Zusammenfassung der wichtigsten Ergebnisse der statistischen Verrechnung zu Frage 1b

Der Fragenkomplex zu Frage 1b befasst sich mit den Reaktionen und Bewertungen auf Zeitungsmeldungen mit diskriminierendem Charakter. Die wichtigsten Ergebnisse der statistischen Verrechnungen können wie folgt kurz zusammengefasst werden:
1. Bei der faktorenanalytischen Verrechnung der Daten wird die 6-Faktorenlösung ausgewählt. Die Faktoren werden benannt mit: »Emotionale Betroffenheit« (Faktor 1, Varianzanteil: 13.25%), »Affektive Reaktion« (Faktor 2, Varianzanteil: 9.83%), »Verdrängung« (Faktor 3, Varianzanteil: 8.68%), »Sozialer Rückzug« (Faktor 4, Varianzanteil: 9.24%), »Suche nach sozialem Kontakt« (Faktor 5, Varianzanteil: 7.98%) und »Blockierung von Gefühlen« (Faktor 6, Varianzanteil: 9.71%).
Nach der Itemanalyse reduziert sich die Anzahl der Fragen von ursprünglich 27 Items auf 20 Items. Die Trennschärfe-Indizes der Items können bei allen sechs Faktoren als »gut« bis »sehr gut« bezeichnet werden.

2. Die Mittelwertausprägungen der Items sind unterschiedlich hoch. Ein Vergleich der gemittelten Rohwerte zwischen den Items der sechs Faktoren bestätigt: Nach dem Lesen diskriminierender Zeitungsmeldungen erfahren die Items, die dem Faktor 5 (»Suche nach sozialem Kontakt«) und dem Faktor 1 (»Emotionale Betroffenheit«) zugeordnet sind, die höchste Zustimmung. Die Items, die dem Faktor 4 (»Sozialer Rückzug«) zugeordnet sind, erhalten die geringste Zustimmung (vgl. Tabelle 13).
3. In einem Vergleich der Interkorrelationen von Items zwischen den Faktoren ergibt sich, dass diejenigen Items, die Sorgen, Aggression (Gefühl der Aggression und »aktionale« Aggression) und Wut thematisieren, zahlenmäßig am meisten mit Items außerhalb der Zugehörigkeit zum eigenen Faktor in Verbindung stehen (vgl. Tabelle 14).
4. Die Reaktionen auf diskriminierende Zeitungsmeldungen sind nicht unabhängig von den Variablen Geschlecht, Alter, Kontrollüberzeugung, Problemlösefähigkeit und Selbstwertgefühl. Frauen reagieren im Vergleich zu Männern auf diskriminierende Zeitungsmeldungen mit stärkeren affektiven Reaktionen, mit höherer emotionaler Betroffenheit (im Trend) und einer stärkeren Suche nach sozialem Kontakt (vgl. Tabelle 15; Mittelwertsvergleich zum Faktor Geschlecht: Stanine-Werte und Tabelle 16).
5. Keine signifikanten korrelativen Beziehungen bestehen zwischen Alter, Kontrollüberzeugung, Problemlösefähigkeit, Selbstwertgefühl, allgemeiner Zufriedenheit einerseits und der Ausprägung der Stanine-Werte zu den Faktoren »Emotionale Betroffenheit«, »Verdrängung, Abwehr« und »Suche nach sozialem Kontakt« andererseits.
Hochsignifikante negative Beziehungen bestehen jedoch zwischen der Ausprägung der Stanine-Werte zum Faktor »Sozialer Rückzug« und dem Ausmaß an Kontrollüberzeugung, Problemlösefähigkeit und Selbstwertgefühl: Je höher die Werte auf diesen Persönlichkeitsvariablen sind, desto geringer ist der »Soziale Rückzug« ausgeprägt (vgl. Tabelle 17) und die Ergebnisse der Mittelwertsvergleiche nach Median-Halbierungen: vgl. Tabelle 19).
6. Alter und »Blockierung von Gefühlen« stehen in einem signifikanten Zusammenhang. Es werden demnach mehr Gefühle blockiert, je älter die Versuchspersonen sind (vgl. Tabelle 17).

Darstellung und Diskussion der Ergebnisse

3.1.2 Ergebnisse zu Frage 2: Berichte über eigene Erlebnisse

3.1.2.1 Gegenstand und Ziel der Fragestellung – Informationen zum methodischen Vorgehen und zur Auswertung

Gegenstand und Ziel der Fragestellung

Die Fragestellung von Frage 2 zielt darauf ab, von den Befragten zu erfahren,
- was sie im Umgang mit Nichtbehinderten erleben bzw. erlebt haben;
- wie belastend Erlebnisse im Umgang mit Nichtbehinderten erlebt wurden;
- welche Bewertungen und Hinweise für den Umgang bzw. eine mögliche Verarbeitung solcher Erlebnisse in spontanen Erzählungen gefunden werden können.

In einem zweiten Teil werden – ähnlich wie in Frage 1 – Items zur Erfassung von Empfindungen, Gefühlen, Reaktionen und Umgangsweisen bezogen auf das Erlebte eingeschätzt.

Frage 2 lautet:
»Wir haben Ihnen bei Frage 1 einige Meldungen aus der Zeitung gezeigt. Es wäre jetzt wichtig, wenn Sie uns eigene Erlebnisse und Ereignisse im Umgang mit nichtbehinderten Menschen kurz beschreiben.«

Da die Frage völlig offen gestellt wurde, ist zu erwarten, dass die Erlebnisse unterschiedlich weit in der Vergangenheit zurückliegen. Dadurch ergeben die Resultate der Frage 2 zum Umgang und zur Verarbeitung von Belastungen, die aus solchen Erlebnissen resultieren, eine Momentaufnahme innerhalb möglicher Verarbeitungsprozesse.

Aus dem vorhandenen Datenmaterial wurden in Anlehnung an eine reduzierende, qualitativ-inhaltsanalytisch orientierte Auswertung verschiedene Kategorien herausgearbeitet, die folgende Dimensionen repräsentieren:
1. *Was* ist erlebt worden? (Diskriminierungen, Themen);
2. *Wer* war beteiligt und wo fanden die Situationen statt? (Kontextanalyse, Orte, Personen);
3. *Wie* wurden die Erlebnisse bewertet, welche Reaktionen gab es und – damit verbunden – welche Hinweise auf Umgang und Verarbeitung können gefunden werden? (Bewertungen, Umgangsweisen, Handlungsmuster);

Aufgrund der von den Befragten vorgenommenen Einschätzung nach Belastung

1	2	3	4
überhaupt nicht belastend	wenig belastend	etwas belastend	stark belastend

erfolgt die Auswertung nach Sparten, die den Belastungen entsprechen. Erlebnisse, denen keine Belastungsstufe zugeteilt wurde, finden keine Berücksichtigung.

Methodisches Vorgehen und Auswertung

Der gewählte Weg der Auswertung orientiert sich an Prinzipien der qualitativen Erforschung sozialer Wirklichkeiten. Hierfür eignen sich die von Lamnek (1995) und Mayring (1996) vorgeschlagenen Vorgehensweisen.

Zu bedenken ist grundsätzlich, dass es »keinen Konsens über eine bestimmte anzuwendende Analysemethode« (Lamnek 1995, 114) gibt, sondern in modifizierender Weise, »dem jeweiligen Projekt eine an Thema und Erhebungsmethode orientierte Auswertungsmethode auf den Leib zu schneidern« (ebd., 114) ist.

Für die Auswertung und Analyse der qualitativ erhobenen Daten dieses Projektes sind einige Besonderheiten zu beachten:

a) Das Projekt ist aus methodischer Sicht eine Kombination von quantitativen und qualitativen, pragmatisch-empirischen Datenerfassungs- und Auswertungswegen (siehe Entwicklung und Aufbau des Fragebogens);
b) Es wird eine vergleichende Analyse qualitativer und quantitativer Ergebnisse angestrebt;
c) Die anthropogene Heterogenität der Population und die Menge der qualitativ erhobenen Daten machen eine qualitativ-reduktive Auswertung notwendig;
d) Inhaltlich geht es um die Entwicklung von Ergebnissen bzgl. den Reaktionen und Wirkungen aus belastenden Situationen.
  Ein Grad der Belastung kann, ähnlich wie Schmerz, kaum objektiv bestimmt werden. Deshalb gilt es auch, eine erste Übersicht über Situationen und Ereignisse zu gewinnen, die von den Betroffenen als belastend empfunden werden (insbesondere Frage 2).
e) das schrittweise Vorgehen:
- Datenerhebung (Interviews)
  - Transkription
  - Analyse des Datenmaterials
  - Übersicht über Themen, Situationskontext
  - Entwicklung von Reaktions- und Wirkungsmechanismen

Darstellung und Diskussion der Ergebnisse

- Analyse von Zusammenhängen und Entwicklung von Typen
- Vergleich mit den Ergebnissen der quantitativen Datenanalyse
• Transkription des notierten Textmaterials in eine Textverarbeitungsdatei
  - Entwicklung eines geeigneten Schemas zur analytischen Differenzierung des vorliegenden Materials
  - Erstellung von Datenbanken für die Analyse der einzelnen Erlebnisse (jeweils nach den Kategorien der subjektiven Belastungseinschätzung durch die Befragten)
  - Zuordnung der geschilderten Erlebnisse zu der jeweiligen Datenbank und Analyse nach den im Schema angegebenen Bereichen
  - Ergänzung des Schemas und Zuordnung von abstrakteren Oberbegriffen zu den einzelnen Bereichen
  - Bildung von Gruppen nach Bereichen und Begriffen
  - Analyse von Zusammenhängen und Differenzierungen der Bereiche

Bedeutsam für alle kurz angedeuteten Schritte der Auswertung ist, dass im Verlauf auch das Verfahren bzw. die methodische Vorgehensweise einem Entwicklungsprozess unterlag. Die Bereiche und Kategorien wurden aus dem vorliegenden Material herausgearbeitet und immer wieder revidiert bzw. erweitert.

Ebenso enthält jeder der aufgeführten Arbeitsschritte auch Reduktionen des Datenmaterials auf sprachlicher Ebene. Der hohe Komplexitätsgrad und der subjektive Charakter des vorliegenden Materials machen diese reduzierenden Eingriffe notwendig.

Der transkribierte Text der berichteten Erlebnisse wurde für jede Belastungsstufe in eine Datenbank aufgenommen. Die Analyse der Texte erfolgte nach folgendem Kategorienschema:

```
                      ┌─────────────────────┐
                      │  Erlebnisse Frage 2 │
                      └─────────────────────┘
        ┌────────────┬──────────┴───────────┬────────────┐
┌───────────────┐ ┌───────────────┐ ┌───────────────┐ ┌───────────────┐
│ Belastung 1   │ │ Belastung 2 n=│ │ Belastung 3 n=│ │ Belastung 4 n=│
│    n=49       │ │               │ │               │ │               │
└───────────────┘ └───────────────┘ └───────────────┘ └───────────────┘

            ┌──────────────┐
            │  Auswertung  │
            └──────────────┘
```

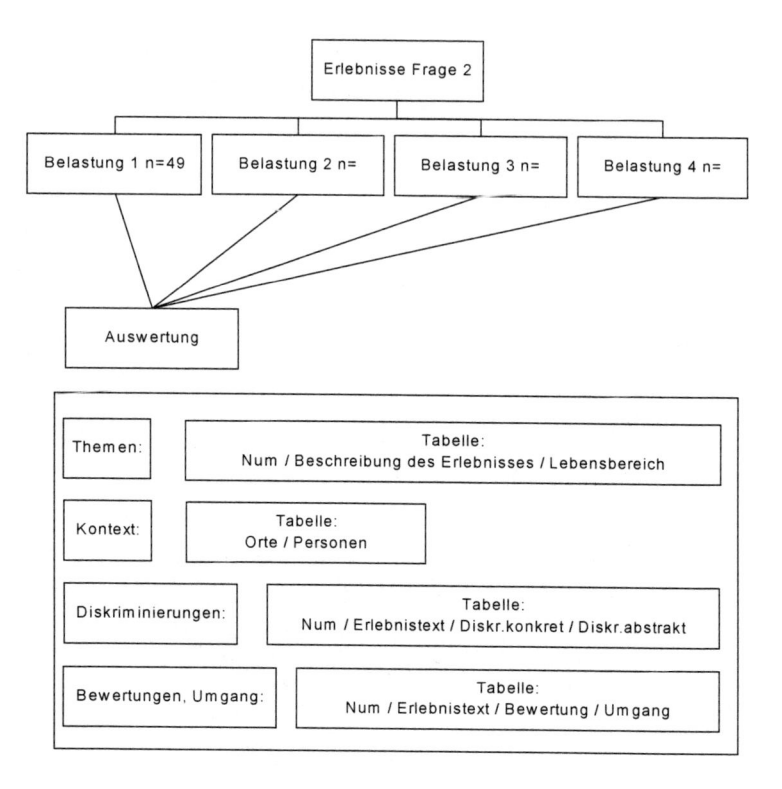

Themen:	Tabelle: Num / Beschreibung des Erlebnisses / Lebensbereich
Kontext:	Tabelle: Orte / Personen
Diskriminierungen:	Tabelle: Num / Erlebnistext / Diskr.konkret / Diskr.abstrakt
Bewertungen, Umgang:	Tabelle: Num / Erlebnistext / Bewertung / Umgang

Abb.: 18: Kategorienschema zur Analyse der Spontanerzählungen

Dieser Aufgliederung der Erlebnisse in der Datenbank folgte die Erstellung von Tabellen, in denen die einzelnen Kategorien Oberbegriffe zugeordnet bekommen und entsprechend in Gruppen zusammengefasst werden.

Ein Beispiel:

Kategorie, Umgang	Zuordnung
Bewertung (Zitat)	abstrakter Begriff
»Find ich schlimm«	Betroffenheit

Im Verlauf der Analyse der Erlebnisse wurde eine Reduzierung auf drei wesentliche Bereiche vorgenommen:

1) Themen der Erzählungen und darin enthaltene Diskriminierungen;
2) Kontext (Orte, Personen);
3) Umgang, Wirkungen, Reaktionen;

Es sei schon jetzt darauf hingewiesen, dass im Rahmen der Ergebnisdarstellung eine Reduzierung der hohen Informationsmenge vorgenommen wird und auf Grund der Klarheit und Übersichtlichkeit der Datendarstellung auch vorgenommen werden musste.

3.1.2.2 Übersicht über Spontanerzählungen und zugeordnete Belastungsstufen

Zunächst soll eine quantitative Übersicht über die geäußerten Erzählungen gegeben werden:

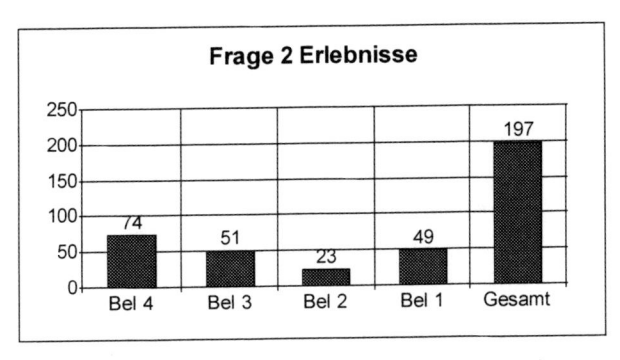

Frage 2 Erlebnisse

Bel 4	Bel 3	Bel 2	Bel 1	Gesamt
74	51	23	49	197

Abb.: 19: Verteilung der Erlebnisse auf die Belastungsstufen 1 bis 4

Dieses Diagramm zeigt deutlich, dass mehr als die Hälfte der geäußerten Erlebnisse als »*etwas*« bzw. »*stark belastend*« eingeschätzt wurden. Weiter halten sich die Anzahl der Erlebnisse mit Belastungsangabe 1 bzw. 3 ungefähr die Waage, während »*stark belastende*« Erlebnisse das Maximum sowie »*wenig belastende*« Erlebnisse das Minimum der zahlenmäßigen Ausprägung darstellen.

Die Befragten erleben also vorwiegend Situationen mit Nichtbehinderten, die sie – nach ihrer eigenen Einschätzung – als belastend empfinden. Der Anteil von Situationen, die als nicht belastend wahrgenommen wurden, ist vergleichsweise gering.

Die Informationen über die Verteilung der Spontanaussagen in Abhängigkeit von Belastungsstufen können durch die Ergebnisse von statistischen Verrechnungen ergänzt und präzisiert werden:

1. Im Durchschnitt werden 2.76 Erlebnisse berichtet.
2. Der Mittelwert der den Belastungsstufen 3 und 4 (zusammengefasst: Höherer Belastungsgrad) zugeordneten erzählten Erlebnisse beträgt 1.85, der Mittelwert der den Belastungsstufen 1 und 2 (zusammengefasst: Geringerer Belastungsgrad) zugeordneten erzählten Erlebnisse beträgt 1.07.
Nach den Ergebnissen des gerechneten Wilcoxon-Tests sind diese Mittelwertsunterschiede hochsignifikant verschieden ($p < .001$).

3. Wie aus dem Diagramm ersichtlich ist, wurden insgesamt 196 Erlebnisse erzählt, wobei sich die Anzahl der pro Person erzählten Erlebnisse wie folgt verteilt:

Anzahl der berichteten Erlebnisse	Häufigkeiten	Ausprägung in%
Ein Erlebnis haben berichtet	11	15.49
Zwei Erlebnisse haben berichtet	21	29.58
Drei Erlebnisse haben berichtet	15	21.13
Vier Erlebnisse haben berichtet	6	8.45
Fünf Erlebnisse haben berichtet	11	15.49
Sechs Erlebnisse haben berichtet	2	2.82
Sieben Erlebnisse hat berichtet	1	1.41

Tabelle 20: Anzahl der pro Person erzählten Erlebnisse

Die befragten Personen haben also unterschiedlich viele Erlebnisse erzählt, wobei die Menge der pro Person berichteten Erlebnisse von 1 bis 7 variiert.

Von Interesse war nun die Frage, wie hoch das prozentuale Verhältnis der den Belastungsstufen 3 und 4 bzw. 1 und 2 zugeordneten Anzahl der berichteten Erlebnisse in Abhängigkeit der individuell erzählten Erlebnisse ist.

Ein Beispiel soll den Modus der Zuordnung verdeutlichen:
Eine Person berichtet von zwei Erlebnissen und ordnet ein Erlebnis der Belastungsstufe 4, ein anderes Erlebnis der Belastungsstufe 1 zu. Das prozentuale Verhältnis beträgt somit 50:50, d. h. von den individuell berichteten zwei Erlebnissen wurde die Hälfte den Belastungsstufen 3 und 4 zugeordnet, die Hälfte den Belastungsstufen 1 und 2.

Es ergeben sich folgende *Mittelwerte der prozentualen Ausprägung*:
Mittelwerte,
den Belastungsstufen 3+4 (zusammengefasst) zugeordnet: 64.91%
Mittelwerte,
den Belastungsstufen 1+2 (zusammengefasst) zugeordnet: 35.09%

Nach den Ergebnissen des gerechneten Wilcoxon-Tests sind beide Mittelwerte hoch-signifikant voneinander verschieden ($p < .001$).

Der prozentuale Anteil der den Belastungsstufen 3 und 4 zugeordneten Erlebnisse ist demnach signifikant höher als der prozentuale Anteil der den Belastungsstufen 1 und 2 zugeordneten Erlebnisse, *unabhängig von der Anzahl der individuell berichteten Erlebnisse.*

Spontanaussagen der Belastungsstufe 1: »Überhaupt nicht belastend«

Von den Befragten werden insgesamt 49 Erlebnisse geschildert, die von ihnen als *»überhaupt nicht belastend«* empfunden wurden bzw. werden.

Die meisten dieser Erfahrungen werden mit 21 Nennungen in der Öffentlichkeit gemacht, jeweils 5 Schilderungen beziehen sich auf die Bereiche Freizeit/Freunde und Geschäfte. Ebenso viele Darstellungen werden allgemein gehalten bzw. waren ohne konkrete Ortsangaben. Während vier Erlebnisse der Kategorie »öffentlicher Verkehr« zuzurechnen sind, verteilt sich der Rest der Angaben auf Bereiche wie Schule/Universität, Reise, Gastronomie, etc.

Von den 49 erzählten Erlebnissen werden 12 als diskriminierend bezeichnet, die sich sowohl in verbalen als auch nonverbalen Verhaltensweisen als negative Aufmerksamkeit (n = 4), Beleidigung (n = 3), Missachtung (n = 3) und Abwertung der Person (n = 2) konkretisieren lassen:

(68): »Vor 6-7 Jahren war eine Frau in der Wirtschaft, die hat geschielt. Die Frau sieht mich und starrt mich furchtbar an, das war ich in I. (Wohnort) nicht gewöhnt. ...«;

(77): »Mit dem Anstarren erlebe ich das auch. In Großstädten, in der Fußgängerzone« *(negative Aufmerksamkeit)*;

(59): »[...] Wenn ich so hingehe, gibt es viel Idioten, die dann sagen: ›Was willst du hier? Setz' dich doch vor den Fernseher!‹;

(53): »Letzte Woche war ich verkehrt in der Einbahnstraße, einer sagte: ›Nur weil Sie im Rollstuhl sitzen, gilt für Sie auch die Einbahnstraße!« *(Beleidigung)*;

(47): »Manche nehmen generell keine Rücksicht auf Behinderte. Die drängeln in der Straba, wir müssen dann Platz machen,...«;

(68): »Manche meinen mich zuerst ignorieren zu müssen...« *(Missachtung)*;

(86): »Quart daheim (vierrädriges Motorrad); da fragt mich halt jemand, ob ich des überhaupt fahren kann« *(Abwertung)*;

Bezüglich des Umgangs und der Verarbeitung von Belastungen, die aus solchen Erlebnissen resultieren, zeigt sich, dass die jeweiligen zu beobachtenden Verhaltensweisen auf die entsprechenden Situationen einer größeren Kategorie zuzuordnen sind, die allgemein als *»aktive Auseinandersetzung«* angesehen werden kann, was sich letztendlich bei sechs Erlebnissen als Konfrontation, Selbstschutz, Abwehr, Kontakt (n = je 1) und Aktion (n = 2) äußert:

(68): »[...] starrt mich furchtbar an [...]. Ich hab' sie gefragt, ob sie ein Passbild von mir haben will...« *(Konfrontation)*;

(59): »[...] Aber die muss man lassen, die sind wohl selbst krank... »*(Selbstschutz)*;

(68): »[...] Manche Leute probieren auch das Hänseln, das biege ich aber ab (ignorieren, spielerisch ablenken). Ich erkläre das den Leuten, nehme da kein Blatt vor den Mund« *(Aktion)*;

(68): »Die Leute sind baff, wenn man sich wehrt, Wehren ist sehr wirksam. Ich ärgere mich nicht mehr, manchmal tut es schon noch weh, aber ich schlage vor dem Ärger mit den gleichen Waffen zurück« *(Aktion, Abwehr)*;

(79): »Ich fahre immer alleine in den Urlaub: die ersten Tage gaffen die Leute ein bisschen; aber wenn sie merken, wie ich drauf bin, kriegen die eine ganz andere Einstellung zu Behinderten. Da denke ich mir, vielleicht ist es mein Job, den Leuten zu zeigen, wie wir drauf sind; durch den Kontakt können sie ihre Vorurteile abbauen« *(Kontakt)*;

Neben den als diskriminierend zu bezeichnenden Erlebnissen können – entsprechend der niedrigen Belastungsstufe – vornehmlich positive Erfahrungen ausgemacht werden, was auf 25 der dargestellten Situationen zutrifft. Diese wurden überwiegend als angenehm durch Hilfe im Alltag (n = 10), als Gefühl von Zugehörigkeit, Rücksichtnahme und von Freundschaft (n = 15) erlebt.

Beispielhafte Aussagen:

(33): »Seit einem Jahr bin ich im Fitnessstudio, wenn ich was nicht kann, kommen spontan gleich drei Leute, die sind sehr hilfsbereit, gehen normal mit mir um, es ist schön, wenn jemand sagt: Komm, trotzdem! [...]« *(Hilfe im Alltag)*;

(36): »[...] In ganz bestimmten Läden in W. werde ich total lieb bedient. Sie fragen, wie's mir geht, was ich so mach‹. Sie nehmen mich halt so wie ich selber bin, als Persönlichkeit. Sie sehen eben die Person und nicht meine Behinderung. Ich hab' ja diese unkontrollierten Bewegungen und damit können viele nicht umgehen« *(Angenommen-Sein)*;

(63): »Wenn ich bei uns daheim auf'n Beat-Abend geh‹, dass einfach Leute kommen und sich mit mir unterhalten und fragen, ob sie was helfen können → bin ich nicht abhängig von meinen Geschwistern ... Ist dann für mich schon ein tolles Erlebnis: vergess' ich manchmal sogar, dass ich im Rolli sitz'!« *(Zugehörigkeit)*;

(86): »Dass ich ganz normal von Nichtbehinderten behandelt werde[...].« *(Integration)*;

Es kann mit Sicherheit auch angenommen werden, dass sich das Gefühl dazuzugehören, akzeptiert zu sein, nicht anders zu sein als die anderen, welches in den positiv eingeschätzten Erlebnissen immer wieder zum Ausdruck kommt, auch in positiver Weise auf das Selbstwertgefühl der jeweiligen Personen auswirkt bzw. diese dadurch nicht beeinträchtigt wird.

Darstellung und Diskussion der Ergebnisse

Zwar wird ein nur geringer Teil der als diskriminierend empfundenen Erlebnisse von den befragten Personen nachträglich und in reflektierender Form bewertet (»das war ich nicht gewöhnt«, »manchmal tut es schon weh«, »[...] nicht mehr so schlimm«, »was ich gar nicht haben kann [...]«), was jedoch nicht die Möglichkeit ausschließen soll und kann, dass auch diese Erfahrungen in ihrer scheinbar geringen Intensität – entsprechend der Belastungsstufe – das Selbstwertgefühl der Befragten negativ und auch nachhaltig beeinflusst haben oder auch noch nachwirkend beeinflussen.

Zusammenfassend kann als Fazit zu den Aussagen der Belastungsstufe 1 festgehalten werden:
1. Die Befragten haben Erlebnisse genannt, die vorwiegend im öffentlichen Leben stattgefunden haben.
2. Beteiligte Personen waren überwiegend unbekannt.
3. Die in dieser Belastungsstufe als »überhaupt nicht belastend« eingestuften Erlebnisse wurden in der Mehrzahl als angenehm und positiv bewertet und zeigen inhaltlich nur wenige diskriminierende Situationen, sondern eher Ereignisse, für die Hilfsbereitschaft, konkrete Hilfen sowie Offenheit von nichtbehinderten Menschen charakteristisch ist.

Spontanaussagen der Belastungsstufe 2: »Wenig belastend«

Von den dargestellten Erlebnissen wurden 23 Situationen von den befragten Personen als »*wenig belastend*« empfunden.

Auch innerhalb dieser Kategorie entfallen die meisten Schilderungen auf den Öffentlichkeitsbereich (n = 10), während auf »öffentlicher Verkehr« und allgemeine Aussagen, die ohne konkrete Ortsangabe und als allgemeingültiges Vorurteil geäußert wurden, jeweils drei Nennungen entfallen. Der Freizeit bzw. dem Zusammensein mit Freunden lassen sich zwei Erfahrungen zuordnen, auf die Bereiche Schule, Reise/Urlaub, Behörden, Gastronomie und medizinische Versorgung entfällt jeweils eine Situation.

Inhaltlich gesehen sind die Erlebnisse als sehr heterogen zu bezeichnen, wobei festzustellen ist, dass bei dieser Bewertungsstufe bis auf eine geringe Zahl positiver Erfahrungen nun tendenziell mehr negative Erlebnisse auftauchen.

Die als positiv empfundenen Situationen lassen sich auch innerhalb dieser Bewertungsstufe im Bereich der Öffentlichkeit und des öffentlichen Verkehrs finden:

(72): »Der ist unterschiedlich, der Umgang, die Leute sind in den letzten Jahren offener geworden. So richtig schreckliche Erlebnisse hatte ich noch keine. Das ist eher lustig oder peinlich, wenn man zum Beispiel in der Fußgängerzone 10 DM geschenkt bekommt«;

(42): »Positiv ist, dass die Leute sehr aufgeschlossen sind beim Einsteigen in die U-Bahn [...]«;

Allerdings überwiegt diesbezüglich die Anzahl der Erlebnisse, die aufgrund eines längeren und intensiveren Kontaktes des Behinderten mit Nichtbehinderten zustande gekommen sind:

(34): »Wir waren in Ferien in Sixtdorf (Ferienfreizeit der Stadt München für Behinderte und Nichtbehinderte); am Anfang war es komisch, aber am Schluss haben sie sich gestritten, wer mich schieben darf; [...] am Schluss waren sie richtig aufgeschlossen, am Schluss ging es gut; man hat gemerkt, wie sich das geändert hat.«;

(49): »Eigentlich hab' ich gute Erfahrungen gemacht, z. B. bei KIM, das war echt offen, keine Probleme eigentlich, oder bei der Band, wo ich dabei bin. Eigentlich gute Erfahrungen auch im Arbeitsleben, meine Kollegen nehmen mich so, wie ich bin, akzeptieren das auch.«;

(63): »Positives: Wenn ich öfters zum Arzt geh', dass dann net immer die Begleitpersonen gefragt werden, sondern ich.«;

Von den insgesamt 23 innerhalb dieser Bewertungsstufe geschilderten Erfahrungen werden 14 Äußerungen von den Befragten als diskriminierend empfunden und zwar in Form von negativer Aufmerksamkeit (n = 4), Beleidigung, Missachtung, Abwertung, negative Zuschreibung (n = je 2), Absprache des Lebensrechts und sozialer Distanz (n = je 1):

(84): »Wir sind in der Gruppe im Regen zum Bowling gelaufen. Besitzer der Bowlingbahn fragte: ›Wer kann Bowling spielen? Die Rollstuhlfahrer mit ihren dreckigen Reifen sollen still bleiben‹. Er behandelte uns sehr unfreundlich«. *(Abwertung)*;

(44): »Meine erzkatholischen Tanten sagen, meine Eltern hätten Sünden begangen und deshalb sei ich behindert; die sagen, das ist eine Strafe Gottes; [...]« *(negative Zuschreibung)*;

(55): »Überhaupt das Gaffen ist immer da. Mittlerweile weniger belastend, man hat sich daran gewöhnt.« *(unangenehme Aufmerksamkeit)*;

(58): »Eine Situation ist nur unheimlich schwierig, so zu sagen; nicht als Situation »mit Nichtbehinderten«, sondern mit so nem Arschloch. Mit Freundin (auch behindert) in Bonn; kam Typ mit Krücken vorbei (Kriegsveteran); Guckt so – wir gucken zurück → ›Also bei Adolf hätte's so was wie euch nicht gegeben‹. [...]« *(Absprache des Lebensrechts)*;

Neben verbalen und nonverbalen Formen der Diskriminierung wie beispielsweise Anstarren bzw. Gaffen, Beleidigungen oder in Aberglauben oder

Darstellung und Diskussion der Ergebnisse   199

Vorurteilen begründeten Äußerungen fällt auf, dass zusätzlich erstmals aktive
Verhaltensweisen der Kontaktvermeidung und der Abwertung (auch in Verbindung mit nationalsozialistischem Gedankengut, s. o.) zur Sprache kommen:

> (08): »In der Schule hat man mich immer sehr freundlich aufgenommen, da war das nicht so schlimm; sie haben sich zwar nicht mit mir in der Freizeit abgegeben, aber zumindest in der Schule.«;
> (50): »U- oder S-Bahn ist proppenvoll und ich setze mich, die Leute setzen sich nicht neben mich. Vielleicht ist es Angst. [...]«;

Während acht der 14 Erlebnisse mit Diskriminierungen von den Befragten unmittelbar nach der Schilderung der Situation mit Äußerungen wie »finde ich nicht gut«, »mittlerweile weniger belastend« oder »unheimlich schwierige Situation, mir haben echt die Worte gefehlt« bewertet wurden, können bei weiteren sechs dieser Erfahrungen Hinweise auf Umgang und Verarbeitung des Geschehens in Form von Hinterfragen, Gleichwertigkeit, Aktion, Attribuierung, Gewöhnung und Abwehr (n = je 1) gefunden bzw. herausgelesen werden:

> (83): »Die Sache beim Arbeitsamt bzgl. der Umschulung. Behinderte sollen da objektiv beurteilt werden. Z. B.: ›Ihr Sohn ist körperlich/geistig nicht in der Lage, einen Job zu machen‹. Trotzdem machen die Behinderten die Ausbildung. Den Behinderten wird da nur etwas vorgegaukelt. Das finde ich nicht gut. Warum schickt man den Behinderten in solche Einrichtungen, wo er sich nur quält? [...]« *(Hinterfragen)*;
> (22): »Da wo ich wohne gibt es eine Parkanlage. Ich bin mit dem Rolli gefahren, eine jüngere Frau saß auf der Parkbank. Sie meinte ich soll stehenbleiben, der Krach sei zu laut. Ich fragte, ob ich etwa schweben soll oder was?« *(verbale Aktion)*;
> (54): »Ich fahre öfter mit dem Zug nach Schweinfurt und der Schaffner meinte nur zu mir, ob er nichts besseres zu tun hätte als Behinderte herauszuholen. Er bekam dann kräftigen Streit mit meiner Schwester. [...] Der Typ hat sich dann bei mir entschuldigt und es wurde als Missverständnis abgetan. Ich habe dann mitbekommen, dass er das schon öfter gemacht hat. Ich habe die Entschuldigung nicht angenommen [...]. Für mich bedeuten Nichtbehinderte nicht mehr als Behinderte.« *(Gleichwertigkeit)*.

Zusammenfassend kann als Fazit zu den Aussagen der Belastungsstufe 2 festgehalten werden:

1. Innerhalb der eben dargestellten Situationen, die von den Befragten als noch wenig belastend empfunden werden, sind neben verbalen und nonverbalen Diskriminierungen nun auch zunehmend solche Verhaltenswei-

sen von Seiten der Nichtbehinderten gegenüber Behinderten zu finden, die in verstärktem Maße der bewussten und absichtlichen Kontaktvermeidung und Abwertung zuzurechnen sind.
2. Im Umgang mit derartigen Situationen zeigt sich, dass nun neben einem aktiven Agieren und Reagieren solche Verhaltens- bzw. Verarbeitungsweisen auf Seiten der Befragten angewandt werden, die sich vornehmlich in der jeweiligen betroffenen Person selbst vollziehen, wie Hinterfragen, Gewöhnung, Erklärungen, die man sich selbst zu geben versucht, oder stille Abwehr des Geäußerten ((44): Behinderung als Strafe Gottes: »ich weiß aber, dass es nicht so ist.«).
3. Aufgrund der Tatsache, dass innerhalb dieser Belastungsstufe nun deutlich weniger positive und im Gegensatz dazu weitaus mehr negative Erlebnis-Inhalte zur Sprache kommen, liegt auch die Vermutung nahe, dass diese Erfahrungen auch zur Steigerung eines Minderwertigkeitsgefühls bzw. zur Senkung des Selbstwertgefühls beigetragen haben könnten, was sich möglicherweise in den zunehmend passiven Umgangsweisen mit den Diskriminierungen zeigt.

Spontanaussagen der Belastungsstufe 3: »Etwas belastend«

Die Anzahl der geschilderten Erlebnisse, die von den Befragten als für sie etwas belastend eingeschätzt wurden, beträgt insgesamt 51.

Dabei fällt auf, dass innerhalb dieser Belastungsstufe keine positiven Ereignisse mehr genannt werden. Vielmehr handelt es sich bei den Darstellungen um zunehmend schwerwiegendere Formen der Diskriminierung.

Diese vollziehen sich wiederum zum größten Teil im öffentlichen Lebensbereich (n = 25), im Bereich der Gastronomie (n = 7) sowie im öffentlichen Verkehr (n = 5). Diskriminierungen im Schulbereich sowie bei Behörden liegen mit jeweils 3 Nennungen noch vor solchen, die in Geschäften (n = 2), in Sport und Freizeit (n = 1), in Arbeit und Familie (n = je 1) oder in allgemeiner Form bzw. in Form von Vorurteilen (n = 2) geschehen.

Die folgende Übersicht beinhaltet eine Auflistung der den Spontanaussagen zu Grunde liegenden thematischen Inhalte:

Num.	Thema	Lebensbereich
80	Vorurteile von Nichtbehinderten	Allg.
86	Kein Zutrauen in Selbständigkeit	Allg.
83	Kosten/Nutzen Denken der Nichtbehinderten am Arbeitsplatz	Arbeit
65	Angst weg zu gehen wegen Behinderung, Hinfallen	Behinderung

Darstellung und Diskussion der Ergebnisse

Num.	Thema	Lebensbereich
53	Rathaus, kein Zutrauen, dass B. lesen kann	Behörden
74	Das Personal wird ungeduldig beim Ausfüllen von Formularen	Behörden
74	Behörden sind ungeduldig	Behörden
65	Problem von B. eigene Interessen durchzusetzen	Familie
05	Rauswurf mit der Begründung, dass Rollis geschäftsschädigend sind	Gastronomie
07	Bei der Ankunft von B. steht ein Unbekannter auf und geht	Gastronomie
36	Beschwerde beim Hotelchef	Gastronomie
38	Ausrichtung des Gasthauses auf Nichtbehinderte, trotz Reservierung	Gastronomie
52	Rauswurf aus dem Café	Gastronomie
53	Bösartige Anmache, menschenverachtendes Verhalten von Rentnerin im Café	Gastronomie
59	B. wurde nicht bedient	Gastronomie
18	B. wurde angepöbelt	Geschäft
63	B. wird übergangen und nicht ernst genommen	Geschäft
13	Mangelnde Hilfsbereitschaft von Menschen in der Öffentlichkeit	Öffentl.
14	In der Gruppe mit Rollstuhlfahrern wird man angestarrt	Öffentl.
18	Anstarren und verbal angemacht werden in der Stadt	Öffentl.
26	Beschuldigung von B. wegen schlechterer wirtschaftlicher Lage	Öffentl.
33	Grundsätzliche Hilfsbereitschaft, aber Ausländer sind bereiter	Öffentl.
40	Frau macht B. ein Geldgeschenk, B. reagiert ablehnend	Öffentl.
42	Hilflosigkeit wird mit Geld geben kompensiert	Öffentl.
44	Nichtbehinderte ziehen ihre Kinder weg, verbale Anmache	Öffentl.
45	Verbale Anmache und tätlicher Angriff auf B.	Öffentl.
47	Verbale, abschätzige Aussage	Öffentl.
47	B. wird mit Du angesprochen und empfindet dies als Abwertung	Öffentl.
49	Anstarren und Gaffen von Nichtbehinderten in der Öffentlichkeit	Öffentl.
53	Ein Paar begegnet B. und verweigert dem Rollstuhlfahrer das Platzmachen	Öffentl.

Num.	Thema	Lebensbereich
63	Geldgeschenke, die als Almosen empfunden werden	Öffentl.
71	Mutter zieht Kind weg, wenn es B. etwas fragen will	Öffentl.
72	Mütter ziehen Kinder weg	Öffentl.
75	Frau schiebt B. über die Straße, obwohl er/sie es nicht will	Öffentl.
77	Geschenk von Coladosen aus Mitleid	Öffentl.
77	B. wird übersehen, übergangen	Öffentl.
78	B. lehnt Hilfsangebote ab	Öffentl.
02	Befr. wird i. d. Öffentlichkeit angepöbelt und angestarrt	Öffentl. Leben
05	B. fühlt sich durch Blicke älterer Menschen gestört	Öffentl. Leben
05	B. wird angepöbelt	Öffentl. Leben
05	Geldgeschenke, Almosen von Passanten	Öffentl. Leben
33	Unverschämte Reaktionen auf Bitte um Hilfe	Öffentl. Leben
82	Verbale Anmache beim Basketballspiel	Öffentl. Sport
19	B. traut sich nicht, den Behindertenplatz zu beanspruchen, wenn er von NB besetzt ist.	Öffentl. Verkehr
29	Reisender verhält sich massiv ablehnend	Öffentl. Verkehr
34	Abwertende Bemerkungen zu B.	Öffentl. Verkehr
44	Trotz Hilfsbereitschaft belasten Fehleinschätzungen	Öffentl. Verkehr
54	Trotz Reservierung wurde B. die Zugfahrt verwehrt	Öffentl. Verkehr
46	Ausgrenzendes, diffamierendes Verhalten des Lehrers	Schule
57	Bitte um langsameres Tempo wurde als lästig empfunden	Schule
67	Lehrer zeigt trotz seines Wissens über Fähigkeiten kein Zutrauen	Schule

Tabelle 21: Themen/Inhalte der geschilderten Erlebnisse der Belastungsstufe 3 und deren Zuordnung zu einzelnen Lebensbereichen

Bei lediglich vier der 51 geschilderten Situationen lassen sich keine konkreten direkten Formen der Diskriminierung benennen, wie beispielsweise bei (42): »In der Öffentlichkeit scheinen viele Leute hilflos und unbeholfen zu sein. Hier müsste mehr Aufklärungsarbeit geleistet werden. Ihre Unbeholfenheit kommt durch das Geben von Geld häufig zum Ausdruck. Sie wollen damit ihr »schlechtes Gewissen« kaschieren. Besonders auffällig bei älteren Menschen«, oder wenn gesagt wird: »Dass viele Menschen mir ihre Hilfe angeboten haben, die ich dankend abgelehnt habe, weil ich viel selber machen wollte« (78).

Darstellung und Diskussion der Ergebnisse

Bei allen übrigen Erlebnissen werden nun neben verbalen und nonverbalen Verhaltensweisen auch Handlungen oder Äußerungen deutlich, die behinderte Menschen ausgrenzen und herabsetzen, wie auch solche, in denen behinderte Menschen übergangen, abgewertet und in ihren Interessen missachtet wurden.

Dabei treten als häufigste Form der Diskriminierung mit jeweils 10 Nennungen die Beleidigung und die Missachtung der Person mit einer Körperbehinderung auf, wie die nachfolgenden Beispiele verdeutlichen:

(34): »Das in der U-Bahn z. B.; ich bin mit einer Freundin in die Stadt gefahren, da stand eine 17-jährige und wir wollten aussteigen. Da sagte sie zu ihrer Freundin: ›Bevor ich mit einer Behinderten in die Stadt fahre, reiße ich mir ein Bein aus oder bleibe lieber daheim‹ [...]«;

(26): »Ich hab' festgestellt, bei mir waren es besonders ältere Personen, die aus Unverständnis blöd daherkommen, z. B. in einer Gaststätte, als eine Frau herkam und sagte: ›Scheiß Behinderte, die nehmen uns die Rente weg‹. [...]«;

(54): »Haben mit der Gruppe einen Ausflug nach München gemacht. Hatten für den Zug Plätze bestellt. Als wir ankamen am Bahnhof war keine Reservierung vorhanden. Ein Typ meinte: ›Jetzt müssen Sie auch noch so einen korpulenten Rollstuhl haben.‹ Sie ließen uns nicht in den Zug und wir mussten darum kämpfen einen zu kriegen. Drei Züge fuhren vorbei und wir warteten in der Eiseskälte. Der ICE-Schaffner guckte uns an und meinte, das wäre ja abnormal, wie soll er uns denn alle da rein kriegen. Wir haben uns dann in den nächsten reingestopft. Die Leute konnten nicht durch und Beschwerden kamen. In München war dann keiner da, der uns rausgeholt hätte. Zurück hatten wir dasselbe Dilemma. Du wirst einfach blöd angemacht, auch wenn wir nur dasselbe wollen, wie andere auch.«;

(53): »Zwei gingen Hand in Hand; sie wussten nicht, ob sie rechts oder links an mir vorbei sollten; er sagte: ›Glaubt die wohl, nur weil sie im Rollstuhl sitzt, machen wir Platz, oder wie?‹ Er stieg mir dann erst recht vor den Fußstützen rum [...]«.

Oft lassen die Schilderungen auch Diskriminierungen in Form von Abwertung (n = 9) oder Ausgrenzung (n = 6) erkennen:

(47): »Manchmal wird man gleich mit ›Du‹ angesprochen, weil die Leute glauben, dass man einen anderen Stand hat«;

(53): »Einmal war ich im Rathaus und wollte eine Adresse haben; der hat sie aufgeschrieben und gefragt, ob ich sie lesen kann; ich sagte: Ich war in der Schule und habe es gelernt; der dachte: Weil ich im Rollstuhl sitze, bin ich bescheuert.«;

(83): »Im Beruf: Das Problem der Minderung der Erwerbsfähigkeit. Damals, als ich mit meinem Beruf anfing (Anmerkung P.: bei der AOK) hat mich diese Mehrfachanrechnung sehr gestört. Auf den Behinderten wird immer mehr geguckt. Bringt der was oder kostet der uns etwas? ist immer die Frage.«;

(63): »Ist mir auch schon negativ passiert beim Einkaufen, dass die dann nur die Betreuungsperson anschauen und wenn ich dann antworte, dass die dann die Begleitperson anschauen, ob des auch wirklich stimmt, was ich sag‹. [...]«;

(52): »[...] In dem Café da, wo's mich rausgeschmissen ham, bzw. wir waren zu fünft oder zu sechst. Da wurden wir rausgeschmissen mit der Begründung, dass wir den Boden schmutzig machen. [...]«;

Während die Form der Kontaktvermeidung sich in drei von vier geschilderten Fällen derartig gestaltet, dass Mütter ihre Kinder wegziehen, kann die negative Aufmerksamkeit, die ebenfalls in vier Situationen dargestellt wurde, konkret als auffälliges Anschauen, Anstarren bzw. Angaffen beschrieben werden.

Weitere Diskriminierungen äußern sich in einer Absprache des Lebensrechts (wieder in Verbindung mit NS-Gedankengut), Stigmatisierung, mangelndes Einfühlungsvermögen sowie mangelndem Zutrauen (n = jeweils 1).

Von den 47 als etwas belastend empfundenen Erlebnissen werden 14 Situationen von den befragten Personen mit Äußerungen wie »aber fällt einem immer wieder ein«, »also zu dem Zeitpunkt hat's mich eigentlich schon arg belastet«, »eine Freundin war dabei, da war es nicht so schlimm« oder auch »hat man das Gefühl, dass die einem überhaupt nix zutrauen oder so und des is' halt schon blöd« bewertet.

Neun derartiger Erfahrungen lassen Verhaltensweisen dahingehend erkennen, dass ein Umgang bzw. eine Verarbeitung der jeweiligen Situation stattgefunden hat bzw. noch stattfindet.

Allerdings fällt auf, dass auch innerhalb dieser Belastungsstufe die Verhaltensmuster noch stärker in ihrer aktiven direkten Auseinandersetzung in Form von verbaler Reaktion und Gegenwehr eingeschränkt sind und konkret nur noch ein Mal angewendet wurden:

(29): »[...] Jede Woche mit dem Zug heim nach ...; freitags sehr voll; Rucksack lag nebendran, (ich hab' ihn) zur Seite gestellt und gefragt, ob er sich hinsetzen will. (Darauf hat er geantwortet:) »Naa, ich setz' mich net neben Behinderte.‹ (Ich habe erwidert:) ›Das ist der Unterschied! Meine Behinderung sieht man – deine nicht.‹«;

Alle übrigen Arten des Umgangs mit den gemachten negativen Erfahrungen vollziehen sich nicht in der direkten Auseinandersetzung mit dem Gegenüber, sondern beschränken sich auf die betroffene behinderte Person und äußern

Darstellung und Diskussion der Ergebnisse

sich u. a. in Form von Hinnehmen (Angaffen: »Aber mein Gott, das kann man schlecht abstellen« (49)), Ignorieren (Anpöbeln: »Ich bin nicht näher darauf eingegangen« (45)), Unsicherheit im sozialen Verhalten (»Was will ich machen [...]; ich sprech' schon nicht jeden an, wenn der Aufzug nicht geht« (33)) oder sozialem Rückzug (»Wenn ich mit 'ner Gruppe unterwegs bin, mit lauter E-Stuhlfahrern, dann gucken alle – das mag ich nicht; deswegen bevorzuge ich in kleinen Gruppen oder alleine fortzugehen.« (14)).

Zusammenfassend kann als Fazit zu den Aussagen der Belastungsstufe 3 festgehalten werden:
1. Die berichteten Ereignisse finden mehrheitlich in der Öffentlichkeit statt, wobei verstärkt Differenzierungen dahingehend sichtbar werden, dass nach wie vor hauptsächlich im gastronomischen Bereich, aber auch zunehmend diskriminierende Situationen in Schulen geschildert werden.
2. Die beteiligten Personen sind in der Überzahl unbekannt, wobei auffällt, dass häufig der Hinweis auf ältere Personen in Zusammenhang mit verbalen Diskriminierungen gemacht wird.
3. Die Erlebnisse zeichnen sich durch zunehmende schwerwiegendere Diskriminierungen aus (Isolation und Ausgrenzung).
4. Ebenso werden Hinweise in den Bewertungen deutlich, dass eine emotionale Betroffenheit und stärkere Auseinandersetzung stattfindet.

Spontanaussagen der Belastungsstufe 4: »Stark belastend«

Die folgende Übersicht beinhaltet eine Auflistung der den 74 Spontanaussagen zu Grunde liegenden thematischen Inhalte:

Num.	*Thema*	*Lebensbereich*
20	Hilfsbedürftige werden wie ein kleines Kind behandelt	Allg. Verhalten
33	Kontaktablehnung von Nichtbehinderten	Allg. Verhalten
33	Ablehnung eines Hilfsangebots von einer älteren Frau	Allg. Verhalten
39	Außenseiterrolle durch die Behinderung	Allg. Verhalten
40	Gespräche erwecken das Gefühl, man sei kein richtiger Mensch	Allg. Verhalten
42	Warten auf Hilfe vor Treppen	Allg. Verhalten
80	Behandlung wie ein kleines Kind, kein Zutrauen in Leistungsfähigkeit	Allg. Verhalten
62	Duck und hohe Leistungserwartungen am Arbeitsplatz	Arbeitsplatz
62	Gefühl von starker Abhängigkeit am Arbeitsplatz	Arbeitsplatz
67	Schwierigkeiten und Chancenungleichheit bei der Berufswahl	Arbeitsplatz

Num.	Thema	Lebensbereich
03	Urlaubsplanung, Reise wird vom Veranstalter ohne Mitteilung umgebucht	Dienstleistung
05	Herztransplantation bei beh. Menschen wird von NB in Frage gestellt	Einstellungen
30	Ablehnung und Isolierung von der Familie	Familie
25	Verweigerung eines Besuchs bei einer Bekannten durch deren Mutter	Freundskreis
65	Verlust des Bekanntenkreises durch Erkrankung, die zu Behinderung führte	Freundschaft
15	Zugang zu einem Gasthaus unmöglich, weil ein Hindernis nicht beiseite geräumt werden durfte	Gastronomie
15	Zugang zum Gastraum mit Rollstuhl verweigert	Gastronomie
38	Zugang zu Lokal durch die Errichtung einer Barriere nicht mehr möglich	Gastronomie
41	Kunde eines Lokals möchte nicht, dass sich Behinderte mit an seinen Tisch setzen	Gastronomie
54	Zugang zu Diskothek durch Barrieren erschwert	Gastronomie
72	Rauswurf aus einem Café	Gastronomie
77	Beschimpfung durch Passanten in Diskothek, nachdem dieser versehentlich angefahren wurde	Gastronomie
79	Aufforderung, das Lokal zu verlassen	Gastronomie
11	Bevormundung von erwachsenen Menschen mit Beeinträchtigungen in Heimen	Heime
11	Unfreundliche Beratung durch eine Ärztin	Med. Versorgung
11	Unzufriedenheit mit Beratung durch Ärzte	Med. Versorgung
11	Unzufriedenheit mit der Versorgung im Krankenhaus durch Ärzte und Pflegepersonal	Med. Versorgung
03	Benutzung des öffentlichen Busses verhindert	Öffentl. Verkehr
07	Benutzung der Straßenbahn	Öffentl. Verkehr
22	Rücksichtsloses Verhalten von Passanten in der U-Bahn	Öffentl. Verkehr
22	Rücksichtloses Verhalten von Jugendlichen in der U-Bahn	Öffentl. Verkehr
43	Anpöbeln im Bus	Öffentl. Verkehr
03	Konfrontation mit NS-Gedankengut	Öffentlichkeit
06	Kinder wegziehen	Öffentlichkeit
08	Angestarrt werden von Unbekannten	Öffentlichkeit
08	Unfreundliches, rücksichtloses Verhalten	Öffentlichkeit

Num.	Thema	Lebensbereich
10	Nötigung zur Prostitution	Öffentlichkeit
10	Sexuelle Belästigung	Öffentlichkeit
20	In der Stadt mit NS-Gedankengut beschimpft	Öffentlichkeit
20	Anstarren in der Öffentlichkeit	Öffentlichkeit
20	Beim Warten mit aufdringlichen Hilfsangeboten überhäuft	Öffentlichkeit
20	Eltern reißen ihre Kinder weg, obwohl genügend Platz zum Vorbeigehen ist	Öffentlichkeit
20	Es wird geholfen, ohne auf die Bedürfnisse des Bittenden zu achten	Öffentlichkeit
21	Mitfahrt auf einem Volksfest wurde vom Schausteller verweigert	Öffentlichkeit
23	Barrieren in der Öffentlichkeit, Angst vor Rolltreppe	Öffentlichkeit
24	Anstarren durch Erwachsene	Öffentlichkeit
24	Angeschaut werden	Öffentlichkeit
28	Gewalttätiger Angriff von Rechtsradikalen	Öffentlichkeit
36	Beschimpfung in der Fußgängerzone	Öffentlichkeit
38	Öffentliches Auftreten erweckt das Gefühl, man sei kein richtiger Mensch	Öffentlichkeit
42	Kaputte Bierflaschen blockieren Aufzug bzw. beschädigen Rolli-Reifen	Öffentlichkeit
44	Passanten halten ihrer Begleiterin die Augen zu bzw. ziehen sie weg	Öffentlichkeit
44	Unbekannte haben den Rollstuhl auseinander gebaut	Öffentlichkeit
52	Beschimpfung durch Passant mit NS-Gedankengut	Öffentlichkeit
53	Verbale Anmache	Öffentlichkeit
54	Anstarren in der Öffentlichkeit	Öffentlichkeit
54	Beschimpfung durch Jugendliche	Öffentlichkeit
55	Beschimpfung durch Passant	Öffentlichkeit
58	Anstarren durch Unbekannte	Öffentlichkeit
62	Geldgeschenke	Öffentlichkeit
63	Beschimpfen und Ignorieren	Öffentlichkeit
66	Beschimpfung mit NS-Gedankengut	Öffentlichkeit
74	Wegen Artikulationsschwierigkeiten wird B. als Ausländerin bezeichnet	Öffentlichkeit
75	Geldgeschenk	Öffentlichkeit
79	Gewalttätiger Angriff von Skinheads	Öffentlichkeit

Num.	Thema	Lebensbereich
40	Misslingen bei Partnersuche wegen Behinderung	Partnerschaft
49	Ablehnung eines Wunsches nach Partnerschaft wegen Behinderung	Partnerschaft
50	Beziehungssuche scheitert oft an der Behinderung	Partnerschaft
65	Verlust der Partnerschaft nach Erkrankung, die zu Behinderung führt	Partnerschaft
14	Beleidigendes Verhalten des Lehrers wegen der schulischen Leistungen	Schule
78	Rauswurf aus der Klasse	Schule
83	Gefühl, anderen in der Schule zur Last zu fallen	Schule
12	Beschwerden von Chormitgliedern, weil eine behinderte Frau auf einen Ausflug mitfahren wollte	Vereine
57	Falsche Einschätzung der Leistungsfähigkeit und -willigkeit durch Workshopleiter	Vereine

Tabelle 22: Themen/Inhalte der geschilderten Erlebnisse der Belastungsstufe 4 und deren Zuordnung zu einzelnen Lebensbereichen

Auch bei den Erlebnissen, die von den befragten Personen als »stark belastend« bewertet werden, ist festzustellen, dass sich die meisten Situationen im Rahmen der Öffentlichkeit und mit Beteiligung unbekannter Personen abspielen. Diese Darstellungen machen einen Anteil von 33 von insgesamt 74 Erfahrungen innerhalb dieser Bewertungskategorie aus.

Während auch hier wieder Erlebnisse in den Bereichen der Gastronomie (n = 8) und im öffentlichen Verkehr (n = 5) relativ häufig vertreten sind und ebenfalls die Anzahl von allgemeinen diskriminierenden Verhaltensweisen von Nichtbehinderten gegenüber Personen mit einer Körperbehinderung mit sieben Darstellungen stärker vertreten ist als in den bisher dargestellten Belastungskategorien, kann festgestellt werden, dass auch zunehmend solche Erlebnisse als stark belastend empfunden und geschildert werden, die den Bereichen Partnerschaft (n = 4), Schule und Arbeit (n = je 3) sowie der medizinischen Versorgung (n = 3) zuzurechnen sind.

Die meisten stark belastenden Geschehnisse spielen sich also überwiegend im Bereich des öffentlichen Lebens unter Beteiligung weitgehend unbekannter Personen ab, wobei nun allerdings auch solche Bereiche verstärkt hinzukommen, von denen sich die in der Mehrzahl noch immer unbekannten Personen als Personal pädagogischer und medizinischer Einrichtungen bezeichnen lassen.

Vierzehn der innerhalb dieser Belastungsstufe dargestellten Erlebnisse lassen zwar keine konkreten oder abstrakten Formen von Diskriminierung erkennen, verursachten bei den befragten Personen trotzdem Gefühle der Unsicherheit oder Minderwertigkeit:

(38): »Mir ist es immer peinlich, wenn ich irgendwo hingehe, z. B. mit meiner Tochter ins Puppentheater, da kommt man sich so vor als wenn man nicht so ein Mensch wäre.«;

(24): »Es war im U-Bahn-Aufzug, eine alte Frau stand da und wollte nicht mit in den Aufzug. Sie schaute bloß, das war mir unangenehm. Traut sie sich nicht oder will sie nicht? [...] Als die Frau gesehen hat, dass ich reden kann, ist sie eingestiegen.«;

(33): »In der U-Bahn habe ich eine alte Frau mit Stock getroffen, die wollte mir helfen, aber ich wollte nichts riskieren und hab's abgelehnt. Die Frau war gekränkt, ich wollte nicht riskieren, dass wir beide umfallen; ich hab' dann einen jüngeren angesprochen. Ich war in der Zwickmühle, ich hab' mich danach beschissen gefühlt.«;

Bei den übrigen 60 der insgesamt als »*stark belastend*« empfundenen Erlebnisse können neben verbalen Diskriminierungen in Form von Beleidigungen (n = 4) zunehmend auch solche Verhaltensweisen von Nichtbehinderten ausgemacht werden, die sich als aktive Formen der Isolation und Ausgrenzung (n = 9) beschreiben lassen, wozu sich in erster Linie Aussagen und Handlungen der Missachtung (n = 11), Abwertung (n = 9) und der Kontaktvermeidung (n = 5) rechnen lassen:

(03): »Es gibt Tage, da will ich nicht heraus, ich kann nur mit einem bestimmten Bus fahren, mit absenkbarem Einstieg. Auf meine Aufforderung hin, die Rampe zu senken, hat der Busfahrer gesagt: ›Ich hab kein Abitur.‹ Das find' ich eigentlich eine Unverschämtheit.« *(Beleidigung)*;
(Umgang: »Es gibt Tage, da will ich nicht heraus.« *(sozialer Rückzug)*);

(43): »Oder im Bus: ›Was schaust denn eigentlich so, Behinderter?‹ → Da konnt' ich nix dazu sagen, weil's mich da zu sehr betroffen hat.« *(Beleidigung)*;
(*kein* Umgang;, aber Bewertung: »Da konnt' ich nix dazu sagen, weil's mich da zu sehr betroffen hat.«);

(38): »In einer Gastwirtschaft konnte man in den Biergarten eben mit dem Rollstuhl hinein. Jetzt hat man eine Stufe gemacht, dass wir nicht rein können. Die Bedienung hat auch gesagt, man muss immer die Stühle zur Seite tun, Platz machen,...« *(Ausgrenzung)*;
(*kein* Umgang);

(15): »Im Allgemeinen nur in der Wirtschaft, da durfte ich nicht rein. Das war im Jahr der Behinderten (80/81). Mein Mann hat den Zigarettenautomaten wegstellen wollen und gesagt: Da kommt ein Rollstuhlfahrer. Aber

da kam ich gar nicht rein, er hat den Automaten nicht wegstellen dürfen.«
(Ausgrenzung);
(kein Umgang, aber Bewertung: »Das war im Jahr der Behinderten.«);
(25): »Also, mit der Mutter einer Bekannten von mir, die hat gesagt, ... ich wollte zu ihr kommen; sie (Mutter) sagte: ›Nein, das geht nicht‹; ich könnte ja mehr wollen.« *(Ausgrenzung)*;
(Umgang: »[...] ich frage mich, was da in den Köpfen vorgeht.«);
(79): »In Kneipen ist es mir schon passiert, dass alle gefragt wurden, was sie wollen und zu mir: ›Verlassen Sie das Lokal, Sie werden« hier nicht bedient.‹« *(Ausgrenzung)*;
(kein Umgang);
(06): »Was mir immer wieder auffällt, dass Ehepaare ihre Kinder wegziehen. ... Kind erkennt richtig, dass ich nix Schlimmes hab‹, lächelt mich sogar an. Und Eltern ... schon so oft passiert. Wenn Mutter sagt: ›Guck da nicht hin.‹. [...]« *(Kontaktvermeidung)*;
(Umgang: »[...] Kann man schwer ändern, weil es was Anerzogenes ist. Würde mir wünschen, dass man das Kind da lässt [...].« *(Attribution)*);
(14): »Lehrer hat gesagt, ich taug' nix – du mit deinen blöden Leistungen, kommst sowieso nur in die Werkstatt.« *(Abwertung)*;
(kein Umgang, aber Bewertung: »aber das war eigentlich die schlimmste Zeit in meinem Leben.«);
(11): »Finde ich sehr schlimm. Ärzte: Oft plumpe Antworten. Frauenärztin: über Verhütung: ›Bei Ihnen sowieso sehr unwahrscheinlich...‹, ›Was machen Sie sich überhaupt für Sorgen. Bei Ihnen ist überhaupt alles zu klein.‹ → nachgefragt → ›Der Nächste.«« *(Missachtung)*;
(kein Umgang, aber Bewertung: »Finde ich sehr schlimm.«);
(11): »Wird alles in einen Topf geworfen. Spürt auch was, obwohl allgemeine Meinung: Bei Querschnitt spürt man's nicht. Lymphknoten in Leiste; weh getan; Ärztin: ›Sie spüren das doch sowieso nicht.‹ [...]« *(Missachtung)*;
(kein Umgang, aber Bewertung: »Wird alles in einen Topf geworfen.«);
(20): »Du bittest um Hilfe und die hören dir gar nicht zu; z. B. im Aufzug, die schieben dich einfach rein; stehst da und weißt nicht, wie du es ihnen begreiflich machen sollst.« *(Missachtung)*;
(kein Umgang, aber Bewertung: »die hören dir gar nicht zu.«);
(03): »(Sehr gerührt, den Tränen nahe, Stimme zittert, Schweißausbrüche) Ich bin lange Zeit mit dem Diakonischen Werk in Urlaub gefahren. Ich hab' mich für Ungarn entschieden. Als ich dort war (diakonisches Werk), sagten die: ›Nein, P. fährt ins Fichtelgebirge.‹ Ohne mich zu fragen. Da wird man einfach verschaukelt. Die sog. Christlichen. Pannen bei der Planung (spött(elnd)/-isch).« *(Missachtung)*;

(Umgang: »Die sog. Christlichen. Pannen bei der Planung (spöttisch).«
(*Zynismus, Ironie*));
(62): »Mobbing in der Arbeit, da kann man noch so gut sein, aber sie versuchen einen immer wieder zu drücken. Man muss immer schneller sein. Man muss 3-fach gut sein, gerade in der freien Wirtschaft, aber ich bin froh darum, da zu sein. Aber es geht ja eigentlich nicht um mich, sondern die werden ja nicht damit fertig. Aber ich denke, man wird schon diskriminiert in der Arbeit. Wenn ich für ein Gebiet zuständig wäre, wär' ich schon zufrieden, aber das hat 7 Jahre gedauert, bis ich jetzt meine Arbeitsgebiete habe.« (*Benachteiligung*);
(Umgang: »Aber es geht ja eigentlich nicht um mich, sondern die werden ja nicht damit fertig.« (*Attributierung*));
(03): »Nachträglich: meine Eltern sind 1910 geboren, da waren die Nazis. Ich muss sagen, ich war 42 Jahre eingesperrt ...« (Tränenausbruch, ziemlich laut): »Könnt Ihr Euch das vorstellen? Das muss man erlebt haben. Meine Eltern nicht, die sind beide tot, aber das gesunde Volk. Heute heißt es dann ›der Hitler hat mich vergessen‹.« (*Absprache des Lebensrechts*);
(*kein* Umgang, aber Bewertung: »Könnt Ihr Euch das vorstellen?« (*Unvorstellbarkeit*));
(10): »Ich weiß nicht, ob's an meiner Dicke liegt – aber früher kam ich mal an der Frankfurter Str. runter und da hat 'n Mann gesagt, ob ma's nicht machen können, für 'nen 50er!« (*Sexuelle Belästigung*);
(Umgang: »Ich weiß nicht, ob's an meiner Dicke liegt.« (*Selbstattribution, Unsicherheit*));
(44): »Einmal haben sie meinen Rollstuhl auseinander gebaut, die Steuerung war am Boden; das war schlimm, das war gefährlich.« (*tätlicher Angriff*);
(*kein* Umgang, aber Bewertung: »das war schlimm, das war gefährlich.«);
(28): »Wenn man in der Straßenbahn sitzt, wenn man von Rechtsradikalen überfallen wird, und es stehen die Leute da, die nicht helfen; das war bei mir so gewesen in Magdeburg; [...] die sind reingekommen und haben andere Behinderte angepöbelt; die haben versucht, richtig zu treten und zu schlagen; alle haben zugeguckt und nicht geholfen; nur die Betreuer haben alles abgewehrt; sie standen vor mir; das werde ich nicht so schnell vergessen.« (*tätlicher Angriff*); *kein* Umgang, aber Bewertung: »das werde ich nicht so schnell vergessen.«);
(36): »Ich habe ein behindertengerechtes Fahrrad. Besitze von der Stadt eine Erlaubnis, damit in der Fußgängerzone zu fahren. Ich morgens allein in der Stadt. Es war ziemlich eng. Musste nahe an einer Fensterscheibe fahren. Eine Oma hat sich mitten in den Weg gestellt. Sie sagte, ich solle vom Fahrrad absteigen, hier sei die Fußgängerzone. Ich antwortete, dass ich eine Ge-

nehmigung hätte. Sie daraufhin: ›Nein, ich hole die Polizei.‹ *Die Oma ging massiv gegen mich vor. Sie hätte mich fast vom Fahrrad runtergezogen.* Eine jüngere Frau mit Kinderwagen, die die Situation beobachtet hatte, kam zu mir und half mir. Sie sagte zur Oma: ›Nehmen Sie ihre Sachen und gehen Sie dann vorbei. Sie sehen doch, dass sie behindert ist.‹ Die Oma ist dann weggegangen ohne irgendwas zu sagen. Die junge Frau ging dann noch ein Stück mit mir und meinte auch, dass es von der alten Frau eine Frechheit sei, wie sie mit mir umgegangen ist. »*(tätlicher Angriff)*;
(Umgang: »[...] und meinte auch, dass es von der alten Frau eine Frechheit sei, wie sie mit mir umgegangen ist.«);

Sonstige Beispiele für Umgang mit diskriminierenden Erfahrungen innerhalb der Belastungsstufe 4:

(07): »Das war 'ne ganz große Sache: Die Straßenbahnfahrer fahren wie die ›gesengte Sau‹, fahren viel zu schnell. Der Boden in den Straßenbahnwaggons ist oft viel zu glatt, wenn es nass ist. [...]«
(Umgang: »[...] Da müsste man was ändern.« (*Forderung*));
(12): »Vor zehn Jahren waren meine Schwestern und meine Tante im Kirchenchor. Und im Juni war ein Ausflug für drei Tage geplant. Meine Schwester wollte mich sehr gerne mitnehmen. Das war auch ein halbes Jahr fest und eine Woche vor der Abfahrt haben sich ein paar Leute beschwert, weil meine Schwester und meine Tante mich mitnehmen wollten. Und zwar versteckte Ausreden: ›Das wäre doch für meine Schwester viel Arbeit.‹ [...]«
(Umgang: »[...] Wir sind alle drei nicht mitgefahren.« (*sozialer Rückzug*));
(22): »Ich bin viel mit der U-Bahn unterwegs, viele sehen, dass ich mit dem Aufzug mit will, das ist alles voll von Nichtbehinderten, keiner geht raus und fährt mit der Rolltreppe; [...]«.
(Umgang: »[...] da kann ich drauf pfeifen.«);
(24): »Z. B. beim Anstarren gibt's Unterschiede, z. B. Kinder fragen ganz ehrlich: tut dir was weh, hast du was? und Erwachsene starren bloß, [...]. Erwachsene bleiben stehen und glotzen. [...] Also bei Erwachsenen stört's mich.«
(Umgang: »[...] ich mach's dann so, dass ich sag': ›Is irgendwas, kann ich ihnen helfen?«);
(30): »Vor 5 Jahren da hatte ich das Gefühl: Ich bin allein. Draußen hatte ich keine Freunde. Meine Oma hat zu mir wörtlich ins Gesicht gesagt: ›Ich will keinen behinderten Enkel haben.‹ [...]«.
(Umgang: »[...] Aber ich kann mein Leben ändern. Als mein Stiefvater mich rausgeschmissen hat, hab' ich mich entschieden, mein Leben selbst in die Hand zu nehmen.« (*Anpacken*));

(54): »Ich habe eine nichtbehinderte Freundin, wir werden in der Stadt oft von den Leuten angeguckt. [...] Es sind immer mehr die älteren Leute. Mitleid spielt eine große Rolle.«
(Umgang: »[...] Dann umarme ich sie erst recht.«);
(55): »Ältere Frau hat sich extra umgedreht und gesagt: ›Guck dir mal den Kleinen an.‹ Ich bin hingefahren und habe gesagt: ›Halt's Maul, blöde Kuh.‹
(Umgang: »[...] Die war eh etwas neben der Kappe.« (*Attributierung*));

Zusammenfassend kann als Fazit zu den Aussagen der Belastungsstufe 4 festgehalten werden:

1. Auch die »stark belastenden« Erlebnisse spielen sich überwiegend im Bereich des öffentlichen Lebens ab. Es kommen jedoch Bereiche der medizinischen Versorgung und von Dienstleistungsanbietern verstärkt hinzu.
2. Die beteiligten Personen sind in der Mehrzahl unbekannt, wobei hier anzumerken ist, dass auch das Personal pädagogischer und medizinischer Einrichtungen an als belastend empfundenen Situationen als beteiligt genannt werden.
3. Die Diskriminierungen zeigen neben verbalen Formen der Beleidigung in ähnlicher Häufigkeit aktive Formen der Isolation und Ausgrenzung. Es scheint, als sei das Gefühl ausgegrenzt, abgelehnt, beleidigt und isoliert zu werden – in verbaler Form oder in aktiv-handlungsorientierter Form – das wichtigste Ergebnis und herausragendste Kriterium für die Erlebnisse mit Belastungsstufe 4.
4. Abgegebene Erklärungen und Kommentare zeigen die kognitiv orientierte Auseinandersetzung und beschreiben Ursachen, Unverständnis bzw. dienen häufig als Begründung für die angeführten Bewertungen.
5. Schuldzuschreibungen erfolgen zum Teil konkret-generalisierend, gegen Personengruppen gerichtet und zum Teil als Vorwurf, der inhaltlich mangelnde Hilfsbereitschaft und mangelnde Rücksicht beanstandet.
6. Konsequenzen werden in gegensätzlicher Form beschrieben, als handlungsorientierte Umgangsweisen wie Rückzug, Anpacken und als Desensibilisierung.

Oder anders ausgedrückt:
Die Wirkungen, Reaktionen und Umgehensweisen bei den hochbelastenden Erlebnissen deuten verstärkt auf eine Auseinandersetzung mit diesen Belastungen hin. Nach einer hohen emotionalen Betroffenheit folgt eine Auseinandersetzung mit möglichen Erklärungen und Ursachenzuschreibungen sowie Überlegungen zur Lösung solcher Schwierigkeiten.

3.1.2.3 Unterschiedliche Bewertungen ähnlicher Situationen

Im Verlauf der Analyse der Spontanaussagen in Abhängigkeit unterschiedlich zugeordneter Belastungsstufen ist aufgefallen, dass geschilderte Situationen mit einem sehr unterschiedlichen Belastungsgrad versehen worden sind, was darauf hindeutet, dass die subjektive Wahrnehmung und Interpretation der scheinbar gleichen Situation interindividuell sehr stark variiert, unterschiedliche Deutungsmuster zur Folge hat und somit sehr subjektiv in ihrem Belastungsgrad eingeschätzt wird.

Am Beispiel der Situation des »Anstarrens« und des »Geld-Gebens« soll dies im Folgenden verdeutlicht werden:

1. Situation: Anstarren

Belastungsstufe 1: »überhaupt nicht belastend«

(68): »Vor 6-7 Jahren war eine Frau in der Wirtschaft, die hat geschielt. Die Frau sieht mich und starrt mich furchtbar an, das war ich in I. (Wohnort) nicht gewöhnt. Ich habe sie gefragt, ob sie ein Passbild von mir haben will und warum sie ihr Auge nicht reintut.«

(77): »Mit dem Anstarren erlebe ich das auch. In Großstädten, in der Fußgängerzone.«

(79): »Ich fahre immer alleine in den Urlaub; die ersten Tage gaffen die Leute ein bißchen; aber wenn sie merken, wie ich drauf bin, kriegen die eine ganz andere Einstellung zu Behinderten. Da denke ich mir, vielleicht ist es mein Job, den Leuten zu zeigen, wie wir drauf sind; durch den Kontakt können die ihre Vorurteile abbauen.«

Belastungsstufe 2: »wenig belastend«

(24): »Z. B. beim Anstarren gibt's Unterschiede, z. B. Kinder fragen ganz ehrlich: tut dir was weh, hast du was? [...] → Im Vorbeigehen, bei Kindern. [...].«

(47): »Allgemein ist es so, dass man manchmal schräg angeguckt wird. Bei kleinen Kindern is es noch nicht so schlimm. Besonders alte Omas, da ist es schon blöd, aber auch nicht so schlimm. [...].«

(55): »Überhaupt das Gaffen ist immer da. Mittlerweile weniger belastend, man hat sich daran gewöhnt.«

(71): »Es kommt auf die Menschen an – und auf die Gruppe; wenn wir in der Stadt sind, ist es so komisch, wenn die Menschen einen so anstarren oder ganz bewusst wegschauen.«

(73): »Ich hatte viele Erlebnisse. Z. B. dass ich im Rollstuhl in der Stadt angestarrt werde, vor allem von Kindern.«

Darstellung und Diskussion der Ergebnisse

Belastungsstufe 3: »etwas belastend«
(05): »Blicke, wenn ältere Leute gucken, dann stört mich das, wenn Kinder gucken, nicht, normal müsste es doch selbstverständlich sein.«
(14): »Wenn ich mit 'ner Gruppe unterwegs bin, mit lauter E-Stuhlfahrern, dann gucken alle, das mag ich nicht. Deswegen bevorzuge ich in kleinen Gruppen – oder alleine – fortzugehen.«
(18): »Angestarrt werden, blöd angemacht in der Stadt.«
(49): »Wie im Bericht, wenn sie gaffen, aber mein Gott, das kann man schlecht abstellen.«

Belastungsstufe 4: »stark belastend«
(20): »Wenn sich jemand hinstellt und mich ewig lange angafft.«
(08): »Manche Leute starren mich an.«
(24): »Z. B. beim Anstarren gibt's Unterschiede, z. B. Kinder fragen ganz ehrlich: tut dir was weh, hast du was? und Erwachsene starren bloß, [...]. Erwachsene bleiben stehen und glotzen. [...] Also bei Erwachsenen stört's mich.«
(54): »Ich habe eine nichtbehinderte Freundin, wir werden in der Stadt oft von den Leuten angeguckt. Dann umarme ich sie erst recht. Es sind immer mehr die älteren Leute. Mitleid spielt eine große Rolle.«
(58): »Allgemein: Anstarren, etc. Ich merke dann immer, wenn die Leute mich so anstarren, dass die mich ganz anders wahrnehmen als ich mich selber. Ich seh' das nur als ein Merkmal von mir an. Ich glotze auch keine Leute an, die 'ne große Nase haben.«

2. *Situation: Geldgeschenke*

Belastungsstufe 1: »überhaupt nicht belastend«
(22): »Habe auf meinen Vater gewartet, ein älterer Herr hat mir ein paar Mark in die Hand gedrückt und gefragt, ob ich Cola und 'ne Wurstsemmel haben will, und die mir einfach geholt.«
(22): »Mir wurden 50 Mark in die Hand gedrückt, ich hatte einen Freund dabei und er sagte, die sollen wir uns teilen.«
(44): »In den Ferien haben mir Zigeuner 20 DM in die Hand gedrückt. Ich sage dann ›danke‹ und nehme es einfach, dann ist mein nächstes Buch gesponsert; von Omas bekomme ich öfter 'mal ein bis zwei DM.«

Belastungsstufe 2: »wenig belastend«
Keine Beispiele vorhanden!

Belastungsstufe 3: »etwas belastend«

(05): »Leute, die mir zwei Mark in die Hand drücken und sagen: ›Kauf' dir ein Eis.‹«

(40): »Auf der Straße, alte Frau: ›Der arme Bub, hier hast' 5 DM.‹ Ich: ›Behalten Sie die 5 DM, Sie haben's nötiger als ich.‹ Das war als Almosen gedacht. Früher vielleicht anders darüber gedacht, heute denke ich, die Frau ist in Rente, die hat's nötiger. Das Ganze geht mir nicht nach über Jahre, aber fällt einem immer wieder ein.«

(63): »Dass ich's blöd find‹, dass Leute einem Geld schenken nur aus Mitleid 'raus, weil ich find‹, aus Mitleid einem 'was zu schenken, is' halt blöd, weil wir haben ja auch Geld. Kommen wir uns vor, als wären wir halt arme Leute.«

(77): »[...] Konnte sehen, dass den Behinderten Coladosen geschenkt wurden in der Fußgängerzone.«

Belastungsstufe 4: »stark belastend«

(62): »Was mir immer wieder in der Pubertät passiert ist, sind Geldgeschenke, die ich in der Pubertät immer wieder bekommen habe.«

(75): »Neulich im Lokal wollte ein älterer Herr mir 20 DM anbieten. Weil ich ja so arm dran sei. Ich hab' ihm gesagt, er soll sein Geld nehmen und verschwinden [...] des war absolut beleidigend.«

3.1.2.4 Ergebnisse statistischer Verrechnungen

Wie in den theoretischen Ausführungen schon dargestellt, gehen in die Wahrnehmung und Bewertung von Ereignissen im Hinblick auf eine subjektive Bedeutsamkeit, ihre Einschätzung als »*belastend*« oder »*weniger belastend*« weitere zusätzliche Faktoren ein, die in der Coping-Forschung als »Puffer-Variable« beschrieben und abgehandelt werden.

Die folgenden statistischen Verrechnungen sollten einen Effekt solcher unabhängigen Variablen prüfen.

Den statistischen Verrechnungen als *abhängige Variable* zugrunde gelegt wurden:

1. Die Anzahl der erzählten Erlebnisse, nur Belastungsstufe 4;
2. Die Anzahl der unter den Belastungsstufen 3 und 4 (höherer Belastungsgrad) zusammengefassten berichteten Erlebnisse;
3. Die Anzahl der unter den Belastungsstufen 1 und 2 (geringerer Belastungsgrad) zusammengefassten berichteten Erlebnisse;

Darstellung und Diskussion der Ergebnisse

Als *Außenkriterien* der statistischen Verrechnungen wurden gewählt: Alter, Geschlecht und als Persönlichkeitsvariablen: Problemlösefähigkeit, Selbstwertgefühl und Kontrollüberzeugung

Ergebnisse zu den Variablen Alter, Geschlecht, Persönlichkeitsvariable und Anzahl der berichteten Erlebnisse (Belastungsstufe 4)

Insgesamt 74 Erlebnisse werden der Belastungsstufe 4 zugeordnet (N = 71, 3 fehlende Angaben).

Der Mittelwert der Anzahl der erzählten Erlebnisse beträgt 1.028. Die Anzahl der Erlebnisse verteilt sich wie folgt:

Anzahl der berichteten Erlebnisse	*Häufigkeiten*	*% Ausprägung*
Kein Erlebnis haben berichtet	23	(32.39%)
Ein Erlebnis haben berichtet	32	(45.07%)
Zwei Erlebnisse haben berichtet	11	(15.49%)
Drei Erlebnisse haben berichtet	3	(4.23%)
Vier Erlebnisse hat berichtet	1	(1.41%)
Sechs Erlebnisse hat berichtet	1	(1.41%)

Tabelle 23: Anzahl der pro Person erzählten Erlebnisse

Die Ergebnisse der gerechneten Mittelwert-Vergleiche zur unabhängigen Variablen *Geschlecht* erbringt folgende Verteilung:

Anzahl der berichteten Erlebnisse Mittelwerte Männer (N = 41):   0.878
Anzahl der berichteten Erlebnisse Mittelwerte Frauen (N = 30):   1.233
Ergebnis des Mittelwert-Vergleiches: $p < .061$

Es wird deutlich, dass die Daten tendenziell in die Richtung gehen, dass bei Frauen die Anzahl der berichteten Erlebnisse bezüglich der Belastungsstufe 4 stärker ausgeprägt ist als bei Männern.

Die Ergebnisse der Korrelationsvergleiche zwischen der Anzahl der berichteten Erlebnisse und den Faktoren »*Alter*« und »*Persönlichkeitsvariablen*« sind in der folgenden Aufstellung wiedergegeben:

Anzahl Erlebnisse Belast 4	
Korrelationsrechnungen	Statistik
Alter	r=.265; p<.025*
Problemlösefähigkeit	r=.228; p<.076
Selbstwertgefühl	r=.207; p<.110
Kontrollüberzeugung	r=.218; p<.093

Tabelle 24: Ergebnisse der Korrelationsvergleiche zwischen der Anzahl der berichteten Erlebnisse und den Faktoren »Alter« und »Persönlichkeitsvariablen«

Die Ergebnisse zur Anzahl der berichteten Erlebnisse unter der Belastungsstufe 4 können wie folgt zusammengefasst werden:
1. Die Anzahl der berichteten Erlebnisse nimmt mit zunehmendem Alter zu (r =.265; p < .025*).
2. Die Daten gehen – trotz fehlenden Signifikanzniveaus – in die Richtung, dass die Anzahl der unter Belastungsstufe 4 berichteten Erlebnisse auch in Zusammenhang mit der Ausprägung der erfassten Persönlichkeitsvariablen zu sehen ist.
3. Höhere Problemlösefähigkeit, höhere Kontrollüberzeugung und höheres Selbstwertgefühl stehen tendenziell in Zusammenhang mit einer geringeren Anzahl einer Schilderung von als »*stark belastend*« eingestuften Erlebnissen.

Ergebnisse zu den Variablen Alter, Geschlecht, Persönlichkeitsvariable und Anzahl der berichteten Erlebnisse in Abhängigkeit eines höheren (Zusammenfassung 3+4) und eines geringeren (Zusammenfassung 1+2) Belastungsgrades

Insgesamt werden 125 Erlebnisse den Belastungsstufen 3+4 und 72 Erlebnisse den Belastungsstufen 1+2 zugeordnet.

Die Ergebnisse zum Faktor »Geschlecht« lassen sich tabellarisch folgendermaßen darstellen:

Anzahl Ergebnisse	Mittelwerte Männer	Mittelwerte Frauen	Statistik
Bel. Stufen 3+4	1.632 (N=38)	2.138 (N=29)	p<.026*
Bel. Stufen 1+2	1.184 (N=38)	0.931 (N=29)	p<.47

Tabelle 25: Die Variable »Geschlecht« in Abhängigkeit eines höheren und eines geringeren Belastungsgrades

Aus den Ergebnissen dieser Aufstellung folgt: Eine geschlechtsspezifische Differenzierung zeigt sich bei der Ausprägung der Anzahl der geschilderten Erlebnisse, die einem höheren Belastungsgrad zugeordnet werden ($p < .026^*$), nicht aber bei der Ausprägung der Anzahl der berichteten Erlebnisse, die einem geringeren Belastungsgrad zugeordnet werden ($p < .47$).

Ergebnisse zu den unabhängigen Variablen Alter, Problemlösefähigkeit, Kontrollüberzeugung und Selbstwertgefühl

In der folgenden Aufstellung sind die Ergebnisse der Korrelationsrechnungen abgebildet:

	Anzahl Erlebnisse 3+4	*Anzahl Erlebnisse 1+2*
Korrelationsrechnungen	Statistik	Statistik
Alter	r=.134; p<.280	r=.209; p<.088
Problemlösefähigkeit	r=.210; p<.110	r=.290; p<.026*
Selbstwertgefühl	r=.251; p<.054	r=.100; p<.450
Kontrollüberzeugung	r=.181; p<.170	r=.275; p<.036*

Tabelle 26: Darstellung der Ergebnisse der Korrelationsrechnungen

Die Ergebnisse zur Anzahl der berichteten Erlebnisse mit *höherem* Belastungsgrad (3+4) können wie folgt zusammengefasst werden:
1. Das Alter und die Anzahl der berichteten Erlebnisse (höhere Belastungsstufe) stehen in keinem statistischen Zusammenhang.
2. Je höher das Selbstwertgefühl ausgeprägt ist, desto weniger Erlebnisse mit höherer Belastungsstufe werden berichtet ($r = -.251$; $p < .054$, knapp signifikant).
Zumindest tendenziell in die gleiche Richtung gehen die Ergebnisse zur Persönlichkeitsvariablen »Problemlösefähigkeit« ($r = -.210$; $p < .110$).
3. Die Bedeutung der Persönlichkeitsvariable »Selbstwertgefühl« im Blick auf die Anzahl der berichteten Erlebnisse wird durch die Ergebnisse einer gerechneten multiplen Regressionsanalyse bestätigt:
Erster und einziger Prädiktor für die Variable »Anzahl der berichteten Erlebnisse« ist die Variable »Selbstwertgefühl« (p(beta): .042*; beta-Gewicht: -0.235). In der Regressionsanalyse wurden »Alter«, »Geschlecht«, »Selbstwertgefühl«, »Kontrollüberzeugung« und »Problemlösefähigkeit« als Kriterien hinzugezogen.

Die Ergebnisse zur Anzahl der berichteten Erlebnisse mit *geringerem* Belastungsgrad (1+2) können wie folgt zusammengefasst werden:

1. Erlebnisse mit geringerem Belastungsgrad sind erkennbar mit dem Alter in Verbindung zu bringen: Je älter die Personen sind, desto weniger Erlebnisse geringeren Belastungsgrades werden angeführt ($r = -.209$; $p < .088$).
2. Ein signifikanter Zusammenhang besteht zwischen der Variablen »Problemlösefähigkeit« und der Anzahl der berichteten Erlebnisse mit geringerem Belastungsgrad: Größere Problemlösefähigkeit geht einher mit einer größeren Anzahl berichteter Erlebnisse geringeren Belastungsgrades ($r = .290$; $p < .026*$).
3. In die gleiche Richtung gehen die Ergebnisse zur Persönlichkeitsvariablen »Kontrollüberzeugung« ($r = .275$; $p < .036*$): Je höher die Kontrollüberzeugung ausgeprägt ist, desto mehr Erlebnisse geringeren Belastungsgrades werden erzählt.
4. Kein signifikanter Effekt ist bei der Persönlichkeitsvariablen »Selbstwertgefühl« zu beobachten ($r = .100$; $p < .450$).

Zusammenfassend kann festgehalten werden, dass die Anzahl der berichteten Erlebnisse (in Zuordnung zu zwei unterschiedlichen Belastungsgraden) auch von der Ausprägung bestimmter Persönlichkeitsmerkmale der befragten Personen zumindest tendenziell abhängig zu sein scheint.

Zu diesen Ergebnissen sollen folgende Überlegungen angestellt werden:

In unserer Studie haben behinderte Menschen Erlebnisse mit nichtbehinderten Menschen berichtet und diese Erlebnisse entsprechend dem von ihnen antizipierten Grad der subjektiven Belastung eingestuft.

Nimmt man hypothetisch und unter den gebotenen Vorbehalten neben vielen anderen denkbar möglichen Faktoren auch die Anzahl geschilderter Ereignisse als möglichen Indikator einer verstärkten Wahrnehmung und Interpretation von (stigmatisierenden) Verhaltensweisen nichtbehinderter Menschen an, so haben Ergebnisse – mehr oder minder statistisch abgesichert oder nur in der Tendenz beobachtbar – gezeigt, dass die Anzahl geschilderter Erlebnisse auch in Abhängigkeit der Komponenten »Alter«, »Geschlecht« und weiterer bestimmter Persönlichkeitsvariablen zu sehen und zu interpretieren sind.

Vor allem die Persönlichkeitsvariablen scheinen in der Wahrnehmung der Reaktionen nichtbehinderter Menschen als eine Art »Puffer« oder Filter dahingehend zu wirken, Reaktionen nichtbehinderter Menschen möglicherweise weniger intensiv wahrzunehmen, ihnen eine geringere subjektive Bedeutsamkeit beizumessen oder sie als weniger »bedrohend« zu bewerten und zu interpretieren.

Es bietet sich an, diese ermittelten Zusammenhänge intensiver zu untersuchen.

3.1.2.5 Zusammenfassung der wichtigsten Ergebnisse

Im Rahmen der zweiten Fragestellung werden die Befragten aufgefordert, persönliche Erlebnisse im Umgang mit Nichtbehinderten darzustellen.

Anschließend sollen diese von ihnen anhand einer vorgegebenen Skala (mit den Ausprägungen: 1 = »*überhaupt nicht belastend*«, 2 = »*wenig belastend*«, 3 = »*etwas belastend*« und 4 = »*stark belastend*«) im Hinblick auf das jeweilige Ausmaß der empfundenen Belastung eingeschätzt werden.

Unabhängig von der Anzahl der individuell berichteten Erlebnisse kann festgestellt werden:

1. Der prozentuale Anteil der den Belastungsstufen 3+4 (höherer Belastungsgrad) in den Erzählungen zugeordneten Erlebnisse ist signifikant höher als der prozentuale Anteil der den Belastungsstufen 1+2 (geringerer Belastungsgrad) zugeordneten Erlebnisse.
2. Weiter ergeben die Untersuchungen Hinweise dafür, dass die Anzahl der berichteten Erlebnisse in Zuordnung zu den zwei unterschiedlichen Gruppen von Belastungsgraden auch von der Ausprägung bestimmter Persönlichkeitsmerkmale abhängig zu sein scheint: Damit wird die Bedeutung der sog. »Puffervariable« im Wahrnehmungs- und Interpretationsprozess belastender Ereignisse deutlich bzw. diskussionswürdig.
3. Während innerhalb der ersten Belastungsstufe überwiegend positive Erfahrungen im Umgang mit nichtbehinderten Personen geschildert werden, meistens in Form von Hilfe im Alltag, verhält sich dieser Anteil von Erlebnissen bei den als »*wenig belastend*« empfundenen Situationen sehr gering. Den beiden folgenden Belastungsstufen »*etwas belastend*« und »*stark belastend*« liegen ausschließlich Erfahrungen mit diskriminierenden Inhalten zugrunde.
4. Insgesamt gesehen scheinen sich die meisten der sowohl positiven als auch negativen Ereignisse im Bereich der Öffentlichkeit in der Auseinandersetzung mit weitgehend unbekannten Mitmenschen zu ereignen, wohingegen mit zunehmendem Grad der Belastung auch vermehrt diskriminierende Erlebnisse geschildert werden, die den Kategorien »Gastronomie«, »Partnerschaft« und »Schule bzw. Arbeit« zuzuordnen sind oder unter Beteiligung von Mitarbeitern pädagogischer und medizinischer Einrichtungen stattfinden.
5. Die Aussagen, die das Erlebte bewerten, lassen in den Stufen niedrigerer Belastung eine emotionale Betroffenheit sowie eine starke kognitive Auseinandersetzung mit den Geschehnissen erkennen, was bei den als »*stark belastend*« empfundenen Erlebnissen noch durch Gefühle der Minderwertigkeit und der Einsamkeit ergänzt und verstärkt wird.

6. Im Bezug auf den Umgang und die Reaktionen hinsichtlich der Diskriminierungen zeigt sich, dass zunächst bei nahezu keiner oder nur geringer Belastung Verhaltensweisen angewandt werden, die auf eine aktive Auseinandersetzung mit dem Gegenüber in Form von abwehrenden verbalen und nonverbalen Aktionen schließen lassen, während sich auch hier bei zunehmender Belastung vermehrt Umgangs- und Verarbeitungsstrategien in Form von sozialem Rückzug, Ignorieren, Empörung oder Attribuierung zeigen.
7. Innerhalb dieser Fragestellung fällt außerdem auf, dass Situationen, die sich inhaltlich ähnlich sind, von den befragten Personen unterschiedlich wahrgenommen und erlebt und somit auch verschiedenen Belastungsstufen zugeordnet werden, was besonders auf das »Anstarren« oder das »Schenken von Geld« zuzutreffen scheint. Die subjektive Wahrnehmung nach außen hin als offensichtlich gleich erscheinender Situationen unterliegen sehr stark einer Variation der subjektiven Wahrnehmung, Bewertung und Deutung hinsichtlich der Einschätzung als belastende und bedrohliche Situation.

3.1.3 Ergebnisse zu Frage 3: Spontanantworten und Beantwortung von Fragen zu »stark belastend« wahrgenommenen Situationen

3.1.3.1 Ergebnisse zur Analyse der Spontanaussagen (Frage 3a)

Frage 3 beinhaltet zwei Teilfragen.

Innerhalb von Frage 3 der durchgeführten Studie werden die Befragten aufgefordert, sich nochmals bezüglich des Erlebnisses zu äußern, das sie für sich als *»stark belastend«* wahrgenommen und empfunden hatten (Teil 1: Frage 3a).

An die Frage 3a schließt sich eine Itemliste (Teil 2: Frage 3b) an.

Die Frage *(Frage 3a)* an die Versuchspersonen lautet:
»Innerhalb der Frage 2 haben Sie unter anderem Erlebnisse beschrieben, die Sie belastet haben. Im folgenden werden wir uns auf diese Erlebnisse konzentrieren. Schildern Sie bitte noch einmal das Erlebnis, das Sie am meisten belastet hat ausführlicher und versuchen Sie sich dabei an Einzelheiten zu erinnern!«

Vorab soll erwähnt werden, dass – wie zu erwarten war – viele der Befragten ein Erlebnis schildern, das mit Belastungsstufe 4 in etwa schon in Frage 2 erzählt wird, allerdings teilweise mit Ergänzungen und/oder Bestätigungen frü-

Darstellung und Diskussion der Ergebnisse

herer Aussagen, aber auch mit Verkürzungen. Man kann aber auch davon ausgehen, dass die mit der Fragestellung beabsichtigte Fokussierung auf die belastenden Erlebnisse zu einer erneuten Bestätigung bzw. Vertiefung früherer Aussagen veranlasst hat.

Auch sind nicht alle Erlebnisse für eine Analyse geeignet, da sie zum Teil zu allgemein und pauschal sind oder keine sinnvoll verwertbare konkrete Erlebnissituation enthalten oder aber nicht näher erzählt bzw. kommentiert werden.

Die Gesamtzahl der verwertbaren geschilderten Erlebnisse beträgt somit unter Einbeziehung der dargestellten Einschränkungen 52 Erlebnisse.

Analyse der Spontanaussagen

An dieser Stelle soll auf die zusammenfassenden Übersichten (Abschnitt: 3.1.6) verwiesen werden. Diese Darstellungen informieren im Detail sowohl über alle den Erzählungen zu Grunde liegenden Themen und die Bereiche, in denen die Diskriminierungen stattgefunden haben, als auch über die Formen der jeweiligen Diskriminierungen und geben ebenso Informationen zu Bewertungen und Umgangsweisen mit den geschilderten Erlebnissen.

Überblick über die Struktur der Spontanaussagen

Die befragten Personen haben insgesamt 52 (verwertbare) diskriminierende Erlebnisse geschildert, die von ihnen als »*stark belastend*« wahrgenommen wurden.

Von diesen 52 diskriminierenden Situationen wurden 44 Darstellungen unmittelbar in Form von Gefühlsäußerungen und -empfindungen innerhalb des Erlebten bewertet, 16 Erlebnisse enthalten Hinweise bzw. Ansätze zum Umgang mit belastenden Situationen dieser Art.

In Abbildung 20 (S. 224) wird die inhaltliche Struktur der Spontanaussagen in einer Übersicht deutlich gemacht:

Darstellung der Themen (nach Lebensbereichen geordnet)

Die meisten Erfahrungen, die innerhalb der Frage 3 genannt wurden, lassen sich mit 21 Nennungen dem Lebensbereich »Öffentlichkeit« zurechnen, weitere 7 Erlebnisse können der Kategorie »öffentlicher Verkehr« zugeordnet werden.

Neun Schilderungen beziehen sich inhaltlich auf den Bereich »Gastronomie«, während weitere vier Darstellungen innerhalb des Familien- und Freundeskreises stattgefunden haben.

Fünf der dargestellten Situationen wurden im Rahmen der Schule bzw. des Arbeitsplatzes als diskriminierend empfunden, 2 Äußerungen lassen sich der Kategorie »Partnerschaft« zuweisen.

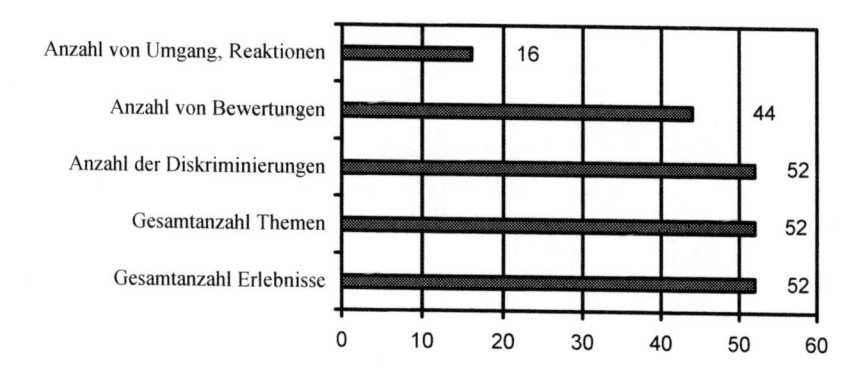

Anzahl von Umgang, Reaktionen	16
Anzahl von Bewertungen	44
Anzahl der Diskriminierungen	52
Gesamtanzahl Themen	52
Gesamtanzahl Erlebnisse	52

Abb. 20: Übersicht über die Anzahl der insgesamt genannten Erlebnisse, der bewerteten Situationen und der Darstellungen mit Hinweis auf Umgangs- bzw. Reaktionsmöglichkeiten

Folgende vier Lebensbereiche wurden der Rubrik »Sonstiges« zugeteilt: Zentrum für Körperbehinderte, medizinische Versorgung, Vereine, allgemeine Aussage.

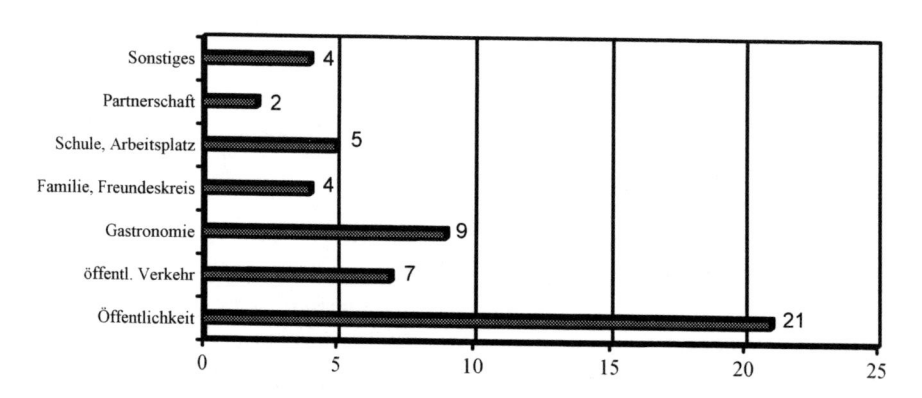

Sonstiges	4
Partnerschaft	2
Schule, Arbeitsplatz	5
Familie, Freundeskreis	4
Gastronomie	9
öffentl. Verkehr	7
Öffentlichkeit	21

Abb. 21: Übersicht über die Lebensbereiche, denen die geschilderten Situationen zuzuordnen sind

Wie es der dargestellten Übersicht zu entnehmen ist, spielt sich der größte Anteil der als »*stark belastend*« empfundenen Erlebnisse überwiegend im Bereich der Öffentlichkeit und unter Beteiligung weitgehend unbekannter Personen ab.

Demgegenüber lassen sich jedoch mindestens 11 der aufgeführten Erfahrungen solchen Kategorien zuteilen, in denen eine Diskriminierung durch

Personen vorgenommen wurde, die dem oder der Befragten persönlich bekannt waren.

Im Folgenden sollen ausgewählte Spontanaussagen dargestellt werden, in Zuordnung zu verschiedenen Lebensbereichen:

Lebensbereich »Öffentlichkeit«

(74): »Ja, da war ich so 15/16, eher 16. Da war bei uns in der Kleinstadt immer so ein Volksfest. Ich bin zum Stand mit dem Soft-Eis gegangen und dann sag' ich halt, ich will des und des. Das sag' ich ein paar mal, weil der Mann mich nicht verstanden hat. Ein paar Leute stehen rum. Und dann sagen so ein paar Männer, die da rumstehen: ›Lern' erst mal sprechen, bevor du was willst.‹«

(06): »Schon 3 bis 4 Mal: Mutter oder Oma haben kleines Kind weggezogen, gesagt: ›Guck da net hin, des is net schön.‹ Ich weiß net, warum mir das so nahegeht. Strahlende Kinderaugen sind das schönste.«

Lebensbereich »Gastronomie«

(59): »Da sind wir rein, wir waren vielleicht 4 bis 5 Behinderte; wir haben uns an einen Tisch gesetzt; es hat ewig gedauert, bis jemand kam; ich habe dann nachgefragt, warum wir nicht bedient werden; dann kam der Geschäftsführer und sagte: ›Hier sitzen Leute von hohem Niveau, das kann man den Leuten hier nicht zumuten.‹ Na ja, was will man da machen? Wir sind halt dann gegangen und haben uns in ein anderes Café gesetzt. [...]«

(72): »Die Reservierung erfolgte persönlich und telefonisch durch die Lehrerin. Als wir angekommen sind, hatten wir trotz zweimaliger Bestätigung keine Reservierung. Es gab zwei Eingänge, am einen war ein Tisch frei. Wir haben uns dann einfach darum hingestellt. Da sagte die Kellnerin, wir würden den Weg verstellen, wir sollen gehen, das geht so nicht. Wir haben dann noch mehr Weg freigemacht. Wir haben auch mit den Leuten vom Nachbartisch geredet. Irgendwann hat die Kellnerin dann doch sehr unfreundlich die Bestellung aufgenommen. Der Kaffee war kalt, als er kam. Wir haben einen Brief an die Geschäftsleitung geschrieben und einen Leserbrief an die Presse. Darauf kam keine Reaktion oder Entschuldigung. Die Leute, die im Café dabei waren, haben gesagt: ›Das kann doch wohl nicht wahr sein!‹«

Lebensbereich »Schule/Arbeitsplatz«

(78): »Ich bin in der Regelschule am ersten Schultag in die Klasse gekommen und da meinte einer, was ich denn hier wolle, ich gehörte doch wohl auf die Art Behindertenschule, wo so Spinner sind oder so. Und der hat dann gesagt, ich solle gehen. [...] Ich bin in die Klasse rein, hab' mich vorgestellt, und dann meinte der das gleich. Ich hab' ihm erklärt, dass ich genauso ein Mensch bin. Er hat mich dann höflich gebeten, die Klasse zu verlassen.«

(62): »Urlaub beantragen: Eigentlich ist's ja Bibbifax, aber im Moment ist es das Belastendste; da weiß ich ganz genau, ich muss ihn auf dem richtigen Fuß erwischen. Ich musste halt mein Zimmer buchen – und dann hab' ich das halt schon mal gemacht. Und dann kam der Chef und hat gemeint: ›Sie hatten doch gerade Urlaub, und ich muss erst im Plan nachgucken.‹ Und dann geht er. Und eigentlich muss ich das mit meiner Kollegin ausmachen, die muss dann ja meine Arbeit machen. Und wenn die ›ja‹ sagt, dann kann ich fahren, und sagt sie ›nein‹, dann nicht. Und der sagt auch zu ihr: ›Kontrollieren Sie die Arbeit von Frau ... eigentlich nicht?‹ Und das fand ich dann halt schon diskriminierend. Aber er sucht halt auch immer Gründe und dann macht er mich fertig und sagt: ›Du Göre!‹ und schimpft mich aus. Der will mich halt 'raus ekeln – das geht doch nicht! [...] Und ein Kollege hat zu mir gesagt: ›Weißt Du, Du zählst bei dem doch eh nur am Rande‹ – und so werde ich auch behandelt. Das ist echt schlimm. Das ist ein Gefühls-Auf-und-Ab. Die Kollegin sagt dann auch oft, ich habe auch einen Mann, an den ich denken muss (zwecks Urlaubsregelung) und da denke ich mir dann, [...] eigentlich geht's mir da ja oft nicht anders als den anderen. Aber so sieht man mich halt nicht.«

Lebensbereich »Familie, Freundeskreis«

(30): »Ganz stark belastend war: Nicht einmal mein Cousin und meine Oma, mit denen ich vorher ein gutes Verhältnis hatte, wollen mich haben. Keiner will mich haben.«

(25): »Also, ich wollte zu ihr kommen; sie (Mutter) sagte: ›Nein, das geht nicht!‹; ich könnte mit ihr im Bett schlafen und so blödes Zeug, die Bekannte ist auch behindert.«

(33): »Im Kindergarten haben sie mir eigentlich immer geholfen, wenn sie mit meiner Mutter fahren konnten. Aber zum Beispiel beim Ballspielen, das hätte ich nicht gekonnt, da sind sie irgendwo anders hingegangen. Sie haben gesagt: ›Du kannst doch stehen, probier's halt 'mal! Stell' dich nicht so an!‹ Ich bin dann weinend heimgegangen, meine Mutter hat mich getröstet, sie hat gesagt, es war vielleicht nicht so gemeint, aber die haben mich einfach hocken lassen, sie haben mir auch nicht mehr heim geholfen. Ein Mann hat mich angesprochen, der hat mich bei meiner Mutter abgegeben.«

Lebensbereich »Partnerschaft«

(49): »Ich hab' die ja gekannt, für mich war sie vom Charakter, der ganzen Einstellung her *die* Frau. Ich hab' gesagt, dass ich eine Beziehung will. Sie hat gesagt: ›Du bist mir zu jung und ich will keine Beziehung mit einem Behinderten.‹ Das hat mich enttäuscht, die wird Erzieherin, von der hab' ich das nicht erwartet. Ich war verknallt und dann dieser Schlag. Ich hab' gedacht, ich spinn‹. Ein Mensch, der Erfahrungen mit Behinderten hat, der

Darstellung und Diskussion der Ergebnisse

so denkt, wie ein Mensch, der noch nie Erfahrungen mit Behinderten gemacht hat. Ich mag sie immer noch, im Hinterkopf denke ich immer noch: ›Blöde Kuh!‹«

(50): »Letztes Jahr habe ich eine über die Gruppe kennengelernt, wo ich vorher drin war. War drei Tage mit ihr weg und es war schön von beiden Seiten her. Die ganze Sache ging bis weit in den Oktober hinein. Irgendwann hat sie gemeint, dass sie mich wohl sehr gern hat und eine gute Bekanntschaft haben möchte, und doch wegen meiner Haut nicht weitergehen möchte.«

Dargestellte Diskriminierungsformen

Alle 52 Erlebnisse, die innerhalb dieser Fragestellung geschildert wurden, beinhalten Diskriminierungen, die sich verschiedenen Kategorien zuteilen lassen.

Dabei treten neben verbalen Diskriminierungen, die sich hauptsächlich in Form von Beleidigungen (n = 12), Ablehnung (n = 4) und Anpöbeln bzw. Auslachen (n = 4) konkretisieren lassen, in hohem Maße auch solche Verhaltensweisen von Nichtbehinderten gegenüber den befragten Personen auf, die sich in erster Linie als aktive Diskriminierungen beschreiben lassen, wie es vor allem auf Handlungen des Angriffs (n = 4), der Kontaktvermeidung (n = 4) sowie der Rücksichtslosigkeit (n = 2) zutrifft.

Kategorie	Anzahl
mangelnd. Zutrauen	2
Unsicherheit, mangelnd. Einfühlungsverm.	2
Ver-, Missachtung, Abwertung, Stigmat.	9
Rücksichtslosigkeit, Ungeduld	3
Kontaktvermeidung, Isolation	4
Ausgrenzung, Isolation	8
Beleidigung	12
Anstarren, Anpöbeln, Auslachen	4
Angriff	4
Ablehnung	4

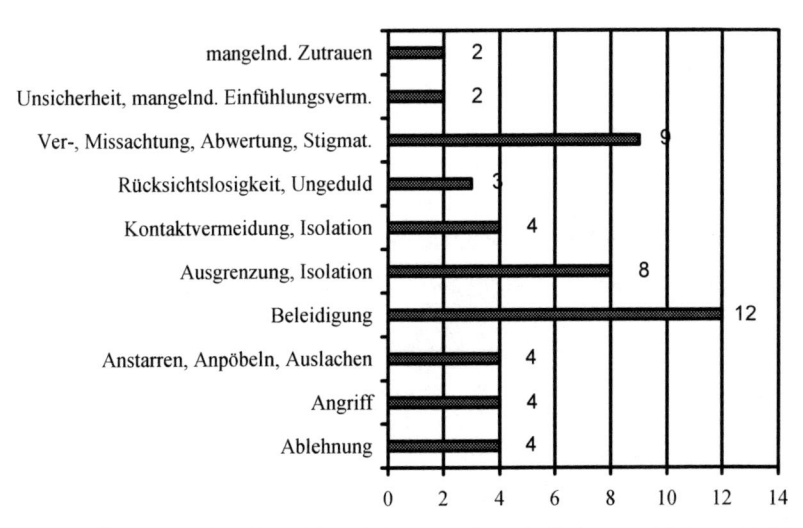

Abb. 22: Übersicht über die Diskriminierungen innerhalb der geschilderten Erlebnisse

Insgesamt gesehen stellt die Kategorie der »Beleidigung« mit 12 Darstellungen die am meisten angewandte Form der Diskriminierung dar.

Verhaltensweisen, die sich in den geschilderten Situationen als Form der »Verachtung, Missachtung, Abwertung oder Stigmatisierung« ausmachen lassen, machen einen Anteil von 9 Nennungen aus, während sich der Rubrik »Ausgrenzung und Isolation« acht Erlebnisse zuordnen lassen.

Im Folgenden sollen wieder beispielhaft Spontanaussagen dargestellt werden, in Zuordnung zu ausgewählten Formen von Diskriminierungen, z. B.:

Diskriminierungsform »Angriff«

(09): »Das mit dem Betrunkenen in der Disco hat mich am meisten belastet, da bin ich körperlich angegriffen worden. ... da hat sich einer zugesoffen, packt mich und sagt: ›Was will ein Behinderter in der Disco?‹ [...]«

Diskriminierungsform »Beleidigung«

(47): »[...] Zwei ältere Frauen haben sich unterhalten, sie haben hergesehen, als ich mit meiner Mutter vorbeigefahren bin, und sie hat das gehört: ›Schau, der ist schon so faul und dick geworden, dass er einen Rollstuhl braucht.‹ Meine Mutter hat zu ihnen gesagt, dass das eine Behinderung ist.«

(63): »[...] (Ich hab) ne Zeitlang meinen Bruder von der Schule abgeholt, mein Bruder (hat) aus Versehen den falschen Weg genommen. (Da sind) zwei gekommen: ›Was willst'n du, du fette Kuh!‹ Mein Bruder müsste angeblich nachsitzen, und ich hätte da gar nix zu suchen. (Sie haben) rumgeschimpft, bis das eine Mädchen gesagt hat: ›Lass' sie doch in Ruh‹, die kapiert des sowieso net.‹ Ich bin dann heimgefahren, (habe es) meiner Mutter erzählt. Mein Bruder hätte noch mal mit denen reden sollen, aber des is dann im Sand verlaufen. Ich war fertig, ich hab' geheult. Ich wär' sogar fast den Berg falsch runtergefahren.«

Diskriminierungsform »Kontaktvermeidung«

(29): »[...] Jede Woche (fahr' ich) mit dem Zug heim nach ...; freitags sehr voll; Rucksack lag nebendran; zur Seite gestellt und gefragt, ob er sich hinsetzen will:« »Naa, ich setz' mich net neben Behinderte«.

Diskriminierungsform »Verachtung, Mißachtung, Abwertung, Stigmatisierung«

(05): »»Warum hat man einem Behinderten ein Herz transplantiert und nicht einem Nichtbehinderten?‹ Das war auch noch einer, der mit Behinderten arbeitet. ›Das nützt doch einem Nichtbehinderten mehr, kostet zuviel.‹ Der Direktor vom Zentrum teilte es mir mit, dass der Besagte es gesagt hat. Wie kann jemand so was sagen, der mit Behinderten zu tun hat?«

(75): »O. k., wie gesagt, war in 'nem Lokal. Ich saß da mit ein paar Freunden am Tisch und eine Freundin, die nicht behindert war, ist dann von diesem Herrn angesprochen worden, ob sie meine Betreuerin sei, was ich alleine schon unmöglich finde. (lacht) Dieser Herr war offensichtlich der

Meinung, dass Behinderte und Nichtbehinderte unmöglich sich auf freundschaftlicher Basis treffen können. Er hatte dies von vornherein ausgeschlossen. Und dann hat er sie halt gebeten, diese 20 DM anzunehmen. [...] Er hat gar nicht mich angesprochen. Als Begründung hat er gemeint: ›Damit er auch noch was Schönes hat.‹
Daraufhin bin ich ziemlich wütend geworden: er soll verschwinden, sonst passiert was. Wäre er nicht verschwunden, hätte ich das Lokal zusammen geschrieen und hätte ihn der Lächerlichkeit preisgegeben.«

Bewertungen der erlebten Diskriminierungen

Von den insgesamt 52 dargestellten Erlebnissen, die als »*stark belastend*« empfunden werden, beinhalten 44 Schilderungen überwiegend emotionale Bewertungen und Wirkungen, die bei den Befragten zum Zeitpunkt des Erlebens und auch noch teilweise während des Erzählens ausgelöst wurden bzw. werden.

Dabei reagierte ein großer Teil der Befragten mit Gefühlen der Betroffenheit auf das Ereignis (n = 12), während bei neun Personen die jeweilige als diskriminierend empfundene Situation Ärger und Wut hervorbrachte bzw. noch immer hervorbringt.

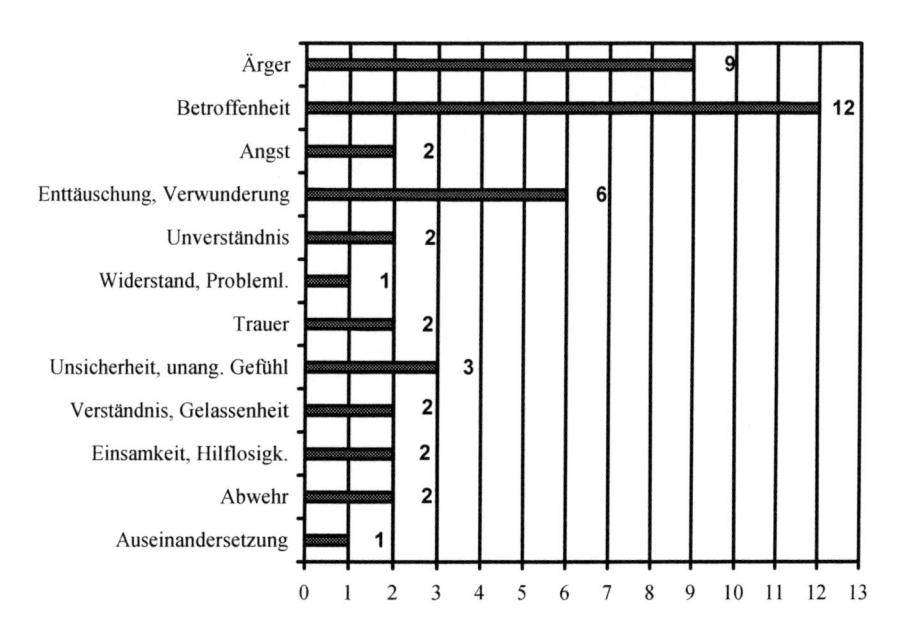

Kategorie	Wert
Ärger	9
Betroffenheit	12
Angst	2
Enttäuschung, Verwunderung	6
Unverständnis	2
Widerstand, Probleml.	1
Trauer	2
Unsicherheit, unang. Gefühl	3
Verständnis, Gelassenheit	2
Einsamkeit, Hilflosigk.	2
Abwehr	2
Auseinandersetzung	1

Abb. 23: Übersicht über die Bewertungen der diskriminierenden Situationen

Bei weiteren sechs Personen wurden Gefühle der Enttäuschung und Verwunderung gegenüber den Personen und ihren Verhaltensweisen ausgelöst.

Neben Gefühlen der Unsicherheit (n = 3) setzten die Erlebnisse auch Gefühle der Trauer, der Einsamkeit und Hilflosigkeit oder auch des Unverständnisses (n = jeweils 2) frei.

Beispielhaft für die Bewertungen diskriminierender Erlebnisse sollen folgende Aussagen angeführt werden:

Bewertungskategorie »Betroffenheit«
(28): »Wir waren ins Kino gefahren; das war zu Ende, wir sind mit der Straßenbahn nach Hause gefahren; wir waren eine Gruppe Behinderter; da kamen die zwei Nazis und haben mich angepöbelt; [...] wenn die Betreuer nicht dagewesen wären, hätten sie mich schon geschlagen. [...] Alle haben zugeguckt und nicht geholfen; nur die Betreuer haben alles abgewehrt; sie standen vor mir; *das werde ich nicht so schnell vergessen.*«

Bewertungskategorie »Ärger«
(21): Da sind wir, also ich mit einer Rollstuhlfahrerin, hingegangen, und da war es sehr warm und sehr voll, beim Karussell B. – ist ein ganz schön schnelles Ding. Aber ich wusste, dass die A. schon öfter damit gefahren ist. Wir haben gefragt, ob Behinderte Ermäßigung bekommen, da sagte die Frau: nein, das sei für uns zu schnell! [...] *Das macht mich wütend, da ich mich selber einschätzen kann [...].*«

Bewertungskategorie »Angst«
(36): »Ich habe ein behindertengerechtes Fahrrad. [...] Eine Oma hat sich mitten in den Weg gestellt. Sie sagte, ich solle vom Fahrrad absteigen, hier sei die Fußgängerzone. [...] Die Oma ging massiv gegen mich vor. Sie hätte mich fast vom Fahrrad gezogen. *Ich hab›, als ich wieder auf das (Rad) stieg, am ganzen Körper gezittert.* [...] Ich wollte dann nur nach Hause.«

Bewertungskategorie »Enttäuschung, Verwunderung«
(49): »Ich hab' die ja gekannt, für mich war sie vom Charakter, der ganzen Einstellung her *die* Frau. Ich hab' gesagt dass ich eine Beziehung will. Sie hat gesagt: ›Du bist mir zu jung und ich will keine Beziehung mit einem Behinderten.‹ *Das hat mich enttäuscht, die wird Erzieherin, von der hab' ich das nicht erwartet. Ich war verknallt und dann dieser Schlag. Ich hab gedacht, ich spinn›.* Ein Mensch, der Erfahrungen mit Behinderten hat, der so denkt, wie ein Mensch, der noch nie Erfahrungen mit Behinderten gemacht hat. Ich mag sie immer noch, im Hinterkopf denke ich immer noch: ›Blöde Kuh!‹«

Darstellung und Diskussion der Ergebnisse 231

Bewertungskategorie »Unangenehmes Gefühl, Unsicherheit«
(19): »Ja, eben in der Straßenbahn, *ich traue mich nicht die Leute anzusprechen, die auf dem Behindertenplatz sitzen, bleibe lieber stehen.* Ein älterer Mann hat gesagt, ich soll aufstehen; ich sagte, ich sei selbst behindert. Er glaubte es nicht, regte sich auf und wollte mich vom Behindertenplatz vertreiben. Die anderen Leute schauten mich blöd an.«

Bewertungskategorie »Verständnis, Gelassenheit«
(82): »Ach ja, so am Sportplatz: Ich hab' halt beim Basketballspiel zugeguckt und da hat halt eine gesagt: ›Guck net so.‹ und da hab' ich gesagt: ›Is was?‹ Dann hat 'ne andere gesagt: ›Nee, es ist nix!‹ Das war eigentlich auch schon alles, wie gesagt, [...] *aber da muss man drüberstehen.*«
(65): »Ich war krank und konnte von mir aus keine Kontakte mehr aufrecht erhalten; vorher war immer ich die Aktive; in dem Sinne war nichts mehr los; [...] manche Leute kamen dann mal vorbei, aber viele waren nur einmal da, weil sie so geschockt waren; sie hatten keine Antwort mehr auf die Lage; *ich kann das verstehen, weil ich auch meine Schwierigkeiten habe, wenn ich einen schwer behinderten Menschen sehe.*«

Umgangsweisen mit diskriminierenden Situationen

Verhaltensweisen, die erkennen lassen, dass ein Umgang oder eine Reaktion auf die jeweilige diskriminierende Erfahrung stattgefunden hat, können bei 16 der insgesamt 52 am meisten belastenden Schilderungen der Befragten ausgemacht werden.

Während bei insgesamt 7 Erlebnissen aktive Umgangs- und Reaktionsformen in Form von »Aktionen« (n = 4) oder »Sich wehren bzw. Widerstand« (n = 3) aufgetreten sind, begegneten die übrigen Befragten den als diskriminierend erlebten Situationen und den damit verbundenen beteiligten Personen nicht in der direkten Auseinandersetzung, sondern vielmehr in Aktionen und Überlegungen, die sich auf die betroffene behinderte Person beschränken, beispielsweise in Form von »Selbstwertschutz« (n = 4), »Rückzug« (n = 2) oder »Hinterfragen« (n = 1).

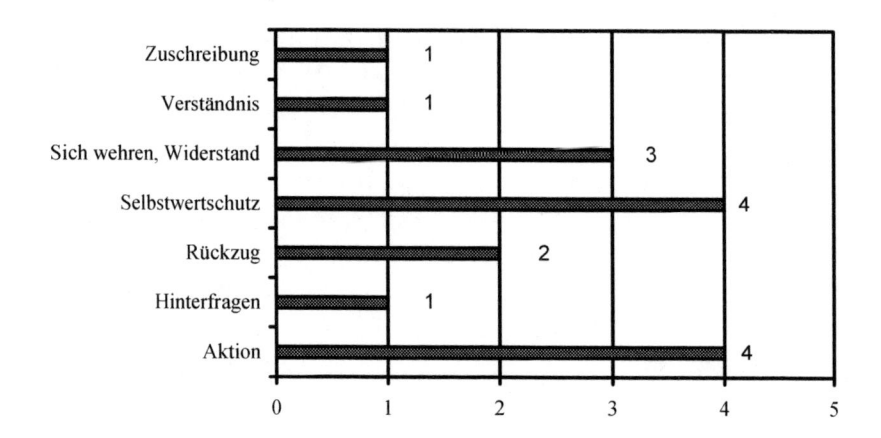

Abb. 24: Umgang und Reaktionen bezüglich der diskriminierenden Situationen

Auch zum Aspekt »Umgang mit diskriminierenden Erlebnissen« sollen wieder beispielhaft Aussagen angeführt werden:

Kategorie »Zuschreibung«
(20): »Na ja, das mit dem Hitlerspruch. War beim Stadtbummel, war gut gelaunt, kommt da jemand daher und sagt, dass es so etwas wie mich unter Hitler nicht gegeben hätte. (Ich) wusste nicht, was ich sagen sollte, bin weitergefahren. [...] *Vielleicht hatte er irgendeine psychische oder geistige Behinderung*, habe ich nur im Nachhinein gedacht, doch dann wieder verworfen. [...].«

Kategorie »Verständnis«
(65): »Ich war krank und konnte von mir aus keine Kontakte mehr aufrecht erhalten; vorher war immer ich die Aktive; in dem Sinne war nichts mehr los; [...] manche Leute kamen dann mal vorbei, aber viele waren nur einmal da, weil sie so geschockt waren; sie hatten keine Antwort mehr auf die Lage; *ich kann das verstehen, weil ich auch meine Schwierigkeiten habe, wenn ich einen schwer behinderten Menschen sehe.*«

Kategorie »Sich wehren, Widerstand«
(67): »(Ich) stand da am Meer und habe rausgeschaut und dann habe ich eben gehört, wie der das laut posaunend von sich gegeben hat. Er hat gesagt: ›Vor 50 Jahren hätte es dich nicht gegeben.‹ *Dann bin ich mit dem Rolli auf ihn zu und bin ihm in die Wade gefahren.* Und er hat sich dann ein bißchen aufgeregt, aber er konnte vor Aufregung nicht viel sagen. [...]«
(72): »Die Reservierung erfolgte persönlich und telefonisch durch die Lehrerin. Als wir angekommen sind, hatten wir trotz zweimaliger Bestätigung keine Reservierung. Es gab zwei Eingänge, am einen war ein Tisch frei. Wir

haben uns dann einfach darum hingestellt. Da sagte die Kellnerin, wir würden den Weg verstellen, wir sollen gehen, das geht so nicht. Wir haben dann noch mehr Weg freigemacht. *Wir haben auch mit den Leuten vom Nachbartisch geredet.* Irgendwann hat die Kellnerin dann doch sehr unfreundlich die Bestellung aufgenommen. Der Kaffee war kalt, als er kam. *Wir haben einen Brief an die Geschäftsleitung geschrieben und einen Leserbrief an die Presse.* Darauf kam keine Reaktion oder Entschuldigung. Die Leute, die im Café dabei waren, haben gesagt: ›Das kann doch wohl nicht wahr sein!‹«

Kategorie »Selbstwertschutz«

(77): »Es war in der Disco. Und es war sehr eng. Ich hab' aus Versehen einen Typen angefahren mit meinem Rollstuhl. Der hat mir dann den Mittelfinger gezeigt. Er schimpfte. Ich hatte Angst, dass er mir eine runterhaut. *Ich dachte: Ich bin auch ein normaler Mensch.*«

Kategorie »Rückzug«

(26): »[Am] Bahnhof: Es war in einem engen Raum, es war zwar eine ältere Frau, die gesagt hat: ›Schmarotzer. Man profitiert als Behinderter nur von der Gesellschaft und tut nichts dazu.‹ [...] Ich hab dann doch etwas Angst gekriegt, weil es waren keine anderen Leute da, die diese Aussage entkräftet hätten. *Ich hab sie stehen lassen, weil argumentieren hilft ja da auch nichts [...]*«

Kategorie »Hinterfragen«

(05): »›Warum hat man einem Behinderten ein Herz transplantiert und nicht einem Nichtbehinderten? [...] Das nützt doch einem Nichtbehinderten mehr, kostet zuviel.‹ Der Direktor vom Zentrum teilte mir mit, dass der Besagte es gesagt hat. *Wie kann jemand so was sagen, der mit Behinderten zu tun hat?*«

Kategorie »Aktion«

(30): »Ganz stark belastend war: Nicht einmal mein Cousin und meine Oma, mit denen ich vorher ein gutes Verhältnis hatte, wollen mich haben. Keiner will mich haben. [...] Aber ich kann mein Leben ändern. Als mein Stiefvater mich rausgeschmissen hat, *hab' ich mich entschieden, mein Leben selbst in die Hand zu nehmen.*«

Übersichten und Einzelnachweise

Die folgenden Übersichten verfolgen das Ziel, das Gesamt der Spontanaussagen zur Frage 3a noch einmal vollständig zu dokumentieren, und zwar unter den Aspekten:

1. Themen und Inhalte der als »*sehr belastend*« eingestuften Erlebnisse

66	Ich habe mich auch der Situation auch nicht so gestellt,	Bewertung	Abwehr	kognitiv
36	Ich hab, als ich wieder auf das Rad stieg, am ganzen Körper gezittert	Bewertung	Angst, Betroffenheit	emotional
77	Ich hatte Angst, dass er mir eine runterhaut. Ich dachte: Ich bin auch ein normaler Mensch.	Bewertung	Angst, Gefühl Minderwertigkeit	emotional
21	Das macht mich wütend, da ich mich selber einschätzen kann ...	Bewertung	Ärger	emotional
25	so blödes Zeug« als Beschreibung der Worte der Mutter	Bewertung	Ärger	emotional
52	War eigentlich nur ein ganz kurzes Erlebnis, aber geärgert hab' ich mich da schon länger drüber,	Bewertung	Ärger	emotional
11	B. wurde fertig gemacht, Behandelt mich so: Die stirbt sowieso bald = subj. Eindruck von B.	Bewertung	Ärger, Enttäuschung	emotional
15	Wir sind enttäuscht und wütend wieder heim.	Bewertung	Ärger, Enttäuschung	emotional
46	doofer Lehrer,	Bewertung	Ärger, Enttäuschung	emotional
06	Ich weiß net, warum mir das so nahegeht. Strahlende Kinderaugen sind das Schönste,	Bewertung	Betroffenheit	emotional
09	hat am meisten belastet, wegen körperlichem Angriff	Bewertung	Betroffenheit	emotional
14	freches Verhalten der Lehrkraft; das war schlimm.	Bewertung	Betroffenheit	emotional
28	das werd ich nicht so schnell vergessen,	Bewertung	Betroffenheit	emotional, kognitiv
55	es war ziemlich heftig,	Bewertung	Betroffenheit	emotional
61	das fand ich schon hart, vor allen Leuten	Bewertung	Betroffenheit	emotional
62	das ist schlimm	Bewertung	Betroffenheit	emotional
63	Ich war fertig, ich hab' geheult. Ich wär sogar fast den Berg falsch runtergefahren.	Bewertung	Betroffenheit	emotional
03	es ist zum Kotzen, es ist schlimm.	Bewertung	Betroffenheit, Ärger	emotional
57	da kommt dazu, dass ich von dem was anderes erwartet hatte. So was dürfte in dem Umfeld eigentlich net so sein. Die Leute, die meinen, sie wüssten schon alles.	Bewertung	Enttäuschung	emotional, kognitiv

Darstellung und Diskussion der Ergebnisse

84	Er behandelte uns sehr unfreundlich,	Bewertung	Feststellung, Abwehr?	kognitiv
30	Ganz stark belastend, keiner will mich haben	Bewertung	Gefühl Einsamkeit	emotional
33	aber die haben mich einfach hocken lassen, sie haben mir auch nicht mehr heimgeholfen.	Bewertung	Gefühl Trauer, Enttäuschung	emotional
24	Sie schaute bloß. Das war mir unangenehm.	Bewertung	Gefühl unangenehm	emotional
78	Unangenehm.	Bewertung	Gefühl unangenehm	emotional
82	aber da muss man drüberstehen.	Bewertung	Gelassenheit	emotional
59	Na ja, was will man da machen?	Bewertung	Hilflosigkeit	kognitiv
10	Es war eigentlich ein schöner Tag. NF I: Wie war es dann? B: Ich war traurig.	Bewertung	Trauer	emotional
22	keiner geht raus und fährt mit der Rolltreppe; da kann ich drauf pfeifen.	Bewertung	Unverständnis, Ärger	emotional
75	Dieser Herr war offensichtlich der Meinung, dass Behinderte und Nichtbehinderte unmöglich sich auf freundschaftlicher Basis treffen können. Find ich unmöglich.	Bewertung	Unverständnis, Ärger	kognitiv, emotional
05	Wie kann jemand so was sagen, der mit Behinderten zu tun hat?	Bewertung	Verwunderung, Enttäuschung	kognitiv, emotional
49	Ich hab gedacht ich spinn. Ein Mensch, der Erfahrung mit Behinderten hat, der so denkt wie ein Mensch, der noch nie Erfahrungen mit Behinderten gemacht hat.	Bewertung	Verwunderung, Enttäuschung	emotional, kognitiv
72	Auseinandersetzung, Beschwerdebrief geschrieben, Wir sind trotzdem geblieben, haben einen Leserbrief geschrieben. Da war ein ganz mieser Service.	Bewertung	Widerstand, Problemlösung	kognitiv, konativ
02	eigentlich nicht so belastend, weil länger her	Bewertung		kognitiv
41	man hat's gleich gemerkt, hat uns auch gar net angeschaut. Gleich weggedreht; ... »des war a Arschloch«	Bewertung, Erklärung	Ärger	emotional
20	Vielleicht hatte er irgendeine psychische, oder geistige Behinderung, habe ich nur im Nachhinein gedacht, doch dann wieder verworfen. Weit über 10 Jahre her, aber so etwas vergisst man nicht. Erst später baute sich die Wut auf, da wäre ich ihm am liebsten in die Beine gefahren.	Bewertung, Erklärung	Ärger, Zuschreibung	emotional, kognitiv

79	nach außen war ich recht cool, aber innen hat es sehr wehgetan. Ich habe es nicht rausgelassen, das war vielleicht mein Fehler	Bewertung, Erklärung	Betroffenheit, Verletzung	emotional
65	ich kann das verstehen, weil ich auch meine Schwierigkeiten habe, wenn ich einen schwer behinderten Menschen sehe.	Bewertung, Erklärung	Verständnis	kognitiv
26	Ich kenn auch Bekannte und Freunde, die bewerten diese Aussage sehr hoch, und deren Meinung stimmt halt so nicht.	Erklärung	Auseinandersetzung	kognitiv
47	Belastend hört sich so komisch an. I: Macht dir zu schaffen, bedrückend.	Erklärung	Betroffenheit	emotional
08	hat B. am meisten beschäftigt. Ich denke, es war Absicht. Der hat des bloß als Jux gemacht.	Erklärung	Betroffenheit, Lösungssuche	kognitiv
54	Auch viele Beh. denken falsch über NB. Diese Fehler habe ich auch gemacht. Dieses Erlebnis hat meine Vorstellungen total geändert.	Erklärung	Einstellungsänderung	kognitiv
80	Damals war ich auch wütend auf mich selber, weil ich nicht richtig reagiert habe. Heute würde ich sie wohl fragen, ob sie glaubt, dass ich auch geistig behindert bin. Ihr klar machen, dass ich das nicht bin. Ich würde sie darauf aufmerksam machen.	Erklärung, Bewertung	Ärger, Problemlösen	emotional, kognitiv, konativ
07	Forderung, den Straßenbahnfahrern zu schreiben, Alleine hilflos	Forderung	Unzufriedenheit	konativ
19	ich traue mich nicht die Leute anzusprechen, die auf dem Behindertenplatz sitzen, bleibe lieber stehen.	Konsequenz	Unsicherheit	konativ

Tabelle 27: Themen und Inhalte der als sehr belastend eingestuften Erlebnisse (Übersicht)

Darstellung und Diskussion der Ergebnisse

2. Formen der Diskriminierungen (konkret und abstrakt)

49	Wunsch nach Beziehung mit einer Betreuerin wird abgelehnt wg. Behinderung	Partnerschaft	Du bist mir zu jung und ich will keine Beziehung mit einem Behinderten«	Ablehnung
50	Ablehnung einer Beziehung wegen Behinderung	Partnerschaft	... dass sie mich wohl sehr gern hat,... und doch wegen meiner Haut nicht weitergehen möchte«	Ablehnung
30	B. wird von Oma, Cousin abgelehnt	Familie	Oma »ich will keinen behinderten Enkel«, Stiefvater – Rausschmiss	Ablehnung, Ausgrenzung
25	B. darf beh. Bekannte nicht besuchen	Freundeskreis	Nein das geht nicht, ich könnte ja mehr wollen«	Ablehnung, Beleidigung
09	B. wird in der Disco tätlich angegriffen	Gastronomie	B. wird gepackt: »Was will denn ein Behinderter in der Disco?«	Angriff, Beleidigung
45	B. wird von Jugendlichen behindert und angepöbelt	öffentl. Verkehr	Gehhilfe festgehalten, »Was willst denn du da?«	Angriff, Beleidigung
08	B. wird von einem Fremden ein Ball an den Kopf geworfen	öffentlich	B. mit Ball am Kopf getroffen und gelacht	Angriff, Beleidigung
28	B. wird von Rechtsradikalen bedroht und angegriffen	öffentl. Verkehr	Angriff durch Rechtsradikale	Angriff, Beleidigung, Bedrohung
82	B. wird beim Zuschauen am Sportplatz angepöbelt	öffentlich	Guck net so blöd!	Anpöbeln
02	B. wurde dumm angequatscht, beschimpft	öffentlich	dumm anquatschen, »Scheiß Rollstuhlfahrer«, blöd schauen	Anstarren, Beleidigung
39	B. wird wegen Behinderung und Inkontinenz ausgelacht	Schule	Außenseiterrolle wegen Behinderung, Inkontinenz	Ausgrenzung, Auslachen
21	B. darf auf Rummelplatz in einem Karussell nicht mitfahren	öffentlich	nein, das ist für uns zu schnell«	Ausgrenzung, Isolation
78	B. wird am ersten Schultag in Regelschule aufgefordert wieder zu gehen.	Schule	... meinte einer, was ich denn hier wolle, ich gehörte doch wohl auf eine Art Behindertenschule wo doch so Spinner sind oder so...	Ausgrenzung, Isolation
59	B. wird im Cafe nicht bedient, sei anderen Gästen nicht zumutbar	Gastronomie	Hier sitzen Leute von hohem Niveau, das kann man den Leuten hier nicht zumuten	Ausgrenzung, Isolation, Abwertung

41	Nichtbehinderter verweigert B. am Tisch in Lokal Platz zu nehmen	Gastronomie	Gast will nicht, dass sich B. zu ihm an den Tisch setzt	Ausgrenzung, Kontaktvermeidung
79	B. wurde verweigert zu bestellen und aufgefordert das Cafe zu verlassen	Gastronomie	Verlassen sie das Lokal, sie werden hier nicht bedient	Ausgrenzung, Missachtung
46	B. wird vom Sport ausgegrenzt und in Nachbarklasse abgeschoben	Schule	Lehrer übergeht B. und schließt sie vom Sportunterricht aus	Ausgrenzung, Missachtung
72	Missachtung der Reservierung von B., Versuch B. rauszuwerfen	Gastronomie	wir würden den Weg verstellen, wir sollen gehen, das geht so nicht	Ausgrenzung, Unfreundlichkeit, Missachtung
33	B. wird vom Ballspiel wegen Behinderung ausgeschlossen	Freundeskreis	Ausschluss vom Ballspiel, »Stell dich nicht so an«	Ausgrenzung, Ungeduld
36	B. wird von älterer Frau beleidigt und belästigt	öffentlich	Oma stellt sich in den Weg, hätte mich fast vom Fahrrad runtergezogen	Bedrohung, Belästigung
77	B. wird beschimpft und beleidigt, weil er jmdn. versehentlich angefahren hat	Gastronomie	B. wird beleidigt, Mittelfinger	Beleidigung
18	B. wird von bekanntem Jugendlichem beleidigt	öffentlich	Guck mal die blöde Nuss, die kann nicht richtig laufen	Beleidigung
47	B. wird beleidigt	öffentlich	der ist schon so faul und dick geworden, dass er einen Rollstuhl braucht	Beleidigung
55	B. wird von einer fremden Frau beleidigt	öffentlich	Guck dir mal den Kleinen an«	Beleidigung
63	B. wird von anderen beschimpft und beleidigt	öffentlich	Was willst du, du fette Kuh, ... die kapiert des sowieso net	Beleidigung
26	B. wird als Schmarotzer, Parasit der Gesellschaft beschimpft	öffentlich	Schmarotzer, man profitiert als Behinderter nur von der Gesellschaft und tut nichts dazu«	Beleidigung, Abwertung
74	B. wird beleidigt wegen Behinderung (Sprache)	öffentlich	Lern erst mal sprechen, bevor Du was willst	Beleidigung, Abwertung
34	B. wird von Jugendlicher abwertend angeglotzt und beleidigt	öffentl. Verkehr	abwertend, komisch geguckt: »Bevor ich mit einer Behinderten in die Stadt fahre reiß ich mir lieber ein Bein aus oder bleibe lieber daheim«	Beleidigung, Abwertung, Anstarren
20	Konfrontation mit NS-Gedankengut	öffentlich	... dass es so etwas wie mich unter Hitler nicht gegeben hätte«	Beleidigung, Bedrohung

52	Beleidigung durch alten Mann	öffentlich	Du Scheißkrüppel Du, was willst denn Du, so was wie dich haben wir früher vergast	Beleidigung, Bedrohung
66	Bedrohung und Beleidigung mit NS-Gedankengut	öffentlich	Vor 50 Jahren hätte es dich nicht gegeben	Beleidigung, Bedrohung
62	Mobbing am Arbeitsplatz, Erschwernisse	Arbeitsplatz	Du Göre, Mobbing	Beleidigung, Missachtung
03	Gefühl v. B. als Behinderte(r) schlecht behandelt zu werden	allgemein	Ich als Behinderte werde eigentlich mit Füßen getreten	Gefühl d. Minderwertigkeit
14	B. wird in der Schule vom Lehrer überfordert und vor der Klasse schlecht gemacht	Schule	Lehrer hat nie akzeptiert, dass Schwierigkeiten mit der Behinderung zusammenhängen, »ich solle mehr üben, wäre ein fauler Hund«	Inkompetenz, Abwertung vor der Klasse
15	B. wird der Zutritt zu Gasthaus verweigert	Gastronomie	Zugang zum Gasthaus verweigert	Isolation, Barriere
65	B. verliert Kontakte durch Erkrankung =>Isolation	Freundeskreis	Verlust sozialer Kontakte durch Erkrankung	Isolation, Kontaktvermeidung
23	B. fällt mit Schwester die Treppe im Rolli hinunter	öffentlich	Keine	Keine
29	Fahrgast weigert sich neben B. zu setzen	öffentl. Verkehr	Naa, ich setz mich net neben Behinderte«	Kontaktvermeidung, Ausgrenzung
06	Kinder werden weggezogen, Hinschauen zu B. wird verboten	öffentlich	Mutter, Oma haben Kind weggezogen	Kontaktvermeidung, Isolation
11	B. wird von Ärztin bei Verhütungsberatung beleidigt, nicht ernst genommen	med. Versorgung	Ärztin verhält sich inkompetent, nicht empathisch	Mangelndes Einfühlungsvermögen
80	B. wird für unfähig gehalten selbst zu bezahlen	öffentlich	ob meine Mutter käme zum Bezahlen	Mangelndes Zutrauen
57	B. wird nicht zugetraut beim Tanz mitzumachen	Vereine	Ich hab gar net gedacht, dass du aus deinem Rolli willst	Mangelndes Zutrauen
84	Rollifahrer dürfen wegen schmutziger Reifen nicht Bowling spielen, Ausgrenzung	Gastronomie	Die Rollstuhlfahrer müssen alle stehenbleiben, an dem Fleck, wo sie gerade sind	Missachtung, Ausgrenzung

19	B. wird vom Behindertenplatz in der Straßenbahn vertrieben	öffentl. Verkehr	B. wird nicht geglaubt, dass er behindert ist, soll Behindertenplatz verlassen	Missachtung, Rücksichtslosigkeit
75	B. wird übergangen, Freundin wird als Betreuerin angesprochen und gebeten Geld für B. anzunehmen	Gastronomie	Almosen, damit er auch noch was Schönes hat, B. wird übergangen	Mitleid, Missachtung
07	Gefährdung beim Straßenbahnfahren durch rücksichtslosen Fahrstil der Fahrer	öffentl. Verkehr	die Straba fährt wie wild, wäre beinahe umgefallen	Rücksichtslosigkeit
22	B. kann den Lift nicht benutzen, weil Jugendliche damit spielen	öffentlich	Aufzug blockiert, »Fingerzeichen«	Rücksichtslosigkeit, Beleidigung
10	B. wird in der Stadt gedrängt, behindert und verbal beleidigt	öffentlich	geh weiter«, sagen mir, dass ich langsam fahren soll, schneiden den Weg ab, nehmen keine Rücksicht	Rücksichtslosigkeit, Ungeduld
61	Falsche Beschuldigung, eine CD gestohlen zu haben	öffentlich	Verdächtigung, eine CD gestohlen zu haben	Stigmatisierung
44	Gefährdung bei Hilfe zum Einsteigen in U-Bahn durch Unbekannte	öffentl. Verkehr	bei Versuch zu helfen, Rollstuhl beschädigt und B. gefährdet: »die ließen mich nicht ausreden...«	Ungeduld, Unfreundlichkeit
24	Eine Frau zögert mit B. im öff. Aufzug zu fahren	öffentlich	Frau zögert, ob sie mit B. im Aufzug fahren soll	Unsicherheit, Ablehnung
05	Kosten/Nutzen Vergleich von beh. und nichtbeh. Mensch, Herztransplantation	Zentrum für Körperbehinderte	Warum hat man einem Behinderten ein Herz transplantiert ... das nützt doch einem Nichtbehinderten mehr	Verachtung, Abwertung beh. Menschen

Tabelle 28: Übersicht: Formen der Diskriminierungen (konkret und abstrakt)

Zusammenfassung der Ergebnisse zu den Spontanaussagen (Frage 3a)

Frage 3a stellt die befragten Personen vor die Aufgabe, sich erneut zu dem bereits in Frage 2 geschilderten, als »stark belastend« empfundenen Erlebnis zu äußern, was allerdings in weitaus ausführlicher Form geschehen soll.

Hierzu werden insgesamt 52 (verwertbare) Ereignisse geschildert, deren Auswertung sich wie folgt zusammenfassen lässt:

1. Die dargestellten Situationen finden überwiegend in öffentlichen Lebensbereichen, z. B. der Gastronomie (»Hier sitzen Leute von hohem Niveau, das kann man den Leuten hier nicht zumuten.«) oder der Fußgängerzone (»Guck da net hin, des is net schön.«) statt, wobei in erster Linie den behinderten Menschen unbekannte Personen beteiligt sind.

   In einigen wenigen Fällen lassen sich die Diskriminierungen auch dem Freundes- und Familienkreis zuordnen (»Nicht einmal mein Cousin und meine Oma [...] wollen mich haben. Keiner will mich haben.«) oder vollziehen sich in der Schule oder am Arbeitsplatz (« [...] und dann macht er mich fertig und sagt: ›Du Göre!‹ und schimpft mich aus. Der will mich halt rausekeln – das geht doch nicht! [...]«).

2. Bei 44 der geschilderten Erfahrungen wurde entweder zum Zeitpunkt des Erlebens oder des Erzählens eine Bewertung der Situation hauptsächlich in Form von Wut, Ärger (»Das macht mich wütend, da ich mich selber einschätzen kann.«), Betroffenheit (»Alle haben zugeguckt und nicht geholfen; [...]; das werde ich nicht so schnell vergessen.«) und Enttäuschung (»Das hat mich enttäuscht; die wird Erzieherin, von der hab' ich das nicht erwartet.«) vorgenommen, was auf eine hohe emotionale Bewegtheit schließen lässt.

3. Im Umgang mit den dargestellten Erlebnissen zeigt sich, dass neben aktiven Formen des Handelns (« [...] Wir haben auch mit den Leuten vom Nachbartisch geredet. [...]«) und des Sich-Wehrens (»[...] Dann bin ich mit dem Rolli auf ihn zu und bin ihm in die Wade gefahren. [...]«) vornehmlich auch solche Verhaltens- und Verarbeitungsweisen angewandt werden, die in erster Linie in internen kognitiven Prozessen der jeweiligen betroffenen diskriminierten und gedemütigten Person selbst und nicht in der direkten Auseinandersetzung mit den übrigen Beteiligten ablaufen, wie es auf das Hinterfragen der Situation (»Wie kann jemand so was sagen, der mit Behinderten zu tun hat?«) oder Überlegungen zum Selbstwertschutz (»Ich dachte: Ich bin auch ein normaler Mensch.«) zutrifft.

3.1.3.2 Ergebnisse statistischer Verrechnungen (Frage 3b): Auswertung des Fragebogens zur Bewertung eigener Erlebnisse

Fragestellung

Frage 3 lautet:
»Unter Frage 2 haben Sie unter anderem Erlebnisse beschrieben, die Sie belastet haben. Im folgenden werden wir uns auf diese Ereignisse konzentrieren: Schildern Sie bitte noch einmal das Erlebnis, das Sie am meisten belastet hat ausführlicher und versuchen Sie sich dabei an Einzelheiten zu erinnern«.

Im Anschluss an die Schilderung des Erlebnisses, das die jeweilige Person am meisten belastet hat, wird in Frage 3b nun weiter nach dem Spezifischen der besonderen Belastung gefragt: »Was war für Sie in der obigen Situation so sehr belastend?«

Dies wurde durch Vorlage folgender Itemliste erfragt, einleitend mit: Diese Situation...:

Die Antwort soll wieder auf einer 7-stufigen Skala mit den Ausprägungen 0 = »stimmt überhaupt nicht« bis 6 = »stimmt auf jeden Fall« erfolgen. Einige Items sind negativ formuliert.

In der ursprünglichen Form umfasst die Itemliste folgende 31 Fragen, die im Folgenden einzeln aufgelistet werden sollen:

Item 1:	gibt mir Gefühl der Minderwertigkeit
Item 2:	macht mir Angst
Item 3:	lässt mich Hilflosigkeit fühlen
Item 4:	macht mich traurig
Item 5:	lässt mich kalt
Item 6:	macht mir Sorgen
Item 7:	macht mich wütend
Item 8:	macht mich aggressiv
Item 9:	Es gibt wichtigere Dinge, über die ich nachdenken muss
Item 10:	Ich denke an etwas Angenehmes
Item 11:	Ich nehme es lieber von der leichten Seite
Item 12:	Ich denke mir: lasse Dich nicht unterkriegen
Item 13:	Ich möchte am liebsten nicht an meine Zukunft denken
Item 14:	Dieses Ereignis geht mir nicht aus dem Kopf
Item 15:	Ich denke daran, wie dieses Problem gelöst werden könnte
Item 16:	Ich denke, ich bin ein wertvoller Mensch, der Fähigkeiten hat, die nichtbehinderte Menschen nicht sehen
Item 17:	Ich gehe einer mir vertrauten Tätigkeit nach, um dieses Erlebnis zu vergessen

Darstellung und Diskussion der Ergebnisse 243

Item 18: Ich ziehe mich zurück, will niemanden sehen
Item 19: Ich suche den Kontakt zu nichtbehinderten Menschen, um mit ihnen zu reden
Item 20: Ich suche den Kontakt zu behinderten Menschen, um mit ihnen zu reden
Item 21: Ich möchte jetzt am liebsten irgendetwas an die Wand werfen
Item 22: Ich frage jemanden um Rat
Item 23: Es ist nun mal so; ich versuche damit zurecht zu kommen
Item 24: Ich möchte das verstehen, mir erklären können
Item 25: Ich habe das Bedürfnis, die Meinung von jemand anderen zu hören
Item 26: Ich denke, das ist alles halb so schlimm
Item 27: Ich tue etwas, das mich ablenkt
Item 28: Das geht mich nichts mehr an
Item 29: Damit werde ich fertig
Item 30: Ich habe keine Lust mehr, mit Nichtbehinderten in Kontakt zu treten
Item 31: Das macht mich nichtbehinderten Menschen gegenüber misstrauisch

Ergebnisse der Faktoren- und Itemanalyse

Aus den Ergebnissen faktorenanalytischer Berechnungen wurde die 5-Faktorenlösung ausgewählt, die folgende Kennwerte enthält:

Varianz-Gesamt: 52.03%
1. Faktor: Varianzanteil   12.47%   (6 Items)
2. Faktor: Varianzanteil   10.05%   (6 Items)
3. Faktor: Varianzanteil   9.27%   (4 Items)
4. Faktor: Varianzanteil   10.01%   (4 Items)
5. Faktor: Varianzanteil   10.24%   (4 Items)

Durch die Berechnungen der Faktorenstruktur fallen von den ursprünglich 31 Items 7 Items aus den weiteren Analysen, da sie keinem der fünf Faktoren eindeutig zugeordnet werden konnten.

In einem zweiten Schritt werden die Items der 5-Faktorenlösung einer Itemanalyse unterzogen, was schließlich zu folgender *endgültigen Anzahl* von 21 Items führt:

Item 1   macht mir Angst
Item 2: lässt mich kalt
Item 3: macht mir Sorgen
Item 4: macht mich wütend
Item 5: macht mich aggressiv

Item 6: Es gibt wichtigere Dinge, über die ich nachdenken muss
Item 7: Ich nehme es lieber von der leichten Seite
Item 8: Dieses Ereignis geht mir nicht aus dem Kopf
Item 9: Ich denke daran, wie dieses Problem gelöst werden könnte
Item 10: Ich denke, ich bin ein wertvoller Mensch, der Fähigkeiten hat, die nichtbehinderte Menschen nicht sehen
Item 11: Ich gehe einer mir vertrauten Tätigkeit nach, um dieses Erlebnis zu vergessen
Item 12: Ich denke mir: lasse dich nicht unterkriegen
Item 13: Ich suche den Kontakt zu nichtbehinderten Menschen, um mit ihnen zu reden
Item 14: Ich suche den Kontakt zu behinderten Menschen, um mit ihnen zu reden
Item 15: Ich möchte jetzt am liebsten irgendetwas an die Wand werfen
Item 16: Ich frage jemanden um Rat
Item 17: Es ist nun mal so, ich versuche damit zurecht zu kommen
Item 18: Ich habe das Bedürfnis, die Meinung von jemand anderen zu hören
Item 19: Ich denke, das ist alles halb so schlimm
Item 20: Das geht mich nichts mehr an
Item 21: Das macht mich nichtbehinderten Menschen gegenüber misstrauisch

Die Ergebnisse der Faktoren- und Itemanalyse sind in der folgenden Tabelle 30 abgebildet.

In einem 3. Schritt werden die endgültigen Items des Fragebogens zu Frage 3b entsprechend der Zugehörigkeit zu den Faktoren zum Zwecke der Standardisierung in Stanine-Werte umgerechnet, so dass fünf neue Variable entstehen, die die Ausprägung eines jeden Faktors auf der Stanine-Skala repräsentieren.

Faktor 1: Problemlösung, Informationsbedürfnis		
Ich denke daran, wie dieses Problem gelöst werden könnte	rit.: .686	3.973
Ich suche Kontakt mit Nichtbehinderten, um mit ihnen zu reden	rit.: .742	4.313
Ich suche Kontakt mit Behinderten, um mit ihnen zu reden	rit.: .686	4.016
Ich frage jemanden um Rat	rit.: .772	3.188
Ich habe das Bedürfnis, die Meinung von jemanden zu hören	rit.: .762	3.828

Faktor 2: Verdrängung, Abwehr		
Lässt mich kalt	rit.: .635	0.937
Es gibt wichtigere Dinge, über die ich nachdenken muss	rit.: .695	3.317
Ich nehme es lieber von der leichten Seite	rit.: .716	2.344
Ich denke, es ist alles halb so schlimm	rit.: .698	1.984
Das geht mich nichts mehr an	rit.: .665	1.703
Faktor 3: Anpacken, Selbstwertschutz		
Ich denke mir, lasse dich nicht unterkriegen	rit.: .682	4.797
Ich denke, ich bin ein wertvoller Mensch, der Fähigkeiten hat...	rit.: .732	4.587
Es ist nun mal so, ich versuche, damit zurecht zu kommen	rit.: .777	3.787
Damit werde ich fertig!	rit.: .709	3.906
Faktor 4: Verunsicherung		
Macht mir Angst	rit.: .767	3.375
Dieses Ereignis geht mir nicht aus dem Kopf	rit.: .746	3.797
Das macht mich nichtbeh. Menschen gegenüber misstrauisch	rit.: .664	1.703
Faktor 5: Affektive Reaktion		
Macht mich wütend	rit.: .796	4.375
Macht mich aggressiv	rit.: .781	3.063
Ich gehe einer vertrauten Tätigkeit nach, um Erlebnisse zu vergessen	rit.: .704	3.384
Ich möchte jetzt am liebsten irgendetwas an die Wand werfen	rit.: .741	2.172

Tabelle 29: Ergebnisse der Faktoren und Itemanalyse zu Frage 3b: Reaktionen auf eigene Erlebnisse (hinter den rit.-Angaben fettgedruckt: Mittelwerte)

Die Trennschärfe-Indizes der Items können bei allen fünf Faktoren als »gut« bis »sehr gut« bezeichnet werden.

Die Trennschärfekorrelationen reichen bei den Items des Faktors 1 (»Problemlösung, Informationsbedürfnis« von .686 bis .772, bei den Items des Faktors 2 (»Verdrängung, Abwehr«) von .636 bis .716, bei den Items des Faktors 3 (»Anpacken, Selbstwertschutz«) von
von .682 bis .777, bei den Items des Faktors 4 (»Verunsicherung«) von .664 bis .767, bei den Items des Faktors 5 (»Affektive Reaktion«) von .704 bis .796.

Ein Vergleich der Mittelwerte der Items macht deutlich, dass die Versuchspersonen – ähnlich wie bei Frage 1b – den Aussagen einzelner Items in unterschiedlicher Ausprägung zustimmen.

Die folgende Übersicht stellt eine Rangliste nach Ausprägungen der Mittelwerte dar, unter Zuordnung der Items zu den Faktoren:

Ich denke mir, lasse dich nicht unterkriegen	4.797	Anpacken	F3
Ich denke, ich bin ein wertvoller Mensch, der Fähigkeiten hat, die nichtbehinderte Menschen nicht sehen.	4.587	Anpacken	F3
Macht mich wütend	4.375	Affektive R.	F5
Ich suche den Kontakt zu nichtbehinderten Menschen, um mit ihnen zu reden	4.313	Problemlösung	F1
Ich suche den Kontakt zu behinderten Menschen, um mit ihnen zu reden	4.016	Problemlösung	F1
Ich denke daran, wie dieses Problem gelöst werden könnte	3.937	Problemlösung	F1
Damit werde ich fertig!	3.906	Anpacken	F3
Ich habe das Bedürfnis, die Meinung von jemand anderen zu hören	3.828	Problemlösung	F1
Dieses Ereignis geht nicht aus dem Kopf	3.797	Verunsicherung	F4
Es ist nun mal so, ich versuche damit zurecht zu kommen	3.787	Anpacken	F3
Ich gehe einer mir vertrauten Tätigkeit nach, um dieses Erlebnis zu vergessen	3.484	Affektive R.	F5
Macht mir Angst	3.375	Verunsicherung	F4
Es gibt wichtigere Dinge, über die ich nachdenken muss	3.317	Verdrängung	F2
Ich frage jemanden um Rat	3.188	Problemlösung	F1
Macht mich aggressiv	3.063	Affektive R.	F5
Ich nehme es lieber von der leichten Seite	2.344	Verdrängung	F2
Ich möchte jetzt am liebsten irgendetwas an die Wand werfen	2.172	Affektive R.	F4
Ich denke, das ist alles halb so schlimm	1.984	Verdrängung	F2
Das macht mich nichtbehinderten Menschen gegenüber misstrauisch	1.703	Verunsicherung	F4
Das geht mich nichts mehr an	1.703	Verdrängung	F2
Lässt mich kalt	0.937	Verdrängung	F2

Tabelle 30: Rangliste nach Ausprägungen der Mittelwerte und Zuordnung der Items zu den Faktoren (vgl. Tabelle Nr. 29)

Ein Vergleich der gemittelten Rohwerte der Items eines jeden Faktors (Gemittelter Rohwert = Summenwert der jeweiligen Items eines Faktors geteilt

Darstellung und Diskussion der Ergebnisse

durch die Anzahl der Items) mit dem Wilcoxon-Test ergab folgende Ergebnisse (vgl. folgende Tabelle 31):

1b: Gemittelte Rohwerte 5 Faktoren WILCOXON-Test					
	Faktor 3	Faktor 1	Faktor 4	Faktor 5	Faktor 2
Faktor 3: Anpacken, Selbstwertschutz Mittelwert: 4.275	x	gleich	>: p<***	>: p<***	>: p<***
Faktor 1: Problemlösung, Inform.-bed. Mittelwert: 3.877	gleich	x	>: p<**	>: p<**	>: p<***
Faktor 4: Verunsicherung Mittelwert: 2.959	<: p<.***	<: p<.***	x	gleich	>: p<**
Faktor 5: Affektive Reaktion Mittelwert: 2.840	<: p<.***	<: p<.***	gleich	x	>: p<**
Faktor 2: Verdrängung, Abwehr Mittelwert: 2.043	<: p<.***	<: p<.***	<: p<.***	<: p<.***	x

Tabelle 31: Vergleich der gemittelten Itemrohwerte zu den fünf Faktoren (nach Wilcoxon-Test)

Ein Vergleich der gemittelten Rohwerte der Items der fünf Faktoren bestätigt: Nach dem Bericht zu eigenen diskriminierenden Erlebnissen erfahren insgesamt gesehen die Items, die dem Faktor 3 (»Anpacken, Selbstwertschutz«) und dem Faktor 1 (»Problemlösung, Informationsbedürfnis«) im Mittel zugeordnet sind, statistisch gesehen die höchste Zustimmung, die Items, die dem Faktor 2 (»Verdrängung, Abwehr«) im Mittel zugeordnet sind, die geringste Zustimmung.

Detailliert aufgelistet ergibt sich folgendes Bild:
- Der gemittelte Rohwert zu Faktor 3 (»Anpacken, Selbstwertschutz«) ist größer als die gemittelten Rohwerte des Faktors 4 (»Verunsicherung«), des Faktors 5 (»Affektive Reaktion«), des Faktors 2 (»Verdrängung, Abwehr«), aber statistisch gesehen gleich mit dem gemittelten Rohwert von Faktor 1 (»Problemlösung, Informationsbedürfnis«).

- Der gemittelte Rohwert zu Faktor 1 (»Problemlösung, Informationsbedürfnis«) ist größer als der gemittelte Rohwert zu den Faktoren 4, 5, 2, aber gleich mit dem gemittelten Rohwert von Faktor 3.
- Der gemittelte Rohwert zu Faktor 4 (»Verunsicherung«) ist kleiner als die gemittelten Rohwerte der Faktoren 3 und 1, größer als der gemittelte Rohwert zu Faktor 2 und gleich mit dem gemittelten Rohwert von Faktor 5.
- Der gemittelte Rohwert zu Faktor 5 (»Affektive Reaktion«) ist kleiner als die gemittelten Rohwerte der Faktoren 3 und 1, größer als der gemittelte Rohwert zu Faktor 2 und gleich mit dem gemittelten Rohwert von Faktor 4.
- Der gemittelte Rohwert von Faktor 2 (»Verdrängung, Abwehr«) ist signifikant kleiner als die gemittelten Rohwerte aller übrigen Faktoren.

Ergebnisse zu den unabhängigen Variablen Geschlecht, Alter, Kontrollüberzeugung, Problemlösefähigkeit, Selbstwertgefühl und allgemeine Zufriedenheit

Aus Gründen der Übersicht werden die Ergebnisse wieder vorrangig in Tabellen, auf die bei der Analyse der einzelnen Ergebnisse verwiesen wird, zusammengefasst.

Ergebnisse zur unabhängigen Variablen Geschlecht
Die Ergebnisse zur unabhängigen Variablen Geschlecht sind in der folgenden Tabelle 32 wiedergegeben. Tabelle 32 nimmt bei den Mittelwertsvergleichen Bezug auf die Stanine-Werte der Faktoren 1-5.

3b Stanine Geschlecht			
Mittelwertsvergleiche			
	Männer	Frauen	Statistik
	N=34	N=30	
Faktor 1: Problemlösung, Infobedürfn.	4,941	5,1	n.s.
Faktor 2: Verdrängung, Abwehr	5,029	4,967	n.s.
Faktor 3: Anpacken, Selbstwertschutz	5,118	4,533	n.s.
Faktor 4: Verunsicherung	4,912	5,267	n.s.
Faktor 5: Affektive Reaktion	4,647	5,433	n.s.

Tabelle 32: Mittelwertsvergleiche zum Faktor Geschlecht: Stanine -Werte der Faktoren

Nach den Ergebnissen von Tabelle 32 wird deutlich, dass ein Vergleich der Stanine-Mittelwerte zwischen Männern und Frauen keine signifikanten Mittelwertsunterschiede ergibt. Ebenso kann bei einem Vergleich der einzelnen Item-Rohwerte kein einziger signifikanter Effekt beobachtet werden. Die Beantwortung der Items zu Frage 3b ist somit vom Geschlecht der Versuchspersonen unabhängig.

Ergebnisse zu den unabhängigen Variablen Alter, Kontrollüberzeugung, Problemlösefähigkeit, Selbstwertgefühl und allgemeine Zufriedenheit
Die folgende Tabelle 34 enthält zunächst die Ergebnisse der Korrelationsstudien zwischen den Stanine-Werten der fünf Faktoren und den unabhängigen Variablen Alter, Kontrollüberzeugung, Problemlösefähigkeit, Selbstwertgefühl und allgemeine Zufriedenheit.

3b Stanine Faktoren 1-5					
Korrelationen					
	Alter	Kontrollüberz.	Problemlösef.	Selbstwert	Allgem. Zufriedh.
Faktor 1: Problemlösung, Infobed.	n.s.	n.s.	n.s.	n.s.	n.s.
Faktor 2: Verdrängung, Abwehr	n.s.	..302*(-)	n.s.	n.s.	n.s.
Faktor 3: Anpacken, Selbstwertsch.	n.s.	n.s.	n.s.	n.s.	n.s.
Faktor 4: Verunsicherung	.246*	n.s.	.n.s.	.044*(-)	n.s.
Faktor 5: Affektive Reaktion	.299*	n.s.	n.s.	n.s.	n.s.

Tabelle 33: Korrelationen der Stanine-Werte der Faktoren 1-5 und den unabhängigen Variablen

Die Ergebnisse von Tabelle 33 lassen folgendes Bild erkennen:
Alter und das Ausmaß an »Verunsicherung« (Faktor 4) und »Affektive Reaktion« (Faktor 5) stehen in einem signifikanten positivem Zusammenhang. Je älter also die Versuchspersonen sind, desto größer ist die Ausprägung an »Verunsicherung« (r-Wert: .246*) und »Affektive Reaktion« (r-Wert: .299*).
Für die unabhängigen Variablen »*Kontrollüberzeugung*« *und* »*Selbstwertgefühl*« ergeben sich folgende Effekte:
- Je höher die »Kontrollüberzeugung« ausgeprägt ist, desto geringer ist das Ausmaß an »Verdrängung, Abwehr« (r-Wert: -.302*; Ergebnisse des Me-

dianvergleiches: Mittelwert Kontrollüberzeugung tief: 5.219; Mittelwert Kontrollüberzeugung hoch: 4.406; p < .040*).
- Je höher die unabhängige Variable »Selbstwertgefühl« ausgeprägt ist, desto geringer ist das Ausmaß an »Verunsicherung« (r-Wert: -.044*; Ergebnisse des Medianvergleiches: Mittelwert Selbstwertgefühl tief: 5.545; Mittelwert Selbstwertgefühl hoch: 4.469; p < .016*).

Keine Effekte haben die unabhängigen Variablen »Problemlösefähigkeit«, »Selbstwertgefühl« und »Allgemeine Zufriedenheit« insgesamt gesehen auf die Ausprägung der Faktoren »Problemlösung, Informationsbedürfnis«, »Anpacken, Selbstwertschutz« und »Affektive Reaktion«.

Zu erwähnen wären in diesem Zusammenhang die Korrelationen des Einzel-Items »Ich denke daran, wie dieses Problem gelöst werden könnte« (zugehörig zu Faktor 1) mit den unabhängigen Variablen Kontrollüberzeugung, Problemlösefähigkeit und Selbstwertgefühl:

Alle drei unabhängigen Variablen korrelieren signifikant positiv mit der Ausprägung des Items: »Ich denke daran, wie dieses Problem gelöst werden könnte«, wobei im Einzelnen folgende Korrelationsmaße errechnet wurden:

Ergebnisse des Korrelationsvergleiches
mit Variable »Kontrollüberzeugung« $r = .381^{**}$
Ergebnisse des Korrelationsvergleiches
mit Variable »Problemlösefähigkeit« $r = .299^{*}$
Ergebnisse des Korrelationsvergleiches
mit Variable »Selbstwertgefühl«: $r = .267^{*}$

Zusammenfassung der wichtigsten Ergebnisse der statistischen Verrechnungen zu Frage 3b

In Frage 3b sollten die Versuchspersonen persönlich geschilderte, hoch belastende Erlebnisse auf einer Itemliste bewerten. Die wichtigsten Ergebnisse der statistischen Verrechnungen können wie folgt zusammengefasst werden:

1. Bei der *faktorenanalytischen Verrechnung* der Daten wird die 5-Faktorenlösung präferiert. Die Faktoren werden benannt mit: »Problemlösung, Informationsbedürfnis« (Faktor 1, Varianzanteil: 12.47%), »Verdrängung, Abwehr« (Faktor 2, Varianzanteil: 10.05%), »Anpacken, Selbstwertschutz« (Faktor 3, Varianzanteil: 9.27%), »Verunsicherung« (Faktor 4, Varianzanteil: 10.01%), »Affektive Reaktion« (Faktor 5, Varianzanteil: 10.24%).

Nach der Itemanalyse wird die Anzahl der Fragen von ursprünglich vorgelegten 31 Items auf 21 Items reduziert. Die Trennschärfe-Indizes der Items können bei allen fünf Faktoren als »gut« bis »sehr gut« bezeichnet werden.

2. Die Mittelwertsausprägungen der Items waren unterschiedlich hoch. Ein Vergleich der gemittelten Rohwerte zwischen den Items der fünf Faktoren bestätigte: Nach dem Bericht zu eigenen diskriminierenden Erlebnissen erfahren, insgesamt gesehen, die Items, die dem Faktor 3 (»Anpacken, Selbstwertschutz«) und dem Faktor 1 (»Problemlösung, Informationsbedürfnis«) im Mittel zugeordnet sind, statistisch gesehen die höchste Zustimmung. Die Items, die dem Faktor 2 (»Verdrängung, Abwehr«) im Mittel zugeordnet sind, erhalten die geringste Zustimmung (vgl. Tabelle 31).

3. Bei der Bewertung und in der Reaktion auf als hochbelastend eingestufte Erlebnisse sind zumindest punktuelle Effekte der unabhängigen Variablen Alter, Kontrollüberzeugung und Selbstwertgefühl festzustellen:
Mit fortschreitendem *Alter* gehen eine größere »Verunsicherung« und ein höheres Ausmaß an »Affektiver Reaktion« einher, Personen mit höherer *Kontrollüberzeugung* zeigen – im Vergleich zu Personen mit geringerer Kontrollüberzeugung – ein geringeres Ausmaß an »Verdrängung, Abwehr« und Personen mit höherem *Selbstwertgefühl* sind – im Vergleich zu Personen mit geringerem Selbstwertgefühl – weniger »verunsichert«.
Bei der Bewertung des Items »*Ich denke daran, wie dieses Problem gelöst werden könnte*« zeigt sich ein durchgängiger korrelativer Effekt der unabhängigen Variablen Kontrollüberzeugung, Problemlösefähigkeit und Selbstwertgefühl. Die Suche nach problemrelevanten Lösungsmöglichkeiten wird demnach auch von der Ausprägung dieser Variablen bestimmt.

4. Bewertungen und Reaktionen auf als hochbelastend eingestufte Erlebnisse sind geschlechtsunabhängig.

3.1.4 Ergebnisse zu Frage 4: Soziale Unterstützung in belastenden Situationen

Die Frage 4 gliedert sich in die drei Teilfragen 4a-4b-4c.

3.1.4.1 Darstellung allgemeiner Aussagen über erhaltene Hilfe (Frage 4a)

Frage 4a des Fragebogens lautet:
»Haben Sie sich in oder nach dieser für Sie belastenden Situation an andere Menschen gewendet?«

Hinsichtlich dieser Fragestellung werden von den Befragten insgesamt 61 Aussagen abgegeben. Davon antworten 47 Personen diesbezüglich mit »Ja«, 12 Personen äußern sich mit »Nein«.

Aussagen, in denen die Befragten bejahen, sich an andere Personen gewendet zu haben

Da die Möglichkeit der Mehrfachnennung gegeben ist, übersteigt die Anzahl der hierbei genannten Personen die der Befragten.

Kategorie 1: Personen innerhalb der Familie	(38.3%)	18 Nennungen
Unterkategorie 1.1: Eltern	(29.8%)	14 Nennungen
Unterkategorie 1.2: Geschwister	(8.5%)	4 Nennungen
Kategorie 2: FreundInnen	(27.7%)	13 Nennungen
Kategorie 3: Personen aus dem Heim- bzw. Schulbereich	(23.4%)	11 Nennungen
Unterkategorie 3.1: Mitschüler-, MitbewohnerInnen	(6.4%)	3 Nennungen
Unterkategorie 3.2: berufsmäßige HelferInnen	(6.4%)	3 Nennungen
Unterkategorie 3.3: Weitere Personen innerhalb von Schule/Internat	(10.6%)	5 Nennungen
Kategorie 4: Sonstige (Umstehende, etc.)	(10.6%)	5 Nennungen

Im Hinblick auf den Personenkreis, dem sich die Befragten nach der für sie »belastenden« Situation zugewendet haben, ergibt sich nach einer Auswertung der 47 »Ja«-Aussagen nachfolgendes Bild:

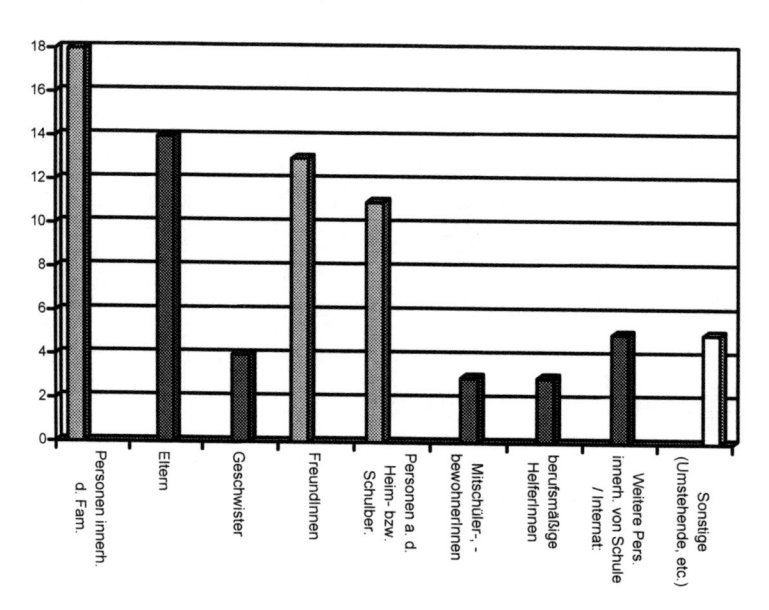

Abb. 25: Personen, an die sich die Befragten gewendet hatten

Die Grafik zeigt, dass vor allem Mitglieder der Familie als Ansprechpartner fungierten, wobei deutlich wird, dass die Befragten sich hauptsächlich an die Eltern gewendet haben (14 Nennungen): »Gewendet hab' ich mich, wie gesagt, an meine Eltern, hab' mit ihnen gesprochen und danach mit meinen Freunden [...].« (52)

Vier Personen haben nach dem belastenden Erlebnis Kontakt zu Bruder und/oder Schwester gesucht: »Also an meine Schwester, wir haben darüber geredet, ich habe versucht, das zu verarbeiten.« (33); (Überlegt): »Ja, meine Mutter und an meine zwei jüngeren Geschwister. Mit denen hab' ich mich halt drüber unterhalten und meine Mutter hat gemeint, ich soll des ignorieren, nicht so schwer nehmen: ›Auch wenn die anderen nicht körperbehindert sind, jeder Mensch hat irgendwo 'nen Knacks.‹« (63)

Während sich 13 Befragte in erster Linie ihren FreundInnen anvertraut hatten (»Ich habe mich mit Freunden unterhalten, was wir tun könnten; aber irgendwie dachten wir, es ist es nicht wert, etwas zu tun.« (78)), wurden von elf der Betroffenen in erster Linie Personen aus dem Heim- bzw. Schulbereich aufgesucht: »Ja – die Leute aus dem Internat und die Klassenlehrerin und die Erzieherin. Jeder hat geholfen. Ich hab' mich nur hängen lassen – und alle haben versucht, mich davon wegzubringen.« (14)

Auch Menschen, die den befragten Personen zwar nicht bekannt, jedoch zum Zeitpunkt des diskriminierenden Erlebnisses in unmittelbarer Nähe waren und das Geschehen gegebenenfalls mitverfolgt hatten, wurden von den jeweiligen Befragten angesprochen: »(Ich hab' mich) an die nächsten nichtbehinderten Menschen gewandt, die gerade da waren und mir günstig gesinnt waren; Person (Frau) in Bahnhofsmission, die mir regelmäßig hilft, in den Zug zu steigen, etc. [...].« (26); »Da war jemand dabei und der hat mitgekriegt, dass die Frau mich so blöd angemacht hat. Und der hat gemerkt und zur Frau gesagt, dass ich nicht so schnell fahren kann ... Es war gut, dass der das zur Frau gesagt hat, das hat mir geholfen mit der belastenden Situation fertig zu werden. Ich war erleichtert.« (10)

Aussagen, in denen die Befragten verneinen, sich an andere Personen gewendet zu haben

Sehr wenige, insgesamt 12 Personen, geben an, sich keinem Menschen aus ihrem näheren oder weiteren Umfeld anvertraut zu haben.

9 Befragte antworten eindeutig mit »nein« und unterstreichen ihre Aussage mit Schilderungen wie: »Ich habe keinen gewollt. Ich hätte jemanden gehabt. Ich hab's mit Absicht mit mir selbst ausgemacht. Sogar meine besten Freunde können sich doch nicht 100%-ig in mich 'rein versetzen.« (83); »Ich habe es gleich vergessen. Ich hatte nicht das Bedürfnis, mit jemandem zu reden.« (02)

Drei weitere Personen verneinen erst spontan, dass sie sich an jemanden gewendet haben, nennen jedoch auf eine Nachfrage hin oder von sich aus doch noch Personen, Gruppen oder Situationen, bei/in denen sie von ihrem belastenden Erlebnis gesprochen bzw. erzählt haben.

3.1.4.1 Darstellung der Aussagen zu Personen, die am meisten geholfen haben (Frage 4b)

Frage 4b des Fragebogens lautet:
»Wer hat Ihnen am meisten geholfen, mit dieser für Sie belastenden Situation fertig zu werden?«

Zu dieser Frage liegen insgesamt 70 Äußerungen vor. Die Antworten können inhaltlich folgenden Kategorien zugeordnet werden, wobei wiederum darauf hingewiesen werden muss, dass Mehrfachnennungen möglich sind:

Kategorie 1: Personen innerhalb der Familie	(42.9%)	30 Nennungen
Unterkategorie 1.1: Mutter	(18.6%)	13 Nennungen
Unterkategorie 1.2: Vater	(14.3%)	10 Nennungen
Unterkategorie 1.3: Geschwister	(7.1%)	5 Nennungen
Unterkategorie 1.4: PartnerIn	(2.9%)	2 Nennungen
Kategorie 2: FreundInnen	(12.9%)	9 Nennungen
Kategorie 3: Mitschüler, Kollegen, Beteiligte	(11.4%)	8 Nennungen
Kategorie 4: Lehrer, Betreuer, Erzieher	(8.6%)	6 Nennungen
Kategorie 5: »Ich selbst« (der/die Befragte)	(12.9%)	9 Nennungen
Kategorie 6: Niemand	(7.1%)	5 Nennungen
Kategorie 7: Verdrängen, Vergessen	(4.2%)	3 Nennungen

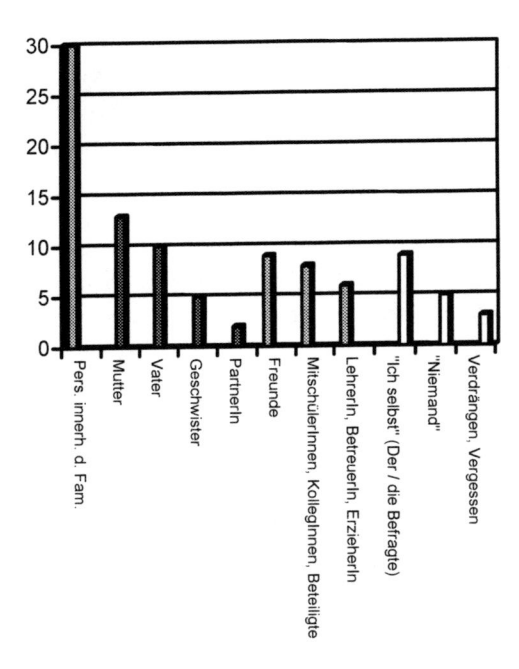

Darstellung und Diskussion der Ergebnisse 255

Abb. 26: Personen, die am meisten geholfen haben, mit der belastenden Situation
fertig zu werden

Mit 28 der insgesamt 70 vorliegenden Antworten gibt die Mehrheit der befragten Personen an, dass die größte Hilfe, mit der belastenden Situation fertig zu werden, von Mitgliedern der Familie ausging, wobei hier in erster Linie die »Mutter« mit 13 Nennungen genannt wird: »Meine Mutter. Das war erst einmal, und meine Mutter hat denen die Meinung gesagt.« (47).

Weitere neun Personen geben an, dass sie von ihren Freunden die meiste Unterstützung erfahren hatten: »Kumpels, die gesagt haben: ›Mach' dich nicht verrückt!‹« (59); »Ein Freund, der das ganze auch schon mal durchgemacht hatte. Er kennt das.« (50).

Für acht Befragte ging die größte Hilfestellung von Kollegen und Mitarbeitern aus (»... meine Kollegin. Aber helfen kann sie mir ja auch nicht. – Aber Rückmeldung, ja.« (62)) und auch von solchen Personen, die zum Zeitpunkt der Diskriminierung anwesend waren oder auch konkrete Hilfe geleistet haben: »Die, die mich getragen haben.« (42); »Die, die mir die Armlehne wieder 'rein gesteckt haben; die waren mir nicht so sympathisch, aber ich war froh, dass es jemand gemacht hat.« (44).

Während weitere sechs Personen »Lehrer, Betreuer« und »Erzieher« als am hilfreichsten empfunden hatten: »Der Erzieher war für mich immer ein

Mensch, mit dem man über alles reden konnte [...].« (40), machen einige der Schilderungen deutlich, dass sich die jeweiligen Personen zwar einem oder mehreren Menschen anvertraut haben, von diesem/diesen jedoch nicht unbedingt hilfreich in der Bewältigung der Situation unterstützt wurden bzw. unterstützt werden wollten: »Ich muss doch nicht zu jedem gehen und sagen: ›Hilf mir, ich brauch' Trost!‹ Ich hab' schon mit meinem Vater gesprochen, der war auch empört, aber wir haben dann auch wieder gelacht. Aber um Trost zu finden – nein, nicht. [...].« (47); »Gewendet hab' ich mich wie gesagt an meine Eltern, hab' mit ihnen gesprochen und danach mit meinen Freunden. Aber dass ich irgendwie Hilfe gesucht hab‹, nicht.« (52).

Insgesamt 14 Befragte haben sich nach der für sie belastenden Situation keinen weiteren Personen aus ihrem Umfeld anvertraut, zum einen, weil sie dieses Erlebnis selbst bewältigen wollten: »Niemand; da muss man selbst fertig werden, die Leute können einem zwar etwas raten, aber damit fertig werden muss ich selbst.« (79); »Ich hab' mir gedacht, es gibt Schlimmeres, ich hab' es dann auch eine Zeit lang vergessen, aber ab und zu kam es dann doch hoch.« (78), zum anderen auch deshalb, weil sie keinen Menschen kennen, an den sie sich hätten wenden können: »Hab niemanden, aber ich könnt's mir vorstellen.« (03).

3.1.4.2 Darstellung konkreter Hilfen (Frage 4c)

Frage 4c des Fragebogens lautet: »Wodurch waren Sie erleichtert, entlastet?«
Insgesamt äußern sich zu dieser Frage 57 Personen, die Gesamtanzahl der Antworten liegt bei 71 Schilderungen. Auch hier ist die Möglichkeit der Mehrfachnennung gegeben.

Erwähnenswert ist auch, dass Erleichterung und Entlastung sowohl durch andere Menschen als auch unabhängig von sozialen Bezügen thematisiert wird.

Die gegebenen Antworten lassen sich folgenden Kategorien zuordnen:

Kategorie 1: Ablenken, Vergessen, Verdrängen	(11.3%)	8 Nennungen
Kategorie 2: Erzählen, Reden, Gespräch	(19.7%)	14 Nennungen
Kategorie 3: Verständnis; Gefühl, verstanden und ernst genommen zu werden	(28.2%)	20 Nennungen
Kategorie 4: Nicht allein sein; Solidarität	(21.1%)	15 Nennungen
Kategorie 5: Aktive Hilfe, aktives Verhalten	(19.7%)	14 Nennungen

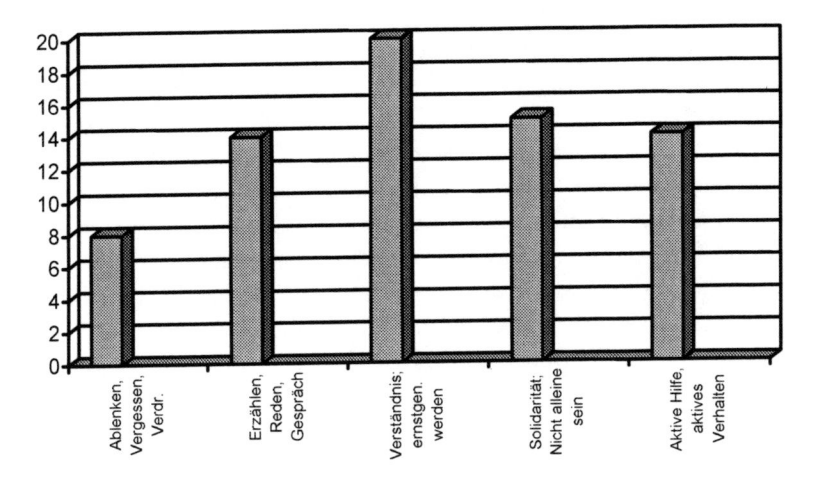

Darstellung und Diskussion der Ergebnisse 257

Abb. 27: Antworten auf die Frage: »Wodurch wurden Sie erleichtert, entlastet?«
(Nennungen)

Hilfreiche Beschäftigungen mit der jeweils erlebten diskriminierenden Situation können in der ersten Kategorie als »Ablenken durch Beschäftigung«, »Vergessen« und »Verdrängen« beschrieben werden, was auf acht der 71 Schilderungen zutrifft. Diese Reaktionsformen werden teilweise durch das Verhalten anderer Personen aus der sozialen Umwelt initiiert, teilweise sind sie auch als Mechanismen zu interpretieren, die aus der Person selbst entspringen: »Ich hab' das zwar mit der Zeit nicht vergessen, aber ich hab' mir gedacht, das gibt's halt. Je mehr man drüber nachdenkt, desto mehr belastet es mich. Beschäftigung lenkt am besten ab. [...] Man sollte sich immer beschäftigt halten in solchen Momenten, das erleichtert die Situation. [...].« (24); »Er hat mich abgelenkt; wir haben uns durch andere Dinge abgelenkt; wir sind es übergangen.« (02).

14 Äußerungen machen deutlich, dass die Kommunikationsformen »Reden«, »Gespräche führen« und »Zuhören« als zumindest im allgemeinen entlastende Faktoren thematisiert werden, wie es u. a. auch folgende Beispiele verdeutlichen: »Es war kein Druck da, ich musste nichts erzählen. Ich konnte das so erzählen, wie ich das empfunden hab‹.« (24); »Würde ich auch sagen: Durch die Gespräche mit anderen; dadurch, dass man darüber spricht, kann man es schon schneller vergessen; natürlich spricht man darüber.« (59).

Das Verständnis, das eine Person in oder nach einer belastenden Situation von anderen Menschen erfährt, sowie das Gefühl, verstanden, an- und ernst genommen zu werden, bilden die thematischen Inhalte von insgesamt 20 Äußerungen, die sich der dritten Kategorie zurechnen lassen: »Allein dadurch, dass jemand begreift, was da abläuft. Viele tun das nicht.« (57); »Ich war erleichtert, wenn sie das Problem verstanden haben und es nicht als Bagatelle abgetan haben.« (86); »Die Mitschüler haben versucht, mir das zu erklären: Sie haben mich ernst genommen, die haben das auch schon erlebt. ... ernst genommen? ... Ja, und auch verstanden zu werden. [...].« (33).

In einer weiteren Kategorie wurden Äußerungen zusammengefasst, die als Ausdruck erlebter Solidarität zu bewerten sind. Diese wird von den 15 Befragten vor allem erfahren durch Fürsprecher oder durch Menschen, die da sind und ihnen zeigen, dass es Möglichkeiten gibt, sich zu wehren, zu reagieren und im handelnden Umgang mit dem Erlebten umzugehen: »Dass ich nicht allein war mit der Situation. Sonst hätte ich nicht gewusst, was ich machen soll.« (09); »[...] Z. B. die Situation im Englischen Garten: dass andere Leute da sind, die sich hinter mich stellen; dass man da nicht selber anfangen muss, da zu diskutieren oder so.« (26); »Wenn ich jetzt alleine gewesen wäre, hätte ich mich unwohler gefühlt.« (72).

Weitere 14 Aussagen verdeutlichen, dass aktive Hilfe von außenstehenden Personen als erleichternd erlebt worden ist: »Bin immer wieder auch da an der Bahnhofsmission; dass die Mehrheit der Menschen anders ist und versucht zu helfen: Die Menschen fragen, wo sie mir helfen können und das hilft mir auch, die Situation nicht übermäßig zu bewerten. [...].« (26); »Die haben mich ins Kino und zum Baden mitgenommen. Haben mich überall mit hingenommen, die haben mir meinen Rollstuhl aufgepumpt und los ging's! [...] Ich war immer froh, wenn ein paar da waren, der Austausch war mir wichtig, wie das so ist, wenn man körperlich eingeschränkt ist [...].« (33).

Aus den Äußerungen der befragten Personen bezüglich Frage 4c wird deutlich, dass 43 Personen von Menschen berichtet haben, die ihnen in einer belastenden Situation Erleichterung verschafft haben.

Neben diesen vielen Angaben, die sich auf andere Menschen bzw. auf die von ihnen ausgehende Unterstützung beziehen, soll in besonderem Maße auf diejenigen Personen hingewiesen werden, die sich Erleichterungsaspekte unabhängig von sozialer Unterstützung durch Außenstehende verschaffen konnten: »Meine Einstellung: ›Locker. Locker bleiben. Gibt noch andere Tage.‹« (75); »Durch meinen eigenen Mut. Ich werde damit schon fertig.« (83); »(Dadurch, dass) ich wieder in die Schule gegangen bin und den halt links liegen lassen hab‹.« (78).

3.1.4.4 Zusammenfassung der wichtigsten Ergebnisse (Frage 4a-4c)

Im Fragenkomplex 4a-c der Untersuchung stehen Fragen zur Bedeutung und zum Stellenwert sozialer Unterstützung in und nach belastenden Situationen im Vordergrund, wobei nachfolgend die wesentlichsten Ergebnisse noch einmal zusammenfassend dargestellt werden sollen.

1. Bezüglich der Frage »*Haben Sie sich in oder nach dieser für Sie belastenden Situation an andere Menschen gewendet?*« erwähnen insgesamt 38.3% an dieser Stelle die Familie bzw. ein Mitglied der Familie.

Setzt man dieses Ergebnis mit der Vermutung in Verbindung, dass einige der Befragten keine Familie oder nur noch wenig Kontakt zu derselben haben, erstaunt diese hohe Zahl, obwohl sie dem entspricht, was in der Theorie angenommen wurde: nämlich dass die Familie die Hauptunterstützungsressource für junge Menschen mit Körperbehinderung darstellt.

Relativ oft werden auch Freunde, bzw. ein Freund oder eine Freundin, erwähnt (27.7%), wodurch ersichtlich wird, dass zumindest die in dieser Studie Befragten größtenteils über Freundschaftsbeziehungen verfügen. Dieses Ergebnis unterstützt die Annahme, dass Freunden in diesem Alter ein großer Stellenwert beigemessen wird, und diese auch als vertrauensvolle Gesprächspartner bevorzugt werden (vgl. Seiffge/Krenke 1990, 15).

Den Erwartungen entspricht ebenfalls, dass sich immerhin 17% der Probanden an Lehrer- und BetreuerInnen oder andere berufsmäßige HelferInnen gewendet haben. Viele der Befragten sind Schüler und, soweit es sich von meiner Seite beurteilen lässt, lebt ein großer Teil von ihnen in einem Heim bzw. Internat, weshalb sich die Angehörigen dieser Berufsgruppen möglicherweise als eine Art »Ersatzfamilie« bezeichnen lassen könnten, was die hohe Anzahl der Nennungen diesbezüglich erklären könnte.

2. Bezüglich der Frage »*Wer hat Ihnen am meisten geholfen, mit dieser für Sie belastenden Situation fertig zu werden?*« wird die Familie an dieser Stelle mit 42.9% der abgegebenen Antworten am häufigsten genannt und scheint auch die hilfreichste Funktion zu erfüllen.

Diesem hohen Anteil entsprechend lässt sich die Vermutung aufstellen, dass die Familie auch dann einzuspringen scheint, wenn sie nicht speziell und ausdrücklich dazu aufgefordert ist. Dies entspricht wiederum der These, dass es für Mitglieder innerhalb einer Familie (vor allem für Kinder gegenüber ihren Eltern) meist »selbstverständlich« zu sein scheint, dass sie von den Personen innerhalb dieses Bezugsrahmens Unterstützung erhalten: »[...] es war klar, dass meine Mutter es macht [...]« (47); »Meine Eltern damals, das war das nächste dann. Ich war noch jünger und unsicher [...]« (39).

Auch innerhalb dieser Fragestellung liegt die Kategorie der »Freunde« mit 12.9% an zweiter Stelle, was scheinbar die Vermutung bestätigt, dass die Erwartung der Befragten, in oder nach belastenden Situationen von Freunden unterstützt zu werden, wohl in den meisten Fällen erfüllt wird.

Für diese Folgerung spricht auch die Tatsache, dass Freunde im Gegensatz zu Familienangehörigen, LehrerInnen, BetreuerInnen oder fremden Personen relativ freiwillig und selbstbestimmt gewählt werden können – man hat also generell oder auch speziell in einer bestimmten Situation die Möglichkeit, sich den- oder diejenige(n) auszusuchen, von dem oder der man sich angemessene Hilfe erhofft.

Trotzdem lassen viele der Bemerkungen erkennen, dass der Großteil der befragten Personen keine »Unterstützung um jeden Preis« will.

Sie wählen sich entweder bei Bedarf ihre Vertrauens- oder Hilfspersonen aus oder versuchen, selbst mit der erlebten Situation klarzukommen, was bei ebenfalls 12.9% der Befragten der Fall ist: »Ich hab's mit Absicht mit mir selbst ausgemacht. Sogar meine besten Freunde können sich doch nicht 100%ig in mich reinversetzen.« (83);

3. Die Antworten auf die Frage »*Wodurch waren Sie erleichtert, entlastet?*« machen deutlich, dass sich viele der befragten Personen sich entlastet und erleichtert gefühlt haben. Mehr als 50% der Befragten geben mehr als einen Aspekt an, der ihnen zu Erleichterung verholfen hat.

Die größte entlastende Funktion kommt dabei neben dem »Verständnis zeigen« und der Anteilnahme, dem Gespräch, dem Austausch, dem Erzählen sowie dem Zuhören zu. Ebenfalls oft erwähnt wird das Geben von Ratschlägen und Hilfe wie auch das Trostspenden.

Auch das »Nicht-alleine-Sein« in oder nach der erlebten Situation, verbunden mit konkreten Handlungen (mitgehen; für die betroffene Person wohin gehen), wird von den Befragten in seiner Entlastungsfunktion hoch eingeschätzt.

Bemerkungen wie »Überhaupt [...], dass es raus is« (29) oder »Hab' mir das ganze erst mal von der Seele geredet« (36) illustrieren die Bedeutung des Erzählens und Darüber-Redens bzw. des Zuhörens auf Seiten der aufgesuchten und/oder unterstützenden Personen. Die Befragten konnten auf diese Weise einiges »loswerden: [...] Dann war der Notstand schon weg.« (8).

Letztendlich entscheidet jedoch immer die jeweilige subjektive Einschätzung, welches Verhalten von wem in welcher Situation als unterstützend und somit entlastend erlebt wird, über die Frage, ob das Erzählen auch tatsächlich Erleichterung verschafft.

3.1.5 Ergebnisse zu Frage 5: Bewertung eines vorgelegten Bildes

Frage 5 gliedert sich in die Teilfragen 5a und 5b.

3.1.5.1 Darstellung der Aussagen über das auf dem Bild Wahrgenommene (Frage 5a)

Frage 5a des Fragebogens lautet: »Was sehen Sie auf diesem Bild?«

Abb. 28: Dokumentation des vorgelegten Bildes (verkleinerte Form)

Innerhalb dieser Fragestellung ist es Aufgabe der befragten Personen, sich dieses abgebildete Foto und die darauf dargestellte Situation genau zu betrachten, um anschließend spontan Auskunft über das Wahrgenommene zu geben.

Es liegen diesbezüglich insgesamt 60 Antworten vor, Mehrfachnennungen waren möglich.

Die einzelnen Schilderungen lassen sich folgenden Kategorien zuordnen:

Kategorie 1: Trennung von Behinderten und Nichtbehinderten	(19.0%)	19 Nennungen
Unterkategorie 1.1: Räumliche Trennung		11 Nennungen
Unterkategorie 1.2: Menschliche Distanz		8 Nennungen
Kategorie 2: Ursachen für Trennung	(13.30%)	8 Nennungen
Unterkategorie 2.1: ausgehend von beiden		6 Nennungen
Unterkategorie 2.2. ausgehend vom Nichtbehinderten		2 Nennungen
Kategorie 3: Normalität	(13.3%)	8 Nennungen
Unterkategorie 3.1: Normalität als Thema		6 Nennungen
Unterkategorie 3.2: Normalität als Wunsch		2 Nennungen
Kategorie 4: (zuerst) wahrgenommene Person(en) im Bild	(18.3%)	11 Nennungen
Unterkategorie 4.1: »Rollstuhlfahrer«		9 Nennungen
Unterkategorie 4.2: »Behinderter«		1 Nennung
Unterkategorie 4.3: »Fußgänger«		1 Nennung
Kategorie 5: Bild des Behinderten	(16.7%)	10 Nennungen
Unterkategorie 5.1: positiv		7 Nennungen
Unterkategorie 5.2: negativ		3 Nennungen
Kategorie 6: Bild des Nichtbehinderten	(16.7%)	10 Nennungen
Unterkategorie 6.1: positiv		2 Nennungen
Unterkategorie 62: negativ		8 Nennungen
Kategorie 7: Sonstige Themen	(3.3%)	2 Nennungen

Diese Angaben lassen sich in einem Schaubild (Abb. 29) auf folgende Weise grafisch darstellen:

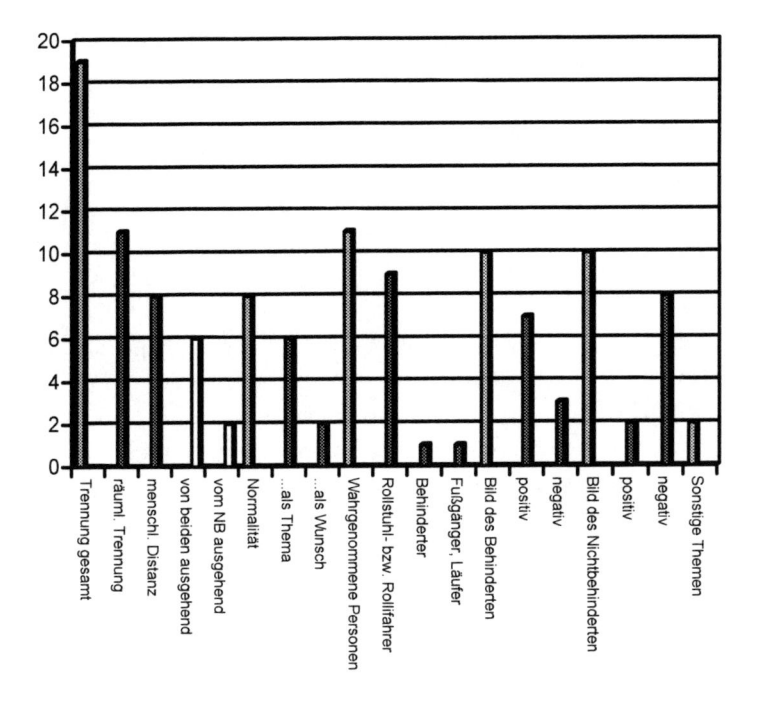

Darstellung und Diskussion der Ergebnisse 263

Abb. 29: Darstellung der Antwortkategorien bezüglich der Frage »Was sehen Sie auf diesem Bild?« (Nennungen)

Es folgen nun einige Ausführungen zu den jeweiligen Kategorien, in denen mit Hilfe einiger ausgewählter Beispiele das eben Dargestellte noch näher erläutert und veranschaulicht werden soll.

Aussagen, in denen sich die Befragten zur Trennung von Behinderten und Nichtbehinderten äußern

In Neunzehn Äußerungen wird der Aspekt einer Trennung von Behinderten und Nichtbehinderten thematisiert.

Bei genauerer Betrachtung fällt auf, dass von den befragten Personen eine Trennung von Behinderten und Nichtbehinderten gesehen wird, die zwei verschiedenen Ebenen zuteilt werden kann.

So beziehen sich 11 der insgesamt 19 Äußerungen auf eine räumliche Trennung der abgebildeten Personen, wie es besonders gut in folgenden Beispielen zum Ausdruck kommt: »Was mir dazu einfällt? Na ja, dass der Behinderte auf der einen Seite ist und der Nichtbehinderte auf der anderen. (63); (Der) Rollstuhlfahrer rollt ganz alleine auf der einen Seite auf dem Bürgersteig und der andere geht auf der anderen Seite. [...] (21); Zwei Wege: Dort der Rollstuhlfahrer allein, dort der Fußgänger allein. (15)«.

In weiteren 8 Schilderungen kommt die menschliche Distanz zum Ausdruck, die zwischen den abgebildeten Personen zu existieren scheint: »Behinderter und Nichtbehinderter gehen getrennte Wege, jeder setzt seinen eigenen Kopf durch, der eine da lang, der andere da lang. (54); Da ist schon wieder so ne unsichtbare Wand; Ich da, du da; da ist schon wieder so ne Barriere, keiner geht auf den anderen zu. (82); Zwei ungleiche Menschen auf zwei Seiten der Straße. (46)«.

Untersucht man nun die Aussagen bezüglich der vorhandenen menschlichen Distanz genauer dahingehend, von welcher der beiden Seiten diese zwischenmenschliche Barriere auszugehen scheint (Kategorie 2: Ursachen), so wird deutlich, dass innerhalb von zwei Antworten ein direkter Hinweis daraufhin erfolgt, dass der Nichtbehinderte als Verantwortlicher angesehen werden muss: »[...] Ich hab' halt das Gefühl, dass er (Anm.: der Mensch mit Behinderung) dort auf der Seite nicht erwünscht ist. Er soll sich dort von der Seite fernhalten. (61); »Vor allem der Nichtbehinderte denkt sich: ›Lass' mich in Ruh'!‹ – weniger der Behinderte als der Nichtbehinderte (01)«.

Aus den übrigen 6 Antworten lässt sich eher eine Vermutung bzw. Meinung dahingehend ableiten, dass beide Seiten mehr oder weniger bewusst dafür verantwortlich gemacht werden, dass derartige Distanzen zwischen Behinderten und Nichtbehinderten aufgebaut und aufrechterhalten werden können: »Man geht auseinander: der Gesunde dort, der Behinderte dort. Man kann halt nicht zueinander kommen. (03); Jeder geht seinen Weg [...]. Jeder denkt an sein Ziel, wo er ankommen will. (68); [...] dass sich hier eine Kluft auftut zwischen beiden [...] (50)«.

Aussagen, in denen sich die Befragten zur (möglichen) Normalität der dargestellten Situation äußern

In insgesamt 8 Schilderungen (Nennungen) äußern sich die befragten Personen zu einer Normalität, die sie mit der auf dem Bild dargestellten Situation verbinden.

Sechs interviewte Menschen mit Behinderung sprechen von einer Normalität dahingehend, dass dieses Bild eben für sie normal und alltäglich ist und auch dementsprechend nicht bzw. nicht mehr besonders wahrgenommen wird: »Die sind weit auseinander, die zwei. [...] Is' ja auch Fußgängerzone. Kann jeder fahren oder laufen, wo er will. Ich seh' da nix Besonderes. (75); Normales Straßenbild für mich und verschiedene Menschen. (20); Normale Situation: nicht schön, nicht belastend. (44); [...] ob der eine auf der einen

Darstellung und Diskussion der Ergebnisse

Seite ist und der andere auf der anderen, ist egal, wenn sie sich nicht kennen. (71)«.

Aussagen hinsichtlich der (zuerst) wahrgenommenen Person(en) auf dem Bild

In einer weiteren Kategorie (Kategorie 4) lassen sich solche Eindrücke zusammenfassen, die sich inhaltlich auf die wahrgenommenen Personen beziehen.

Dabei fällt auf, dass die abgebildeten Personen von den Befragten vorwiegend als Bild-Ausschnitt gesehen werden. So sprechen die Meisten in ihren Antworten von den dargestellten Personen als »Rollstuhl- bzw. Rollifahrer« und Läufern bzw. Fußgängern bzw. Passanten. Diesbezüglich sticht auch hervor, dass in 9 von 11 Fällen der Mensch im Rollstuhl an erster Stelle genannt wird: »Ich sehe einen Rollstuhlfahrer und einen Fußgänger. (10); Einen Rollstuhlfahrer, ein paar Passanten irgendwo in Würzburg. (49); Rollifahrer rechts und Läufer links. (52)«.

Nur eine Person spricht von einem Behinderten: »(Ich sehe) einen Behinderten und drei andere Leute. (79)«, eine weitere befragte Person interpretiert ihre Wahrnehmung der dargestellten Personen dahingehend, dass sie die Beziehung zwischen den abgebildeten behinderten und nichtbehinderten Menschen anspricht: »In erster Linie (sehe ich) einen Rolli-Fahrer und einen Läufer (und) dass sich hier eine Kluft auftut zwischen beiden [...]. (50)«.

Aussagen, die Auskunft darüber geben, wie der behinderte Mensch im Bild gesehen wird

Die nächste Kategorie (Kategorie 5) umfasst Antworten, die zum Ausdruck bringen, wie der auf dem Bild dargestellte behinderte Mensch in den Augen der Befragten gesehen wird. Dabei werden vor allen Dingen Stimmungen und Emotionen angesprochen, die auf den Rollstuhlfahrer zutreffen könnten.

Auch hier ist es möglich, zwei weitere Unterkategorien zu bilden.

Demnach machen 7 Schilderungen deutlich, dass der Rollstuhlfahrer bei den befragten Personen einen zufriedenen und positiven Eindruck erweckt: »Der sieht so aus, als ob er mit seiner Behinderung ganz gut klar käme. (27); Der Rollstuhlfahrer ist ziemlich fit, geht raus, ist selbstsicher, geht unters Volk, macht einen positiven Eindruck auf mich [...]. (39); [...] der Rollstuhlfahrer schaut sehr zufrieden aus. (08)«.

Bei weiteren drei Antworten erweckt die dargestellte behinderte Person jedoch eher den Anschein, als ob es ihr nicht gut ginge, als ob sie unglücklich und unzufrieden sei und hinterlässt somit bei diesen Personen einen doch vorwiegend negativ gefärbten Eindruck: »(Der) Rollstuhlfahrer im Vordergrund macht einen verlorenen Eindruck. (83); Der Rollstuhlfahrer hat Angst, auf den Nichtbehinderten zuzugehen. (30)«.

Aussagen, die Auskunft darüber geben, wie der nichtbehinderte Mensch im Bild gesehen wird

Innerhalb dieser Kategorie liegt das Augenmerk nun auf solchen Aussagen, die Auskunft darüber geben, wie die befragten Personen die Darstellung des Nichtbehinderten interpretieren..
Zwar lässt sich diese Rubrik wieder in sowohl positive als auch negative Eindrücke und Vermutungen unterteilen, aber es fällt auf, dass in der überwiegenden Mehrheit, also in 8 von 10 Antworten, der nichtbehinderten Person negative Absichten und Gedanken zugeschrieben werden: »(Ich sehe) einen jungen Nichtbehinderten, der nicht mal rüberschaut, ich denke, den interessiert es weniger. (22); Allgemeines Problem: Unsicherheit und Abneigung der Nichtbehinderten ist da. (29); Vor allem der Nichtbehinderte denkt sich: ›Lass mich in Ruh'!‹ (01)«.
Lediglich zwei Aussagen machen inhaltlich deutlich, dass die nichtbehinderte Person dem Menschen im Rollstuhl gegenüber zumindest neutral, möglicherweise sogar positiv eingestellt ist: »Ich finde eigentlich, die nehmen gar keine Notiz von dem, der da im Rollstuhl sitzt. Die tun so, als ob das völlig normal ist. Und das finde ich gut. Is' ja nicht so, dass wir alle Affen im Zoo sind, die man so anstarrt. (27); [...] Dann links: ein Mensch, der ihm gegenüber neutral ist. Im Hintergrund: Menschen, die den Behinderten nicht besonders bemerken. (42)«.

Aussagen, in denen sonstige Themen angesprochen werden

Zwei der insgesamt 60 abgegebenen Nennungen konnten sich inhaltlich keiner der aufgeführten Kategorien zurechnen lassen, weshalb sie eigens unter der Rubrik »Sonstige Themen« zusammengefasst werden. Aufgrund der durchaus erwähnenswerten Überlegungen soll wenigstens eine der beiden Schilderungen an dieser Stelle aufgeführt werden: »[...] Einer muss den ersten Schritt tun. Wenn der Behinderte zur Hälfte und der Nichtbehinderte auch zur Hälfte hin fährt, dann können die sich unterhalten. Die beiden haben doch Zeit. Haben wahrscheinlich den gleichen Weg. Da muss der erste Schritt getan werden. Sie müssen aufeinander zugehen, Kontakt aufbauen. [...] In so einer Situation (Anmerk. P.: des Behinderten) würde ich den ersten Schritt tun. (30)«.

Darstellung und Diskussion der Ergebnisse

Zusammenfassung der Ergebnisse zu Frage 5a

Aus den vorliegenden Antworten bezüglich der Fragestellung »Was sehen Sie auf diesem Bild?« ergibt sich ein differenziertes Bild über die Themen, die durch das vorgelegte Foto von den einzelnen befragten körperbehinderten Menschen mit der Abbildung in Verbindung gebracht werden. Es fällt auf, dass die Befragten dabei weniger beschreibend vorgehen im Sinne der objektiv sichtbaren Darstellung, sondern sich mehr interpretierend und attribuierend bezüglich ihrer Wahrnehmungen äußern.

1. In Bezug auf die Kategorie »Normalität«, lassen sich insgesamt zwei verschiedene Antwortrubriken ausmachen.
   So wird einmal die auf dem Foto vorgelegte Situation als bestehende Normalität im Sinne von alltäglichen Situationen beschrieben, was ein bereits »normales Straßenbild« und eine »normale Situation« darstellt, an der »[...] nix Besonderes« festzustellen ist.
   Auf der anderen Seite wird deutlich, dass die beschriebene Normalität auch im Sinne eines Wunschdenkens interpretiert werden kann: »(Ich) Denke mir nichts Spezielles dabei. Denke, das wird manchmal zuviel aufgebauscht, man soll sich nicht immer was denken, wenn man Behinderte sieht«, wobei es doch wohl wirklich besser und anzustreben wäre, »Das Bild, dass es Leute gibt im Rollstuhl, die ein ganz normales Leben führen«, würde ebenfalls zur Normalität gehören.
2. Vergleicht man die prozentuale Häufigkeitsverteilung auf die einzelnen Kategorien, so wird deutlich, dass diejenigen Themen, die sich mit »Trennung« bzw. »Distanz« benennen lassen, den größten Teil der Antworten ausmachen, wobei innerhalb dieser Rubrik nicht nur die vorhandene räumliche Trennung angesprochen wird, sondern auch existierende zwischenmenschliche Barrieren zur Sprache kommen, wie es beispielsweise in den Formulierungen »unsichtbare Wand«, »zwei ungleiche Menschen auf zwei Seiten der Straßen« oder »dass sie nicht zusammen laufen können, obwohl sie in die gleiche Richtung gehen« deutlich wird.
   Neben der Benennung der offensichtlichen räumlichen Distanz wird auch gezeigt, dass die befragten körperbehinderten Menschen die differenzierte Vielfalt von Trennungen und Hindernissen zwischen behinderten und nichtbehinderten Menschen bewusst wahrnehmen, reflektieren und interpretieren, was folgende Beispiele eindrucksvoll veranschaulichen: »Ich hab' halt das Gefühl, dass er dort auf der einen Seite nicht erwünscht ist«; »da ist schon wieder so eine Barriere, keiner geht auf den anderen zu«; »dass sich hier eine Kluft auftut zwischen beiden, obwohl sie doch mehr in der Mitte gehen könnten, kleben sie beide an den Häusern«. Diese Aussagen beinhalten durchaus die Möglichkeit und auch die Bereitschaft des

Aufeinander-Zu-Gehens, was jedoch noch immer durch die vorhandenen dominierenden Barrieren und Trennungen überlagert und unterdrückt wird.
3. Fasst man die Aussagen bezüglich der Wahrnehmung der einzelnen abgebildeten Personen sowie der Eindrücke und Assoziationen, die sie beim Betrachter erwecken, zusammen, so zeigt es sich, dass die im Bild dargestellten Personen häufig in ihren Rollen als Fußgänger bzw. Rollstuhlfahrer, jedoch weniger als behinderter bzw. nichtbehinderter Mensch wahrgenommen werden.

Außerdem wird deutlich, dass beiden Personengruppen in unterschiedlicher Weise Eigenschaften zugeordnet werden, die sich wie folgt beschreiben lassen:

So wird der dargestellte behinderte Mensch in einer dichotomen Weise typisiert:
- als »Mensch, der gut zurecht kommt, selbstsicher, zufrieden, fit« ist; oder
- als »Mensch, der Angst hat auf den nichtbehinderten Menschen zuzugehen und einen »verlorenen Eindruck« macht.

Der abgebildete nichtbehinderte Mensch wird überwiegend mit negativen Eigenschaften beschrieben:
- als Mensch, den »es weniger interessiert«; der »Unsicherheit und Abneigung« zeigt;
- als Mensch, der »mit dem Behinderten nichts zu tun haben will«; der das Gefühl vermittelt, »dass der Behinderte dort auf der Seite nicht erwünscht ist«; der sich denkt »Lass' mich in Ruh'!«;
- als Mensch, der »keine Notiz von dem im Rollstuhl nimmt, und das finde ich nicht gut«.

3.1.5.2 Darstellung der Gedanken und Assoziationen, die beim Betrachten des Bildes aufkommen (Frage 5b)

Im zweiten Teil der *Frage 5* Fragestellung wird nun genauer erfragt, was die Personen beim Betrachten des Fotos denken, welche Assoziationen und Impressionen dabei in ihnen hervorgerufen werden.

Frage 5b des Fragebogens lautet: »Was denken Sie, wenn Sie dieses Bild sehen?«

Zu dieser Teilfrage haben 48 Personen geantwortet.

Da meistens innerhalb der Antworten Gedanken und Assoziationen verschiedener Bereiche zum Ausdruck gebracht werden, übersteigt die Anzahl

Darstellung und Diskussion der Ergebnisse 269

der Äußerungen deutlich die Zahl der Personen, die auf diese Frage antworten.
Demzufolge ergeben die Antworten auch hier wieder ein breit gefächertes Bild. Sie lassen sich in folgende Kategorien zusammenfassen:

Kategorie 1: Normalität	(18.75%)	9 Nennungen
Kategorie 2: Distanz	(20.83%)	10 Nennungen
Kategorie 3: Ablehnung/Ausgrenzung	(33.33%)	16 Nennungen
Kategorie 4: Fehlende Erfahrung, Unsicherheit	(12.50%)	6 Nennungen
Kategorie 5: Bild des Behinderten	(29.16%)	14 Nennungen
Kategorie 6: Bild des Nichtbehinderten	(14.58%)	7 Nennungen
Kategorie 7: Hilfe	(10.41%)	5 Nennungen
Kategorie 8: Verhältnis zwischen behinderten und nichtbehinderten Menschen	(14.58%)	7 Nennungen

Diese Daten lassen sich mit Hilfe einer Grafik folgendermaßen veranschaulichen:

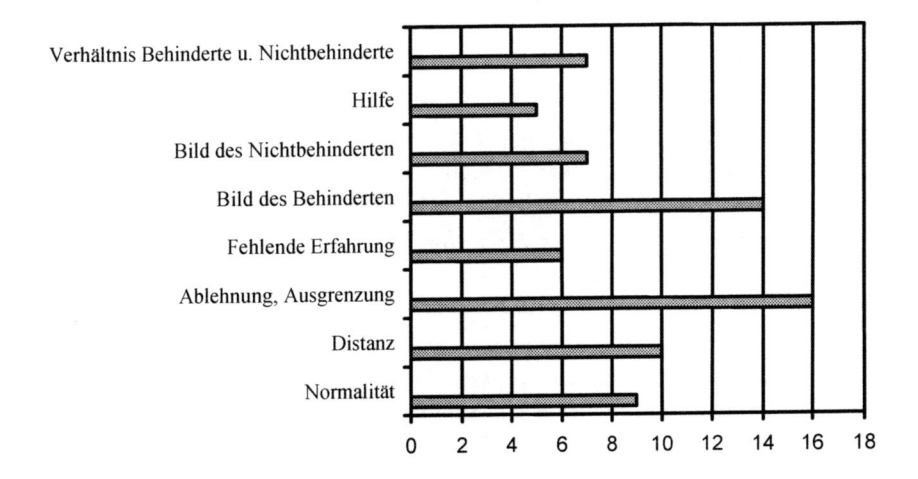

Abb. 30: Darstellung der Antwortkategorien bezüglich der Frage: »Was denken Sie, wenn Sie dieses Bild sehen?« (Nennungen)

Auch diese bildliche Darstellung soll nun im Folgenden näher erläutert und durch ausgewählte Beispiele veranschaulicht werden.

*Aussagen, in denen Gedanken über den Themenbereich »Normalität«
zur Sprache kommen*

Diese Themenkategorie, die bereits im ersten Teil der fünften Frage aufgetaucht ist, wird auch innerhalb der zweiten Teilaufgabe öfters angesprochen. So beziehen sich 9 der insgesamt 48 Antworten auf diese Rubrik, wobei die dargestellte Situation innerhalb aller Äußerungen wieder als »ganz normale Szene in der Fußgängerzone (65)« oder als »normales Straßenbild (09)« bezeichnet wird, »ansonsten nichts besonderes, da muss nichts sein. Zwei Gehsteige, das ist ganz normal (47).«

*Aussagen, in denen Gedanken über den Themenbereich »Distanz«
zur Sprache kommen*

In zehn Nennungen wird die Kategorie »Distanz« angesprochen, die bereits auch im ersten Teil der Frage 5 aufgetaucht ist..

Auch hier unterscheiden die Befragten wieder zwischen einem zunächst nur räumlich vorhandenen Abstand zwischen den abgebildeten Personen, was in Aussagen wie z. B. »Es sind zwei getrennte Wege. [...] Das Bild sagt ›Distanz‹, weil der Abstand so weit ist. (02)« oder »[...] ziemlich weit auseinander (12)« deutlich zum Ausdruck kommt.

Weitaus häufiger beziehen sich die Stellungnahmen jedoch auf eine zwischenmenschliche Distanz, die aus der Darstellung als zwischen der Person im Rollstuhl und dem Fußgänger existierend herausgelesen wird.

Zu deren Erklärung werden viele unterschiedliche Gründe angeführt.

Einerseits machen die befragten Personen beide, den Rollstuhlfahrer wie auch den Nichtbehinderten, dafür verantwortlich, dass diese menschliche Barriere bestehen kann: »Jeder bleibt auf seiner Seite, geht seinen Weg, beachtet sich nicht groß. (20); Mir kommt es so vor, als ob beide ›auseinanderfahren‹ würden. Beide versuchen, soweit wie möglich Abstand zu halten [...]. (73); [...] Wollen nicht nebeneinander laufen, weil sie vielleicht gegenseitig Vorurteile haben«.

Andererseits werden auch Vermutungen dahingehend geäußert, dass die Distanz hauptsächlich von einer der beiden Personen auszugehen scheint. Dabei werden mögliche Überlegungen des Menschen mit Behinderung dem Nichtbehinderten gegenüber erwähnt: »Mein Eindruck? Rollstuhlfahrer will mit Fußgänger nichts zu tun haben, weil er Abstand hält. (36)«.

Im Gegensatz dazu zeigt die weitaus größere Anzahl der Interpretationen jedoch, dass der bzw. die Nichtbehinderte(n) in erster Linie für diese zwischenmenschliche Entfernung verantwortlich zu machen ist: »Hmm ... irgendwie, dass der nix mit dem Behinderten zu tun haben will [...] (63); »Die sagen vielleicht: ›Was fährt da für einer?‹ (86); Er (Anm.: der Nichtbehinderte)

Darstellung und Diskussion der Ergebnisse

guckt ihn misstrauisch an [...]. (02); entweder ist es Zufall, dass er daneben und so weit weg läuft; er hat einen großen Abstand, dass ihn der andere nichts fragen kann. (28)«.

Aussagen, in denen Gedanken über den Themenbereich »Ablehnung/Ausgrenzung« zur Sprache kommen

Dieser Kategorie lassen sich 16 Nennungen zuordnen, ein Drittel der Antworten entfällt auf diese Kategorie.

Die Kategorie beinhaltet neben Überlegungen, die eine bereits vorhandene Ausgrenzung der dargestellten behinderten Person verdeutlichen, auch solche, in denen »lediglich« eine Tendenz zur Ablehnung dieses Menschen vermutet wird.

Auch hier unterscheiden die Befragten in ihren Antworten wieder dahingehend, dass eine deutliche Ausgrenzung von Seiten des Nichtbehinderten stattfindet, wie es nachfolgende Beispiele zeigen: »[...] Man könnte meinen, er ist wegen des Rollstuhlfahrers auf die andere Seite gegangen. Dann finde ich das nicht so gut. (21); Der Fußgänger könnte eventuell die Straßenseite gewechselt haben, weil er nix mit dem Behinderten zu tun haben will. (13); ›Mit nem Behinderten wollen wir nichts zu tun haben!‹ könnten die denken. (14); Der Fußgänger denkt vielleicht: ›Den Behinderten beachte ich nicht. Lass' den nur fahren.‹ (77)«.

Es kommen jedoch auch solche Interpretationen zur Sprache, die sich inhaltlich auf eine Ausgrenzung bezieht, die von Seiten des Rollstuhlfahrers vollzogen wird: »Mein Eindruck? Rollstuhlfahrer will mit Fußgänger nichts zu tun haben, weil er Abstand hält. (36); Der fährt ein bisschen abseits. Ich würd' an seiner Stelle etwas mehr in der Mitte fahren. Ich denke, der fährt nicht integriert. (86)«.

In diesem Zusammenhang erwähnenswert ist auch, dass innerhalb einer Äußerung die daraus resultierende mögliche Einsamkeit des Menschen im Rollstuhl explizit angesprochen wird: »Dass der ganz alleine ist. Dass die auf der linken Seite gehen. Dass der ziemlich alleine ist, dass keiner da dazugehört. (33)«.

Aussagen, in denen Gedanken über den Themenbereich »Fehlende Erfahrung, Unsicherheit« zur Sprache kommen

Diese Kategorie beinhaltet sechs Nennungen.

Diese bringen zum einen die fehlenden Erfahrungen im Zusammenleben mit behinderten Menschen zum Ausdruck: »Ich denke, die sind mit so einer Situation alle noch nicht vertraut. Manche wissen ja gar nicht, wie man mit nem Behinderten umgeht [...]. (14); Oder: Weil der Fußgänger dem Behinderten nicht helfen kann oder will, weil er vielleicht keine Erfahrungen mit Behinderten hat. (13)«.

Zum anderen wird in den Darstellungen auch die möglicherweise daraus resultierende Unsicherheit im Umgang mit dieser Personengruppe beschrieben, wie es nachfolgende Beispiele veranschaulichen: »Wie wenn jemand die Straßenseite wechselt, weil er Angst hat [...].« (40); Der eine schämt sich und traut sich nicht.« (28); Die beiden nehmen keine Notiz voneinander, sie sind beide unsicher [...].« (79); Mir fällt auf: Es ist eine Hemmschwelle da: Keiner traut sich, diese zu überwinden.« (84).

Dabei geht aus den einzelnen Überlegungen klar hervor, dass die Unsicherheit nicht unbedingt nur von einer ausgehen kann, sondern dass wiederum beide Seiten als Ausgangspunkt dafür gesehen werden können oder müssen.

Aussagen, in denen Gedanken über den Themenbereich
»Bild des Behinderten« zur Sprache kommen

Weitere 14 Nennungen (fast 30% der Nennungen) beinhalten Äußerungen, die Auskunft geben, welches Bild und damit verbunden welchen Eindruck der abgebildete Rollstuhlfahrer bei ihnen hinterlässt, wenn sie sich das Bild betrachten.

Auch hier können die Antworten in zwei Unterkategorien eingeteilt werden.

So werden einerseits solche Überlegungen angeführt, die verdeutlichen, dass der Rollstuhlfahrer bei den betrachtenden Personen einen in erster Linie hilflosen Eindruck hinterlässt: »[...] Hilflosigkeit, weil er ganz allein ist, niemand da ist.« (15); »[...] Dass der ziemlich alleine ist, dass keiner da dazugehört.« (33); »Na ja, dass der Behinderte halt allein die Straße entlang fährt.« (52); »Wenn er die Hilfe ablehnt, will er's sich selber beweisen.« (64).

Andererseits hat die Mehrheit der Äußerungen solche Interpretationen zum Inhalt, die die Unabhängigkeit des Menschen im Rollstuhl betonen: »Der Rollstuhlfahrer braucht keine Hilfe. Er fährt ganz normal.« (77); »Schön, dass es niedrige Gehsteige gibt, wo man fahren kann, ohne zu stark eingeschränkt zu sein.« (44); »Er hat einen Rollstuhl (Gefährt), mit dem er seinen Alltag bestreitet [...]« (35); »Dass er mit seiner Behinderung ganz gut klar kommt, denke ich.« (78).

Aussagen, in denen Gedanken über den Themenbereich
»Bild des Nichtbehinderten« zur Sprache kommen

Dem Themengebiet »Bild des Nichtbehinderten« können 7 Nennungen zugeordnet werden.

Darstellung und Diskussion der Ergebnisse

Dabei fällt auf, dass die dargestellte nichtbehinderte Person von den Befragten in erster Linie als ängstlich, interesselos, unsicher und misstrauisch eingeschätzt wird. Insgesamt gesehen werden mit diesem Subjekt in Bezug auf die im Bild dargestellte Situation der Begegnung behinderter und nichtbehinderter Menschen im Alltag also relativ negative Eigenschaften in Verbindung gebracht.

Als typische Beispiele können diesbezüglich folgende Antworten aufgeführt werden: »Mir geht es oft so, wenn ich irgendwo bin und kenne mich nicht aus. Die interessiert das nicht, auch wenn ich sie frage. Wurscht ist es, was ich brauche; finde ich nicht in Ordnung.« (22) »Traurig macht mich das. Sie kümmern sich nicht um den Rollifahrer. [...] Da müsste der Rollifahrer sagen: ›Können Sie mir helfen?‹. Keiner würde von selbst drauf kommen zu fragen: ›Brauchen Sie Hilfe?‹.« (64) »Der Nichtbehinderte hat Angst vor dem Rollstuhlfahrer.« (32) »[...] Er (der Nichtbehinderte) guckt ihn misstrauisch an – ich weiß es nicht, aber ich glaube.« (02)

Aussagen, in denen Gedanken über den Themenbereich
»Hilfe« zur Sprache kommen

Innerhalb dieser Kategorie lassen sich fünf Nennungen anführen.

Dabei finden zum einen solche Äußerungen Erwähnung, die der dargestellten nichtbehinderten Person Unfähigkeit und einen fehlenden Willen dem Menschen im Rollstuhl zu helfen, zuschreiben: »Wenn er die Hilfe ablehnt, will er's sich selber beweisen. Da müsste der Rollifahrer sagen: ›Können Sie mir helfen?‹ Keiner würde von selbst draufkommen zu fragen: ›Brauchen Sie Hilfe?‹; Oder: Weil der Fußgänger dem Behinderten nicht helfen kann oder will, weil er vielleicht keine Erfahrung mit Behinderten hat. (13)«.

Zum anderen wird auch dargestellt, dass die behinderte Person den Eindruck macht, sie sei von Hilfe unabhängig: »Der Rollstuhlfahrer braucht keine Hilfe. Er fährt ganz normal. (77); Da ist wenigstens nicht so ein Helfersyndrom. Da bin ich auch immer froh, wenn nicht jeder gleich herkommt! (62)«.

Innerhalb einer weiteren Antwort wird die scheinbar vom Behinderten ausgehende Hilflosigkeit konkret formuliert: »Warum hilft mir denn keiner?«

Aussagen, in denen Gedanken über den Themenbereich
»Verhältnis zwischen Behinderten und Nichtbehinderten«
zur Sprache kommen

Dieser Rubrik können solche Antworten zugeordnet werden, die das Verhältnis zwischen den dargestellten Personengruppen auf einer doch eher allgemein gehaltenen Ebene thematisieren und charakterisieren. Das ist bei 7 Nennungen der Fall.

Für einen Teil der Befragten strahlt diese zwischenmenschliche Beziehung der abgebildeten Personen Kälte, Nicht-Verstehen oder gar Feindseligkeit aus, worüber sie sich Sorgen machen: »Auf zwei Seiten verteilt, dass sie sich nicht verstehen, ich finde das besorgniserregend.« (47); »Zeigt Kälte zwischen Behinderten und Nichtbehinderten.« (50); »Feindseligkeit zwischen dem Rollifahrer und dem Nichtbehinderten, [...] vielleicht hatten sie Streit.« (46).

Andere sehen in diesem Bild eine Situation, in der das Verhältnis zwischen den beiden Personengruppen als erlebte und mehr oder weniger akzeptierte Normalität veranschaulicht wird: »Da sind zwei Menschen, die jeder so für sich zurechtkommen und ich denk, das ist in Ordnung so.« (62); »Jeder kümmert sich um sich selber. Denken nicht weiter nach.« (83); »Traurig macht mich das.« (64).

Eine befragte Person verleiht diesbezüglich mit ihrer Aussage der Forderung nach Akzeptanz Ausdruck, indem sie schreibt: »Dass er ihn akzeptieren muss, dass der Rollstuhlfahrer so ist, wie er so da ist [...]. Dass es völlig wurscht ist, wo er fährt, da oder da. Dass sie ihn so akzeptieren müssen, wie er ist.« (61).

Zusammenfassung der Ergebnisse zu Frage 5b

Innerhalb der zweiten Aufgabenstellung der Frage 5 wird den befragten Personen die Aufgabe gegeben, sich spontan zu Gedanken und Assoziationen zu äußern, die ihnen beim Betrachten des vorgelegten Fotos und der darauf dargestellten Situation in den Sinn kommen. Dabei weisen die Antworten wieder ein breites Themenspektrum auf, das sich in unterschiedlichste Kategorien unterteilen lässt.

1. Ein Teil der insgesamt abgegebenen Nennungen lässt sich erneut der Rubrik »Normalität« zuordnen, in der, ähnlich wie im ersten Teil der fünften Fragestellung, die dargestellte Situation von den Befragten als alltäglich, nicht besonders beschrieben und eingeordnet wird.
Dabei wird wieder häufig auf die menschliche Distanz zwischen den beiden dargestellten Personen Bezug genommen, wobei auch zu deren Erklärung und Interpretation nach Ursachen und Gründen gesucht wird: »Weil sie vielleicht gegenseitig Vorurteile haben; der eine schämt sich und traut sich nicht.«

2. Die Denkvorgänge, die durch die Vorlage des Bildes angeregt werden, sind thematisch deutlich den Kategorien »Distanz«, »Ablehnung/Ausgrenzung«, »Verhältnis von behinderten und nichtbehinderten Menschen« zuzuordnen.

Darstellung und Diskussion der Ergebnisse   275

Bezüglich der Bestrebungen zur Distanz fällt auf, dass diese als von beiden Seiten, sowohl der des Rollstuhlfahrers als auch der des Nichtbehinderten, ausgehend gesehen werden: »Rollstuhlfahrer will mit Fußgänger nichts zu tun haben.« – »dass der nix mit dem Behinderten zu tun haben will eigentlich«.
Es zeigt sich auch, dass die Themen »Ausgrenzung« und »Ablehnung« sehr differenziert wahrgenommen und interpretiert werden, wobei hier am stärksten die Ausgrenzung behinderter Menschen durch nichtbehinderte Menschen zum Ausdruck kommt, wie es noch einmal nachfolgende Beispiele deutlich machen: »weil er nix mit dem Behinderten zu tun haben will.«; »Mit nem Behinderten wollen wir nichts zu tun haben!‹ könnten die denken.«; »Man könnte meinen, er ist wegen des Rollstuhlfahrers auf die andere Seite gegangen, dann finde ich das nicht so gut.«; »dass der nix mit dem Behinderten zu tun haben will eigentlich.«
Es wird allerdings auch eine »Ablehnung« bzw. »Ausgrenzung« angesprochen, die vom behinderten Menschen auszugehen scheint: »Rollstuhlfahrer will mit Fußgänger nichts zu tun haben, weil er Abstand hält«; »Der fährt ein bisschen abseits. Ich würd' an seiner Stelle etwas mehr in der Mitte fahren. Ich denke, der fährt nicht integriert.«; »die beiden nehmen keine Notiz voneinander.«

3. In sechs Nennungen wird nichtbehinderten Menschen fehlende Erfahrung im Umgang mit behinderten Menschen bescheinigt (»Weil der Fußgänger dem Behinderten nicht helfen kann oder will, weil er vielleicht keine Erfahrung mit Behinderten hat«; »Ich denke, die sind mit so einer Situation alle noch nicht vertraut. Manche wissen ja gar nicht, wie man mit 'm Behinderten umgeht.«), woraus sich eine Unsicherheit im Umgang gerade mit behinderten Personen ergeben könnte.
An dieser Stelle fällt jedoch auf, dass beide beteiligten Personengruppen als »unsicher« und »gehemmt« im Umgang miteinander beschrieben werden. Zusätzlich wird deutlich, dass sowohl behinderte wie auch nichtbehinderte wenig Mut aufweisen, um aufeinander zuzugehen: »Es ist eine Hemmschwelle da. Keiner traut sich, diese zu überwinden.«; »sie sind beide unsicher«; »der eine schämt sich und traut sich nicht.«

4. Bezüglich der Kategorien »Bild des Behinderten« und »Bild des Nichtbehinderten« zeigt sich analog zu Frage 5a, dass der nichtbehinderte Mensch mit vorwiegend negativen Eigenschaften wie »misstrauisch«, »desinteressiert« und »ängstlich« beschrieben wird. Der behinderte Mensch wird vor allem durch die Dimensionen Hilflosigkeit einerseits (»Dass der ziemlich alleine ist, dass keiner da dazugehört.«) und Selbständigkeit andererseits

(»Der hat keine Probleme, der Rollstuhlfahrer.«; »Der Rollstuhlfahrer braucht keine Hilfe. Er fährt ganz normal.«) charakterisiert.
5. Ein kleinerer Teil der Nennungen beinhaltet das Thema »Hilfe«, wobei hier im allgemeinen klar differenziert werden kann zwischen den beiden Gegenpolen »Unabhängigkeit« und »Abhängigkeit« von Hilfe, wobei dem Nichtbehinderten allerdings durchaus auch Unfähigkeit und fehlender Wille zur Hilfeleistung zugeschrieben werden.
6. Das Verhältnis zwischen behinderten und nichtbehinderten Menschen, das in einer Häufigkeit von sieben Nennungen angesprochen wird, wird hauptsächlich in negativer Weise umschrieben, wobei als charakteristisch hierfür Ausdrücke von Kälte, Feindseligkeit und Nicht-Verstehen aufgeführt werden. Äußerst selten wird die Forderung nach Akzeptanz behinderter Menschen erhoben, wie folgendes Beispiel dokumentiert: »dass er ihn akzeptieren muss, dass der Rollstuhlfahrer so ist, dass er so da ist, dass er ihm nichts tun will, Geld ausrauben oder so. Dass es völlig wurscht ist, wo er fährt, da oder da. Dass sie ihn so akzeptieren müssen, wie er ist«.

3.1.6 Ergebnisse zu Frage 6: Antizipierte Meinungen Nichtbehinderter über Behinderte

Frage 6 beinhaltet die Teilfragen: 6a-6b-6c.

3.1.6.1 Darstellung allgemeiner antizipierter Meinungen Nichtbehinderter über Menschen mit einer Körperbehinderung (Frage 6a)

Frage 6a des Fragebogens lautet:
»Wie glauben Sie, denken nichtbehinderte Menschen über Menschen mit sichtbaren Einschränkungen der Bewegung?«

Insgesamt äußern sich 63 Personen zu dieser Frage, und zwar in einer sehr differenzierten Weise, wie die inhaltliche Analyse der abgegeben Antworten deutlich macht. Auf Grund vieler genannter Aspekte werden 8 Kategorien gebildet. Dies zeigt, dass diese Fragestellung bei den befragten Personen offensichtlich großes Interesse und große Aufmerksamkeit hervorgerufen hat.

Die Antworten werden den folgenden Kategorien zugeordnet, wobei aus Gründen der Übersicht nur einige ausgewählte Kategorien nach der Auflistung der Kategorien näher beschrieben und belegt werden sollen.

Kategorie 1: Thema: Positive Gedanken: (6.34%) 4 Nennungen
Kategorie 2: Thema: Sie denken nichts,
  es ist normal: (9.52%) 6 Nennungen
Kategorie 3: Thema: Angst, Nachdenklich-
  keit, selbst von Behinderung betroffen
  zu werden: (14.28%) 9 Nennungen
Kategorie 4: Thema: Mitleid: (42.85%) 27 Nennungen
Kategorie 5: Thema: Mangelndes Zutrauen
  in die Fähigkeiten behinderter Menschen: (11.11%) 7 Nennungen
Kategorie 6: Thema: Unsicherheit, Unbeholfen-
  heit, Ängstlichkeit behinderter Menschen: (14.28%) 9 Nennungen
Kategorie 7: Thema: Negative Gedanken: (50.79%) 32 Nennungen
  Unterkategorie 7.1: Zuschreibung von geistiger
    Behinderung: 17 Nennungen
  Unterkategorie 7.2: Behinderte stören, Meidung
    behinderter Menschen: 11 Nennungen
  Unterkategorie 7.3: Unangenehmes äußeres
    Aussehen behinderter Menschen: 4 Nennungen
Kategorie 8: Thema: Neutrale, nicht
  einzuordnende Aussagen: (12.69%) 8 Nennungen

Zu den aufgeführten Kategorien soll unter dem Aspekt der inhaltlichen Analyse folgendes ausgesagt und zusammengefasst werden:

In vier Nennungen wird die Meinung geäußert, dass nichtbehinderte Menschen Positives über behinderte Menschen denken, obwohl – wie schon erwähnt – die pointierte Hervorhebung positiver Gedanken bei der hohen Anzahl und der schillernden Vielfalt der Äußerungen sehr gering ist: »Die nichtbehinderten Menschen denken, dass Rollstuhlfahrer und Rollstuhlfahrerinnen d. h. behinderte Menschen auch Menschen sind mit Gefühlen, und dass sie auch wertvoll sind. Man kann sich mit Behinderten als auch mit Nichtbehinderten recht gut unterhalten. Und die Umgangsformen mit Nichtbehinderten und Behinderten sind okay.« (02); »Die meisten nehmen Behinderte als vollwertig hin und kommen mit ihnen ins Gespräch.« (42).

Sechs Nennungen beinhalten den Standpunkt, dass nichtbehinderten Menschen nichts »Besonderes« über behinderte Menschen denken (»Gar nicht, überhaupt nicht«) oder nicht sonderlich über die Situation behinderter Menschen nachdenken (»Viele denken auch gar nicht darüber nach. Ging mir auch so vor meiner Behinderung. Viele denken oft gar nicht über Behinderung nach.« (73)).

Ausführungen, aus denen hervorgeht, dass Angst auf Seiten nicht behinderter Personen bestehen könnte, in irgendeiner Weise vom »Schicksal« der

Behinderung betroffen zu werden, werden in neun Nennungen ausgedrückt: »Sie finden es wohl schrecklich, sich in diese Situation hineinzuversetzen. Sie haben Angst, dass sie dann in die gleiche Situation kommen.« (65); »[...] Sie möchten das nicht haben, auf keinen Fall tauschen ... Andere denken: So möchte ich nicht leben.« (50); »[...] Sind froh, dass es ihnen selber nicht so geht.« (08).

Unter verschiedenen Aspekten – sehr konkret, aber auch in abstrakter Form – wird das Gefühl von Mitleid in 27 Nennungen thematisiert, was deutlich macht, dass die Thematik des »Mitleides« nach Meinung der befragten behinderten Menschen sehr stark das Denken nicht behinderter Menschen in Bezug auf Behinderung zu beeinflussen und auch fast zu dominieren scheint: »Die einen (Alten) denken: »Dieser Arme«. – Die Alten stecken ne Mark zu: ›Kauf dir ein Eis.‹« (01); »Der Behinderte denkt: ›Du hast es gut, du kannst überall hin.‹ Der Nichtbehinderte denkt: ›Bist schon arm dran.‹ Das hab' ich schon öfters zu hören bekommen: ›Armes Luder.‹« (03); »»Ach der arme Kerl, sitzt im Rollstuhl, kann sich net bewegen.‹ So denken meistens die alten Omis und gucken einen so bemitleidend an, als würden sie am liebsten gleich losheulen.« (52).

Sieben Nennungen beinhalten den Aspekt eines mangelnden Zutrauens in die Fähigkeiten behinderter Menschen: »Viele denken, die können nichts, sind bloß behindert, denen muß ständig geholfen werden. Sie sind oft unsicher, und unnatürlich höflich.« (39), während neun Nennungen beinhalten, dass das Denken über Behinderungen und behinderte Menschen bei nichtbehinderten Menschen von Unsicherheit, Unbeholfenheit und Ängstlichkeit mitgeprägt ist: »Sie sind als allererstes verunsichert. Sie wissen mit der Situation nichts anzufangen. Wollen helfen, können aber nicht, weil sie gehemmt sind. Haben Angst: ›Soll ich sie normal einschätzen oder vielleicht geistig behindert.‹« (36); »Und dann wissen sie nicht, wie sie mit den Behinderten umgehen sollen. Ich glaube, dass Sie mit Behinderten in Kontakt treten wollen, aber nicht wissen, wie sie es machen wollen. Also die Machtlosigkeit.« (79).

Die Hälfte der Antworten lässt erkennen, dass die befragten behinderten Menschen in erster Linie das Gefühl haben, dass das Denken nicht behinderter Menschen im negativen Sinn vor allem einhergeht mit der Zuschreibung von geistiger Behinderung und/oder dem Umstand, dass behinderte Menschen einen Störfaktor darstellen und somit gemieden werden sollten: »Der hat sie nicht mehr alle, ist meschugge, wenn jemand nicht gescheit reden kann, nimmt man Abstand, mit dem geben wir uns nicht ab.« (04); »Oft werden Körperbehinderte für Geistigbehinderte gehalten. Vor allem wenn Behinderte in Gruppen auftreten.« (44); »Jemand im Rollstuhl ist sozusagen auch geistig daneben. Geistige Behinderung und Körperbehinderung wird also in einen Topf geworfen, weil sie zu wenig Bescheid wissen, weil sie nie damit konfrontiert wurden und das verdrängt haben.« (65).

Außerdem glauben viele auch, dass einige Behinderte durch ein unangenehmes Äußeres negativ auffallen und auch deshalb der Kontakt zu ihnen vermieden werden würde: »So einen Menschen kann man doch gar nicht anfassen. Manche (meinen) vielleicht: ›Ist der hässlich, den kann man gar nicht anschauen.‹« (46).

3.1.6.2 Darstellung antizipierter positiver Meinungen Nichtbehinderter über Menschen mit einer Körperbehinderung (Frage 6b)

Frage 6b des Fragebogens lautet:
»Was glauben Sie, denken Nichtbehinderte Positives über körperbehinderte Menschen?«

Diese Frage beantworten insgesamt 65 Personen, wobei die abgegebenen Antworten folgenden Kategorien (bei der Möglichkeit von Mehrfachnennungen) zugeordnet werden:

Kategorie 1: Thema: Bewunderung über das Annehmen und Kompensieren der Behinderung:	(41.5%)	27 Nennungen
Kategorie 2: Thema: »Normalität« behinderter Menschen:	(13.8%)	9 Nennungen
Kategorie 3: Thema: Freundlichkeit, Offenheit:	(9.23%)	6 Nennungen
Kategorie 4: Thema: Zuteil werden von Hilfe:	(4.6%)	3 Nennungen
Kategorie 5: Thema: Positives Denken ohne Angabe von Gründen:	(6.15%)	4 Nennungen
Kategorie 6: Thema: Ich weiß es nicht:	(10.7%)	7 Nennungen
Kategorie 7: Thema: Denken nichts Positives:	(10.7%)	7 Nennungen
Kategorie 8: Thema: neutrale, nicht einzuordnende Aussagen:	(12.3%)	8 Nennungen

Ähnlich wie bei den Ergebnisdarstellungen zu den anderen Fragen werden die Aussagen zu den einzelnen Kategorien – wenn erforderlich – in reduzierter Form dargestellt. Wir beschränken uns auf eine ausführlichere Darstellungen der Kategorien 1,2,3 und 7, da die Aussagen zu den übrigen Kategorien von inhaltlicher Seite für eine ausführlichere Erläuterung wenig Raum geben.

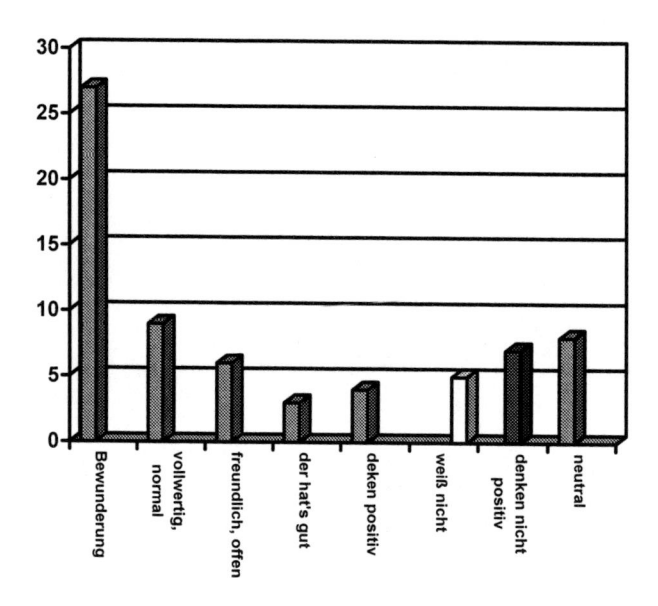

Abb. 32: Positive Gedanken Nichtbehinderter über Menschen mit Einschränkung der Bewegungen (Nennungen)

In der Sicht von 41.5% der Befragten wird das »positive Denken« Nichtbehinderter über Menschen mit einer Körperbehinderung vorrangig durch solche Gedanken und Ansichten gelenkt und beeinflusst, die sich in anerkennenswerter Weise mit dem Umgang der behinderten Menschen mit ihrer jeweiligen Behinderung auseinandersetzen: »Daß sie trotz Behinderung viel können. Trotz ihrer Behinderung lachen sie, haben Lebenssinn.« (77); »Vielleicht ein Stück weit Bewunderung von den Nichtbehinderten, wie sie es schaffen, sich im Alltag trotzdem zu behaupten.« (80); »Dass es gut ist, dass sie ihr Leben so meistern, dass sie trotzdem so fit sind. Viele Behinderte arbeiten nur in der Behindertenwerkstatt, deshalb finden es viele toll, wenn einer aufs Gymnasium geht.« (39).

An zweiter Stelle werden mit 13.9% Ansichten dahingehend geäußert, dass behinderte Menschen in den Augen der betroffenen körperbehinderten Menschen als gleichwertig und »normal« eingestuft und befunden werden: »[...] Sie sagen, dass sie uns genauso sehen wie alle anderen auch. Der eine kann das, der andere das.« (28); »Sie wissen, dass es keiner vom Mars ist. Manchmal würde es auch reichen, wenn sie sagen, das ist auch ein ganz normaler Mensch. Solche Leute gibt es auch.« (72).

Weitere 9.2% der Befragten können sich vorstellen, dass ihnen von Seiten der Nichtbehinderten in erster Linie Eigenschaften wie Freundlichkeit und Offenheit zugeschrieben werden: »Dass wir vielleicht Fähigkeiten haben, die sie nicht haben. Dass wir vielleicht offener sind, auf Leute zugehen. Dass wir über unsere Behinderung mit ihnen reden möchten.« (36); »Trotz ihrer Behinderung bzw. wegen ihrer Behinderung können sie auf die Leute zugehen. [...] Dass sie sich im Umgang mit Alten, Gebrechlichen gut reinfühlen können und damit umgehen können.« (84); »(Ist) mir schon passiert: Mir wird positiv unterstellt, dass ich aufgrund meiner Behinderung gefühlvoller und sensibler bin.« (57).

Bemerkenswert erscheinen auch immerhin 7 Antworten, die deutlich machen, dass die befragten körperbehinderten Menschen sich nicht vorstellen können, dass nichtbehinderte Menschen positiv über Menschen mit Einschränkungen der Bewegung denken: »Behinderte sind halt blöd, (Nichtbehinderte) machen keinen Unterschied, alle werden in einen Haufen geschmissen.« (15); »Die denken nichts Positives!« (18).

3.1.6.3 Darstellung antizipierter negativer Meinungen Nichtbehinderter über Menschen mit einer Körperbehinderung (Frage 6c)

Nun werden die befragten Personen gezielt dazu aufgefordert, sich noch einmal zu überlegen, was nicht behinderte Menschen Negatives über körperbehinderte Menschen denken könnten. Dazu wird den Versuchspersonen etwa eine Minute Zeit des Nachdenkens gegeben.

Frage 6c des Fragebogens lautet:
»Was meinen Sie, denken nichtbehinderte Menschen Negatives über Menschen mit sichtbaren Einschränkungen der Bewegung?«

Es ist zu vermuten, dass einmal bereits früher gemachte Aussagen auch bei dieser Frage wieder auftauchen, es ist aber auch zu vermuten, dass – aufgrund der direkten Fokussierung auf »negatives Denken« neue Aspekte hinzukommen bzw. bereits vorhandene Aussagen sich in der Häufigkeit stärker hervorheben oder auch weniger genannt werden.

Um Redundanz zu vermeiden, sollen nur noch neu hinzugekommene Aussagen und Aspekte etwas näher in Form ausgewählter Aussagen dokumentiert und belegt werden.

Zu dieser Frage liegen die Antworten von 61 Personen vor (Mehrfachnennungen waren möglich)

Kategorie 1: Denken nicht negativ: (3.3%) 2 Nennungen
Kategorie 2: Ich weiß es nicht: (6.6%) 4 Nennungen
Kategorie 3: Angst, Nachdenklichkeit, dass sie
 selbst einmal betroffen sein könnten: (4.9%) 3 Nennungen
Kategorie 4: Mitleid: (18.0%) 11 Nennungen
Kategorie 5: Haben kein Zutrauen in die
 Fähigkeiten behinderter Menschen: (24.6%) 15 Nennungen
Kategorie 6: Sie sind unsicher, unbeholfen,
 ängstlich: (8.2%) 5 Nennungen
Kategorie 7: Schreiben geistige
 Beeinträchtigung zu: (32.7%) 20 Nennungen
Kategorie 8: Stören, damit will ich nichts
 zu tun haben: (22.9%) 14 Nennungen
Kategorie 9: Sind hässlich, kann man nicht
 anfassen: (8.2%) 5 Nennungen
Kategorie 10: Lästig, liegen dem Staat
 auf der Tasche, werden bevorzugt: (19.7%) 12 Nennungen
Kategorie 11: Sind selbst Schuld, ist eine
 Strafe Gottes: (3.3%) 2 Nennungen
Kategorie 12: Ja, sie denken negativ, ohne
 Angabe von Gründen: (4.9%) 3 Nennungen
Kategorie 13: Neutrale, nicht einzuordnende
 Aussagen: (8.2%) 5 Nennungen

Zu diesen Aussagen lässt sich das folgende Schaubild erstellen:

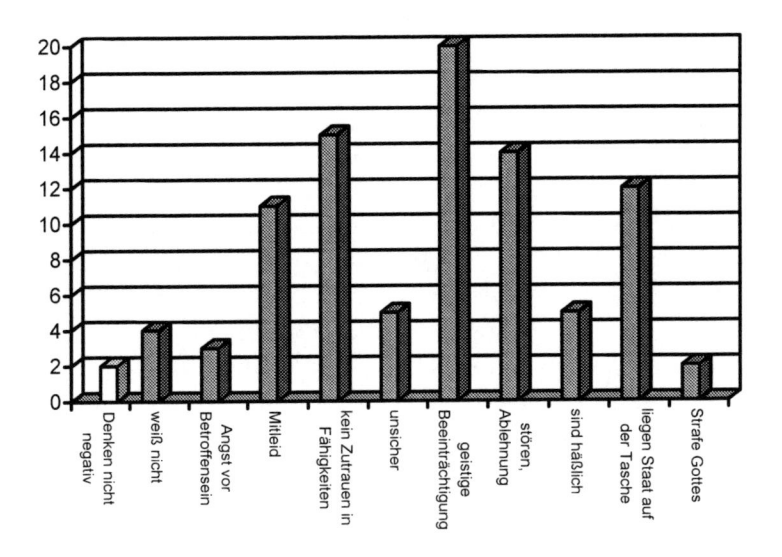

Abb. 33: Negative Gedanken Nichtbehinderter über Menschen mit Einschränkungen der Bewegung (Nennungen)

Mit der gezielten Aufforderung, sich zu überlegen, was Nichtbehinderte Negatives über behinderte Menschen denken, erweist sich das Meinungsspektrum als sehr weit. Dabei zeigt sich durch die Auflistung der Kategorien und der den Kategorien zugeordneten Häufigkeiten, dass die in Frage 6a geäußerten Meinungen über das Denken nichtbehinderter Menschen durchaus auch bei dieser Frage zur Sprache kommen.

Außerdem sind mit einem Anteil von 19.7% der Nennungen solche Darlegungen neu hinzugekommen, die unter der Kategorie »Behinderte Menschen sind lästig, liegen dem Staat auf der Tasche, werden bevorzugt behandelt« zusammengefasst werden können: »Teils haben sie blöde finanzielle Gedanken. Der finanzielle Aspekt steht vor dem menschlichen: ›Der frisst uns alle Steuern weg‹.« (65); »Dass Behinderte eine Belastung sind, für die Eltern. Man muss viel Steuern, Pflegegeld zahlen. Behinderte fordern nur. Nichtbehinderte sind die Zahlmeister für Behinderte.« (73); »Dass sie es sich auf Staatskosten gut gehen lassen. ›Faulenzer‹, ›Schmarotzer‹, ›Tagediebe‹, die machen doch eh nichts und lassen es sich gut gehen und wir müssen arbeiten.« (84);

In einer Häufigkeit von 11 Nennungen sind befragte Personen der Meinung, dass mit »ihresgleichen« vor allem Mitleid empfunden wird: »Ach Gott, der arme Behinderte, der ist ja so schwer krank!« (04); »Oh, so jung und schon im Rollstuhl, das arme Kind!« (58), was sich oft auch in konkreten

Handlungen offenbart: »[...] verteilen öfter Bonbons an behinderte Menschen. [...]« (65), »Mit Geld kann man ihnen helfen.« (77).

Außerdem machen 15 Nennungen deutlich, dass in den Vorstellungen nichtbehinderter Menschen behinderte Menschen wenig Fähigkeiten haben, »dass man mit denen net viel anfangen kann« (63), dass sie »weniger leisten« (42) bis »gar nichts können« (46).

Ferner würden Nichtbehinderte in erster Linie auch die Ansicht vertreten, dass Behinderte, die körperlich eingeschränkt sind, auch geistige Beeinträchtigungen haben: »Wenn man Nichtbehinderte fragt, wird man oft nicht für voll genommen« (13), »Nichtbehinderte denken: ›Behinderte sind automatisch geistig behindert!‹« (58); »[...] (Ein) anderes Synonym zu behindert ist dumm, ja, das wird gerne damit verbunden [...].« (50); »Jemand im Rollstuhl ist sozusagen auch geistig daneben. Geistige Behinderung und Körperbehinderung wird also in einen Topf geworfen, [...].« (65). Solche oder ähnliche Gedankengänge werden mit 32.7% von der Mehrheit der interviewten Personen als mögliche negative Vorstellungen und Einstellungen Nichtbehinderter gegenüber Menschen mit sichtbaren Einschränkungen der Bewegung angenommen.

Erwähnt wird in zwei Nennungen die Annahme, dass nichtbehinderte Menschen denken, behinderte Menschen seien selbst Schuld an ihrem Schicksal und Behinderung sei eine »Strafe Gottes« (67).

3.1.6.4 Gesamtdarstellung der wichtigsten Ergebnisse (Frage 6a-c)

Bezüglich der Fragestellung, was und wie Nichtbehinderte in den Augen der Befragten über Menschen mit einer Behinderung vermutlich denken, lassen sich die *wichtigsten Ergebnisse* folgendermaßen zusammenfassen:

1. Nach Meinung der befragten behinderten Personen assoziieren Nichtbehinderte in einem nur geringen Maß spontan »gute« Gedanken mit behinderten Menschen.
   Dies wird in den Aussagen zu Frage 6a deutlich, wo in einer nur geringen Anzahl von Nennungen die Meinung spontan positiver Gedanken von Nichtbehinderten gegenüber behinderten Menschen geäußert wird.
2. Die Ergebnisse zu diesem Fragenkomplex zeigen weiter, dass in den Augen behinderter Menschen die Meinungen und Gedanken Nichtbehinderter über behinderte Menschen sehr differenziert sind. In der Regel, so die Vermutung, wird in einem hohen Maße negativ über behinderte Menschen gedacht, wobei sich das Denken Nichtbehinderter nach Meinung der befragten Personen vorrangig um folgende Themenkreise bewegt:

Das Bild des behinderten Menschen gestaltet sich in der Meinung Nichtbehinderter als Eindruck von einem Menschen, dem man Mitleid entgegenbringt, wobei hier ersichtlich wird, dass »Mitleid« in der Bewertung behinderter Menschen als »negativ« angesehen wird.
Weiter wird mit dem Bild behinderter Menschen die Vorstellung verbunden, Behinderte seien Menschen, denen man wenig oder nichts zutraut, die wenig Fähigkeiten besitzen, die neben ihrer körperlichen Behinderung auch das Etikett des geistig behinderten Menschen tragen, die lästig sind, stören und mit denen man wenig bzw. nichts zu tun haben möchte Außerdem würden sie dem Staat auf der Tasche liegen und bevorzugt behandelt werden wollen (Häufigkeit der Nennungen in Frage 6c: 19.7%).
3. Nach Auffassung der befragten Personen kann ein positives Denken Nichtbehinderter über behinderte Menschen (Ergebnisse zu Frage 6b) am ehesten durch die Fähigkeiten und Fertigkeiten behinderter Menschen charakterisiert werden, mit denen das »tolle« Bewältigen des Lebens trotz Behinderung hervorgehoben wird, was einher geht mit Lebensfreude statt Lebensverdruss und den charakterlichen Attributen von Freundlichkeit und Offenheit.

3.1.7 Ergebnisse zu Frage 7: Bewertungen von abwertenden Meinungen über behinderte Menschen

Frage 7 beinhaltet zwei Teilfragen: 7a-7b

3.1.7.1 Darstellung von Spontanaussagen (Frage 7a)

Mit Hilfe der *Frage 7a: »Wie geht es Ihnen damit, dass Nichtbehinderte möglicherweise so über Sie denken?«* sollen Bewertungen und Reaktionen auf den Umgang mit vorher vorgegebenen negativen Einstellungen und Vorurteilen erfasst werden. Dazu werden den Befragten folgende »Meinungen« nichtbehinderter Menschen über behinderte Menschen vorgelegt:
Untersuchungen zeigen, dass nicht behinderte Menschen von Menschen mit sichtbaren Einschränkungen der Bewegung denken,
- dass sie auch seelisch beeinträchtigt sind;
- dass sie auch geistig beeinträchtigt sind;
- dass sie viel leiden;
- dass sie viele Kosten verursachen und wenig leisten;
- dass sie nicht behinderte Menschen verunsichern;

- dass ihr Anblick für nichtbehinderte Menschen unangenehm und störend ist;
- dass eine Begegnung mit ihnen von nichtbehinderten Menschen gemieden wird;
- dass das Zusammensein mit ihnen für nicht behinderte Menschen eine Belastung darstellt;
- dass ihr Anblick bei nichtbehinderten Menschen Mitleid hervorruft;
- dass sie vielfältig abhängig sind;
- dass sie in der Gesellschaft nicht angesehen sind;
- dass sie lieber unter sich bleiben sollten.

Die Versuchspersonen wurden gebeten, auf diese vorgelegten Meinungen spontan zu antworten.

Eine Analyse der Antworten zu dieser Frage legt nahe, eine Auswertung unter zwei Aspekten vorzuschlagen bzw. vorzunehmen:

Zunächst werden die Aussagen unter dem Aspekt der Bewertung untersucht, dann werden die Aussagen noch einmal geordnet und unter dem Aspekt: »Umgang mit den Aussagen« analysiert. Das bedeutet, dass in den Aspekt der »Bewertung der Aussagen« vor allem Reaktionen emotionaler Betroffenheit eingehen, unter dem Aspekt »Umgang mit den Aussagen« werden zusätzliche Kommentare zu den vorgelegten Äußerungen aufgenommen (z. B. Erklärungsversuche, persönliche Stellungnahmen, usw.).

Insgesamt äußern sich 63 Personen zu dieser Frage.

Bewertung der Aussagen

Die abgegebenen Stellungnahmen (Nennungen) lassen sich wie folgt einteilen:

Negative Bewertungen:	(50.8%)	32 Nennungen
Ausdruck von Trauer, Enttäuschung, persönlicher Belastung, Beängstigung:		25 Nennungen
Ausdruck von Wut, Ärger, Unverständnis:		7 Nennungen
Ausdruck von Gleichgültigkeit:	(25.4%)	16 Nennungen
Neutrale, nicht zuzuordnende Aussagen:	(24.6%)	15 Nennungen

Eine Analyse der Antworten bringt zum Ausdruck, dass sich viele der befragten Personen durch die vorgegebenen Vorurteile und negativen Einstellungen behinderter Menschen in mehrer Hinsicht belastet fühlen.

Sie empfinden Trauer, Schmerz, Enttäuschung und äußern individuell unterschiedlich Unwohlsein bis hin zur Resignation: »Es geht mir nicht gut. Ich fühle mich schlecht. Die Nichtbehinderten sagen, die Behinderten sollen allein sein. Manche Leute lachen, machen sich lustig. Ich fühle mich nicht ernst und nicht für voll genommen.« (10); »Schade, erschreckend; macht mich trau-

Darstellung und Diskussion der Ergebnisse 287

rig; manchmal meine ich, wir leben noch in mittelalterlichen Zeiten.« (44); »(Überlegt, seufzt) [...] Löst Gefühle von Hilflosigkeit, Angst und teilweise auch Wut aus. Je nachdem, wie krass ich damit konfrontiert werd‹.« (57); »[...] Was sie negativ denken, das spür' ich auch – ich bin da recht sensibel. Und die haben damit Probleme und dann gehen sie negativ auf mich zu. Man geht dadurch auch sehr undankbar mit seinem Selbstwertgefühl um – das wird schon ganz schön strapaziert.« (62); »Die Aussage, dass Behinderte auch geistig beeinträchtigt sind, macht mir Angst.« (73).

Auffallend ist auch, dass sich einige der befragten Personen die Ursache für die aufgeführten Aussagen selbst zuschreiben: »[...] Ich bin darüber traurig. Aber manchmal denke ich, ich bin selbst daran schuld, dass sie so denken. Da bin ich oft nervös und dann bin ich selber daran schuld. Gedanken kann man ja nicht lesen, und deswegen erfahre ich nicht, wie die Leute denken.« (21).

Auch Wut, Ärger und Unverständnis wird über die bestehenden (vorgegebenen) negativen Einstellungen zum Ausdruck gebracht. Begründet wird dies mit gesellschaftlichen Mängeln und den geringen Bemühungen von Staat und Bevölkerung zur Änderung der Situation: »Ich bin sauer, nicht auf die Menschen, sondern auf den Staat und die Gesellschaft. Da gibt es keine Integration, keine Steuerfreibeträge mehr, die Zentren sind weit ab vom Schuss.« (40); »Warum eigentlich? Die kennen ja meine guten Seiten nicht! Auch wenn ich jetzt behindert bin. Ich frag mich, was gibt's da Negatives zu denken?« (38); »[...] Ich kann viele Aussagen nicht nachvollziehen, andere wiederum verstehe ich. Solche Einschätzungen hatte ich vor meiner Behinderung teilweise auch.« (73)

Andere Aussagen wiederum lassen sich als geringe emotionale Betroffenheit bzw. emotionales Tangiert – Sein interpretieren. Die Bandbreite reicht dabei von Gleichgültigkeit bis zu einem Hinnehmen von Unabänderlichem: »Ich? Das lässt mich kalt! Ihre Meinung sollen sie haben, das stört mich nicht! Ich kann nicht sagen: du musst das und das denken; wenn sie so denken, ist das nicht mein Problem.« (28); »Lass sie denken was sie wollen. Jeder soll selber denken, was er will. Man kann einem das Denken nicht so aufzwingen.« (84); »Wie das mich berührt? Nicht gut und nicht schlecht, das ist halt so im Leben. Was ist zwischen nicht gut und nicht schlecht? Ich müßte sagen, ich kann damit leben und ich leb auch damit.« (64).

Ebenso gibt es Äußerungen, die betonen trotz solcher negativer Einstellungen weiterzumachen: »Ist mir ziemlich wurscht, weil die Leute ... hoff' mal, dass sie nicht an irgendwelche Führungspositionen kommen. Sollen sie damit glücklich sein. Ich weiß, dass es Leute gibt, die auch anders denken.« (11);

Umgang mit den Aussagen

Ein Teil der befragten Personen kommentiert die Aussagen aus ihrer Sicht, machen Anmerkungen oder geben Erklärungen darüber ab, wie solche Meinungen möglicherweise zustande kommen. Unter diesen Aspekten verwertbar sind 30 Äußerungen (Nennungen), die folgenden Kategorien zugeordnet werden:

Kategorie 1: Zurückführen der Aussagen auf mangelnde Erfahrung oder Interesse:	(46.6%)	14 Nennungen
Kategorie 2: Wenig belastender Umgang durch Akzeptieren bzw. Hinnehmen:	(26.6%)	8 Nennungen
Kategorie 3: Äußern von Zuversicht bzw. Lösungsvorschlägen:	(16.6%)	5 Nennungen
Kategorie 4: Nachdenklichkeit:	(10.0%)	3 Nennungen

In fast der Hälfte der Nennungen wird die negative Einstellung Nichtbehinderter gegenüber behinderten Menschen auf das mangelnde Wissen bzw. die mangelnde Erfahrung der Nichtbehinderten zurückgeführt.

Dafür wird einerseits der Staat, andererseits auch das mangelnde Interesse jedes Einzelnen verantwortlich gemacht: »Pff – ich find's traurig, dass diese Menschen sich oft von Vorurteilen überrollen lassen und denken, die Presse wird's schon wissen. Sie lassen sich von der Masse lenken und laufen einem Leithammel nach. Wenn einer ›Bäh‹ sagt, sagen die anderen auch alle ›Bäh‹. Sie beschäftigen sich nicht mit Behinderung und können sich das nicht vorstellen.« (35); »[...] Die Leute müssten mehr aufgeklärt werden, wüsste nicht, wie ich es vermitteln sollte. Hätten dann vielleicht keine Angst mehr, aber mit Krankheit befasst man sich ja auch nicht.« (20); »Man soll versuchen sich selber zu öffnen, dass die Behinderten versuchen sich Nichtbehinderten zu öffnen, dadurch (findet) Korrigieren der negativen Urteile (statt), durch positive Erfahrung. Behinderte sollten von klein auf in Schulen und Kindergärten ohne Ghetto, sich nicht zurückziehen. Die draußen denken so, da geh ich lieber nicht raus.« (26); »Die Menschen tun mir leid. Haben zuwenig Erfahrung. Ich möchte Ihnen helfen durch ein Gespräch, um ihren Standpunkt zu ändern.« (42).

In weiteren acht Nennungen kommt zum Ausdruck, dass die Haltung der Nichtbehinderten mehr oder weniger akzeptiert bzw. hingenommen wird.

Dies war bei den meisten nicht immer so, sondern die Haltung wurde erlernt oder durch eine gewisse erlangte Souveränität gewonnen. Insgesamt wurde eine gewisse Abhärtung des scheinbar Unabänderlichen erreicht: »Ich finde mich damit ab. Gibt überall unterschiedliche Meinungen und Auffassungen und unterschiedliche Erfahrungen. Deswegen geht das Leben weiter.«

Darstellung und Diskussion der Ergebnisse 289

(75); »(Ist) Mir an sich ganz wurscht, mittlerweile, aus dem einfachen Grund, weil ich mit vielen von diesen Nichtbehinderten dann auch einfach nichts zu tun habe. Ich selber weiß, was ich kann, was ich will und was nicht. (Dass ich) mir meinen Spaß nicht verderben lasse, von fast niemandem. Wenn sie so denken, dann muss ich sagen, sind sie noch viel kränker, haben wohl viele Probleme, die sie nicht nach außen tragen können.« (50); »[...] Ich habe auch viele positive Erlebnisse und über den wenigen negativen, da steht man drüber.« (82).

In drei Nennungen wird thematisiert, dass solche geäußerten Meinungen nachdenklich machen (»Macht mich nachdenklich, wie kann man die Meinung ändern, was wie wo wann ändern? (54); »[...] Man wird nachdenklich ein bißchen. Warum, warum, warum? Man stellt sich Fragen.« (55)), fünf weitere Nennungen lassen erkennen, dass die zur Beurteilung vorgelegten Aussagen über behinderte Menschen Personen zum Suchen nach Lösungsvorschlägen angeregt haben (»Ja mei, ich find‹, ein jeder muss damit fertig werden und darf sich nicht von so negativen Einstellungen beeinflussen lassen, sondern soll auch die anderen umändern, sie mit der Behinderung konfrontieren und sie dazu (bewegen? Anmerkung: unleserlich), ihre Meinung zu ändern. Dazu kann ich beitragen.« (74)) und trotz Betroffenheit auch das Gefühl der Zuversicht aufkommen lassen: »Ist mir ziemlich wurscht, [...]. Sollen sie damit glücklich sein. Ich weiß, dass es Leute gibt, die auch anders denken.« (11).

Gesamtzusammenfassung zu Frage 7a

Die wichtigsten Ergebnisse zu Frage 7 sollen wie folgt zusammengefasst werden:

1. Die Antworten dieser Frage lassen sich zwei Aspekten zuordnen:
   Zum Einen verspüren die Befragten im Bezug auf die vorgelegten Vorurteile und negativen Einstellungen Gefühle und Befindlichkeiten wie Ärger, Wut, Trauer, Angst oder Gleichgültigkeit, zum Anderen werden Vorschläge und Verhaltensweisen dahingehend deutlich, wie sie persönlich mit derartigen Aussagen umgehen, dass es wichtig ist zu differenzieren, usw.
   Damit zerfällt die Frage in ihrer Antwortstruktur in einen eher emotionalen und in einen eher kognitiv-handlungsorientierten Teil.
   Die Wirkungen von negativen Einstellungen und Vorurteilen scheinen stark emotional zu sein, während Hinweise auf den Umgang damit eher als kognitive Auseinandersetzung zu verstehen sind.
2. Die Beantwortung der Frage zeigt, dass das Wohlbefinden von einigen Befragten beeinträchtigt zu sein scheint, was sich in Form von Ärger, Wut und/oder Trauer zeigt, andere wiederum scheinen sich von derartigen dis-

kriminierenden Aussagen nicht verunsichern zu lassen und verhalten sich ihnen gegenüber gleichgültig.

Zusätzlich scheint sich »dieses negative Bild« förderlich auf die kognitive Auseinandersetzung mit diskriminierenden Aussagen auszuwirken, indem Attributionen vorgenommen werden und auch der Versuch unternommen wird, Lösungsvorschläge zu finden.

3. Neben Aussagen über die Wirkungen und Auseinandersetzungen mit solchen möglichen Denkweisen und negativen Einstellungen Nichtbehinderter werden von den Befragten in der Tat konkrete Vorschläge zur Lösung bzw. Veränderung bezüglich des Verhaltens gegenüber und Umgangs mit behinderten wie auch nicht behinderten Menschen gemacht, die sich hauptsächlich auf die Tätigkeitsbereiche »Aufklärung und Wissensvermittlung«, Konfrontation mit Behinderung« sowie »Öffnung und persönliches Engagement« konzentrieren.

3.1.7.2 Ergebnisse statistischer Verrechnungen zu Frage 7a: Auswertung des Fragebogens zur Bewertung der Meinungen nichtbehinderter Menschen über Menschen mit sichtbaren Einschränkungen der Bewegung

Fragestellung

Nachdem die Versuchspersonen sich spontan zu der vorgelegten Liste geäußert hatten, wurden sie im Folgenden gebeten, diese Liste nach dem Grad des Zutreffens bzw. Nichtzutreffens auf einer Itemliste mit der Ausprägung von 1-4 (1 = »trifft überhaupt nicht zu« bis 4 = »trifft auf jeden Fall zu«) zu bewerten.

Die dazugehörige Formulierung lautet: »Geben Sie bitte an, wie zutreffend jede der einzelnen Aussagen für Sie ist.«

Darstellung der Ergebnisse

Tabelle 34 gibt eine Übersicht über die Mittelwertausprägungen, die prozentualen Häufigkeiten der Antwortkategorien »trifft eher nicht zu« (1) und »trifft eher zu« (2) und auch über die Ergebnisse der Binomial-Tabelle zur Ausprägung der Kategorien (1) und (2).

Auf eine Darstellung der Ergebnisse der gerechneten Faktorenanalyse wird verzichtet, da die Faktorenanalyse nur schwer zu interpretierende Faktoren ergab.

Frage 7a: Beurteilung von Aussagen z. Unters.	Mittelwerte	1	2	Bin.Tabelle
		trifft eher nicht zu	trifft eher zu	
1. seelisch beeinträchtigt	2,746	40,85%	59,15%	gleich
2. geistig beeinträchtigt	3,113	15,49%	84,51%	verschied.
3. dass sie viel leiden	2,901	29,58%	70,42%	verschied.
4. viele Kosten verursachen und wenig leisten	2,957	28,57%	71,43%	verschied.
5. Verunsichern nichtbehinderter Menschen	2,786	32,86%	67,14%	verschied.
6. Anblick für NB unangenehm und störend	2,803	36,62%	63,38%	verschied.
7. Begegnung wird von NB gemieden	2,479	52,11%	47,89%	gleich
8. Zusammensein stellt für NB Belastung dar	2,652	43,48%	56,52%	gleich
9. Anblick ruft bei NB Mitleid hervor	3,169	9,86%	90,14%	verschied.
10. dass sie vielfältig abhängig sind	3,2	14,29%	85,71%	verschied.
11. Behinderte sind i. d. Gesellschaft nicht angesehen	2,794	36,76%	63,24%	verschied.
12. Behinderte sollen lieber unter sich bleiben	2,623	42,03%	57,97%	gleich

Anmerkungen:
Spalte Mittelwerte: Mittelwerte zu den einzelnen Items, bezogen auf die Skalenausprägung von 1-4.
Spalte 1: Zusammenfassung der Skalenantworten 1+2 auf der 4-stufigen Antwortskala und Häufigkeiten.
Spalte 2: Zusammenfassung der Skalenantworten 3+4 auf der 4-stufigen Antwortskala und Häufigkeiten.
Spalte Bin. Tabelle: Angaben, ob Werte in Spalte 1 und 2 annähernd gleich oder verschieden ausgeprägt sind.

Tabelle 34: Mittelwerte, Kategorienzuordnungen und Ergebnisse der Binomial-Tabelle zu Frage 7a

Bezogen auf die Einteilungen nach den Kategorien 1 und 2 wird deutlich: Die prozentualen Häufigkeiten der Kategorie »trifft eher zu« sind im Vergleich zu den prozentualen Häufigkeiten der Kategorie »trifft eher nicht zu« stärker ausgeprägt bei den Items:

Item 2: (dass sie auch geistig beeinträchtigt sind),
Item 3: (dass sie viel leiden),
Item 4: (dass sie viele Kosten verursachen und wenig leisten),
Item 5: (dass sie nichtbehinderte Menschen verunsichern),
Item 6: (dass ihr Anblick für nichtbehinderte Menschen unangenehm und störend ist),
Item 9: (dass ihr Anblick bei nichtbehinderten Menschen Mitleid hervorruft),
Item 10: (dass sie vielfach abhängig sind)
Item 11: (dass sie in der Gesellschaft nicht angesehen sind).

Besonders auffallend sind die vergleichsweise hohen bis sehr hohen Zustimmungen zu den Items 2, 3, 4, 9 und 10.

Bei Item1 (»dass sie auch seelisch beeinträchtigt sind«), Item 7 (»dass eine Begegnung mit ihnen von nichtbehinderten Menschen gemieden wird«), Item 8 (»dass das Zusammensein mit ihnen für nichtbehinderte Menschen eine Belastung darstellt«) und Item 12 (»dass sie lieber unter sich bleiben sollten«) sind die Werte der prozentualen Häufigkeiten zwischen den Kategorien »trifft eher nicht zu« und »trifft eher zu« in etwa gleich ausgeprägt.

Ergebnisse der statistischen Verrechnungen zu den unabhängigen Variablen Alter, Geschlecht, Kontrollüberzeugung, Problemlösefähigkeit, Selbstwertgefühl und allgemeine Zufriedenheit

Zwischen den Items von Frage 7a und den unabhängigen Variablen Alter, Geschlecht, Kontrollüberzeugung, Problemlösefähigkeit, Selbstwertgefühl und allgemeiner Zufriedenheit wurden Korrelationen bzw. Mittelwertsunterschiede (unabhängige Variable Geschlecht) errechnet, die aber lediglich nur signifikante Effekte zur unabhängigen Variablen Alter auf folgenden Items erbrachten.

Versuchspersonen mit höherem Alter stimmen den Items:

Item 2: (dass sie auch geistig beeinträchtigt sind; $r = .399^{***}$),
Item 4: (dass sie viele Kosten verursachen und wenig leisten; $r = .309^{**}$),
Item 6: (dass ihr Anblick für nichtbeh. Menschen unangenehm und störend ist; $r = .342^{**}$),
Item 9: (dass ihr Anblick bei nichtbehinderten Menschen Mitleid hervorruft; $r = .235^{*}$) und
Item 12: (dass sie lieber unter sich bleiben sollten; $r = .246^{*}$)

mehr zu als Versuchspersonen mit niedrigerem Alter.

Darstellung und Diskussion der Ergebnisse

Im Anschluss an die quantitativen Bewertungen der Items von Frage 7a werden die Versuchspersonen gebeten, sich spontan zu den Aussagen der Untersuchungen zu äußern.
Die Frage an die Versuchspersonen lautet:
»Wie geht es Ihnen damit, dass nichtbehinderte Menschen möglicherweise so negativ über Sie denken?«
Die diesbezüglichen Spontanaussagen und deren Auswertung werden an einer anderen Stelle dargestellt.

3.1.7.3 Ergebnisse statistischer Verrechnungen (Frage 7b): Auswertung der Ergebnisse zu den emotionalen und kognitiven Bewertungen der in Frage 7a vorgelegten Meinungen

Fragestellung zu Frage 7b:

Zur *Frage 7b* wird durch die Versuchsleiter wie folgt übergeleitet:
»Alle von Ihnen als zutreffend oder mehr zutreffend bezeichneten Aussagen ergeben ein negatives Bild, das nichtbehinderte Menschen von Menschen mit sichtbarer Einschränkung der Bewegung haben können«.
Im Folgenden sollen die Versuchspersonen die in Frage 7a vorgelegten Aussagen bewerten, und zwar auf folgender Itemliste
Fragenkomplex 7b ist überschrieben mit: »Dieses negative Bild ...«.
Die Itemliste beinhaltet insgesamt folgende 9 Items, die polar auf einer Skala von 0-6 beantwortet werden sollten:

Item 1:	macht mir nichts aus	-	macht mir sehr viel aus
Item 2:	belastet mich nicht	-	belastet mich stark
Item 3:	macht mich nicht wütend	-	macht mich sehr wütend
Item 4:	macht mich nicht aggressiv	-	macht mich sehr aggressiv
Item 5:	macht mich nicht traurig	-	macht mich sehr traurig
Item 6:	kann ich nicht in den Griff bekommen	-	kann ich sehr gut in den Griff bekommen
Item 7:	ich habe nie gelernt, damit umzugehen	-	ich habe sehr gut gelernt, damit umzugehen
Item 8:	stimmt so nicht	-	stimmt so auf jeden Fall
Item 9:	darüber denke ich nicht nach	-	darüber denke ich sehr nach

Ergebnisse der Faktoren- und Itemanalyse

Aus den Ergebnissen faktorenanalytischer Berechnungen wurde die 2-Faktorenlösung ausgewählt, die folgende Kennwerte enthält:

Varianz-Gesamt: 56.36%
1. Faktor: Varianzanteil: 30.33% (6 Items)
2. Faktor: Varianzanteil: 26.03% (6 Items)

Durch die Ergebnisse der Itemanalyse wurde Item 8 gestrichen.

Die Ergebnisse der Faktoren- und Itemanalyse sind in der folgenden Tabelle 35 abgebildet.

Faktor 1: Emotionale Betroffenheit und Belastung			
Item 1: macht mir nichts	– sehr viel aus	rit.: .792	3.466
Item 2: belastet mich nicht	– stark	rit.: .821	3.192
Item 3: macht mich nicht	– sehr wütend	rit.: .868	3.042
Item 4: macht mich nicht	– sehr aggressiv	rit.: .688	2.151
Item 5: macht mich nicht	– sehr traurig	rit.: .802	3.493
Item 9: darüber denke ich nicht	– sehr nach	rit.: .638	3.493
Faktor 2: Handlungs- und Problemlösekompetenz			
Item 6: kann ich nicht	– sehr gut in Griff bekommen	rit.: .891	3.767
Item 7: ich habe nie	– sehr gut gelernt, damit umzugehen	rit.: .852	4.562

Tabelle 35: Ergebnisse der Faktoren- und Itemanalyse zu Frage 7b

Die Trennschärfe-Indizes der Items können bei den beiden Faktoren als »gut« bis »sehr gut« bezeichnet werden. Die Trennschärfekorrelationen reichen bei den Items des Faktors 1 (»Emotionale Betroffenheit und Belastung«) von .638 bis .821, bei den Items des Faktors 2 (»Handlungs- und Problemlösekompetenz«) von .852 bis .891.

Ergebnisse zu den unabhängigen Variablen Geschlecht, Alter, Kontrollüberzeugung, Problemlösefähigkeit, Selbstwertgefühl und allgemeine Zufriedenheit

Ergebnisse zur unabhängigen Variablen Geschlecht

Nach den Ergebnissen der gerechneten Mittelwertsvergleiche nach den Stanine-Werten der Faktoren »Emotionale Betroffenheit« und »Handlungs- und Problemlösekompetenz« bestehen keine signifikanten Geschlechtsunterschiede in der Ausprägung der beiden Faktoren.

Trendmäßig deuten die Mittelwertsausprägungen jedoch darauf hin, dass die emotionale Betroffenheit und Belastung bei Frauen stärker als bei Männern (Mittelwerte Männer: 4.721; Mittelwerte Frauen: 5.375; p < .20), die Handlungs- und Problemlösekompetenz jedoch bei Männern stärker als bei Frauen ausgeprägt zu sein scheint (Mittelwerte Männer: 5.372; Mittelwerte Frauen: 4.563; p < .063).

Bezogen auf die Einzel-Items ergeben sich zwei signifikante Effekte des Faktors Geschlecht: Frauen reagieren aggressiver als Männer (Item 4: Mittelwerte Männer: 1.714; Mittelwerte Frauen: 2.742; p < .022*) und geben Item 6 (»Kann ich nicht in den Griff bekommen – kann ich sehr gut in den Griff bekommen«) eine signifikant geringere Zustimmung als Männer (Mittelwerte Männer: 4.167; Mittelwerte Frauen: 3.226; p < .019*).

Ergebnisse zu den unabhängigen Variablen Alter, Kontrollüberzeugung, Problemlösefähigkeit, Selbstwertgefühl und allgemeine Zufriedenheit

Die Ergebnisse der korrelativen Studien sind in der folgenden Tabelle 37 abgebildet.

Tabelle 36 enthält sowohl die Ergebnisse der Korrelationsvergleiche zwischen den Stanine-Werten der beiden Faktoren und den unabhängigen Variablen *(fett gedruckt)* als auch die itemspezifischen Ergebnisse der Korrelationsrechnungen zu den genannten unabhängigen Variablen.

7b Korrelationen Stanine-Werte Faktoren und Einzel-Items	Alter	Kontrollüberz.	Problemlösef.	Selbstwert	Allgem. Zufriedh.
Faktor 1: Emotionale Betroffenheit	.069	.302*-	.309*-	n.s.	n.s.
Item 1 Macht etwas aus	n.s.	n.s.	n.s.	n.s.	n.s.
Item 2 Belastung	n.s.	.262*-	.247*-	n.s.	n.s.
Item 3 Wut	n.s.	.275*-	n.s.	n.s.	n.s.
Item 4 Aggression	.268*	n.s.	.343**-	n.s.	n.s.
Item 5 Traurigkeit	n.s.	..302*-	n.s.	n.s.	n.s.
Item 9 Nachdenken	n.s.	n.s.	n.s.	n.s.	n.s.
Faktor 2: Handlungs- und Problemlösungskompetenz.	n.s.	.435***	.408***	.307*	n.s.
Item 6 Griff bekommen	n.s.	.392**	.257*	n.s.	n.s.
Item 7 Lernen, damit umzugehen	n.s.	.327**	.405***	.309*	n.s.

Tabelle 36: Ergebnisse der Korrelationsstudien mit den unabhängigen Variablen

Die Ergebnisse von Tabelle 36 sollen wie folgt zusammengefasst werden:
1. *Emotionale Belastung und Betroffenheit*, die durch die in Frage 7a vorgegebenen Meinungen hervorgerufen wird, hängt signifikant zusammen mit dem Ausmaß an Kontrollüberzeugung und Problemlösefähigkeit:
Je höher also die Kontrollüberzeugung und die Problemlösefähigkeit sind, desto weniger emotional betroffen und belastet fühlen sich die Versuchspersonen durch die in Frage 7a vorgelegten Meldungen (r-Wert bei Kontrollüberzeugung: -.302*; r-Wert bei Problemlösefähigkeit: -.309*).
Knapp an der Signifikanzgrenze bewegen sich auch die Werte zur unabhängigen Variablen Alter: Keine Effekte sind bei den unabhängigen Variablen Selbstwertgefühl und allgemeiner Zufriedenheit zu beobachten.
2. Die *»Handlungs- und Problemlösekompetenz«*, die von den Versuchspersonen nach Vorgabe der Meldungen antizipiert wird, hängt insgesamt gesehen signifikant zusammen mit dem Ausmaß an Kontrollüberzeugung (r-Wert: .435***), an Problemlösefähigkeit (r-Wert: .408***) und dem Ausmaß an Selbstwertgefühl (r-Wert: .307*).
Keine Effekte sind bei den unabhängigen Variablen Alter und allgemeiner Zufriedenheit zu beobachten.

3.1.7.4 Zusammenfassung der wichtigsten Ergebnisse (Frage 7a und 7b)

In Frage 7a sollen die Versuchspersonen vorgelegte Untersuchungsergebnisse bezüglich ausgewählter Meinungen nichtbehinderter Menschen über körperbehinderte Menschen nach den Kategorien »trifft überhaupt nicht zu – trifft auf jeden Fall zu« beurteilen.
Wie schon erwähnt, besteht die Intention der Frage darin, Auskunft darüber zu erhalten, wie behinderte Menschen das »Fremdurteil« nichtbehinderter Menschen über behinderte Menschen auf ihre Richtigkeit hin bewerten. Es ist anzunehmen, dass in die Bewertungen durch die Versuchspersonen unserer Untersuchung Erfahrungen und Kenntnisse mit einfließen, die behinderte Menschen im Verlaufe ihres Lebens entweder selbst erfahren oder aber über andere Quellen erhalten haben.
1. Die Ergebnisse machen deutlich, dass die Versuchspersonen unserer Untersuchung in hohem bis sehr hohem Maße von einem Zutreffen bzw. der Richtigkeit des antizipierten »Fremdurteils« durch nichtbehinderte Menschen bezüglich der Dimensionen: »Behinderte Menschen sind auch geistig beeinträchtigt; sie leiden viel; sie verursachen viele Kosten, leisten aber wenig; sie verunsichern nichtbehinderte Menschen; sie rufen bei nichtbe-

hinderten Menschen Mitleid hervor; sie stören durch ihren Anblick nichtbehinderte Menschen« ausgehen.
2. Bei den Dimensionen »Behinderte Menschen sind auch seelisch beeinträchtigt; nichtbehinderte Menschen meiden eine Begegnung mit ihnen; behinderte Menschen stellen für nichtbehinderte Menschen eine Belastung dar; behinderte Menschen sollten lieber unter sich bleiben« halten sich die Ausprägungen von »eher Zustimmung« und »eher Ablehnung« im Urteil der befragten Personen die Waage.
Diese Ergebnisse kann man – unter Vorsicht – dahingehend deuten, dass die Versuchspersonen ihr Urteil aus den konkreten Interaktionssituationen im Alltag mit nichtbehinderten Menschen ableiten: Wenn auch die Interaktionen zwischen behinderten und nichtbehinderten nicht spannungsfrei verlaufen, so gehen insgesamt gesehen die Meinungen der Versuchspersonen nicht so weit zu glauben, dass die Gesellschaft ihnen den Stempel des »Ausgesperrtseins« aufdrückt.
3. Während die Bewertungen von Frage 7a unabhängig von den Faktoren Geschlecht, allgemeiner Zufriedenheit und den Persönlichkeitsvariablen Kontrollüberzeugung, Problemlösefähigkeit und Selbstwertgefühl ist, wird das Antwortverhalten der Versuchspersonen vor allem im Hinblick auf die Dimensionen »Behinderte Menschen sind auch geistig beeinträchtigt; behinderte Menschen verursachen viele Kosten und leisten wenig; für nichtbehinderte Menschen ist der Anblick behinderter Menschen unangenehm und störend« vom Alter beeinflusst: Je älter die Versuchspersonen sind, desto größere Zustimmung wird diesen Items gegeben. Diese Ergebnisse auf diesen Variablen sind insofern plausibel, als dass ältere Menschen schon aufgrund ihres Alters mehr als jüngere Menschen häufiger von diesen Aussagen hören können oder könnten.
4. Die Intention der Frage 7b besteht darin, Auskunft darüber zu erhalten, welche emotionalen und kognitiv-handlungsbezogenen Reaktionen die in Frage 7a geäußerten Meinungen bei den Versuchspersonen hinterlassen. Die Faktorenanalyse ergibt zwei Faktoren, die mit »Emotionale Betroffenheit und Belastung« sowie »Handlungs- und Problemlösekompetenz« umschrieben werden.
5. Wenn auch nicht signifikant, so gehen die Ergebnisse in die Richtung, dass Frauen auf die in Frage 7a vorgelegten Aussagen – im Vergleich zu Männern – mit höherer emotionaler Betroffenheit und Belastung, aber auch mit geringerer antizipierter »Problemlöse- und Handlungskompetenz« reagieren.

6. Insgesamt gesehen zeigen die Ergebnisse den Stellenwert von Persönlichkeitsvariablen bei der Bewertung vorrangig negativer Aussagen über behinderte Menschen:
Versuchspersonen mit höherer Kontrollüberzeugung und Problemlösefähigkeit sind von den in Frage 7a vorgelegten Aussagen weniger emotional betroffen und belastet als Menschen mit geringerer Kontrollüberzeugung und Problemlösefähigkeit.
Noch deutlicher wird der Effekt der Persönlichkeitsvariablen Kontrollüberzeugung, Problemlösefähigkeit und Selbstwertgefühl bei der Ausprägung des Faktors »Handlungs- und Problemlösekompetenz«:
Höhere Kontrollübzeugung, Problemlösefähigkeit und Selbstwertgefühl ist gekoppelt mit einer höheren Ausprägung an Zuversicht, mit (negativen) Meinungen der Gesellschaft über behinderte Menschen »fertig zu werden«.

3.1.8 Ergebnisse zu Frage 8: Mögliche Gründe für Interaktions- und Kommunikationsprobleme

3.1.8.1 Fragestellung und Darstellung der Kategorien

Frage 8 lautet:
»Die Zeitungsmeldungen, die Sie zu Beginn der Befragung gelesen haben, haben gezeigt, dass das Verhältnis zwischen nichtbehinderten und behinderten Menschen durch Spannungen und Diskriminierungen gekennzeichnet sein kann.
Welche Gründe sind Ihrer Meinung nach für solche Spannungen und Diskriminierungen verantwortlich?«
Insgesamt äußern sich 62 Personen zu dieser Frage. Die folgende Auflistung zeigt die Zuordnung der Antworten auf die einzelnen Kategorien, die eine ausgeprägte Themenstruktur erkennen lassen, was darauf hin deutet, dass die Antworten in sehr differenzierter Weise abgegeben werden.

Kategorie 1: Mangel an Einfühlungsvermögen,
    Offenheit, fehlende Auseinandersetzung   (22.6%)   14 Nennungen
Kategorie 2: Erziehung und Eltern   (50.1%)   31 Nennungen
Kategorie 3: Ängste und Unsicherheiten   (50.1%)   31 Nennungen
Kategorie 4: Gesellschaftliche Aspekte   (50.1%)   31 Nennungen
Kategorie 5: Unzureichendes Wissen und
    Uninformiertheit   (64.5%)   40 Nennungen
Kategorie 6: Mangel an Erfahrung im Umgang   (11.3%)   7 Nennungen

Kategorie 7: Kontakt (17.7%) 11 Nennungen
Kategorie 8: Vorurteile (14.5%) 9 Nennungen
Kategorie 9: Integration (16.1%) 10 Nennungen
Kategorie 10: Ursachen auf Seiten behinderter Menschen (9.67%) 6 Nennungen
Kategorie 11: Aussehen und Erscheinungsbild körperbehinderter Menschen (11.3%) 7 Nennungen
Kategorie 12: Ursachen von Nichtbehinderten und Behinderten ausgehend (12.9%) 8 Nennungen

In einer Übersicht dargestellt ergibt sich über die möglichen Gründe für Spannungen und Diskriminierungen folgendes Bild

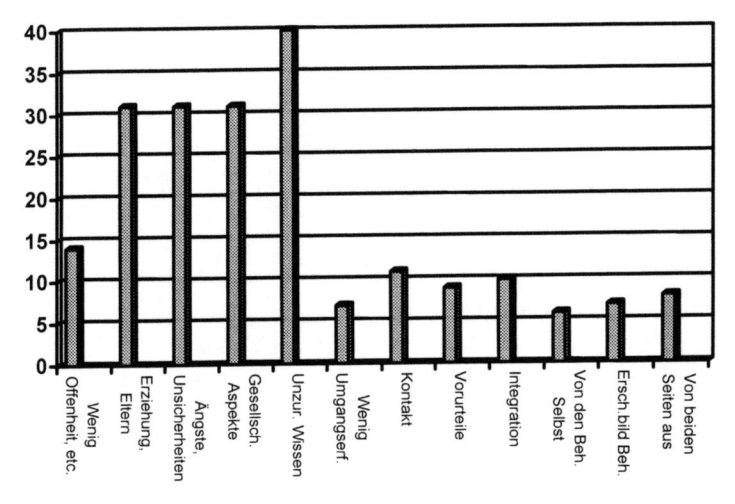

Abbildung 36: Gründe, die möglicherweise für Spannungen und Diskriminierungen verantwortlich sind (Nennungen)

3.1.8.2 Zusammenfassung der wichtigsten Ergebnisse zu Frage 8

Die wichtigsten Ergebnisse, die sich aus den Darstellungen ableiten lassen, können wie folgt kurz zusammengefasst und anhand von Beispielen aus Interviewaussagen erläutert werden:

1. Die zahlenmäßig höchste Ausprägung beinhaltet mit 40 Antworten die Kategorie »*Unzureichendes Wissen und Uninformiertheit*« über behinderte Menschen und deren Behinderungen als Ursache für Spannungen zwischen nichtbehinderten und behinderten Menschen: »Nichtbehinderte

wissen zu wenig über Behinderte« (80); »Mangelndes Wissen über den Umgang mit Behinderten.« (46).

Ein solches »Nicht-Bescheid-Wissen«, das u. a. aufgrund von fehlender oder mangelhafter Aufklärung, im Allgemeinen wie im Speziellen, zustande kommt, trägt in den Augen der befragten Personen in erster Linie dazu bei, dass Unsicherheiten im Umgang mit behinderten Menschen auftreten und sich verfestigen: »Nichtbehinderte sind wenig aufgeklärt.« (22); »Nichtbehinderte haben nicht gelernt, mit Behinderten umzugehen.« (52). »Unwissenheit führt zu Unsicherheit im Umgang mit Behinderten.« (72).

2. Auch die Themenfelder »Erziehung und Eltern«, »gesellschaftliche Aspekte« und »Ängste und Unsicherheit« liegen mit jeweils 31 zugeteilten Aussagen an der Spitze der geschilderten Vermutungen.

Erziehung und Eltern sind in den Augen der Befragten deshalb für auftretende Differenzen verantwortlich, da zum Einen der Kontakt zwischen behinderten und nichtbehinderten Kindern erschwert oder gar verhindert wird: »Das ist zu beobachten, wenn man im Rolli unterwegs ist. Rollis ziehen Kinder magisch an und man kann beobachten, dass sie von den Eltern weggezogen werden, da die Kinder ja peinliche Fragen stellen könnten.« (80).

Zum Anderen werden offensichtlich Meinungen und Einstellungen vermittelt, die in mehr oder minder subtiler Ausprägung zur Einstellungsbildung von nichtbehinderten Kindern beitragen: »Ist halt wie die Oma, sitzt auch im Rollstuhl. (11)«.

Ein besonderes Augenmerk gilt dabei der »Vorbildfunktion der Eltern« (40), »dass die was tun müssten, dass Nichtbehinderte nicht so negativ denken. Das geht über Generationen. (29)« – »Eltern geben das weiter« (54).

Ferner existieren nach Meinung der befragten Menschen »*Ängste und Unsicherheit*« bei den Nichtbehinderten dahingehend, dass diese fürchten, beim Anblick und in der Begegnung mit behinderten Menschen ihre körperliche Unversehrtheit zu verlieren, was sich in 7 Antworten innerhalb dieser Kategorie widerspiegelt: »... dass sie auch noch damit konfrontiert werden können, schieben sie ganz weit weg; z. B. ein Autounfall, dann ändert sich dein Leben total.« (38).

In Aussagen wie »Angst vor sich selber. [...] Schlechtes Gewissen; um diesem [...] zu entgehen, gehen sie noch aggressiver gegen die vor, die sich nicht wehren können. (57)«, »Was der Bauer nicht kennt, frisst er nicht. (50)« oder »Angst [...] vor Ansteckungsgefahr (58)« kommt das Spektrum von mehr oder minder diffusen (vermeintlichen) Ängsten und Unsicherheiten Nichtbehinderter weiter zum Ausdruck.

Die *Gesellschaft* wird unter verschiedenen Blickwinkeln ebenfalls zur Erklärung von Spannungen hinzugezogen:
Überbetonte Ansichten und Meinungen in der Gesellschaft führen dazu, dass der behinderte Mensch nicht dem Leistungsdenken entspricht: »Allein Leistung zählt, Behinderte können nicht viel leisten (74)«; »Als Behinderter bekommt man keine Chance, seine Fähigkeiten zu zeigen. (09)«. Oder aber, er weicht von der Idealvorstellung der Gesellschaft ab: »Behinderte passen nicht in die heile Vorstellungswelt der Nichtbehinderten. (38)«, in der letztendlich auch eine Überbetonung von Gesundheit in Form von »knackig und braun« (34) stattfindet.
Die Gesellschaft ist es schließlich nach Ansicht von 9 Personen auch, die eine Einteilung in Menschen erster und zweiter Klasse vornimmt, was zwangsläufig zu einer Minderbewertung behinderter Menschen führt: »Behinderte zählen als Unterschicht.« (11); »Nichtbehinderte halten sich für etwas besseres.« (50); »Ungleiche Rechte Behinderter im Vergleich zu den Nichtbehinderten« (13).
Interessant erscheint auch die geäußerte Meinung, dass Nichtbehinderte, die Kontakt zu Behinderten haben, in der Gesellschaft wenig angesehen sind: »Ihr Engagement wird als Mitleidstour abgestempelt.« (50).

3. Probleme, die durch keine oder nur wenig durchgeführte *Integration* behinderter Menschen in die Gesellschaft bedingt sind, werden von 10 Personen angeführt, wobei allerdings der Aspekt der »Aussonderung [...] in Sonderschulen« (74) im Vordergrund der Antworten steht: »Ich finde die Schulen überhaupt blöd. In Österreich gibt es das nicht, da werden Leute wie ich miteinbezogen!« (79).

4. Mangel an *Einfühlungsvermögen, Offenheit und fehlende kognitive Auseinandersetzung* (15 Nennungen) auf Seiten Nichtbehinderter werden weiter als Gründe für Spannungen aufgeführt: »Erst wenn es in der eigenen Familie vorkommt, kommt es zu einer Auseinandersetzung.« (83); »Mangelndes Sich-Hineinversetzen-Können [...] in die Situation Behinderter« (10).
Gleiches gilt auch für herrschende *Vorurteile* (9 Nennungen): »die Behinderung sei ansteckend!« (44) und Generalisierungen im Zusammenhang mit Behinderung und behinderten Menschen: »Wenn zwei Behinderte aggressiv sind, sind nicht alle aggressiv.« (61). Ebenso in der Gesellschaft weit verbreitet scheint auch die Einstellung zu sein, »Krankheit ist etwas Negatives, (das) wird auch auf (die) Behinderung übertragen.« (62).
Diese und ähnlich formulierte Antworten beinhalten – vorsichtig ausgedrückt – eine Art direkte »Schuldzuweisung« an die Adresse Nichtbehinderter.

5. Die Frage nach den Gründen für Spannungen schließt aber auch *Verhaltensweisen behinderter Menschen* selbst ein, was in insgesamt 6 Nennungen zum Ausdruck kommt: »Behinderte isolieren sich selbst von der Gesellschaft.« (77); »Zu wenige Behinderte sagen, was sie denken.« (42); »Auch Behinderte sind ziemlich grimmig.« (52).

Ebenso weisen auch Erläuterungen, die mit dem *Aussehen körperbehinderter Menschen* in direktem Zusammenhang stehen, auf deren möglichen Einfluss auf eine Verursachung von Konflikten hin: »... Sichtbarkeit der Behinderung und Einschränkung der Sprache...« (08); »(der) Anblick Behinderter stört die heile Welt der Nichtbehinderten.« (83).

6. Weitere acht Nennungen sehen den Grund für Differenzen und Spannungen im Zusammenleben von Behinderten und Nichtbehinderten darin begründet, dass der *Aspekt der beiderseitigen Verantwortlichkeit zu wenig oder gar nicht wahrgenommen und umgesetzt* wird: »Behinderte und Nichtbehinderte gehen zu wenig aufeinander zu.« (14); »Missverständnisse und Unverständnis von beiden Seiten.« (08); »Berührungsängste« (58), »Fehlen von Mut: Menschen trauen sich nicht, aufeinander zuzugehen.« (50).

3.1.9 Ergebnisse zu Frage 9: Momentane Sorgen im Leben der befragten Personen

Frage 9 beinhaltet zwei Teilfragen: Frage 9a und Frage 9b.

3.1.9.1 Darstellung der Spontanaussagen (Frage 9a)

Mit Hilfe der Frage 9a: »*Was bereitet Ihnen in Ihrem Leben momentan Sorgen?*«, die von 60 Personen beantwortet wird, soll erfasst werden, welche Bereiche und Themen die befragten Personen zum Zeitpunkt der Untersuchung diesbezüglich beschäftigen.

Auf Grund der Mehrfachnennungen lassen sich die vorliegenden 81 Äußerungen folgenden Kategorien zuordnen:

Kategorie 1: Arbeitsplatz, Schule,
    Berufsausbildung: (60.0%) 36 Nennungen
Kategorie 2: Wohnung: (10.0%) 6 Nennungen
Kategorie 3: Partnerschaft, Familie, Kinder,
    Freundschaft: (13.3%) 8 Nennungen
Kategorie 4: Gesundheit, Behinderungszustand: (11.4%) 7 Nennungen

Kategorie 5: Politische, materielle und gesellschaftliche Situation, Sorgen um
Veränderung: (6.55%) 4 Nennungen
Kategorie 6: Abbau von Vorurteilen, Respekt, Akzeptanz, Verbesserung der Interaktion behinderter und nicht behinderter Menschen: (13.1%) 8 Nennungen
Kategorie 7: Behindertengerechtes Umfeld: (13.3%) 4 Nennungen
Kategorie 8: Keine Sorgen: (8.3%) 5 Nennungen
Kategorie 9: Neutrale, nicht einzuordnende
Aussagen: (5.0%) 3 Nennungen

Aus diesen Kategorien ergibt sich folgende grafische Darstellung:

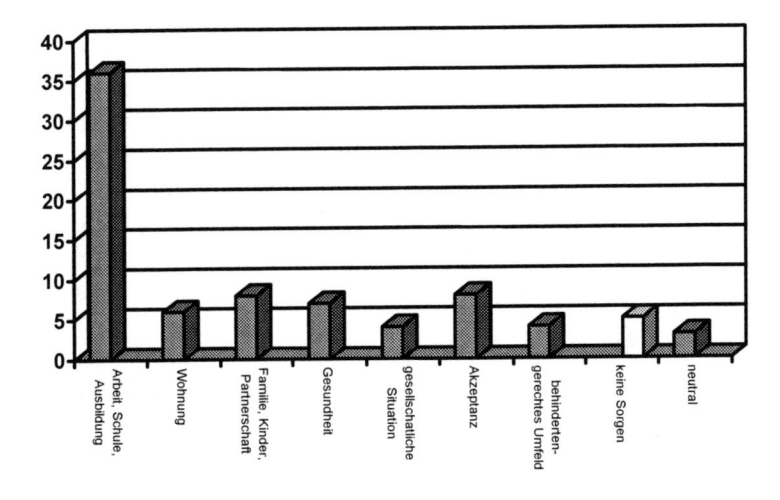

Abbildung 37: Antworten auf die Frage: »Was bereitet Ihnen in Ihrem Leben momentan Sorgen?« (Nennungen)

Aus der im Schaubild ersichtlichen Kategorienvielfalt und den Häufigkeiten der gegebenen Antworten lässt sich festhalten:
1. Die momentanen Sorgen der befragten Personen ergeben ein weites Spektrum von Themenbereichen, wobei die Sorgen um den Arbeitsplatz, die Schule und die Berufsausbildung dominieren. Diese bestimmen mit 36 Nennungen vorrangig den Sorgenkatalog der befragten Personen: »[...] Wiedereingliederung im Arbeitsleben, die Sorge um einen gesicherten Arbeitsplatz belastet. Ich habe oft Nächte lang nicht geschlafen, war nicht mehr ich selbst, habe nicht abgeschaltet.« (68); »Ja, ob ich das Abi schaff‹. Und mit meiner Behinderung, da mach ich mir Sorgen drum: Wenn ich einen Studienplatz hab‹, dann ob ich ne Schreibhilfe bekomm' für zum Mit-

schreiben und für Klausuren. Das muss ich mir halt alles noch erkämpfen.« (74).
Allerdings ist diese Sorge aufgrund des Alters vieler Personen nicht erstaunlich. Es fällt aber auf, dass die Gedanken um einen Arbeitsplatz sehr oft mit der körperlichen Behinderung in Verbindung gebracht werden: »Ich hätte gerne eine Arbeitsstelle, wo sie mich gerne nehmen, wo sie mich so lassen, wie ich bin und nicht umkrempeln wollen, wo sie Rücksicht nehmen; das sieht man ja, wie gut man Arbeit kriegt. Wenn sie jetzt noch mehr Stellen abbauen. ... Das ist mein Hauptproblem, denn von irgendwas muss ich ja leben [...].« (33); »Ein Behinderter wird einfach trotz Qualifikation nicht so berücksichtigt.« (14).

2. Jeweils 8 Nennungen beinhalten solche Äußerungen, die einerseits die Sehnsucht der befragten Personen nach einer Partnerschaft sowie eigener Familie mit Kindern verdeutlichen: »Meine Zukunft. [...] Die Ablehnung von Frauen kommt oft vor. Auch wenn ich schon Beziehungen hatte. Aber die meisten schrecken zurück.« (75); »Dass ich nie einen Partner bekomme. Ich möchte einen Partner, der nicht behindert ist. Nichtbehinderte wollen keine Beziehung zu Behinderten eingehen [...].« (84). Andererseits können gleich viele Nennungen in einer Kategorie zusammengefasst werden, in der die Thematik der gesellschaftlichen Ausgrenzung behinderter Menschen direkt angesprochen wird: »[...] Da kommt man sich halt ausgegrenzt vor. Das Zusammenrücken geht noch nicht so: Behinderte – Nichtbehinderte« (14). Dabei wird die »Abstempelung« behinderter Menschen als »Deppen« (33) ebenso erwähnt wie die Sorge um eine Vergrößerung rassistischer Tendenzen gegenüber behinderten Menschen: »der Rassismus gegen Behinderte, dass vielleicht Zentren abgefackelt werden könnten.« (84).

3. Sieben Nennungen beinhalten Gedanken um den Gesundheits- bzw. Behinderungszustand: »Ich muss halt immer auf meine Tochter zurückkommen. Ich kann vieles nicht mit ihr erleben, da ich immer jemand brauch›, der mir hilft. [...] Meine Krankheit, dass sie nicht weiter fortschreitet und meine blöde Sprache.« (38); »Streß mit der Behinderung, weil ich viel organisieren muss (für Alltägliches). Ich muss oft warten. Pflege! Es geht nicht, dass ich jemanden spontan besuche.« (44); »Die Gesundheit, dass es so bleibt, wie's ist, aber nicht noch schlechter wird. Ich hab' halt schon Haltungsschwierigkeiten und Alterserscheinungen durch meine Behinderung. Ich möchte halt nicht total auf Hilfe angewiesen sein.« (62).

4. Während mit 6 Nennungen die Sorge um eine eigene Wohnung thematisiert wird (»Die Situation als Rollstuhlfahrer eine eigene Wohnung zu be-

kommen ist recht schwierig. Wir haben lange gekämpft [...].« (15)), äußern nur vier Personen Sorgen im Hinblick auf die derzeitige politische Situation und mögliche Veränderungen innerhalb der nächsten Jahre: »Die Politik im sozialen Bereich, ob noch mehr Kürzungen anstehen, ob ich mein Leben dann so eigenständig weiterleben kann; (ob) ich selbst bestimmen kann, wie ich leben will; (ob ich) in der Freiheit, die ich habe, eingeschränkt werde. Auch finanziell zwecks Pflegegeld.« (20); »Ach Gott, momentan, dass die Situation für Behinderte von den Geldmitteln her immer schlimmer wird. Sonst [...]: Dass die Pfleger auch immer weniger werden. Wie oft haben die Einzeldienst. Man soll trinken, dann musst du aufs Klo, aber es sind so wenige da. Zum Schluss ist keiner mehr da und Roboter können es noch nicht. Wenn es Roboter gäbe, die das alles machen, hätten wir gewonnen.« (64).

5. Nur fünf Personen geben an, keine Sorgen zu haben, wobei allerdings auffällt, dass in einigen Äußerungen eine bewusste Trennung zwischen »momentan« und »in ihrem Leben« vorgenommen wird: »Jetzt, im Moment, habe ich keine Sorgen.« (36); »[...] Über meine Zukunft denke ich noch nicht groß nach, das ist alles weit weg, gut in einem Jahr, eher die kleinen Sorgen, Behördenkriege ...« (72).

3.1.9.2 Ergebnisse statistischer Verrechnungen (Frage 9b): Auswertung des Fragebogens bezüglich der momentanen Sorgen

Fragestellung

Die sich *Frage 9a* anschließende Fragestellung lautet:
»Wie schätzen Sie folgende Bereiche Ihres Lebens ein?«
Dazu wird befragten Personen folgende Liste mit Items zur Beantwortung vorgelegt:
(Diese sollen auf einer 7-stufigen Skala mit den Ausprägungen 0 = »macht mir überhaupt keine Sorgen« bis 6 = »macht mir sehr große Sorgen« bewertet werden, wobei die Werte hinter den jeweiligen Items die Mittelwertsausprägungen aufzeigen.)

1. Item:	Arbeitsstelle		3.731
2. Item:	Wohnsituation		2.806
3. Item:	Finanzielle Situation		3.028
4. Item:	Das Gefühl, abhängig zu sein		3.732
5. Item:	Schule oder Ausbildungssituation		2.898

6. Item:	Familiäre Situation	1.875
7. Item:	Freundeskreis	1.667
8. Item:	Verhalten Nichtbehinderter Ihnen gegenüber in der Öffentlichkeit	2.972
9. Item:	Zukunftsaussichten	3.798
10. Item:	Begegnungen, Erlebnisse mit Nichtbehinderten	2.278
11. Item:	Unterstützung durch gesellschaftliche und staatliche Institutionen	3.857
12. Item:	Medizinische Versorgung	1.944
13. Item:	Freizeitgestaltung	1.901
14. Item:	Teilnahme an gesellschaftlichen Aktivitäten	2.000
15. Item:	Isolierung behinderter Menschen	4.028
16. Item:	Partnerschaft	2.955
17. Item:	Das Wissen um diskriminierendes Verhalten behinderten Menschen gegenüber, auch wenn ich davon nicht selbst betroffen bin	4.375
18. Item:	Meine Behinderung	2.625

Ergebnisse der Faktoren- und Itemanalyse

Aus den Ergebnissen faktorenanalytischer Berechnungen wurde die 5-Faktorenlösung ausgewählt, die folgende Kennwerte enthält:

Varianz-Gesamt: 58.05%   Benennung der Faktoren
1. Faktor: Varianzanteil 17.07% (6 Items) »Soziales Umfeld«
2. Faktor: Varianzanteil 10.32% (3 Items) »Beruf, Behinderung«
3. Faktor: Varianzanteil 11.30% (3 Items) »Wirtschaftliche Situation«
4. Faktor: Varianzanteil 10.47% (3 Items) »Isolierung, Abhängigkeit«
5. Faktor: Varianzanteil 8.90%   (2 Items) »Begegnung m. Nichtbehinderten«

Die Items der 5-Faktorenlösung werden einer Analyse unterzogen, was schließlich zu einer endgültigen Anzahl von 15 Items führt. Die Ergebnisse der Faktoren- und Itemanalyse sind in der folgenden Tabelle 37 abgebildet.

Faktor 1: Gesellschaftliches Umfeld		
Familiäre Situation	rit.: .727	1.870
Freundeskreis	rit.: .776	1.667
Freizeitgestaltung	rit.: .748	1.901
Teilnahme an gesellschaftlichen Aktivitäten	rit.: .829	2.000

Faktor 2: Beruf, Behinderung		
Arbeitsstelle	rit.: .759	3.731
Schule, Ausbildungssituation	rit.: .792	2.898
Meine Behinderung	rit.: .671	2.625
Faktor 3: Wirtschaftliche Situation		
Wohnsituation	rit.: .800	2.806
Finanzielle Situation	rit.: .734	3.028
Unterstützung durch gesellschaftl. u. staatl. Organisationen.	rit.: .747	3.857
Faktor 4: Isolierung, Abhängigkeit		
Das Gefühl, abhängig zu sein	rit.: .737	3.732
Isolierung behinderter Menschen	rit.: .718	4.028
Das Wissen um Diskriminierung behinderter Menschen	rit.: .713	4.375
Faktor 5: Begegnung mit Nichtbehinderten		
Verhalten Nichtbehinderter ihnen gegenüber i. d. Öffentlichkeit	rit.: .875	2.972
Begegnungen, Erlebnisse mit Nichtbehinderten	rit.: .877	2.278

Tabelle 37: Ergebnisse der Faktoren und Itemanalyse zu Frage 9b: Momentane Sorgen und Benennung der Faktoren (hinter den rit.-Angaben fettgedruckt: Mittelwerte. Es lagen Werte von 72 Versuchspersonen vor)

Die Trennschärfe-Indizes der Items können bei allen fünf Faktoren als »gut« bis »sehr gut« bezeichnet werden. Die Trennschärfe-Korrelationen reichen bei den Items des Faktors 1 (»Soziales Umfeld«) von .727 bis .829, bei den Items des Faktors 2 (»Beruf, Behinderung«) von .671 bis .792, bei den Items des Faktors 3 (»Wirtschaftliche Situation«) von .734 bis .800, bei den Items des Faktors 4 (»Isolierung, Abhängigkeit«) von .713 bis .737, bei den Items des Faktors 5 (»Begegnung mit Nichtbehinderten«) von .875 bis .877.

Aus der Analyse der Mittelwerte wird ersichtlich, dass die Ausprägung der momentanen Sorgen bei den befragten Personen sehr unterschiedlich ist. Zur Verdeutlichung werden nun die einzelnen Items der momentanen Sorgen in Form einer »Rangliste« nach der Ausprägung der Mittelwerte geordnet (vgl. Tabelle und Abbildung).

1.	Das Wissen um Diskriminierung behinderter Menschen.	4.375
2.	Isolierung behinderter Menschen	4.028
3.	Unterstützung durch gesellschaftliche und staatliche Institutionen	3.875
4.	Das Gefühl, abhängig zu sein	3.732
5.	Arbeitsstelle	3.731
6.	Finanzielle Situation	3.028
7.	Verhalten Nichtbehinderter in der Öffentlichkeit	2.972
8.	Schule oder Ausbildungssituation	2.898
9.	Wohnsituation	2.806
10.	Meine Behinderung	2.625
11.	Begegnungen, Erlebnisse mit Nichtbehinderten	2.278
12.	Teilnahme an gesellschaftlichen Aktivitäten	2.000
13.	Freizeitgestaltung	1.901
14.	Familiäre Situation	1.875
15.	Freundeskreis	1.667

Tabelle 38: Rangliste nach den Mittelwerten (nach Itemanalyse bei 5-Faktorenlösung)

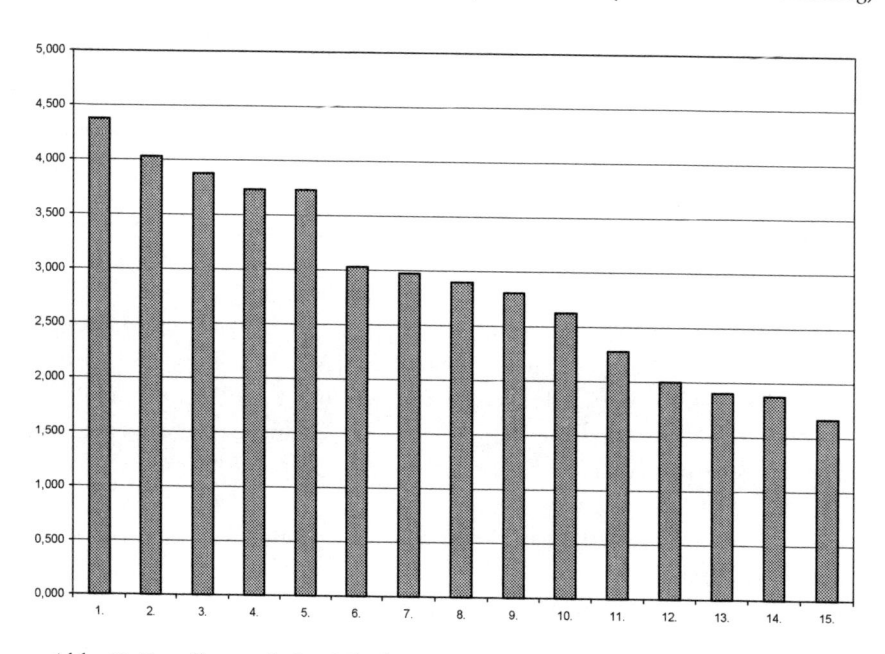

Abb. 38: Rangliste nach den Mittelwerten (grafische Darstellung der Ausprägung der Items nach Frage 9b)

Von Interesse ist nun die Frage, ob und in welcher Form die einzelnen über die Faktoren repräsentierten Sorgenfelder in der zahlenmäßigen Ausprägung gleich oder voneinander verschieden sind. Zu diesem Zwecke wurden wieder die gemittelten Rohwerte der Items der jeweiligen Faktoren einer statistischen Verrechnung nach dem Wilcoxon-Verfahren unterzogen.

Die gemittelten Rohwerte der Items der einzelnen Faktoren betragen:

»Soziales Umfeld«	(F1):	1.931
»Beruf, Behinderung«	(F2):	3.164
»Wirtschaftliche Situation«	(F3):	3.167
»Isolierung, Abhängigkeit«	(F4):	3.983
»Begegnung mit Nichtbehinderten«	(F5):	2.674

Die Ergebnisse der statistischen Vergleiche zwischen den gemittelten Rohwerten können wie folgt zusammengefasst werden:

1. Sorgen um den Themenkreis »Isolierung, Abhängigkeit« werden hochsignifikant höher eingeschätzt als Sorgen um die Themenkreise »Soziales Umfeld«, »Beruf, Behinderung«, »Wirtschaftliche Situation« und »Begegnung mit Nichtbehinderten« (p-Werte der gerechneten Wilcoxon-Tests jeweils: $p < .001^{***}$).

2. Sorgen, die sich um die Themenkreise »Beruf, Behinderung« und »Wirtschaftliche Situation« gruppieren, sind in der Ausprägung nahezu identisch (p-Wert des Wilcoxon-Tests: $p < .72$), werden aber jeweils höher bewertet als die Sorgen um den Themenkreis »Begegnung mit Nichtbehinderten« (p-Wert bei Vergleich zwischen den gemittelten Rohwerten von Faktor 2 und Faktor 5: $p < .011^*$ bzw. p-Wert bei Vergleich zwischen den gemittelten Rohwerten von Faktor 3 und Faktor 5: $p < .018^*$).

3. Am unteren Ende einer »Sorgenskala« befinden sich Items, die sich um den Bereich »Soziales Umfeld« gruppieren. Der gemittelte Rohwert zu diesem Faktor ist jeweils hochsignifikant kleiner ($p < .001^{***}$) als die gemittelten Rohwerte zu allen anderen Faktoren.

Ergebnisse zu den unabhängigen Variablen Geschlecht, Alter, Kontrollüberzeugung, Problemlösefähigkeit, Selbstwertgefühl und allgemeine Zufriedenheit

Ergebnisse zur unabhängigen Variablen Geschlecht

Bezogen auf die Verrechnung der Stanine-Werte zu den fünf Faktoren erbrachte die unabhängige Variable Geschlecht nur einen signifikanten Effekt, und zwar auf den Stanine-Mittelwerten des Faktors »Soziales Umfeld«.

Das Ausmaß an Sorgen ist bei diesem Faktor bei Frauen signifikant höher als bei Männern (Mittelwerte Männer: 4.116; Mittelwerte Frauen: 5.313; p < .044*), wobei dieses Ergebnis hauptsächlich bestimmt wird durch signifikante Unterschiede bei den Items: »Teilnahme an gesellschaftlichen Aktivitäten« (Mittelwerte Männer: 1.585; Mittelwerte Frauen: 2.548; p < .014*) und »Familiäre Situation« (Mittelwerte Männer: 1.488; Mittelwerte Frauen: 2.379; p < .041*). Anzumerken ist, dass bei allen anderen Items des Fragebogens kein einziger signifikanter Effekt des Faktors »Geschlecht« errechnet wurde.

Ein geschlechtsspezifischer Effekt der momentanen Sorgen der befragten Personen ist also nur bei solchen, die dem Themenbereich »Soziales Umfeld« zuzuordnen sind, festzustellen.

Ergebnisse zu den unabhängigen Variablen Alter, Kontrollüberzeugung, Problemlösefähigkeit, Selbstwertgefühl und allgemeine Zufriedenheit

Die Ergebnisse zu den unabhängigen Variablen Alter, Kontrollüberzeugung, Problemlösefähigkeit, Selbstwertgefühl und allgemeine Zufriedenheit sind in den Tabellen 39 und 40 in einer gemeinsamen Übersicht dargestellt (Tabelle 39: Korrelationen zu den Stanine-Werten der 5 Faktoren; Tabelle 40: Korrelationen zu den Einzel-Items).

9b Stanine Faktoren 1-5					
Korrelationen					
	Alter	Kontrollüberz.	Problemlösef.	Selbstwert	Allgem. Zufriedh.
Faktor 1: Soziales Umfeld	.264*	.347**-	.479***-	.319**-	n.s.
Faktor 2: Beruf, Behinderung	n.s.	.284*-	n.s.	.288*-	n.s.
Faktor 3: Wirtschaftl. Situation	n.s.	n.s.	n.s.	n.s.	n.s.
Faktor 4: Isolierung, Abhängigkeit	n.s.	n.s.	.n.s.	n.s.	n.s.
Faktor 5: Begegnung mit Nichtbeh.	n.s.	n.s.	.256*-	.366**-	n.s.

Tabelle 39: Korrelationen mit den Stanine-Werten der Faktoren 1-5 mit unabhängigen Variablen

Korrelationen mit unabh. Variablen				
	Alter	Kontrollüberz.	Problemlösef.	Selbstwert
Freizeitgestaltung	.262*	.350**-	.466***-	.436***-
Freundeskreis	n.s.	.383**-	.393**-	.424***-
Teilnahme an gesell. Aktivitäten	.285*.	.367**-	.454***-	.438***-
Familiäre Situation	n.s.	n.s.	.280*-	.251*-
Schule, Ausbildungssituation	n.s.	n.s.	n.s.-	n.s.
Meine Behinderung	n.s.	.290*-	n.s.	.313*-
Arbeitsstelle	.281*-	n.s.	n.s.	n.s.
Unterstützung d. gesell./staatl. Org.	n.s.	n.s.	n.s.	n.s.
Finanzielle Situation	n.s.	n.s.	n.s.	n.s.
Wohnsituation	n.s.	n.s.	.254*-	n.s.
Isolierung behinderter Menschen	n.s.	n.s.	n.s.	n.s.
Das Wissen um Diskriminierung	n.s.	n.s.	n.s.	n.s.
Das Gefühl, abhängig zu sein	.239*	n.s.	n.s.	n.s.
Begegnungen, Erlebnisse mit NB	n.s.	n.s.	n.s.	.328**-
Verhalten von NB i. d. Öffentlichk.	n.s.	.313*-	.301*-	.408**-

Tabelle 40: Korrelationen aller Items mit den unabhängigen Variablen

Eine Analyse der Ergebnisse von Tabelle 39 und Tabelle 40 ergibt folgendes Bild:
1. Das *Alter* der Personen und die Ausprägung der Sorgen um den Bereich »Soziales Umfeld« stehen in einem Zusammenhang: Je älter die Personen sind, desto größer ist das Ausmaß an Sorgen, die diesen Faktor betreffen (vgl. Tabelle 39), wobei die Sorgen um »Freizeitgestaltung« und »Teilnahme an gesellschaftlichen Aktivitäten« als Einzel-Items signifikant sind (vgl. Tabelle 40). Mit fortschreitendem Alter steigt auch das Gefühl der Abhängigkeit an (vgl. Tabelle 40: p < .239*), die Sorgen um die Arbeitsstelle werden mit fortschreitendem Alter aber geringer (vgl. Tabelle 40: p <-.281*).
2. Kontrollüberzeugung, Problemlösefähigkeit und Selbstwertgefühl der befragten Personen stehen in einem signifikanten Zusammenhang zu dem

Ausmaß an Sorgen, die das »*Soziale Umfeld*« betreffen: Je höher die Ausprägung an Kontrollüberzeugung, Problemlösefähigkeit und Selbstwertgefühl ist, desto geringer werden die Sorgen um den Faktor »Soziales Umfeld« eingeschätzt (p-Wert bei Kontrollüberzeugung: -.343**; p-Wert bei Problemlösefähigkeit: -.479***; p-Wert bei Selbstwertgefühl: -.319**; zum Vergleich der Einzel-Items innerhalb des Faktors und deren statistischen Kennwerte: vgl. Tabelle 41).

3. Kontrollüberzeugung und Selbstwertgefühl der befragten Personen stehen in einem statistischen Zusammenhang zum Ausmaß an Sorgen, die den Faktor »*Beruf, Behinderung*« betreffen.

   Je höher also die Ausprägung an Kontrollüberzeugung und Selbstwertgefühl ist, desto geringer werden die Sorgen um den Faktor »Beruf, Behinderung« eingeschätzt. Ein Vergleich der einzelnen Items (vgl. Tabelle 40), die dem Faktor »Beruf, Behinderung« zugeordnet sind, zeigt jedoch, dass dieser Effekt hauptsächlich durch die Antworten zum Item »Meine Behinderung« bedingt wird: Die Sorgen um die in diesem Item konkret angesprochene eigene Körperbehinderung sind umso geringer, je höher die unabhängigen Variablen Kontrollüberzeugung bzw. Selbstwertgefühl ausgeprägt sind (p-Wert bei Kontrollüberzeugung: -.290*; p-Wert bei Selbstwertgefühl: -.313*).

4. Keine signifikanten korrelativen Beziehungen bestehen zwischen Kontrollüberzeugung, Problemlösefähigkeit und Selbstwertgefühl einerseits und den Sorgen um die Themenfelder »*Wirtschaftliche Situation*« und »*Isolierung, Abhängigkeit*« (vgl. Tabelle 39). Bei einem Vergleich der Einzel-Items (vgl. Tabelle 40) ergibt sich lediglich ein Effekt beim Item »Wohnsituation«: Je höher die Problemlösefähigkeit ist, desto geringer sind die Sorgen um die »Wohnsituation« (p <-.254*).

5. Problemlösefähigkeit und Selbstwertgefühl stehen in einem signifikanten Zusammenhang zum Ausmaß der Sorgen, die »*Begegnung mit Nichtbehinderten*« betreffen:

   Je höher die Ausprägung an Problemlösefähigkeit und Selbstwertgefühl ist, desto geringer werden die Sorgen um den Faktor »Begegnung mit Nichtbehinderten« eingeschätzt (p-Wert bei Problemlösefähigkeit: -.256*; p-Wert bei Selbstwertgefühl: -.366**). Die Beziehungen zwischen den Einzel-Items »Begegnungen, Erlebnisse mit Nichtbehinderten« und »Verhalten Nichtbehinderter in der Öffentlichkeit« sind – bezogen auf die unabhängige Variable Selbstwertgefühl – in beiden Fällen signifikant, bei der unabhängigen Variablen Problemlösefähigkeit nur zu Item »Verhalten Nichtbehinderter in der Öffentlichkeit«.

Darstellung und Diskussion der Ergebnisse

Ausgewählte Ergebnisse zu Multiplen Regressionsanalysen und Korrelationsvergleichen

Die vorhandenen Items wurden einer Multiplen Regressionsanalyse sowie einer Korrelationsanalyse unterzogen. Zusätzlich zu den vorhandenen Items wurde das Item »Zukunftsaussichten« in die Berechnungen mit aufgenommen, obwohl dieses Item aufgrund der Ergebnisse der Itemanalyse aus der endgültigen Itemliste gestrichen worden war.

Dieses Vorgehen erschien trotzdem wichtig, vor allem unter dem Aspekt der Einbettung und des Stellenwertes dieses Items im Vergleich zu den Items der verschiedenen Sorgenbereiche.

In der folgenden Aufstellung sind die wichtigsten Ergebnisse der Multiplen Regressionsanalysen dargestellt, die Ergebnisse ausgewählter Korrelationsvergleiche werden bei der Beschreibung der Ergebnisse angeführt:

Multiple Regressionen	
Item	*Prediktoren*
Meine Behinderung	1. Prediktor: Schule, Ausbildungssituation
Gefühl, abhängig zu sein	1. Prediktor: Zukunftsaussichten
Isolierung beh. Menschen	1. Prediktor: Das Wissen um Diskriminierung
	2. Prediktor: Arbeitsstelle
Das Wissen um Diskrim.	1. Prediktor: Zukunftsaussichten
	2. Prediktor: Unterstützung gesell./staatl. Organ.
	3. Prediktor: Isolierung behinderter Menschen
Verhalten NB i. d. Öffentlichk.	1. Prediktor: Begegn., Erlebnisse mit NB
	2 Prediktor: Das Wissen um Diskriminierung
Begegn., Erlebnisse mit NB	1. Prediktor: Verhalten NB i. d. Öffentlichk.
	2. Prediktor: Teilnahme an gesell. Aktivitäten
Zukunftsaussichten	1. Prediktor: Das Wissen um Diskriminierung
	2. Prediktor: Schule, Ausbildungssituation

Tabelle 41: Ergebnisse der Multiplen Regressionsanalysen

Die wichtigsten Ergebnisse der Multiplen Regressionsanalysen und der Korrelationsvergleiche können wie folgt zusammengefasst werden:
1. Das Item: »Das Wissen um diskriminierendes Verhalten behinderten Menschen gegenüber, auch wenn ich davon selbst nicht betroffen bin« steht vorrangig in Zusammenhang mit den Items: »Zukunftsaussichten« (r-Wert: .431***), »Unterstützung durch gesellschaftliche und staatliche Organisationen« (r-Wert: .408***), »Isolierung behinderter Menschen« (r-

Wert: .363**), und »Verhalten Nichtbehinderter Ihnen gegenüber in der Öffentlichkeit« (r-Wert: .322**).
Erster Prediktor für das Item »Das Wissen um diskriminierendes Verhalten behinderten Menschen gegenüber, auch wenn ich davon nicht unmittelbar selbst betroffen bin« ist das Item »Zukunftsaussichten«.

2. Das Item: »Zukunftsaussichten« steht vorrangig in Zusammenhang mit den Items: »Das Wissen um diskriminierendes Verhalten behinderten Menschen gegenüber, auch wenn ich davon nicht unmittelbar betroffen bin«, »Schule, Ausbildungssituation« (r-Wert: .386**), »Finanzielle Situation« (r-Wert: .341**), »Das Gefühl, abhängig zu sein« (r-Wert: .318**).
Erster Prediktor für das Item »Zukunftsaussichten« ist das Item: »Das Wissen um diskriminierendes Verhalten behinderten Menschen gegenüber, auch wenn ich davon selbst nicht betroffen bin«.

3. Das Item: »Das Gefühl, abhängig zu sein« wird vorhergesagt durch das Item »Zukunftsaussichten« (Korrelation beider Items: .318**).

4. Das Item: »Begegnungen, Erlebnisse mit Nichtbehinderten« wird vorhergesagt durch die Items »Verhalten Nichtbehinderter Ihnen gegenüber in der Öffentlichkeit« (Korrelation beider Items: .535***) und »Teilnahme an gesellschaftlichen Aktivitäten« (Korrelation beider Items: .434***).
Die Sorgen um den Bereich »Begegnungen, Erlebnisse mit Nichtbehinderten« stehen aber auch in einer signifikanten Beziehung zu den Items »Familiäre Situation« (r-Wert: .269*), »Freundeskreis« (r-Wert: .323**) und »Freizeitgestaltung« (r-Wert: .233*).

5. Das Item: »Isolierung behinderter Menschen« wird vorhergesagt durch das Item »Das Wissen um diskriminierendes Verhalten behinderten Menschen gegenüber, auch wenn ich davon selbst nicht betroffen bin« (Korrelation beider Items: .363**) und das Item »Arbeitsstelle« (Korrelation beider Items: .235*).

6. Das Item: »Meine Behinderung« wird vorhergesagt durch das Item »Schule, Ausbildungssituation« (Korrelation beider Items: .312**), steht aber auch im Zusammenhang mit dem Item »Das Gefühl, abhängig zu sein« (Korrelation beider Items: .242*).

Von Interesse ist auch das Ergebnis, dass die »Sorgen um die eigene körperliche Behinderung« nur mit den »Sorgen um Schule/Ausbildungssituation« und dem »Gefühl, abhängig zu sein« in Zusammenhang gebracht werden, nicht aber mit anderen Sorgenbereichen.

Dieses Ergebnis führt zur Annahme, dass die Sorgen um die eigene körperliche Behinderung vorrangig dann im Bewusstsein der Versuchspersonen evident werden, wenn nahestehende und aktuelle Bereiche tangiert werden.

Darstellung und Diskussion der Ergebnisse

Zusammenfassung der wichtigsten Ergebnisse zu Frage 9b

1. Bei der *faktorenanalytischen Verrechnung* der Daten wurde die 5-Faktorenlösung präferiert. Die Sorgenbereiche gruppieren sich nach den Ergebnissen der Faktorenanalyse um folgende Faktoren, die benannt wurden mit: »Soziales Umfeld« (Faktor 1, Varianzanteil: 7.06%), »Beruf, Behinderung« (Faktor 2, Varianzanteil: 10.32%), »Wirtschaftliche Situation« (Faktor 3, Varianzanteil: 11.30%), »Isolierung, Abhängigkeit« (Faktor 4, Varianzanteil: 10.47%), »Begegnung mit Nichtbehinderten« (Faktor 5, Varianzanteil: 8.90%).
Die Trennschärfe-Indizes der Items konnten bei allen fünf Faktoren als »gut« bis »sehr gut« bezeichnet werden.

2. Die Mittelwertsausprägungen der Items waren unterschiedlich hoch. Ein *Vergleich der gemittelten Rohwerte* zwischen den Items der fünf Faktoren bestätigte:
Sorgen um den Themenkreis »Isolierung, Abhängigkeit« werden hochsignifikant höher eingeschätzt als Sorgen um die Themenkreise »Soziales Umfeld«, »Beruf, Behinderung«, »Wirtschaftliche Situation« und »Begegnung mit Nichtbehinderten«.
Sorgen, die sich um die Themenkreise »Beruf, Behinderung« und »Wirtschaftliche Situation« gruppieren, sind in der Ausprägung nahezu identisch, werden aber jeweils höher bewertet als die Sorgen um den Themenkreis »Begegnung mit Nichtbehinderten«.
Am unteren Ende einer »Sorgenskala« befinden sich Sorgen, die sich um den Bereich »Soziales Umfeld« gruppieren. Der gemittelte Rohwert zu diesem Faktor ist jeweils hochsignifikant kleiner als die gemittelten Rohwerte zu den anderen Faktoren.
Unter dem Gesichtspunkt, dass körperbehinderte Menschen stigmatisierende und diskriminierende Erlebnisse in der Interaktion mit nichtbehinderten Menschen nur punktuell erleben, ist die eher geringere Ausprägung der Sorgenbereiche »Begegnung mit Nichtbehinderten« zu erklären.
Andererseits kann aber auch festgehalten werden:
Auch wenn behinderte Menschen belastende Erlebnisse mit nichtbehinderten Menschen nicht alltäglich erleben, ist vermutlich das *Wissen* um die Tatsache der Zugehörigkeit zu einer Gruppe von Menschen (die auch heute noch im Alltag aufgrund ihrer Behinderung mehr oder minder subtil stigmatisiert oder diskriminiert werden) im Bewusstsein behinderter Menschen verankert, ist kognitiv-emotional präsent und determiniert das Ausmaß an Sorgen. Unter diesem Aspekt können die vergleichsweise hohen Punktescores zum Sorgenbereich »Isolierung, Abhängigkeit« interpretiert und erklärt werden.

3. Die Ergebnisse der Multiplen Regressionsanalysen und korrelativen Vergleiche haben zusammenfassend gezeigt, dass die Sorgenbereiche – wie zu erwarten war – mehr oder minder eng miteinander verzahnt sind.
Es wurde aber auch deutlich, dass das »Wissen um gesellschaftliche Probleme in der Interaktion zwischen behinderten und nichtbehinderten Menschen« (als kognitive Repräsentation), das »Gefühl, abhängig zu sein«, Sorgen um eine »Isolierung behinderter Menschen«, Sorgen um das »Verhalten Nichtbehinderter in der Öffentlichkeit« und *Sorgen um die Zukunft*« miteinander als eine Art »Block« in einer wechselseitigen Beziehung und Abhängigkeit stehen.
Somit wird deutlich, dass gesellschaftliche Prozesse der Ausgliederung behinderter Menschen einen bedeutsamen Stellenwert in einem komplexen Gefüge haben und die Qualität der Daseinsgestaltung mit determinieren.
4. Die Ergebnisse zu den unabhängigen Variablen Alter, Geschlecht, Kontrollüberzeugung, Problemlösefähigkeit, Selbstwertgefühl und allgemeine Zufriedenheit ergaben folgende Effekte:
Frauen schildern bei solchen Sorgen, die dem Themenbereich »Soziales Umfeld« zuzuordnen sind, größere Bedenken als Männer, wobei dieser Effekt hauptsächlich durch signifikante Unterschiede bei den Items »Teilnahme an gesellschaftlichen Aktivitäten« und »Familiäre Situation« determiniert wird.
Das *Alter* der Personen und die Ausprägung der Sorgen um den Bereich »Soziales Umfeld« stehen in einem Zusammenhang: Je älter die Personen sind, desto größer ist das Ausmaß an Sorgen, die diesen Faktor betreffen (vgl. Tabelle 40), wobei die Sorgen um »Freizeitgestaltung« und »Teilnahme an gesellschaftlichen Aktivitäten« als Einzel-Items signifikant sind (vgl. Tabelle 40).
Vor einer kurzen Zusammenfassung der wichtigsten Ergebnisse zu den unabhängigen Variablen *Kontrollüberzeugung, Problemlösefähigkeit und Selbstwertgefühl* soll folgendes angemerkt werden:
Die in dem Fragenkatalog 9b thematisierten Sorgen repräsentieren ein unterschiedliches Ausmaß an Konkretheit der Situation und Beeinflussbarkeit durch Personen.
Eher konkreten Charakter haben die Sorgen um den Bereich »Soziales Umfeld«, »Beruf, Behinderung«, »Begegnung mit Nichtbehinderten«, von Personen weniger beeinflussbar sind Sorgen um die Themenfelder »Wirtschaftliche Situation« und »Isolierung, Abhängigkeit«.
Unter diesen Aspekten deuten die Ergebnisse darauf hin, dass die Persönlichkeitsmerkmale Kontrollüberzeugung, Problemlösefähigkeit und Selbstwertgefühl *vor allem* dann *Einfluss nehmen*, wenn die Sorgen sich

konkret auf Situationen im Leben und Alltag der befragten Personen beziehen. *Wenig oder gar nicht* wirken sich die genannten Persönlichkeitsmerkmale aus bei Sorgen, die sich der direkten Beeinflussbarkeit durch Personen entziehen.
Die Ergebnisse von Tabelle 39 haben nämlich deutlich gemacht, dass *insgesamt gesehen* eine höher ausgeprägte Kontrollüberzeugung, eine höher ausgeprägte Problemlösefähigkeit und ein höher ausgeprägtes Selbstwertgefühl signifikant mit einer geringeren Ausprägung der Sorgen einhergehen, die den Bereichen »*Soziales Umfeld*« und »*Begegnungen, Erlebnisse mit Nichtbehinderten*« zugeordnet werden können.
Keine signifikanten Zusammenhänge bestehen hingegen zwischen den genannten unabhängigen Variablen einerseits und der Ausprägung der Sorgen zu den Bereichen »*Wirtschaftliche Situation*« und »*Isolierung, Abhängigkeit*« andererseits (vgl. Tabelle 39).

3.1.10 Ergebnisse zu Frage 10: Zusammenhang von Diskriminierung und sichtbare Schwere der Behinderung

Frage 10 beinhaltet zwei Fragestellungen: Frage 10a und Frage 10b.

3.1.10.1 Fragestellungen

Die Fragen lauten:
»Eine befragte Frau vertritt die Meinung, dass diskriminierendes Verhalten gegenüber behinderten Menschen von der Sichtbarkeit und Schwere der jeweiligen Behinderung abhängt.«
»Würden Sie diese Meinung teilen?« *(Frage 10a)*
»Welche Menschen mit sichtbaren Einschränkungen der Bewegung sind ihrer Meinung nach von Diskriminierung besonders stark betroffen, weniger stark betroffen, fast nicht betroffen? *(Frage 10b)*.
Bezüglich dieser Frage liegen insgesamt 61 Äußerungen vor, die sich in drei Kategorien unterteilen lassen:

Kategorie 1: Zustimmung: (82.0%) 50 Nennungen
   Unterkategorie 1.1:
      Zustimmung ohne Einschränkung: 42 Nennungen
   Unterkategorie 1.2:
      Zustimmung mit Einschränkung: 8 Nennungen

Kategorie 2: Keine Zustimmung: (13.1%) 8 Nennungen
    Unterkategorie 2.1:
    »Nein, genau umgekehrt«: 2 Nennungen
    Unterkategorie 2.2:
    Keine Zustimmung allgemein: 6 Nennungen
Kategorie 3: Neutrale, nicht einzuordnende
    Aussagen: (4.9%) 3 Nennungen

Aus den Darstellungen lassen sich folgende wesentlichen Ergebnisse ablesen und durch exemplarische Aussagen der befragten Personen belegen:

1. Der Hauptanteil der Aussagen (50 Nennungen) macht deutlich, dass die meisten der befragten Personen der Meinung zustimmen, dass diskriminierendes Verhalten gegenüber behinderten Menschen durchaus von der Sichtbarkeit und Schwere der Behinderung abhängig ist.
2. Davon stimmen 42 Nennungen dieser Aussage ohne Einschränkung zu: »Absolut. Des ist auch bei behinderten Menschen so. Wenn sie irgendwelche ganz schweren Körperbehinderungen sehen, schrecken sie auch zurück im Allgemeinen.« (75) – »Voll und ganz, denn je schlimmer es aussieht, desto größer sind einfach die Vorurteile, dass sie nicht mobil sind und so. Man geht immer erst von Äußerlichkeiten aus. Wenn sie einen kennengelernt haben, dann geben die es auch später zu.« (50).
Acht Antworten machen deutlich, dass dieser Aussage nur teilweise zugestimmt werden kann, denn: »[...] Je schwerer die Behinderung, desto weniger haben die Leute einen Draht dazu. Aber ein Rollstuhl ist immer noch was Greifbares. Meine Freundin verlor bei einem Unfall ihren Gleichgewichtssinn, die musste sich wesentlich schlimmere Sachen anhören: ›Zehn Uhr morgens und schon rotzbesoffen.‹« (72).
3. In ebenfalls acht Nennungen kommt zum Ausdruck, dass der vorgegebenen Aussage nicht zugestimmt werden kann, wobei einerseits die Meinung vertreten wird, dass es sich genau umgekehrt verhält: »Ich glaub' eher, dass es andersrum ist. Jemand, der sich auf 'nen Platz setzen möchte (Muskelschwund), wird dumm angemacht. Beim Rollstuhl ist's klar.« (11).
Die übrigen sechs Nennungen zeigen sich mit der Vorgabe überhaupt nicht einverstanden: »Im Prinzip nicht. Kenne auch Freunde, die sehr viel stärker behindert sind wie ich, die viel bewusster ins Leben reingehen, und dadurch werden sie auch besser akzeptiert. Kommt drauf an, wie man auftritt.« (80). – »Denke ich nicht, jeder Behinderte wird sowieso ungleich behandelt.« (22).

3.1.10.2 Darstellung und Auswertung der Ansichten darüber, welche Menschen mit Behinderung besonders stark/weniger stark/fast nicht betroffen sind (Frage 10b)

Darstellung der Meinungen zu »Besonders stark betroffen«
Innerhalb dieser Aufgabenstellung werden die befragten Personen aufgefordert, Vermutungen darüber abzugeben, welche Menschen mit Behinderung in ihren Augen von Diskriminierung *besonders stark* betroffen sind.
Die Frage lautete:
»Welche Menschen mit sichtbaren Einschränkungen der Bewegung sind ihrer Meinung nach von Diskriminierung besonders stark betroffen?«
61 Personen haben diese Frage beantwortet, Mehrfachnennungen waren möglich.
Folgende Kategorien werden gebildet:

Kategorie 1: Rollstuhlfahrer: (36.1%) 22 Nennungen
Kategorie 2: Geistigbehinderte: (22.9%) 14 Nennungen
Kategorie 3: Schwer- und Mehrfachbehinderte: (11.5%) 7 Nennungen
Kategorie 4: Spastiker: (27.9%) 17 Nennungen
Kategorie 5: Blinde: (4.9%) 3 Nennungen
Kategorie 6: Gehörlose: (3.3%) 2 Nennungen
Kategorie 7: Körperbehinderte allgemein: (4.9%) 3 Nennungen
Kategorie 8: Die, die schlecht/nicht sprechen können: (22.9%) 14 Nennungen
Kategorie 9: Die, die schlecht essen können: (6.6%) 4 Nennungen
Kategorie 10: Die sich schlecht/nicht bewegen können: (11.5%) 7 Nennungen
Kategorie 11: Sichtbare Verunstaltungen: (13.1%) 8 Nennungen
Kategorie 12: Behinderte Frauen: (1.6%) 1 Nennung
Kategorie 13: Behindert nach einem Unfall: (1.6%) 1 Nennung

Dies lässt sich in Form einer Grafik folgendermaßen veranschaulichen:

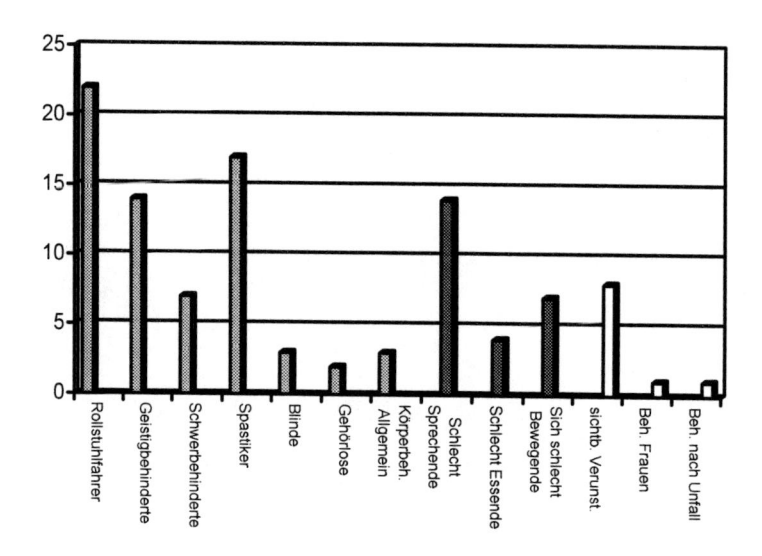

Abb. 40: Menschen mit Behinderungen, die nach Meinung der Versuchspersonen von Diskriminierung »besonders stark« betroffen sind (Nennungen)

1. In 22 Aussagen werden dahingehend Vermutungen geäußert, dass wohl solche Menschen mit Behinderung am meisten diskriminiert werden, die im Rollstuhl sitzen, »die an den Rollstuhl gefesselt sind, befestigt werden müssen, da könnte man am meisten falsch verstehen.« (47). »Fängt ja schon an, wenn Geschäfte umgebaut werden, die früher ebenerdig waren und jetzt ... Kaufhof: wenn Stände so eng sind ... da fängt die Diskriminierung ja schon an. [...]« (52).
2. Auch die Personengruppe der Menschen mit einer Spastik (17 Nennungen) wird in den Augen der Befragten besonders stark diskriminiert, »Spastiker; die nicht so reden können oder so komisch herumschreien oder die beim Essen die Hälfte daneben schütten.« (71), und zwar »dadurch, dass die Bewegung so ruckartig kommt, denken die, dass man auch etwas Geistiges hat.« (79).
3. Die nächst größeren Personengruppen, die als besonders stark diskriminiert vermutet werden, lassen sich mit jeweils 14 Nennungen den Kategorien »Geistigbehinderte« (»Keiner möchte sich mit denen intensiver auseinandersetzen. Sind doch etwas anstrengend.« (83)) und »Die, die schlecht/nicht sprechen können« (»Z. B. denk ich halt, ich, von der [...] Sprache her, mancher denkt, der ist blöd oder besoffen [...].« (49)) zuordnen.

Darstellung und Diskussion der Ergebnisse 321

Aus diesen Darstellungen kann abschließend gefolgert werden, dass die besonders starke Diskriminierung solchen Kennzeichen zugeordnet wird, die sich auf die Sichtbarkeit der Behinderung, v. a. erkennbar durch den Rollstuhl, sowie die geistige Behinderung, u. a. in Kombination mit anderen Schwer- oder Mehrfachbehinderungen, bezieht. Auch die Kriterien einer sprachlichen Auffälligkeit und speziell spastischer Beeinträchtigungen werden in Verbindung mit »besonders stark von Diskriminierung betroffen« gesehen.

Darstellung der Ansichten zu »Weniger stark betroffen«

Im zweiten Teil dieser Frage ist es Aufgabe der Befragten, sich dahingehend zu äußern, welche Menschen mit Behinderungen ihrer Meinung nach *weniger stark* von Diskriminierungen betroffen sind.

Die Frage lautete:
»Welche Menschen mit sichtbaren Einschränkungen der Bewegung sind ihrer Meinung nach von Diskriminierung weniger stark betroffen«.
Insgesamt werden 46 Aussagen zu dieser Fragestellung abgegeben. Auch hier sind Mehrfachnennungen möglich. Die inhaltliche Struktur der Antworten ergibt auch hier eine weit gefächerte Kategorienbildung:

Kategorie 1: Rollstuhlfahrer: (34.8%) 16 Nennungen
Kategorie 2: Geistigbehinderte: (4.3%) 2 Nennungen
Kategorie 3: Menschen mit einer Hemiplegie: (6.5%) 3 Nennungen
Kategorie 4: Spastiker: (4.3%) 2 Nennungen
Kategorie 5: Blinde: (4.3%) 2 Nennungen
Kategorie 6: Weniger stark Behinderte: (21.7%) 10 Nennungen
Kategorie 7: Sonstige Behinderungen: (8.7%) 4 Nennungen
Kategorie 8: Die, die schlecht sprechen können: (2.1%) 1 Nennung
Kategorie 9: Die, die gut sprechen können: (4.3%) 2 Nennungen
Kategorie 10: Die, die essen können:(2.1%) 1 Nennung
Kategorie 11: Die, die laufen können: (19.6%) 9 Nennungen
Kategorie 12: Die, die selbständig sind: (10.9%) 5 Nennungen
Kategorie 13: Die, bei denen die Behinderung
weniger sichtbar ist: (15.2%) 7 Nennungen

Es kann festgehalten werden:
1. Auf die Frage hin, welche Menschen mit Behinderung von Diskriminierung *weniger stark* betroffen sind, liegt die Kategorie »Rollstuhlfahrer« mit 16 Nennungen an erster Stelle, wobei in diesem Falle deren Selbständigkeit besonders hervorgehoben und betont wird: »Rolli, der sich selbständig durch die Lande schiebt.« (40); »Rollifahrer, die aber ganz gut al-

leine zurecht kommen. [...]« (75); »Rollstuhlfahrer, die geistig noch fit sind und mitreden können. [...]« (84).
2. Mit 10 Nennungen kann die zweitgrößte Anzahl an Antworten der Kategorie »Weniger stark behindert« zugeteilt werden, wozu sich u. a. folgende Aussagen rechnen lassen: »Leute, die mit Krücken gehen, weil man das oft sieht und die Leute damit eher Kontakt haben, [...].« (79); »Leichte Behinderungen, kaum sichtbare Einschränkungen der Bewegung, z. B. leichte Lähmung der Hand; die, die's überspielen können; hängt davon ab, welches Charisma die Leute umgibt.« (62); »Die nur humpeln oder so, die eigentlich so wenig stark behindert sind, dass sie nicht hierher gehören.« (26).
3. Ebenso machen weitere 9 Antworten, die dem Bereich »Die, die laufen können« angehören, deutlich, dass der Aspekt der Mobilität und Selbständigkeit entscheidenden Einfluss darauf hat, ob und wie stark eine Person mit Behinderung von anderen Menschen benachteiligt und gedemütigt wird: »Ich selbst wegen der Sprache, aber ich kann gehen.« (80).
4. Im Gegensatz dazu kommen den Kategorien, die Aussagen bezüglich Behinderungen größerer Sichtbarkeit und Schwere beinhalten, sichtlich weniger Äußerungen zu.

Darstellung der Äußerungen zu »Fast nicht betroffen«

Die Frage lautete:
»Welche Menschen mit sichtbaren Einschränkungen der Bewegung sind ihrer Meinung nach von Diskriminierung fast nicht betroffen?«
Mit der Vorgabe, sich auch mehrfach zu dieser Frage äußern zu können, werden insgesamt 46 Antworten abgegeben, die sich wie folgt auf die einzelnen Kategorien verteilen lassen:

Kategorie 1: Rollstuhlfahrer:	(8.7%)	4 Nennungen
Kategorie 2: Geistigbehinderte:	(2.1%)	1 Nennung
Kategorie 3: Menschen mit einer Hemiplegie:	(2.1%)	1 Nennung
Kategorie 4: Blinde:	(2.1%)	1 Nennung
Kategorie 5: Menschen mit leichten Behinderungen:	(17.4%)	8 Nennungen
Kategorie 6: Menschen, die fit, gesund erscheinen:	(6.5%)	3 Nennungen
Kategorie 7: Sonstige Behinderungen/ Beeinträchtigungen:	(10.9%)	5 Nennungen
Kategorie 8: Die, die laufen können:	(19.6%)	9 Nennungen

Kategorie 9: Selbständige, selbstbewußte
   Menschen mit Behinderung: (6.5%)   3 Nennungen
Kategorie 10: Kinder: (2.1%)   1 Nennung
Kategorie 11: Die bei denen die Behinderung
   kaum sichtbar ist: (43.5%)   20 Nennungen
Kategorie 12: »Alle Behinderten sind davon
   betroffen!«:   (4.3%)   3 Nennungen

In den Kategorien, die hinsichtlich der Fragestellung gebildet werden konnten, welche Menschen mit Behinderung von Diskriminierung *fast nicht* betroffen zu sein scheinen, setzt sich die bereits auf den vorherigen Seiten angesprochene Tendenz fort:

1. Auch hier werden verstärkt solche Aussagen gemacht, die beinhalten, dass wahrscheinlich »die, bei denen die Behinderung kaum sichtbar ist« von Beleidigungen, Demütigungen, etc. fast nicht betroffen sind. Diesem Bereich können 20 Antworten zugeordnet werden, u. a. auch: »Ich wohn' mit 'nem Freund zusammen, der hat's an der Hand. Und man sieht's fast gar nicht. Nur, wenn man genauer hinschaut, (bekommt man einen Schreck). Dadurch, dass man's im ersten Moment nicht sieht, haben sie die Chance – hört sich blöd an – sich zu beweisen.« (29); »[...] Was für die Nichtbehinderten normaler ist, vom Anschauen her. Solche, wo die Nichtbehinderten nicht gleich Vorurteile haben und denken, die sind auch geistig und seelisch (behindert).« (47).

2. Weiteren Kategorien, die ebenfalls in diese Richtung gehen, gehört zum einen der Bereich »Die, die laufen können« an, auf den neun Nennungen zutreffen: »Menschen, die sich ohne Krücken oder Rollstuhl fortbewegen können, die hinken vielleicht, aber sonst nix.« (82), zum anderen verdeutlichen auch die Aussagen der Kategorie »Leichte Behinderungen« diese Tendenz: »Leute mit guter Lernfähigkeit. Der, der nur bei Streßsituationen zu zappeln anfängt oder wenn er rennen muss.« (34); »[...] Wenn z. B. einer so Wirbelsäulenprobleme hat. Da hatten wir in Isny so welche. Und ich finde, die sind fast nicht betroffen.« (27).

3. Es fällt auf, dass innerhalb der gesamten Fragestellung hier zum ersten Mal auch die Meinung vertreten wird, Kinder seien fast nicht betroffen: »Kinder. Weil sie in Begleitung sind.« (42). Außerdem machen zwei Nennungen deutlich, dass alle Behinderten in irgendeiner Form von Diskriminierung betroffen sind: »(Es gibt) Keine Gruppe, die nicht betroffen ist!« (06); »Keine Behinderung ist fast nicht davon betroffen.« (10).

3.1.10.3 Zusammenfassung der wichtigsten Ergebnisse (Frage 10a+b)

Als Fazit kann in Bezug auf die Frage nach einem Zusammenhang von Diskriminierung und sichtbarer Schwere der Behinderung festgehalten werden:

1. Die Anzahl der Antworten zeigt, dass die meisten der befragten Personen ohne Einschränkung der Aussage zustimmen, dass diskriminierendes Verhalten gegenüber behinderten Menschen von der Sichtbarkeit und Schwere der Behinderung abhängig ist.
Von den acht Nennungen, die beinhalten, dass der vorgegebenen Meinung nicht zugestimmt werden kann, geht von zwei Äußerungen die Ansicht aus, dass es sich genau umgekehrt verhält.
2. »Von Diskriminierung besonders stark betroffen« sind in den Augen der Befragten in erster Linie Menschen mit Behinderung, die im Rollstuhl sitzen (22 Nennungen), und solche, die speziell spastische Beeinträchtigungen besitzen. Auch die Kriterien einer sprachlichen Auffälligkeit sowie einer geistigen Behinderung, u. a. in Verbindung mit anderen Schwer- und Mehrfachbehinderungen, werden als »besonders stark betroffen« gesehen.
3. Bezüglich der Frage, welche Menschen mit Behinderung weniger stark von Diskriminierungen betroffen sind, fallen mit 16 Nennungen die meisten Aussagen wiederum der Gruppe der »Rollstuhlfahrer« zu, wobei bei diesen nun die Selbständigkeit und Mobilität besonders hervorgehoben wird.
Im Gegensatz dazu fallen den Kategorien, die Aussagen bezüglich Behinderungen größerer Sichtbarkeit und Schwere beinhalten, bedeutend weniger Aussagen zu.
4. Auch bei den Vermutungen über Menschen mit Behinderung, die fast nicht unter Diskreditierungen zu leiden haben, setzt sich die Tendenz fort, dass dies wahrscheinlich auf diejenigen Personen zutrifft, bei denen die Behinderung fast nicht oder zumindest nicht sofort zu erkennen ist. Dabei kommt auch innerhalb dieser Teilfrage der Fähigkeit, sich selbständig fortbewegen zu können, große Bedeutung zu.
Zwei Aussagen weisen auch darauf hin, dass »Keine Behinderung [...] fast nicht davon betroffen« ist.

3.1.11 Ergebnisse zu Frage 11: Möglichkeiten zum Abbau von Kommunikations- und Interaktionsproblemen

Frage 11 beinhaltet die Teilfragen 11a, 11b und 11c.

3.1.11.1 Darstellung genannter allgemeiner Möglichkeiten zum Abbau von Kommunikations- und Interaktionsproblemen (Frage 11a)

Frage 11a lautet:
»Was kann man *insgesamt* tun, um Spannungen und Diskriminierungen zwischen nichtbehinderten Menschen und Menschen mit sichtbaren Einschränkungen der Bewegung (Körperbehinderung) zu vermeiden?«

Diese Frage wird von 60 der 75 befragten Personen beantwortet, die Aussagen (mit Mehrfachnennungen) können folgenden 9 Kategorien zugeordnet werden (vgl. auch die nachfolgende Abbildung):

1. Kategorie: Kontakt, aufeinander zugehen: (45.0%) 27 Nennungen

2. Kategorie: Gespräche, Aufklärung, Information: (45.0%) 27 Nennungen

3. Kategorie: Integration: (33.3%) 20 Nennungen

4. Kategorie: Behindertengerechtes Umfeld schaffen: (8.3%) 5 Nennungen

5. Kategorie: Behinderte bedingungslos annehmen: (3.3%) 2 Nennungen

6. Kategorie: Eltern beider Seiten müssen sich öffnen: (1.7%) 1 Nennung

7. Kategorie: Kann man nichts tun: (1.7%) 1 Nennung

8. Kategorie: Ich weiß es nicht: (5.0%) 3 Nennungen

9. Kategorie: Neutrale, nicht einzuordnende Aussagen: (3.3%) 2 Nennungen

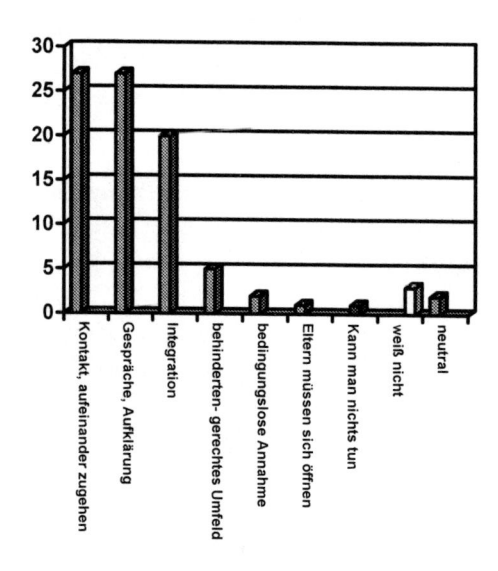

Abb. 41: Anzahl der Nennungen zur Frage nach Möglichkeiten zur Vermeidung von Spannungen und Diskriminierungen

Wie die Darstellung der Häufigkeiten in der vorherigen Tabelle und innerhalb des Schaubildes zeigt, sind die am meisten genannten Aussagen den Kategorien »Kontakt« (Kategorie 1), »Gespräche, Aufklärung, Information« (Kategorie 2) und »Integration« (Kategorie 3) zuzuordnen. Wie schon erwähnt, hat eine Analyse aller Antworten zum Fragenkomplex 11 ergeben, dass auch bei den Fragen 11b und 11c in den Aussagen der befragten Personen die Kategorien »Kontakt« und »Information« dominieren und auch in den Antworten zu den Fragen 11a inhaltlich in etwa der gleichen Form wieder zu finden sind.

Es erfolgt deshalb eine Beschränkung auf eine etwas ausführliche Analyse und Darstellung der Antworten, die den Gedanken der Integration zwischen behinderten und nichtbehinderten Menschen zum Inhalt haben. Diese Aspekte sind in den Fragen11b-11c in der Klarheit der Zuordnungsmöglichkeiten der Aussagen nicht gegeben.

Folgende Beispiele veranschaulichen besonders deutlich das Anliegen der »Integration«: »[...] Wichtig ist von vorne in der Kindheit beginnen, nicht erst spät aus den Mauern rauslassen.« (26); »Ich war am Körperbehindertenzentrum und da waren ausschließlich Behinderte. Ich hätte mir aber immer gewünscht, dass Nichtbehinderte und Behinderte zusammen sind an der Schule, auch im Kindergarten sollte es möglich sein [...].« (59); »Vielleicht öfter Sachen organisieren, wo beide zusammenkommen, oder Freizeiten organisieren, wo sie gemeinsam wegfahren. Auf jeden Fall, dass mehr zusammen gemacht

Darstellung und Diskussion der Ergebnisse 327

wird [...].« (63); »Aufklärungsgruppen müsste es geben. Das diakonische Werk hat ein Café für Nichtbehinderte und Behinderte. Das Ziel ist im Endeffekt, dass Nichtbehinderte lockerer mit Behinderten umgehen. Sommerfreizeiten, Interessengruppen (z. B. Schwimmen) sind ein Anfang, um Hemmschwellen zu lösen.« (80); »[...] Mehr zusammen aufwachsen in der Erziehung, mehr Information, mehr Veranstaltungen.« (84).

Zusammenfassend soll festgehalten werden:
Eine erste Kontaktaufnahme behinderter und nicht behinderter Menschen »Mehr Kontakt aufnehmen, gegenseitig!« (55); »Engeres Zusammenleben, größerer Kontakt.« (39)), das Miteinander Reden, Aufklären und Informationen Geben (»Gespräche zwischen Behinderten und Nichtbehinderten führen.« (33); »Dass man eben den Leuten die Möglichkeit gibt, sich zu informieren über Behinderung, behinderte Menschen« (35); »Erfahrung austauschen, so dass Nichtbehinderte informiert werden.« (39)) sowie das Verwirklichen von Integration im Alltag: (»[...] Man müsste niemanden integrieren, wenn er vorher net ausgeschlossen wurde. Dass jeder da bleiben/in die Schule gehen kann, wo er ist – schon mit Hilfe, dann lernen nichtbehinderte Menschen auch damit umzugehen« (67)) sind Maßnahmen, mit denen in den Augen der befragten Personen Spannungen zwischen behinderten und nicht behinderten Menschen insgesamt gesehen am besten vermindert und ihnen entgegengewirkt werden kann.

3.1.11.2 Darstellung genannter Möglichkeiten von nicht behinderten Menschen zum Abbau von Kommunikations- und Interaktionsproblemen (Frage 11b)

Frage 11b des Fragebogens lautet:
»Was können *nicht behinderte Menschen* Ihrer Meinung nach tun, um Spannungen und Diskriminierungen zwischen nichtbehinderten Menschen und Menschen mit sichtbaren Einschränkungen der Bewegung (Körperbehinderung) zu vermeiden?«

Diese Frage wird von 61 Personen beantwortet. Die Aussagen (mit Mehrfachnennungen) können folgenden 9 Kategorien zugeordnet werden (vgl. auch die nachfolgende Abbildung):

Kategorie 1: Kontaktaufnahme:	(50.8%)	31 Nennungen
Unterkategorie 1.1: Auf Behinderte zugehen:		18 Nennungen
Unterkategorie 1.2: Etwas mit Behinderten unternehmen:		4 Nennungen
Unterkategorie 1.3: Kontakt allgemein:		9 Nennungen

Kategorie 2: Sich informieren, Medien:	(22.9%)	14 Nennungen
Kategorie 3: Vorurteile abbauen:	(13.1%)	8 Nennungen
Kategorie 4: Rücksicht, Verständnis, Toleranz, Akzeptanz:	(13.1%)	8 Nennungen
Kategorie 5: Den Behinderten mit Normalität begegnen:	(21.3%)	13 Nennungen
Kategorie 6: Sich Gedanken machen:	(3.3%)	2 Nennungen
Kategorie 7: Behindertengerechtes Umfeld schaffen:	(3.3%)	2 Nennungen
Kategorie 8: Ich weiß es nicht:	(3.3%)	2 Nennungen
Kategorie 9: Kann man nichts tun:	(1.6%)	1 Nennungen
Kategorie 10: Neutrale nicht einzuordnende Aussagen:	(6.6%)	4 Nennungen

Die Auflistung der Kategorien und der diesen Kategorien zugeordneten Aussagen macht deutlich, dass nach Meinung der befragten körperbehinderten Personen nicht behinderte Menschen vorrangig durch Kontaktaufnahme (50.8% aller Nennungen), aber auch durch Sich-Informieren, also durch »normale« Verhaltensweisen, die mit Rücksicht, Verständnis, Toleranz gekoppelt werden, ihren Beitrag zu einer Verminderung von Spannungen im gesellschaftlichen Kontext behinderter und nicht behinderter Menschen leisten können.

Auszugsweise sollen zu den Kategorien, denen die häufigsten Darstellungen zugeordnet werden konnten, folgende Aussagen angeführt werden:

In Kategorie 1 stehen Aussagen im Vordergrund, die die Kontaktaufnahme nicht behinderter Menschen zu behinderten Menschen unter den Aspekten »Kontakt allgemein«, »auf behinderte Menschen zugehen« und »mit behinderten Menschen etwas unternehmen« thematisieren:

»*Auf Behinderte zugehen*« wie auf ganz normale Menschen auch. Das ist erst ein Mensch und nicht gleich ein Behinderter. Das ist auch meine Erfahrung, weil ich glaube, dass ich auf die Leute zugegangen bin.« (64);

»*Zusammenkommen mit Behinderten, den Kontakt suchen*, als Menschen akzeptieren. *Sich trauen, z. B. in einer Kneipe auch mal einen Behinderten anzuquatschen, sich dazu zu setzen, ins Gespräch kommen.* Differenzieren ist immer hilfreich. Die Behinderten über einen Kamm zu scheren ist Quatsch, umgekehrt auch.« (40);

»Ja, *mehr auf Behinderte zuzugehen* und ihre Unsicherheit überwinden und nicht einfach nur wegschauen.« (74);

»Eine freundschaftliche Ebene aufbauen, *zusammen was machen*.« (04);

Dem zweiten Bereich »Sich informieren, Medien« wurden solchen Aussagen (insgesamt 14) zugeordnet, die erkennen lassen, dass »Sich informieren« als eine Möglichkeit zum Abbau von Spannungen und zur Verringerung von Diskriminierungen erachtet wird:

»*Sich eher darüber informieren*, es müsste viel mehr von den *Medien* ausgehen, Hörfunk, Fernsehen, nicht auf einmal, sondern auch unterschwellig, in Talkshows, Fachleute, die behindert sind, sollen eingeladen werden, in besondere Sendungen.« (26);

»An die Sache mit null rangehen, ohne jegliche Vorurteile. Vernünftig fragen, was los ist, ist besser als hintenrum fragen. *Sich mehr mit den Leuten auseinandersetzen, mit der Person, nicht nur mit Behindertendasein*. Dass wir auch zufrieden sind glauben viele gar nicht. Mitleidstour ablegen, vom Mitleid ist noch keiner gesund geworden, das ist immer nur peinlich. Gleichberechtigung, Chance, sich zu bewähren, z. B. Arbeit oder so.« (50);

»Gegen Vorurteile ankämpfen, wenn einer sagt: ›der ist doof‹; *sich dann erst mal selber schlau machen* und den Behinderten selbst ansprechen und *sich sein eigenes Bild machen*.« (82);

In Kategorie 3 wurden solche Aussagen aufgenommen, in denen die Thematik der Vorurteile bzw. der Abbau von Vorurteilen in irgendeiner Weise angesprochen werden, wie es auch auf folgende Aussagen zutrifft:

»*Die Vorurteile nicht auf die Behinderten übertragen*. Wenn ein Behinderter so ist, kann man nicht sagen, dass alle Behinderten so sind.« (38);

»Mit den Menschen erst mal reden. *Nicht gleich:* »*Aha, der sitzt im Rollstuhl, der ist bestimmt doof.*« (52);

»Keine anstößigen Bemerkungen machen. *Keine vorschnellen Meinungen bilden*. Den Versuch starten, mit Behinderten ins Gespräch zu kommen.« (84);

Die Kategorien 4 und 5 beinhalten Schilderungen, in denen von Nichtbehinderten mehr »Rücksicht, Verständnis, Toleranz und Akzeptanz« (Kategorie 4) bzw. »Normalität« im Umgang mit behinderten Menschen (Kategorie 5) gefordert wurde, wie es die folgenden Aussagen besonders verdeutlichen:

»Genauso *normal auf mich eingehen*, wie auch auf Nichtbehinderte. Große Chance.« (06);

»Auf Behinderte zugehen und *sie völlig normal behandeln wie Nichtbehinderte auch*.« (46);

»Die Leute sollen Behinderte *ganz normal behandeln* wie jeden anderen auch. *Keine falsche Rücksichtnahme.*« (83);

»*Nichtbehinderte könnten mehr Hilfsbereitschaft und Verständnis zeigen*, z. B. beim ins Geschäft gehen. Nichtbehinderte sollten mehr Geduld zeigen (z. B. beim Einchecken ins Flugzeug). Nichtbehinderte sollten mehr Ausdauer zeigen, sich mit Behinderten (abzugeben).« (13);

»Zusammenkommen mit Behinderten; den Kontakt suchen; *als Menschen akzeptieren* [...].« (40);

»Sie können offener werden. Jeden kann so was treffen. *Sie können mehr Verständnis aufbringen.* Mehr um Behinderte kümmern. Sie sollten mehr zu Veranstaltungen gehen, wo es um Fragen der Behinderten geht.« (42);

»*Ganz normal* mit behinderten Menschen etwas unternehmen.« (02).

Abschließend soll noch auf zwei Aussagen hingewiesen werden, in denen von Nichtbehinderten gefordert wird, ein Umfeld zu schaffen, das behindertengerecht ist:

»Behinderte Menschen ganz normal anschauen, auf Leute zugehen, Veranstaltungen für Behinderte geben, *Häuser behindertengerechter bauen.*« (53);

»Gesellschaft ... insgesamt toleranter werden, nicht schon bei Dicken anfangen zu nörgeln. *Bauliche Gegebenheiten – gerade bei neuen Gebäuden.*« (67);

Bezüglich der Frage, was nicht behinderte Menschen tun können, um Spannungen und Diskriminierungen im Umgang mit Menschen mit sichtbarer Einschränkung der Bewegung zu reduzieren oder gar zu verhindern, können folgende Ergebnisse zusammenfassend festgehalten werden:

1. Als Fazit dieser Fragestellung zeigt sich, dass es in erster Linie ein Anliegen der befragten Personen ist, dass nicht behinderte Menschen bereit sind, sich auf Menschen mit Behinderung einzulassen, dass sie von sich aus mit den »Behinderten« in Kontakt treten wollen. Somit wären in den Augen der befragten Personen ein erster und auch gleichzeitig der wichtigste Schritt zum Abbau und letztendlich auch zur Vermeidung von Spannungen und Diskriminierungen gegenüber Menschen mit (körperlichen) Einschränkungen getan.

2. Sehr wichtig erscheint in den Augen der Befragten auch das Einholen von Information zum Thema »Behinderung«, das einerseits davon geprägt sein sollte, sich mit möglichen Formen der Körperbehinderung bekannt zu machen, andererseits wäre es jedoch auch wünschenswert, dass von Seiten der Nichtbehinderten der Versuch unternommen würde, sich auch über die *Person* mit Behinderung an sich zu informieren, über deren Möglichkeiten der Lebensgestaltung usw.

3. In diesem Zusammenhang äußern viele der befragten Personen auch den Wunsch, ihre nicht behinderten Mitmenschen würden ihnen mit mehr »Normalität« begegnen, würden sie behandeln, wie jeden anderen Menschen auch, was sich letztendlich auch in rücksichts- und verständnisvollem, tolerierendem und akzeptierendem Verhalten zeigen könnte.

Alle diese Handlungsweisen und Reaktionen, die von Seiten der Nichtbehinderten unternommen und umgesetzt werden könnten und sollten, würden helfen, Spannungen und Diskriminierungen im zwischenmenschlichen Miteinander der beiden aufgeführten Personengruppen zu vermeiden.
4. Die Tatsache, dass nur sehr wenige der befragten Personen mit Äußerungen wie »Ich weiß es nicht« oder »Kann man nichts tun« reagieren, zeigt auch die Bereitschaft und Offenheit der behinderten Menschen, den Nichtbehinderten auf diesem Weg entgegenzukommen.

3.1.11.3 Darstellung genannter Möglichkeiten von Menschen mit Behinderung zum Abbau von Kommunikations- und Interaktionsproblemen (Fr. 11c)

Frage 11c des Fragebogens lautet:
»Was können *behinderte Menschen* Ihrer Meinung nach tun, um Spannungen und Diskriminierungen zwischen nichtbehinderten Menschen und Menschen mit sichtbaren Einschränkungen der Bewegung (Körperbehinderungen) zu vermindern?«
Diese Frage wird von 59 der 75 befragten Personen beantwortet (Mehrfachnennungen). Die Antworten der befragten Personen werden den folgenden Kategorien zugeteilt:

Kategorie 1: Kontaktaufnahme:	(59.3%)	35 Nennungen
Unterkategorie 1.1: Auf Nichtbehinderte zugehen:		19 Nennungen
Unterkategorie 1.2: In die Öffentlichkeit gehen:		11 Nennungen
Unterkategorie 1.3: Kontakt allgemein:		5 Nennungen
Kategorie 2: Aufklären, informieren:	(30.5%)	18 Nennungen
Kategorie 3: Sich wehren:	(6.8%)	4 Nennungen
Kategorie 4: Geduld, Verständnis haben:	(5.1%)	3 Nennungen
Kategorie 5: Sich der Gesellschaft anpassen:	(5.1%)	3 Nennungen
Kategorie 6: Ich weiß es nicht:	(6.8%)	4 Nennungen
Kategorie 7: Kann man nichts tun:	(3.4%)	2 Nennungen
Kategorie 8: Neutrale nicht einzuordnende Aussagen:	(3.4%)	2 Nennungen

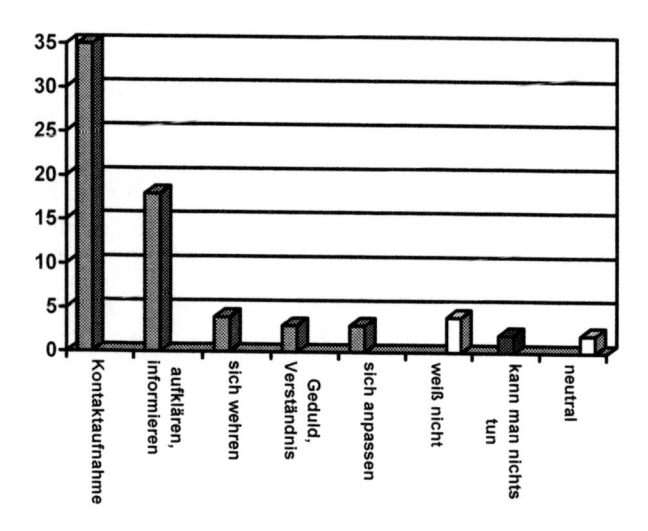

Abb. 42: Möglichkeiten von Seiten der Menschen mit Behinderung zum Abbau von Interaktionsspannungen und Diskriminierungen (Anzahl der Nennungen)

Diese Übersicht verdeutlicht, dass die befragten Personen in fast 60% aller Antworten »Kontaktaufnahme« als Weg zur Beseitigung möglicher Probleme zwischen behinderten und nichtbehinderten Menschen (unter verschiedensten Aspekten) hohe Präferenz einräumten.

In fast einem Drittel (30.5%) aller abgegebenen Antworten wird weiter der Gedanke der Aufklärung und Information thematisiert und für das Zustandekommen eines mehr oder weniger konfliktfreien Zusammenlebens für wichtig erachtet.

Im Folgenden soll eine Auswahl der auf diese Fragestellung gegebenen Antworten der befragten Personen nach Kategorien geordnet aufgelistet werden.

Kategorie »Kontaktaufnahme«; Unterkategorie »Auf Nichtbehinderte zugehen«

»Die Angst ablegen, verringern; dass sie nicht gleich immer denken: ›Ich bin eh behindert und abstoßend‹. *Versuch, mehr auf Nichtbehinderte zuzugehen*, ist wohl schwierig, aber (sie) merken dann vielleicht, dass sie nicht so viel anders sind, bis auf ihre Behinderung. Den Nichtbehinderten entgegenkommen: ›Ich bin zwar behindert, aber du kannst mit mir ganz normal umgehen.‹ Aber das ist auch schwierig.« (20);

»*Auf Nichtbehinderte zugehen*. Sicher gibt's Enttäuschungen, die gibt's immer wieder. Aber wenn man da aufgibt, dann passiert nix.« (29);

»*Auf die Nichtbehinderten zugehen.* Hast du einen, der positiv dem Behinderten gegenüber ist, gibt er (der Behinderte) automatisch mehr. Das ist ein Lawineneffekt. Der (Nichtbehinderte) erzählt es dann weiter im Freundeskreis. Der Behinderte muss bereit sein, *auf den Nichtbehinderten zuzugehen.* Wenn der Behinderte nicht, wer sonst? Nichtbehinderte haben da viel zuviel Angst. Ich leb' in dieser Welt und muss darin klarkommen. Nichtbehinderte, die mit dem Aufzug fahren, mach' ich darauf aufmerksam, dass sie auch die Rolltreppe benützen können, z. B. in der U-Bahn. Wenn ich seh‹, dem fehlt nix, dann muss der nicht mit dem Aufzug fahren. Und das sag' ich ihm auch. Oder man ruft ein Projekt ins Leben.« (30);

»*Auch mal auf die Leute zugehen* und die ansprechen und net nur denken: ›die müssen zu mir kommen‹ und net nur Angst haben: ›ach, der hat vielleicht Vorurteile‹. Weniger Angst haben. Auch bei Nichtbehinderten wäre das eine Idee.« (52);

»*Ich habe schon lange gebraucht, bis ich auf die Nichtbehinderten zugegangen bin, aber das muss man halt.* Man muss den Mut haben, zu sagen, das passt mir nicht. Man muss sich Unterstützung holen.« (62);

»*Auf Nichtbehinderte zugehen*, sich nicht verstecken, auch wenn es für manche schwer ist, hartnäckig sein. Ich denke, die können genauso viel tun. Das ist nicht nur ein einseitiges Problem.« (72);

Unterkategorie »In die Öffentlichkeit gehen«

»*Rausgehen*, nicht alle können das, aber die es können, sollten es tun, *Kontakt suchen, von sich aus rausgehen, denn sonst sind sie nicht mehr in der Öffentlichkeit,* und dann sind sie betreute Menschen, die in eine fremde Welt kommen.« (26);

»*Gezielt in die Öffentlichkeit gehen. Schon Präsenz ist gut.* In betreffende Belange, z. B. verkehrstechnischer Art, einmischen. Sie sollten sich auf eigene Beine stellen. Auf selbstbestimmtes Leben drängen.« (42);

»Nichtbehinderte motivieren, *sich zeigen* und erklären, [...], das zeigen was sie auch können, damit den Nichtbehinderten ein Licht aufgeht. Versuchen einen Schalter zu betätigen.« (54);

»*Nicht daheim hocken* und über ihre Behinderung nachdenken. *Sie müssen rausgehen und präsent sein.*« (79);

Unterkategorie »Kontakt allgemein«

»Sich bewusst helfen lassen, um Nichtbehinderten die Möglichkeit zu geben, mit *mir in Kontakt zu kommen.* Das ist zwar eine Einbuße der Selbständigkeit, aber hier eine Möglichkeit. Sich trauen. Ich würde heute in

keine Behinderteneinrichtung mehr gehen. Ich würde in eine Nichtbehinderten-Schule gehen.« (40);
»Es muss auch von der anderen Seite kommen. Auf Fragen antworten, wenn man angemotzt wird; fragen: ›Wollen Sie etwas wissen?‹. *Kontakte enger machen* von beiden Seiten aus. Wenn man irgendwo hingeht, *versuchen Kontakte zu knüpfen.* Auch die Nichtbehinderten können das tun, obwohl sie es wenig tun.« (47);

Kategorie »Aufklären, informieren«

»Wenn man in die Stadt geht als Behinderter und es spricht mich jemand an auf meine Behinderung, *dann soll man erzählen, wie das ist.* Offenheit soll auf beiden Seiten gleich sein.« (39);
»[...] Beide Seiten müssen sich genauso anstrengen. Gut zuhören. *Auch die vertreten, die nicht selber sprechen können.«* (06);
»*Behinderte sollten aktiver werden! Sollen Gesprächskreise anbieten. Eltern dazu nehmen! Damit die Familie auch zu Wort kommt.*« (14);
»Sich nicht verstecken, am öffentlichen Leben teilnehmen, *sich in Initiativen engagieren. Aufklärungsarbeit: Wir können am besten über uns erzählen, nicht die Ärzte.* [...]« (44);
»Sich nicht zurückziehen und in die Gesellschaft gehen. *Nichtbehinderten ihre Behinderung erklären. Auf die Gesellschaft zugehen.* Aber es bleibt die Frage, ob sie's wollen.« (86);

Kategorie »Sich wehren«

»Behinderte müssen noch mehr tun als Nichtbehinderte, dass sich das ablegt. Die Behinderten müssen auf Leute zugehen, *Protest einlegen und sich wehren gegen Diskriminierung* über andere Behinderte.« (04);
»Auch Ehrlichkeit: *Sagen, was nicht passt,* keine falsche Bescheidenheit, *sich nicht* einschüchtern lassen durch irgendwelche gut gemeinten Vertröstungen (›Sieh' doch ein, dass du das nicht kannst, Kind.‹).« (57);

Kategorie »Geduld, Verständnis haben«

»*Dass ich nicht gleich lauter werde oder schreie,* wenn mich jemand nicht gleich auf Anhieb gut versteht und er dann lauter wird.« (13);
»*Auch Verständnis haben,* dass sich die nicht so gut auskennen.« (34);
»*Die behinderten Menschen sollen nicht schlimm reagieren, wenn sie beschimpft werden ...*« (61);

Darstellung und Diskussion der Ergebnisse

Kategorie »Sich der Gesellschaft anpassen«

»*Dass sie sich unauffällig benehmen*, ich hab erlebt, dass sich welche unmöglich aufgeführt haben. [...]« (38);

»*Auf ihr Aussehen achten, geben sich auch äußerlich sehr krank*. Ich kannte einen, der hatte dieselbe Behinderung wie ich, war deprimiert, mir hat das nicht geholfen. Er sah furchtbar aus, rein von der Versorgung her gesehen, so sehe ich nicht aus, wenn ich fünf Tage nicht verbunden bin, das hat mir so wehgetan. *Wie manche rumlaufen und sich geben, da braucht man sich nicht wundern. Viele wollen bemitleidet werden, haben einen Nachteil und den müssen sie voll ausnützen, Sachen rausnehmen, die einfach nicht angebracht sind.* Auch Beschwerden, die total ungerechtfertigt sind, z. B. (beim) Bon Jovi Konzert, sie sehen nichts. Nur verlangen und nicht geben. *Verkaufen sich einfach schlecht, geben sich dumm, sehr unreif und geraten in Situationen, wo man sagt, die kann man nicht für voll nehmen.* [...]« (50);

»*Nicht so großes Anspruchsdenken*. Beispiel: Wenn Behinderte im Bus aufgrund ihres Ausweises auf ihren Sitzplatz bestehen wollen.« (83);

Im Hinblick auf die Frage, welche Möglichkeiten von Seiten der Menschen mit Behinderung bestehen, Interaktionsspannungen und Diskriminierungen entgegenzuwirken, kann zusammenfassend festgehalten werden:

1. Wie diese eben aufgeführten Schilderungen zeigen, ist es den befragten Personen bewusst und auch ein wichtiges Anliegen, dass die Initiative zur Kontaktaufnahme sowohl von Menschen ohne Behinderung als auch von Menschen mit körperlicher Beeinträchtigung ausgehen muss, damit ein entspanntes Zusammenleben beider Personengruppen stattfinden kann bzw. überhaupt erst ermöglicht wird. Diese Überlegung verdeutlicht in besonderer Weise das Beispiel einer befragten Person, die den Vorgang der Kontaktaufnahme und des Aufeinander-Zugehens als »Lawineneffekt« bezeichnet, durch den es auf beiden Seiten ermöglicht wird, Vorurteile abzubauen, Meinungen zu revidieren und sich aufeinander einzulassen.

2. Auch wenn nicht wenige der Befragten bezüglich dieser Thematik sehr kritisch denken, lassen die Äußerungen doch auch sehr deutlich erkennen, dass von Seiten der Menschen mit Behinderung eine große Bereitschaft und Offenheit besteht, den Unsicherheiten und Vorbehalten ihrer nicht behinderten Mitmenschen zu begegnen, um beim Abbau der zwischenmenschlichen Barrieren zu helfen. Nur sehr wenige Menschen mit körperlicher Beeinträchtigung glauben von sich aus, »Da kann man nichts tun!«.

3.1.11.4 Zusammenfassung der wichtigsten Ergebnisse (Frage 11 a-c)

Mit Hilfe von Frage 11 sollte versucht werden, Meinungen der Versuchspersonen dahingehend zu erfragen, was sowohl behinderte als auch nichtbehinderte Menschen dazu beitragen können, um Spannungen und Diskriminierungen zwischen nichtbehinderten und körperbehinderten Menschen zu verringern.

In allen Fragen (11a-11c) lassen sich sehr viele Kategorien bilden, denen die einzelnen Aussagen zugeordnet werden können. Die Vielfalt der Kategorien und die Häufigkeiten der Nennungen einzelner, den Kategorien untergeordneter Aspekte kann dahingehend interpretiert werden, dass die Fragen zum einen das Interesse der Versuchspersonen gefunden haben, zum anderen können die differenzierten Antworten als Indiz dafür gewertet werden, dass über das Problem des Spannungsabbaus von den befragten Personen sehr intensiv nachgedacht und reflektiert wird. Die Thematik ist also in den »Köpfen« der Menschen präsent und bedeutsam.

Die bisher dargestellten Ergebnisse ergeben dazu folgendes Bild:

1. In den Antworten zum Problem, was *nichtbehinderte Menschen* zum Abbau von Spannungen und Diskriminierungen beitragen können, dominieren Vorschläge an die Adresse Nichtbehinderter, die einerseits zu einem intensiveren Kontakt mit behinderten Menschen auffordern (»Zusammenkommen mit Behinderten, den Kontakt suchen, als Menschen akzeptieren«), andererseits beinhalten sie aber auch den Appell, sich über Formen möglicher Behinderungen und besonders auch über Menschen mit Behinderungen an sich und deren Lebensweise zu informieren.

   Gerade unter diesem zuletzt genannten Aspekt ist die Vielfalt der dargebotenen Vorschläge variant und konstruktiv: Es wird vorgeschlagen, Informationen einzuholen beispielsweise bei einem Besuch von Selbsthilfegruppen oder von Behindertenschulen sowie durch die Teilnahme an Veranstaltungen zum Thema »Behinderung«.

   Der Abbau von Vorurteilen (als Ursache von Spannungen zwischen behinderten und nichtbehinderten Menschen und der Diskriminierung behinderter Menschen) wird ebenso angesprochen wie Vorschläge, die an verstärkte Rücksichtnahme, Toleranz und Akzeptanz behinderten Menschen gegenüber appellieren.

2. In den Antworten, was *behinderte Menschen* zum Abbau von Spannungen und Diskriminierungen beitragen können, sind in der Liste der Häufigkeiten der Nennungen zwei Gruppen von Vorschlägen besonders auffallend: Es dominieren auch hier Vorschläge an die »eigene« Adresse der Menschen mit Behinderungen, welche die Bedeutung der Kontaktaufnahme

Darstellung und Diskussion der Ergebnisse

mit nichtbehinderten Menschen zum Inhalt haben und hervorheben, dass behinderte Menschen gerade dann sehr viel zum Abbau von Spannungen beitragen können, wenn sie die Öffentlichkeit und nichtbehinderte Menschen über ihre Situation informieren. Die Bedeutung der Kontaktaufnahme mit nichtbehinderten Menschen wird beispielsweise damit begründet, dass von der Kontaktaufnahme ein »Lawineneffekt« ausgehen kann: »Der Nichtbehinderte erzählt es dann weiter im Freundeskreis«. Es wird auch der Hinweis gegeben, dass die Kontaktaufnahme mit nichtbehinderten Menschen im Allgemeinen auch die Funktion haben kann, die behinderten Menschen auf Dauer davor schützen, dass sie den nichtbehinderten Menschen wie Menschen erscheinen müssen, die »aus einer fremden Welt kommen« (26). Kontakt überwindet demnach also Barrieren, schützt vor Isolation (»Nicht daheim hocken und über Behinderung nachdenken, rausgehen und präsent sein« (79)) und vermag dadurch auch ein realistisches Bild vom behinderten Menschen zu vermitteln (»Nichtbehinderte Menschen motivieren, sich zeigen und erklären; ... zeigen, was sie auch können« (54)) sowie zum selbstbestimmten Leben beizutragen (»Gezielt in die Öffentlichkeit gehen ... auf selbstbestimmtes Leben drängen«).

3. Die Aussagen innerhalb der Kategorien »Sich wehren« (»Protest einlegen und sich wehren gegen Diskriminierung«) können ebenfalls in Richtung eines selbstbewussten Anpackens gedeutet werden, wobei aber auch gleichzeitig von Seiten der befragten behinderten Menschen die Forderung erhoben wird, gleichermaßen mehr Verständnis, Toleranz und Reflexion für Verhaltensweisen nichtbehinderter Menschen zu entwickeln und zu zeigen. Auffallend ist auch, dass darauf hingewiesen wird, dass behinderte Menschen durch bestimmte Verhaltensweisen das Unverständnis nichtbehinderter Menschen hervorrufen.

4. Auffallend ist, dass in der eingangs gestellten Frage »Was kann man insgesamt tun, um Spannungen zwischen nichtbehinderten und Menschen mit sichtbaren Einschränkungen der Bewegung (Körperbehinderung) zu vermeiden?« der Aspekt der »Integration« in sehr differenzierter Weise als Möglichkeit der Reduktion von Spannungen angeführt wird, dies aber in expliziter Weise bei den nachfolgenden Fragen nicht geschieht.
Man kann vermuten, dass diese zuerst vorgelegte Frage von den befragten Personen in der Art und Weise aufgenommen und verstanden wird, dass das, was beide Seiten miteinander zur Lösung des Problems beitragen können, im Vordergrund steht und damit auch die Präferenz der Beantwortung beeinflusst wird. Unter diesem Aspekt wird deutlich, dass die befragten Personen bei der Suche nach einer Lösung des Problems der Verminderung von Spannung zwischen behinderten und nichtbehinderten

Menschen eindeutig dem Aspekt von Aktivitäten den Vorrang geben, die von beiden Seiten ausgehen müssen und letztlich auch integrativen Charakter haben.

3.1.12 Ergebnisse zu Frage 12: Wünsche für die weitere Zukunft

3.1.12.1 Darstellung der Spontanaussagen zu Frage 12

Frage 12 lautet:
»Was wünschen Sie sich jetzt für Ihr Leben und für Ihre weitere Zukunft?«
63 Personen haben diese Frage beantwortet. Die inhaltlichen Aspekte der Antworten lassen sich folgenden 8 Kategorien zuordnen (Mehrfachnennungen).

1. *Kategorie*: Arbeitsplatz, Schule, Berufsausbildung:	(52.4%)	33 Nennungen
2. *Kategorie*: Wohnung:	(17.5%)	11 Nennungen
3. *Kategorie*: Partnerschaft, Familie, Kinder, Freundschaft:	(38.1%)	24 Nennungen
4. *Kategorie*: Gesundheit, Behinderungszustand:	(30.2%)	19 Nennungen
5. *Kategorie*: Politische, materielle und gesellschaftliche Situation, Sorgen um Veränderung:	(19.0%)	12 Nennungen
6. *Kategorie*: Abbau von Vorurteilen, Respekt, Akzeptanz, Verbesserung der Interaktion behinderter und nicht behinderter Menschen:	(31.7%)	20 Nennungen
7. *Kategorie*: Behindertengerechtes Umfeld:	(9.6%)	6 Nennungen
8. *Kategorie*: Neutrale, allgemeine, nicht einzuordnende Aussagen:	(6.4%)	4 Nennungen

Darstellung und Diskussion der Ergebnisse   339

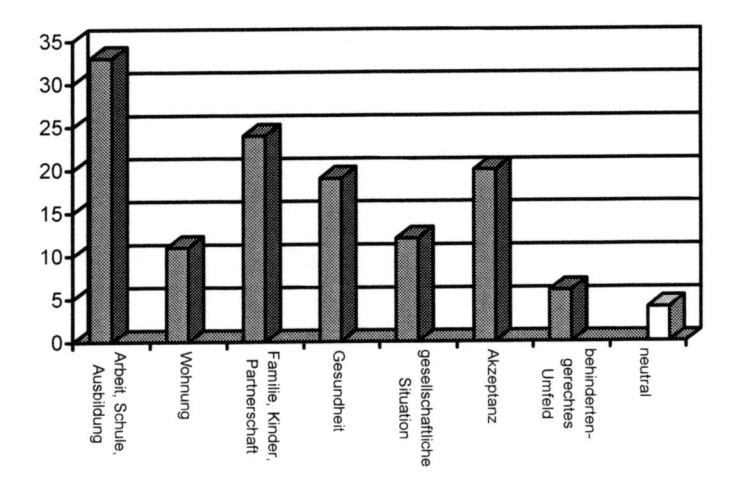

Abb. 43: Wünsche für die Gegenwart und für die Zukunft (Anzahl der Nennungen)

3.1.12.2 Zusammenfassung der wichtigsten Ergebnisse

Durch die Auswertung der Antworten auf die Frage nach den Wünschen der Befragten für die weitere Zukunft ergibt sich zusammengefasst folgendes Bild:

1. In den Wünschen für das Leben jetzt und die weitere Zukunft nehmen Hoffnungen auf einen gesicherten Arbeitsplatz (»Dass ich einen gesicherten Arbeitsplatz habe« (25)), eine gute Berufsausbildung und den erfolgreichen Abschluss der Schulausbildung mit einer Häufigkeit von 52.4% der Nennungen einen zahlenmäßig sehr hohen Anteil ein. Eine Person wünscht sich ausdrücklich einen Arbeitsplatz unter Nichtbehinderten: »Ich wünsche mir eine Arbeit unter Nichtbehinderten, nicht in einer Werkstatt. Ich möchte auch mit Nichtbehinderten zusammen sein, Kontakte besser knüpfen, mehr Freunde haben.« (47).

2. Weiter werden etwa von einem Drittel der befragten Personen Wünsche um eine Partnerschaft, Familie, Kinder, Freundschaft, Gesundheit und ihren Behinderungszustand aufgeführt, etwa 20% der Wünsche betreffen die politische, materielle oder gesellschaftliche Situation, wobei u. a. öfters die Sorge um eine Verschlechterung der Pflegesituation geäußert wird: »(Dass) sich die politische Situation wieder entspannt, dass es nicht noch enger wird, sich etwas bessert. (Dass) das soziale Netz nicht noch enger

wird.« (20); »Zur Pflegeversicherung: Ich bin in Stufe 2. Ich krieg' einen Teil, muss aber auch viel mehr als vorher zahlen. Das macht mir Angst für die Zukunft.« (30); »Dass sich die Situation nicht mehr verschlechtert. Dass den Behinderten die Möglichkeiten nicht noch mehr gekürzt werden.« (38).

3. Ein Drittel der Befragten wünscht sich für das jetzige Leben und für die weitere Zukunft einen Abbau von Vorurteilen, Respekt, Akzeptanz, Verbesserung der Interaktion behinderter und nicht behinderter Menschen. Somit wird deutlich, dass das Verhältnis behinderter und nicht behinderter Menschen für die von uns befragten Personen einen hohen Stellenwert besitzt, wobei folgende Aussagen zu diesem Problemfeld angeführt werden sollen: »Dass die behinderten Menschen (allgemein) von nichtbehinderten (allgemein) Menschen respektiert werden.« (02); »[...], dass es mehr Kontakt zwischen Nichtbehinderten und Behinderten gibt.« (04); »Dass die Leute sich über mich nicht lustig machen, mich ernst nehmen, rücksichtsvoll sind.« (10); »[...] Und beide Seiten sollten noch mehr aufeinander zugehen.« (14); »[...] Und dass die Norm soweit erweitert wird, daß auch behinderte Menschen als normal angesehen werden und als Mitstreiter in dem Gefüge.« (27); »[...] Mehr Aufklärungsarbeit. Dass es irgendwann mal ein Zusammenleben zwischen Nichtbehinderten und Behinderten gibt.« (36); »[...] Dass wir vom Staat und von Menschen nicht als minderwertig betrachtet werden.« (38); »[...] Mehr Behinderte sollten sich mehr trauen. Find ich ganz gut, dass Behinderte an Veranstaltungen teilnehmen oder an solchen Fragebogenaktionen.« (42); »[...] Ein glückliches Zusammenleben, keine Vorurteile und Diskriminierungen mehr, keine solchen Meldungen mehr, auch keine extra Urlaubsorte für Behinderte [...]« (54); »[...] Es soll mehr Umfragen dieser Art geben, wo ich mich als Behinderter artikulieren kann, wo meine Meinung gefragt ist.« (62); »[...] Dass es besser wird in der Gesellschaft. Dass es aufhört mit dem Anstarren.« (77).

4. Aus verschiedenen Äußerungen wird auch bei der Beantwortung dieser Frage deutlich, dass eine Verbesserung der Beziehungen von behinderten und nichtbehinderten Menschen gemeinsam getragen werden muss.

5. Im Gegensatz dazu wurden Wünsche betreffs einer Wohnung bzw. Wünsche hinsichtlich eines behindertengerechten Umfeldes verhältnismäßig selten geäußert, wobei in diesem Zusammenhang die Frage nicht beantwortet werden kann, ob Wünsche vor allem in Bezug auf ein behindertengerechtes Umfeld für die befragten Personen weniger bedeutsam sind oder aber mit Blick auf andere, subjektiv wichtiger erscheinende Themenbereiche hier etwas in den Hintergrund treten.

3.1.13 Ergebnisse zu Frage 13: Bewertung des Begriffes »Körperbehinderung«, Analyse und alternative Vorschläge

Frage 13 beinhaltet die Fragen 13a,13b und 13c.

3.1.13.1 Darstellung der Bewertung des Begriffes »Körperbehinderung« (Frage 13a)

Frage 13a lautet:
»Menschen wie Sie werden in unserer Gesellschaft als ›körperbehindert‹ bezeichnet. Wie stehen Sie dazu? Welche Meinung haben Sie dazu?«
60 Personen haben auf diese Frage geantwortet.

Eine Analyse der Antworten ergibt insgesamt gesehen drei inhaltliche (kategoriale) Aspekte, denen die Antworten zugeordnet werden können:
Mehr als die Hälfte der befragten Personen hat an der Bezeichnung »körperbehindert« nichts bzw. mit Einschränkungen nichts auszusetzen, etwa ein Viertel der Personen bewertet den Begriff »körperbehindert« negativ, und 8 Personen bewerten den Begriff zwar als positiv, möchten »Körperbehinderung« aber gezielt von geistiger Behinderung abgegrenzt wissen:

Kategorie 1: Positive Bewertung des Begriffs: (63.33%) 38 Nennungen
  Unterkategorie 1.1: Annahme des Begriffs ohne
    Vorbehalt, er ist zutreffend: (38.33%) 23 Nennungen
  Unterkategorie 1.2: Annahme des Begriffs, aber
    mit Einschränkungen, Bedingungen, Kritik: (25.0%) 15 Nennungen
Kategorie 2: Negative Bewertung des Begriffs: (23.33%) 14 Nennungen
  Unterkategorie 2.1: Ablehnung, er ist
    unzutreffend: (13.33%) 8 Nennungen
  Unterkategorie 2.2: Abfindung, man muss
    halt damit leben: (10.0%) 6 Nennungen
Kategorie 3: Neutrale, nicht einzuordnende
    Aussagen: (13.33%) 8 Nennungen
Kategorie 4: Aussagen, zwar positive Bewertung,
    aber gezielte Abgrenzung von geistiger
    Behinderung, gegen Generalisierung wehren: (13.33%) 8 Nennungen

Bezüglich der Meinungen der befragten Personen zu den Begriffen »Körperbehindert« bzw. »Körperbehinderung« lassen sich zusammenfassend folgende Ergebnisse festhalten:

1. Mit insgesamt 63.33% hält mehr als die Hälfte der befragten Personen die Bezeichnung »körperbehindert« für akzeptabel: »Das stimmt irgendwie schon, da steh ich schon dazu! [...] Ich bin nicht normal, habe Einschränkungen, da steh ich dazu.« (04); »Finde ich eigentlich ganz normal. Es ist keine Beleidigung, es stimmt ja auch irgendwie, ich bin ja körperbehindert. Es ist keine Beleidigung.« (22); »Stimmt schon, es ist was Wahres dran. Da bin ich einer Meinung. Wenn jemand sagt: ›Du bist körperbehindert,‹ würde ich sagen: ›Ja.‹« (61).
2. Allerdings ist auch immer wieder sinngemäß die Äußerung zu finden, dass der Begriff »körperbehindert« schon oder auch nur deshalb akzeptiert werden kann, weil er sich vom Begriff »geistig behindert« abgrenzt: »Ist richtig, ich steh auch dazu. Bloß sollte man als Nichtbehinderter ›körperbehindert‹ und ›geistig behindert‹ nicht vermischen. [...] ›Körperbehindert‹ ist gut, weil es besser ist, als: ›Guck den Blöden an.‹ oder so.« (47). »Man muss allem irgendwie eine Bezeichnung geben. ›Körperbehindert‹ ist irgendwo akzeptabel, nur ›Körperbehinderte(r)‹ ist schlecht, nicht das Hauptwort, nur als Adjektiv. Früher hat man ›Krüppel‹ gesagt, als Beschimpfung, heute sagt man ›behindert‹. Man kann Begriffe schaffen wie man will, es kommt auf die Anwendung an.« (26).
3. Mit diesen und anderen Äußerungen wird die Sorge in acht Nennungen deutlich, dass von Nichtbehinderten eine Gleichsetzung von »körperbehindert = geistig behindert« vorgenommen werden könnte: »Immer noch besser als ›Krüppel‹; ›Körperbehindert‹ heißt am Körper, nicht im Gehirn; ›Krüppel‹ heißt am Körper, Hirn, überall.« (34).
4. In weiteren 14 Nennungen wird dagegen eine negative Bewertung des Begriffes vorgenommen, da das Wort »behindert« einen zu sehr generalisierenden Charakter hat: »Das Wort ›behindert‹ ist eine Beleidigung, das gehört weg« (09) oder aber sprachlich zu ungenau differenziert ist: »Stimmt nicht, ich bin nicht körperbehindert, ich bin körperlich eingeschränkt« (28).

3.1.13.2 Darstellung konkreter Schwierigkeiten mit dem Begriff »Körperbehinderung« (Frage 13b)

Die *Frage 13b* ist als Ergänzung bzw. Vertiefung der Frage 13a konzipiert und soll dazu dienen, negative Aspekte des Begriffes »Körperbehinderung« noch einmal präziser zu erfassen.

Frage 13b lautet:
»Was stört Sie möglicherweise am Begriff ›Körperbehinderung‹?«

Beantwortet wird diese Frage von 50 Personen, 26 (52.0%) der befragten Personen geben explizit an, dass sie der Begriff »Körperbehinderung« nicht bzw. weniger stört (3 Nennungen; 6.0%).

17 Personen machen bei dieser Fragestellung deutlich, dass sie der Begriff »Körperbehinderung« stört, und zwar – wie es der folgenden Aufstellung zu entnehmen ist aus folgenden Gründen:

Kategorie 1: Negative Assoziationen: Mit dem Begriff werden falsche und negative Zuschreibungen verbunden. Er ist negativ belegt. Stigma:	(47.1%)	8 Nennungen
Kategorie 2: Er ist zu ungenau, nicht differenziert genug:	(23.5%)	4 Nennungen
Kategorie 3: Er spaltet auf bzw. ab. Trennt zwischen gesund und krank:	(17.6%)	3 Nennungen
Kategorie 4: Diskriminierung:	(5.9%)	1 Nennung
Kategorie 5: Ohne Angabe von Gründen:	(5.9%)	1 Nennung

Aus diesen Angaben zu den konkreten Schwierigkeiten mit dem Begriff »körperbehindert« bzw. »Körperbehinderung« lassen sich folgende wesentliche Ergebnisse ableiten:

1. In einer Häufigkeit von acht Nennungen wird geäußert, dass mit dem Begriff »Körperbehinderung« bei nichtbehinderten Menschen die Gefahr besteht, dass aufgrund der sprachlichen Unschärfe des Begriffes negativ besetzte sprachliche Assoziationen vorgenommen werden könnten: »Er wird oft falsch verstanden. Leute brauchen ihn oft, ohne ihn zu begreifen. Viele sehen einen Körperbehinderten und denken, da muss auch im Kopf was nicht stimmen. Dagegen habe ich was.« (35).

2. In vier Nennungen wird bemängelt, dass der Begriff »körperbehindert« zu ungenau ist und wenige bzw. keine Differenzierungsmöglichkeiten zulässt: »Umschreibt nicht das, was alles dran hängen kann. Schwächen müssen ja gar nicht Schwächen bedeuten, können auch Chancen sein. Wischiwaschi.« (06).

3. Ferner wird dabei auch darauf hingewiesen, dass mit der Verwendung dieses Begriffes möglicherweise Stigmatisierungsprozesse in Gang gesetzt werden könnten: »[...] Es ist wie ein Stempel, der einem aufgedrückt ist und der mich mein ganzes Leben lang begleitet.« (36).

4. Gleichzeitig könnten durch dessen Verwendung falsche Vorstellungen bei nichtbehinderten Menschen erweckt werden, so z. B. die Angleichung von ›körperbehindert‹ und ›totaler Leistungsunfähigkeit‹: »Wenn man im Rollstuhl sitzt, dass gedacht wird, man ist im Kopf auch nicht richtig.« (38);

»Ich sage nicht körperbehindert, sondern gehandicapt, denn das kann jeder sein und es ist nicht so hart wie körperbehindert. Körperbehindert, das ist ein dehnbarer Begriff. Es stört mich alles an diesem Begriff. Es ist schon wieder eine Unterscheidung zwischen gesund und krank [...].« (62); »Quasi, dass wir quasi wehrlos sind und gar nix machen können. Dass wir alle blöd sind auf deutsch ... und dass wir halt nix können.« (63).
5. Als Zeichen der Diskriminierung wird der Ausdruck von einer Person empfunden: »Das Wort stört mich halt, weil mein Körper angesprochen wird. Das ist eine Diskriminierung, dass der Körper »behindert« ist. Er ist eingeschränkt.« (28).

3.1.13.3 Darstellung möglicher Alternativen zu den Begriffen »körperbehindert« bzw. »Körperbehinderung« (Frage 13c)

Frage 13c des Fragebogens lautet:
»Schlagen Sie bitte von Ihnen bevorzugte Alternativen für diesen Begriff vor!«

In *Frage 13c* sollen die befragten Personen angeben, welche sprachliche Kennzeichnung sie alternativ zu »körperbehindert« bzw. »Körperbehinderung« vorschlagen würden. Dazu äußern sich 56 Personen.

Achtzehn mal (18 Nennungen) wird deutlich gemacht, dass von den Versuchspersonen keine begrifflichen Alternativen vorgeschlagen werden können.

Es kristallisieren sich zwei größere Untergruppen von alternativen Vorschlägen heraus:

Kategorie 1: »Ich weiß nicht, ich habe bzw. brauche
    keine Alternative«: (32.14%) 18 Nennungen
  Kategorie 2: Alternativen: (57.14%) 32 Nennungen
  Unterkategorie 2.1: Einschränkung: 16 Nennungen
  Unterkategorie 2.1.1: körperlich eingeschränkt: 11 Nennungen
  Unterkategorie 2.1.2: Bewegungseinschränkung: 3 Nennungen
  Unterkategorie 2.1.3: gewisse Einschränkungen: 1 Nennung
  Unterkategorie 2.1.4: Einschränkungen: 1 Nennung
  Unterkategorie 2.2: *Mensch* mit ... (19.64%) 11 Nennungen
  Unterkategorie 2.2.1: Handicap: 7 Nennungen
  Unterkategorie 2.2.2 Körperliche Probleme: 2 Nennungen
  Unterkategorie 2.2.3 Körperliche Fehlstellung: 1 Nennung
  Unterkategorie 2.2.4 Gehbehindert: 1 Nennung

Kategorie 3: Neutrale, nicht einzuordnende
Aussagen: (8.9%) 5 Nennungen

Die Darstellungen und Schilderungen bezüglich möglicher Alternativen zum Begriff »körperbehindert« bzw. »Körperbehinderung« machen folgendes deutlich:

1. Der Großteil der Befragten zeigt sich nicht unbedingt mit den Begriffen »körperbehindert« und »Körperbehinderung« einverstanden, weshalb von ihnen auch innerhalb dieser Fragestellung zahlreiche Vorschläge und Alternativen vorgebracht werden, denen allesamt kein oder ein nur geringer negativer oder stigmatisierender Beigeschmack anhaftet.
2. In 11 Nennungen wird der Begriff »körperliche Einschränkung« vorgeschlagen, wobei einige das Wort »körperlich eingeschränkt« gerne durch das Präfix »Mensch mit ...« verbessert bzw. erweitert sehen wollen: »Die Fragen vorher waren mit ›körperlicher Einschränkung‹ – vielleicht ist das besser: ›Menschen mit körperlicher Einschränkung‹. Solange sie nicht Krüppel sagen, geht das ja.« (21); »Körperliche Einschränkung. Als ich die Zeitungsmeldung (vor kurzem ertrank ein Rollstuhlfahrer in der Isar): ›Behinderter konnte nichts unternehmen!‹ las. Da krieg' ich Hautausschlag.« (30).
3. In drei Nennungen wird auf die Möglichkeit hingewiesen, statt »körperbehindert« den Begriff »Bewegungseinschränkung« zu verwenden oder nur von »gewissen Einschränkungen« zu sprechen: »Man kann auch Bewegungseinschränkung sagen, aber das ist im Grunde dasselbe.« (45); »Bewegungseinschränkung ist weniger negativ als körperbehindert.« (82); »Menschen mit gewissen Einschränkungen. Es wird wahrscheinlich das Gleiche bedeuten, aber klingt besser.« (09).

Erwähnenswert ist, dass in einer Häufigkeit von 11 Nennungen der Zusatz »Menschen mit ...« als mögliche Alternative vorgeschlagen wird: Menschen mit körperlichen Problemen, Menschen mit körperlichen Fehlstellungen, Menschen mit Gehbehinderungen.

Eine Person hat ihre Meinung wie folgt begründet: »Wenn Du sagst ›Mensch‹, dann fühlst Du dich auch als Mensch, wenigstens als Lebewesen akzeptiert.« (63).

In einer Häufigkeit von sieben Nennungen wurde als mögliche Alternative zu »körperbehindert« Wort ›Handicap‹ vorgeschlagen: »Dass Menschen ›gehandicapt‹ sind. Nicht immer die ›Körperbehinderung‹ ansprechen.« (02).

4. Immerhin belegt die Häufigkeit von acht Nennungen, dass Personen über keine sonstigen begrifflichen Alternativen verfügen und/oder möglicher-

weise aufgrund eines ausgeprägten Selbstbewusstseins auf derartige Gegenvorschläge verzichten können.

3.1.13.4 Zusammenfassung der wichtigsten Ergebnisse (Frage 13a-c)

Zusammenfassend soll für die Fragen nach der Akzeptanz bzw. Bewertung des Begriffes »körperbehindert« bzw. »Körperbehinderung« festhalten werden:

Mehr als die Hälfte der befragten Personen bezeichnet den Ausdruck »körperbehindert« bzw. »Körperbehinderung« als akzeptabel.

Die Akzeptanz dieser Begriffe wird einmal damit begründet, dass man »halt körperbehindert ist«: »Das stimmt irgendwie schon, da steh ich schon dazu. Ich bin nicht normal, habe Einschränkungen, da steh ich dazu!« (04), zum anderen liegen aber auch keine brauchbaren sprachlichen Alternativen vor, weshalb der Begriff somit mehr oder minder akzeptiert werden muss: »Mich stört der Begriff nicht. Ist halt ein Name für eine gewisse Gruppe von Menschen. Finde es nicht abwertend« (11); »Des ist für mich ein Begriff von klein auf und des bin ich auch!« (29).

Eine Person befürwortet den Begriff »körperbehindert« mit dem Argument, dass mit dem Präfix »körper-« eine deutliche Abgrenzung zu »geistig behindert« vorgenommen wird:

»›Körperbehindert‹? Das stimmt: Hauptsache, ich werde nicht als ›geistig behindert‹ eingestuft!« (46); »Solange sie nicht ›geistig behindert‹ sagen, geht das ja!« (21).

Eine Kritik an den begrifflichen Formulierungen »körperbehindert« bzw. »Köperbehinderung« wird u. a. damit begründet, dass mit dem Zusatz »-behindert« Begriffe der Krankheit, der Trennung zwischen krank und gesund oder aber andere negative bzw. falsche Zuschreibungen assoziiert werden, so z. B. die Gleichsetzung von »körperbehindert = geistigbehindert«, was in den Augen vieler körperbehinderter Menschen als Stigma empfunden wird: »Wenn man im Rollstuhl sitzt, dass gedacht wird, man ist im Kopf auch nicht richtig« (38); »Es ist wie ein Stempel, der einem aufgedrückt ist und der mich ein ganzes Leben lang begleitet« (36); »Das Wort stört mich halt, weil mein Körper angesprochen wird. Das ist eine Diskriminierung, dass der Körper behindert ist. Er ist eingeschränkt.« (28).

Bei den Alternativvorschlägen ist die Bandbreite durch einzelne Nennungen zwar weit gefasst, wobei sich Gegenvorschläge herauskristallisieren, die die Begrifflichkeiten »körperbehindert« bzw. »Körperbehinderung« durch den Begriff der »Einschränkung« verbessert wissen möchten, jedoch sehr oft in der Verbindung mit dem Zusatz »Menschen mit …«: »»Menschen mit gewissen Einschränkungen‹. Es wird wahrscheinlich das Gleiche bedeuten, aber klingt besser« (09); »›Mensch‹ ist schon wichtig!« (34); »[...] Menschen mit subjektiven Bewegungseinschränkungen« (49), denn: »Wenn du sagst: ›Mensch‹, dann fühlst du dich auch als Mensch, wenigstens als Lebewesen akzeptiert!« (63).

3.2 Zusammenfassung der Ergebnisse

Die vorliegende Studie verfolgt das Ziel, von körperbehinderten Menschen folgendes zu erfahren:
- Was können körperbehinderte Menschen über Diskriminierungen berichten?
- Welche Wirkungen hinterlassen Diskriminierungen?
- Wie gehen körperbehinderte Menschen mit Diskriminierungen um?
- Wie sehen und bewerten körperbehinderte Menschen die Meinungen nichtbehinderter Menschen über behinderte Menschen (Fremdurteil)?
- Welche Möglichkeiten sehen körperbehinderte Menschen, bestehende Interaktionsprobleme zwischen behinderten und nichtbehinderten Menschen abzubauen?

Diskriminierungen tragen das Merkmal von Stress und halten den betroffenen Menschen an, Situationen zu bewältigen. Die vorliegende Studie ist der Bewältigungsforschung zuzuordnen, weil sie danach fragt, wie körperbehinderte Menschen gesellschaftliche Diskriminierungen bewerten und damit umzugehen versuchen. Diese Fragestellung wurde meiner Meinung nach in der wissenschaftlichen Forschung noch nicht systematisch untersucht.

1. Beginnen möchte ich die Zusammenfassung der Ergebnisse mit einer kurzen Darstellung der Antworten zu den Sorgen und Wünschen, die von den befragten körperbehinderten Menschen im Rahmen der Untersuchung gegeben wurden. Ich stelle diese Ergebnisse den weiteren Ergebniszusammenfassungen voran, weil beide Fragen Auskunft darüber geben können, welchen Stellenwert das gewählte Thema des Forschungsvorhabens für die befragten körperbehinderten Menschen besitzt.

Auch wenn behinderte Menschen belastende Erlebnisse mit nichtbehinderten Menschen nicht alltäglich, sondern nur punktuell erleben, ist folgendes festzustellen: Schon allein das Wissen um die Tatsache der Zugehörigkeit zu einer Gruppe von Menschen (die auch heute noch im Alltag aufgrund ihrer Behinderung mehr oder minder subtil diskriminiert werden) ist im Bewusstsein behinderter Menschen emotional und kognitiv verankert und führt zu einer Belastung. Zur Erinnerung seien aus der detaillierten Ergebnisdarstellung zur Frage 9 folgende Einzelergebnisse aufgeführt, aus denen sehr deutlich hervorgeht, dass mit dem Wissen darüber, dass behinderte Menschen diskriminiert werden oder durch Tendenzen in der Gesellschaft diskriminiert werden können, Ängste um die Zukunft, Sorgen um die materielle und ideelle Unterstützung durch die Gesellschaft und die Sorge um die drohende Isolierung behinderter Menschen gekoppelt sind.

2. Diskriminierende Erlebnisse ereignen sich vorwiegend im Bereich der Öffentlichkeit und zwar vorwiegend in der Auseinandersetzung mit weitgehend unbekannten Mitmenschen, wohingegen mit zunehmendem Grad der Belastung auch vermehrt diskriminierende Erlebnisse geschildert werden, die den Kategorien »Gastronomie«, »Partnerschaft« und »Schule bzw. Arbeit« zuzuordnen sind oder unter Beteiligung von Mitarbeitern pädagogischer und medizinischer Einrichtungen stattfinden.

3. Im *Umgang* mit den dargestellten Erlebnissen zeigt sich, dass neben aktiven Formen des Handelns (»Wir haben auch mit den Leuten vom Nachbartisch geredet.«) und des Sich-Wehrens (»Dann bin ich mit dem Rolli auf ihn zu und bin ihm in die Wade gefahren.«) vornehmlich auch solche Verhaltens- und Verarbeitungsweisen angewandt werden, die in erster Linie in internen kognitiven Prozessen der jeweiligen betroffenen diskriminierten und gedemütigten Person selbst und nicht in der direkten Auseinandersetzung mit den übrigen Beteiligten ablaufen, wie es auf das Hinterfragen der Situation (»Wie kann jemand so was sagen, der mit Behinderten zu tun hat?«) oder Überlegungen zum Selbstwertschutz (»Ich dachte: Ich bin auch ein normaler Mensch.«) zutrifft.
Dies macht deutlich, dass die Personen bei der Bewältigung diskriminierender Erlebnisse sehr unterschiedliche Bewältigungsmechanismen anwenden.

4. Die Wahrnehmung, Bewertung und der Umgang mit diskriminierenden Erlebnissen wird beeinflusst durch situative Faktoren und Persönlichkeitsdimensionen wie Selbstwertgefühl, Kontrollüberzeugungen und Selbstwirksamkeit.
Nach dem Erleben diskriminierender Situationen wandten sich viele der befragten körperbehinderten Menschen vorrangig an Mitglieder der Familie, um sich auszusprechen und Rat und Unterstützung zu holen. *Damit wird die Bedeutung der Familie innerhalb des Bewältigungsprozesses diskriminierender Erlebnisse sichtbar.*

5. Hinsichtlich einer Beurteilung des Verhältnisses zwischen behinderten und nichtbehinderten Menschen aus der Sicht körperbehinderter Menschen, die von den befragten Personen anhand einer antizipierten Refle-

xionen über das Denken nichtbehinderter Menschen stattfindet, kann festgehalten werden:
Nach Meinung der befragten behinderten Personen assoziieren Nichtbehinderte in einem nur geringen Maß spontan »gute« Gedanken mit behinderten Menschen.
Das Bild des behinderten Menschen (vgl. Fragen 6a-6c; vgl. auch die Ergebnisse zu Frage 5) gestaltet sich in der Meinung Nichtbehinderter als Eindruck von einem Menschen, dem man Mitleid entgegenbringen muss. Weiter wird mit dem Bild behinderter Menschen die Vorstellung verbunden, Behinderte seien Menschen, denen man wenig oder nichts zutraut, die wenig Fähigkeiten besitzen (Häufigkeiten der Nennungen in beiden Fragen: 11.1%-24.6%), die neben ihrer körperlichen Behinderung auch das Etikett des geistig behinderten Menschen tragen (Häufigkeit der Nennungen in beiden Fragen: 27.0%-32.7%), die lästig sind, stören und mit denen man wenig bzw. nichts zu tun haben möchte (Häufigkeit der Nennungen in beiden Fragen: 17.5%-22.9%).

6. Bezüglich des Verhältnisses behinderter und nichtbehinderter Menschen aus der Sicht körperbehinderter Menschen und der damit verbundenen Reflexion über mögliche Ursachen für Interaktions- und Kommunikationsprobleme zwischen behinderten und nichtbehinderten Menschen aus der Perspektive der befragten körperbehinderten Menschen (vgl. vorrangig Frage 8) lassen sich folgende Ergebnisse als bedeutsam festhalten:
Die zahlenmäßig höchste Ausprägung beinhaltet mit 40 Antworten die Kategorie »Unzureichendes Wissen und Uninformiertheit« über behinderte Menschen und deren Behinderungen als Ursache für Spannungen zwischen nichtbehinderten und behinderten Menschen: »Nichtbehinderte wissen zu wenig über Behinderte« (Aussage aus einem Interview).
Auch die Themenfelder »Erziehung und Eltern«, »gesellschaftliche Aspekte« sowie »Ängste und Unsicherheit« liegen mit jeweils 31 zugeteilten Aussagen an der Spitze der geschilderten Vermutungen.
»Erziehung und Eltern« sind in den Augen der Befragten deshalb für auftretende Differenzen verantwortlich, da zum einen der Kontakt zwischen behinderten und nichtbehinderten Kindern erschwert oder gar verhindert wird. Zum anderen werden offensichtlich Meinungen und Einstellungen vermittelt, die in mehr oder minder subtiler Ausprägung zur Einstellungsbildung von nichtbehinderten Kindern beitragen.
Weiter wird auch die Gesellschaft unter verschiedenen Blickwinkeln zur Erklärung von Spannungen hinzugezogen: Überbetonte Ansichten und Meinungen in der Gesellschaft führen dazu, dass der behinderte Mensch nicht dem Leistungsdenken entspricht, somit als Mensch zweiter Klasse

betrachtet und behandelt und an der gesellschaftlichen Teilhabe behindert wird (z. B. durch die Existenz von Sonderschulen).
Ferner existieren nach Meinung der befragten Menschen »Ängste und Unsicherheit« bei den Nichtbehinderten dahingehend, dass diese fürchten, beim Anblick und in der Begegnung mit behinderten Menschen ihre körperliche Unversehrtheit zu verlieren.
Die Frage nach den Gründen für Spannungen schließt aber auch spezielle Verhaltensweisen behinderter Menschen selbst ein.
In den Antworten zum Problem, welchen Beitrag *nichtbehinderte* Menschen zum Abbau von Spannungen und Diskriminierungen leisten können, dominieren Vorschläge an die Adresse Nichtbehinderter, die einerseits zu einem intensiveren Kontakt mit behinderten Menschen auffordern, andererseits beinhalten sie aber auch den Appell, sich über Formen möglicher Behinderungen und besonders auch über Menschen mit Behinderungen an sich und deren Lebensweise zu informieren.
In den Antworten, was *behinderte* Menschen zum Abbau von Spannungen und Diskriminierungen beitragen können, wird deutlich:
Es dominieren auch hier Vorschläge an die »eigene« Adresse der Menschen mit Behinderungen, welche die Bedeutung der Kontaktaufnahme mit nichtbehinderten Menschen zum Inhalt haben und hervorheben, dass behinderte Menschen gerade dann sehr viel zum Gelingen von Interaktionen beitragen können, wenn sie die Öffentlichkeit und nichtbehinderte Menschen über ihre Situation informieren. Die Bedeutung der Kontaktaufnahme mit nichtbehinderten Menschen wird beispielsweise damit begründet, dass von der Kontaktaufnahme ein »Lawineneffekt« ausgehen kann.
Die Aussagen innerhalb der Kategorien »Sich wehren« (»Protest einlegen und sich wehren gegen Diskriminierung«) können ebenfalls in Richtung eines selbstbewussten Anpackens gedeutet werden, wobei aber auch gleichzeitig von Seiten der befragten behinderten Menschen die Forderung erhoben wird, gleichermaßen mehr Verständnis, Toleranz und Reflexion für Verhaltensweisen nichtbehinderter Menschen zu entwickeln und zu zeigen.
Auffallend ist auch, dass darauf hingewiesen wird, dass behinderte Menschen durch bestimmte Verhaltensweisen das Unverständnis nichtbehinderter Menschen hervorrufen.
Bezüglich der Meinungen der befragten Personen zu den *Begriffen* »körperbehindert« bzw. »Körperbehinderung« lassen sich zusammenfassend folgende Ergebnisse festhalten:

Mit insgesamt 63.33% hält mehr als die Hälfte der befragten Personen die Bezeichnung »körperbehindert« für akzeptabel: »Das stimmt irgendwie schon, da steh ich schon dazu!«; »Ich bin nicht normal, habe Einschränkungen, da steh ich dazu.«.
Allerdings ist auch immer wieder sinngemäß die Äußerung zu finden, dass der Begriff »körperbehindert« schon oder auch nur deshalb akzeptiert werden kann, weil er sich vom Begriff »geistig behindert« abgrenzt: »Ist richtig, ich steh auch dazu. Bloß sollte man als Nichtbehinderter ›körperbehindert‹ und ›geistig behindert‹ nicht vermischen. [...]

3.3 Diskussion der Ergebnisse

3.3.1 Diskriminierung und Bewältigungsforschung

Soziale Unterstützung und Bewältigung

Beutel (1988) weist darauf hin, dass Prozesse der sozialen Unterstützung als transaktionales Geschehen aufzufassen sind. Soziale Unterstützungsleistungen können sich nach Beutel (1988) nach dem Erleben diskriminierender Ereignisse unter Hinzuziehung der relevanten Quellen positiv auswirken auf die Dimensionen wie: Stärkung von Hoffnung und Zuversicht, Erholung von Belastungen, kognitive Verarbeitung des Ereignisses, Wiedergewinnung des seelischen Gleichgewichtes, Aufrechterhaltung des Selbstwertgefühles (trotz der Beeinträchtigung ein anerkannter und wertgeschätzter Mensch zu sein).

Die Ergebnisse der vorliegenden Untersuchung machen deutlich: Nach dem Erleben diskriminierender Ereignisse haben sich körperbehinderte Menschen an Menschen des sozialen Umfeldes gewendet, wobei besonders die Eltern als Ansprechpartner eine herausragende Stellung für die Sorgen ihrer behinderten Kindern zu besitzen scheinen. Ich halte dies für ein wichtiges Ergebnis, das als Grundlage dafür dienen sollte, die Bedeutung der Eltern im Zusammenhang mit erlebten Diskriminierungen ihrer behinderten Kinder systematischer zu erhellen und aus den Ergebnissen Hilfen für den Umgang und die Bewältigung diskriminierender Erlebnisse abzuleiten. Fries & Grieb (2001) haben sich dieser Problemstellung im Rahmen einer empirischen Studie gewidmet.

Inwieweit die soziale Unterstützung die personale Ausgangslage der betreffenden Person auch tatsächlich beeinflusst hat oder nur Empfehlungscharakter hatte, lässt sich aufgrund von Aussagen nur bruchstückhaft feststellen. Allerdings gehen einige der von außen an die hilfesuchende Person abgegebenen Ratschläge in diese Richtung: »Friss nicht alles in dich rein. Du kannst das

Problem lösen.«; »Du musst dich wehren, du bist ein erwachsener Mensch – du kannst nicht immer nur still halten.«

Es bleibt natürlich die Frage, inwieweit nun »Erleichterung« mit »Bewältigung« gleichzusetzen ist. Auf dieses Problem wurde bei den theoretischen Ausführungen bereits eingegangen. Klarere Ergebnisse können aus der Auswertung des Datenmaterials zu diesem Problem noch nicht abgeleitet werden. Es wäre aufgrund der hohen Bedeutsamkeit des sozialen Umfeldes im Zusammenhang mit der Bewältigung von Diskriminierungen und Behindertenfeindlichkeit auch hier zu empfehlen, diesen Fragenkomplex im Rahmen detaillierter Untersuchungen weiter zu erhellen.

Ferner ist auch festzuhalten, dass Aussagen der befragten Personen erkennen lassen, dass der Großteil der befragten Menschen keine »*Unterstützung um jeden Preis*« will, dass sie sich ihre Vertrauens- oder Hilfspersonen auswählen und ansonsten versuchen, selber mit der Situation klarzukommen: »Ich hab's mit Absicht mit mir selbst ausgemacht. Sogar meine besten Freunde können sich doch nicht 100%ig in mich reinversetzen«.

Ressourcen und Bewältigung

In der vorliegenden Arbeit sollen Variablen wie Alter, Geschlecht und vor allem Persönlichkeitsdimensionen wie Selbstwertgefühl, Kontrollüberzeugungen, Selbstwirksamkeit, Lebenszufriedenheit, soziale Unterstützung und variierende situative Einflüsse als mögliche Puffervariablen und Moderatorenvariablen in ihrer Bedeutung für den Bewältigungsprozess untersucht werden.

Die Bedeutung, die Ressourcen unterschiedlicher Art im Zusammenhang mit der Bewältigung diskriminierenden Situationen haben können, wird durch die Ergebnisse der Studie bestätigt. Diskriminierungen sind Belastungen, Ressourcen beeinflussen das Bewältigungsverhalten.

Die Bedeutung von Persönlichkeitsvariablen als Moderatoren im Bewältigungsprozess wird von Bossong (1999) dahingehend beschrieben, »daß sie nur mittelbar in das Geschehen eingreifen, indem sie das Auftreten spezifischer Bewertungen, Emotionen und Bewältigungsformen entweder begünstigen oder erschweren« (1999, 9).

Es wurde bereits früher erwähnt, dass beispielsweise im Rahmen des Transaktionalen Modells von Lazarus & Mitarbeitern Menschen in Abhängigkeit unterschiedlicher persönlichkeits-spezifischer Strukturen sowohl Situationen anders bewerten (Persönlichkeitsfaktoren und primäre Bewertung) als auch zu einer anderen Problemlösestrategie kommen (Persönlichkeitsfaktoren, sekundäre Bewertung und Problemlösestrategien).

Bei der Beurteilung und Bewertung vorgegebener diskriminierender Zeitungsmeldungen, in denen Ereignisse geschildert werden, die sich auf einer

Ebene abspielen, die außerhalb des Einflussbereiches der befragten Personen liegt, zeigt sich vor allem, dass Menschen mit einem höheren Ausmaß an Kontrollüberzeugung, Problemlösefähigkeit und Selbstwertgefühl die Coping-Form des sozialen Rückzuges signifikant weniger präferieren als Personen, bei denen diese Persönlichkeitsdimensionen weniger stark ausgeprägt sind.

Nimmt man hypothetisch und unter den gebotenen Vorbehalten – neben vielen anderen denkbar möglichen Faktoren – auch die Anzahl geschilderter Ereignisse als möglichen Indikator einer verstärkten Wahrnehmung und Interpretation von (diskriminierenden) Verhaltensweisen nichtbehinderter Menschen an, so deuten die berichteten Ergebnisse darauf hin, dass die Anzahl geschilderter diskriminierender Erlebnisse auch in Abhängigkeit der Komponenten Alter, Geschlecht und weiterer bestimmter Persönlichkeitsvariablen zu sehen und zu interpretieren sind.

Hauptsächlich *Persönlichkeitsvariable* scheinen also in der Wahrnehmung diskriminierender Erlebnisse als eine Art »*Puffer*« oder Filter dahingehend zu wirken, belastende Reaktionen weniger intensiv wahrzunehmen, ihnen eine geringere subjektive Bedeutsamkeit beizumessen oder sie somit als weniger »bedrohend« zu bewerten und zu interpretieren.

Dieses Ergebnis möchte ich als Basis nehmen für die Ableitung von Konsequenzen für die unterrichtliche und pädagogische Arbeit mit körperbehinderten Menschen.

Situationsspezifität und Bewältigung

Nach Beutel (1988) sind es auch bestimmte situative Einflüsse, die im Verlauf von Bewältigungsprozessen in unterschiedlicher Weise wirksam werden können.

Diese Annahme von Beutel (1988) wird auch von den Ergebnissen der vorliegenden Untersuchung in folgender Weise gestützt:

Das Transaktionale Modell von Lazarus und Mitarbeitern basiert u. a. auf der Annahme eines wechselseitigen Zusammenspieles von Person und Umwelt als einem prozesshaften Geschehen, mit ständiger Veränderung über die Zeit und über verschiedenen Situationen hinweg.

Lazarus & Folkman (1984) folgern daraus, dass die Situation, in der Bewältigungsverhalten stattfindet, detailliert beschrieben werden muss. Bewältigung kann nur dann als ein Prozess betrachtet werden, wenn das Verhalten in einem Moment mit dem Handeln im nächsten verglichen werden kann. Für jeden einzelnen Moment müssen Kontextbedingungen bestimmt werden.

Die Ergebnisse meiner Untersuchung haben die Annahme von Lazarus und Mitarbeitern vor allem im Blick auf die Bedeutung der Spezifität der Situation bestätigt, und zwar aus folgendem Grund:

In Frage 1 werden den befragten Personen Zeitungsmeldungen vorgelegt sowie ihre Meinungen dazu in Form spontaner Äußerungen und des Ausfüllens einer vorgegebenen Itemliste erfragt.

Es soll festgehalten werden, dass die vorgegeben Zeitungsmeldungen der Presse entnommen wurden, von den Versuchspersonen mit hoher Wahrscheinlichkeit eher nicht schon erlebt worden sind und somit wenig kontrollierbar bzw. beeinflussbar sind. Eine Auswertung der Items mit Bezug auf die faktorenanalytische Verrechnung ergibt (in der Reihenfolge der Faktoren 1-6) die Faktoren Emotionale Betroffenheit, Affektive Reaktionen, Verdrängung, Abwehr, Sozialer Rückzug, Suche nach sozialem Kontakt, Blockierung von Gefühlen.

Dominierend – auch bei der Bewertung der Einzel-Items – sind Items, die auf emotionale Betroffenheit und dem Wunsch nach sozialem Kontakt hindeuten.

In Frage 2 und Frage 3 berichten die Personen auch von sehr vielen belastenden Erlebnissen, die sie persönlich erlebt haben, die ihnen somit bekannt sind und mit denen sie im Alltag Erfahrungen sammeln konnten, die auch – da sie wiederholbar sind – wahrscheinlich eher in Griff zu bekommen sind.

Der zu Frage 1 fast identische Fragebogen bei Frage 3b ergibt bei der faktorenanalytischen Verrechnung der Daten jedoch eine andere Faktorenstruktur als die Itemliste von Frage 1b: Der Faktor »Problemlösung, Informationsbedürfnis« führt als 1. Faktor die 5-Faktorenlösung an. Nach dem Bericht zu eigenen diskriminierenden Erlebnissen erfahren, insgesamt gesehen, die Items, die dem Faktor 3 (»Anpacken, Selbstwertschutz«) und dem Faktor 1 (»Problemlösung, Informationsbedürfnis«) im Mittel zugeordnet sind, statistisch gesehen die höchste Zustimmung. Die Items, die dem Faktor 2 (»Verdrängung, Abwehr«) im Mittel zugeordnet sind, erhalten die geringste Zustimmung.

Daraus wird ersichtlich, dass Reaktionen auf diskriminierende Ereignisse einmal von *spezifischen Situationen* der Ereignisse abhängen, zum anderen aber auch von den betroffenen Personen – wiederum situationsspezifisch – abhängig vom *Grad der Beeinflussbarkeit* beantwortet werden.

Die Daten stehen auch in Übereinstimmung mit einer Untersuchung von Reicherts & Perrez (1992, zit. In Wendt 1995, 67), in der an 100 befragten Personen die Verknüpfung von Situation und Verhalten im Umgang mit einer belastenden Situation untersucht worden ist. Die Autoren konnten feststellen: Je weniger die Belastungssituation kontrolliert werden kann, desto weniger versucht die Person die Situation aktiv zu beeinflussen, umso mehr verhält sie sich passiv.

Die vorliegenden Ergebnisse zum Problem der Situationsspezifität einer antizipierten Belastungssituation bestätigen auch die Ergebnisse der Studie von Forsythe & Compas (1987), allerdings in meiner Untersuchung im Kontext diskriminierender, belastender Situationen:

Forsythe & Compas (1987) konnten zeigen, dass psychische Symptome abhängig von der Passung zwischen Bewertung (hier: Kontrollierbarkeit der Situation) und Bewältigung (problem- versus emotionsorientiert im Sinne von Lazarus et al.) variieren: In kontrollierbar eingeschätzten Situationen hängt problemorientierte Bewältigung mit einem besseren psychischen Wohlbefinden zusammen, in unkontrollierbaren Situationen wird ein Zusammenhang mit emotionsorientierter Bewältigung festgestellt.

Variabilität der Reaktionen auf diskriminierende Ereignisse

Zum Problem der Variabilität der Reaktionen auf diskriminierende Ereignisse bestätigen die Ergebnisse meiner Untersuchung vorliegende Erkenntnisse aus der Bewältigungsforschung.

Wie es die zahlreichen Auszüge aus den Veröffentlichungen der ausgewählten Autoren und Autorinnen der autobiografischen Berichte zeigen, lassen sich weder gänzlich generalisierbare noch vergleichbare Ergebnisse zum Problem der Konstanz bzw. Variabilität von Reaktionen auf diskriminierende Ereignisse ableiten. Es wird vielmehr deutlich, dass die einzelnen Schilderungen starken persönlichkeitsbezogenen und situationsabhängigen Charakter aufweisen.

Dennoch kann die Bewältigung von Situationen nicht als eine jedem Autor eigene Technik angesehen werden, die, einmal erworben, immer wieder verwendet werden kann. Deshalb ist es nicht möglich, Verhaltensstrategien vorherzusagen oder als jeweils typisch für den einen oder anderen Autoren zu benennen. Coping-Verfahren sind, wie die Beziehung zwischen Person und Umwelt, nicht als stabil zu betrachten, sondern sie unterliegen vielmehr dynamischen und prozessualen Vorgängen.

Broda (1993, 70) macht darauf aufmerksam, dass mit dem Forschungsansatz von Lazarus und Mitarbeitern in der Bewältigungsforschung eine »radikal andere Betrachtungsweise« durch folgende neue Sichtweisen zustande kam:
a) Es werden weiche, also subjektive Daten in die Betrachtung mit einbezogen.
b) Es rückt die Erkenntnis in den Vordergrund, dass »objektiv identische Stimuli unter gleichen Außenbedingungen (Konstanthaltung von Moderatorvariablen) deswegen unterschiedliche Reaktionen hervorriefen, weil

subjektive Bewertungsvorgänge die emotionale Bedeutung eines jeweiligen Ereignisses unterschiedlich akzentuierten« (Broda 1993, 70).
In meiner Untersuchung wird das Problem der Variabilität der Reaktion in Bezug auf die Bewertung von Situationen, die sich sehr ähnlich sind, deutlich:
Situationen wie »Angestarrt zu werden« oder »Geld geschenkt bekommen« werden von den befragten Personen unterschiedlich wahrgenommen und erlebt und somit auch verschiedenen Belastungsstufen zugeordnet. Die subjektive Wahrnehmung von offensichtlich nach außen hin gleich erscheinender Situationen unterliegt somit sehr stark einer Variation der subjektiven Wahrnehmung, Bewertung und Deutung hinsichtlich der Einschätzung als belastende und bedrohliche Situation.
Als Bestätigung für diese Feststellung möchte ich noch einmal dafür die Situation des »Angestarrtwerdens« in der Bewertung befragter körperbehinderter Menschen anführen:

a) »Angestarrtwerden« wird als überhaupt nicht belastend eingestuft:
»Ich fahre immer alleine in den Urlaub; die ersten Tage gaffen die Leute ein bißchen; aber wenn sie merken, wie ich drauf bin, kriegen die eine ganz andere Einstellung zu Behinderten. Da denke ich mir, vielleicht ist es mein Job, den Leuten zu zeigen, wie wir drauf sind; durch den Kontakt können die ihre Vorurteile abbauen.«

b) »Angestarrtwerden« wird als wenig belastend eingestuft:
»Überhaupt das Gaffen ist immer da. Mittlerweile weniger belastend, man hat sich daran gewöhnt.«

c) »Angestarrtwerden« wird als etwas belastend eingestuft:
»Blicke, wenn ältere Leute gucken, dann stört mich das, wenn Kinder gucken nicht, normal müsste es doch selbstverständlich sein.«

d) »Angestarrtwerden« wird als stark belastend eingestuft:
»Allgemein: Anstarren, etc. Ich merke dann immer, wenn die Leute mich so anstarren, dass die mich ganz anders wahrnehmen als ich mich selber. Ich seh' das nur als ein Merkmal von mir an. Ich glotze auch keine Leute an, die 'ne große Nase haben.«

3.3.2 Reflexionen körperbehinderter Menschen über das Verhältnis zwischen behinderten und nichtbehinderten Menschen

Als sehr aufschlussreich sind die Ergebnisse jener Fragenkomplexe innerhalb der Untersuchung zu bewerten, aus denen abgeleitet werden kann, welches Bild nach Meinung der befragten Personen nichtbehinderte Menschen von körperbehinderten Menschen haben, wie das Verhältnis zwischen Behinder-

Darstellung und Diskussion der Ergebnisse

ten und Nichtbehinderten gesehen wird, welche Ursachen für Spannungen verantwortlich gemacht werden und wie das Verhältnis zwischen behinderten und nichtbehinderten Mensche verbessert werden kann.

Ich habe bereits früher darauf hingewiesen, dass in der sonderpädagogischen Forschung der Anteil ideographischer Forschungen noch zu gering ist, was zur Folge hat, dass behinderte Menschen zu wichtigen gesellschaftlichen Problemen nicht oder zu wenig um ihre Meinungen und Stellungnahmen gefragt werden. Für den Alltag zwischen behinderten und nichtbehinderten Menschen sind die folgenden Sichtweisen körperbehinderter Menschen nach meiner Meinung von Bedeutung.

Es zeigt sich, dass die Themen »Ausgrenzung« und »Ablehnung« sehr differenziert wahrgenommen und interpretiert werden, wobei hier am stärksten die Ausgrenzung behinderter Menschen durch nichtbehinderte Menschen zum Ausdruck kommt, wie es noch einmal nachfolgende Beispiele deutlich machen: »weil er nix mit dem Behinderten zu tun haben will.«; »›Mit nem Behinderten wollen wir nichts zu tun haben!‹ könnten die denken.«; »Man könnte meinen, er ist wegen des Rollstuhlfahrers auf die andere Seite gegangen, dann finde ich das nicht so gut.«; »dass der nix mit dem Behinderten zu tun haben will eigentlich.«

Somit wird ersichtlich, dass gesellschaftliche Prozesse der Ausgliederung behinderter Menschen innerhalb eines komplexen Gefüges einen bedeutsamen Stellenwert haben und die Qualität der Lebensgestaltung behinderter Menschen dadurch erheblich beeinflusst werden können.

In diesem Zusammenhang ist dringend geboten, den Begriff der Behinderung verstärkt um diese Aspekte so zu erweitern, dass der Gedanke der »Behinderung behinderter Menschen durch mangelnde soziale gesellschaftliche Akzeptanz« noch deutlicher unverzichtbarer Bestandteil der Merkmale des Begriffes »Behinderung« wird. In der neuen Fassung des Begriffes »Behinderung« durch die WHO (ICDIH-2) soll dies deutlich thematisiert werden.

Man könnte die vorliegende Untersuchung als vorgenommene empirische Bestätigung der Richtigkeit einer solchen pointierten Akzentuierung von »sozialrelevanten« Konsequenzen einer Behinderung verstehen.

Aus den von den körperbehinderten Menschen zum Problemkreis des Verhältnisses zwischen behinderten und nichtbehinderten Menschen geäußerten Meinungen und Reflexionen kann abgeleitet werden:

- Viele der geäußerten Meinungen finden sich auch in den wissenschaftlichen Untersuchungen wieder, in denen die Meinungen und Einstellungen nichtbehinderter Menschen zu behinderten (körperbehinderten) Menschen erfragt wurde (vgl. z. B. Jansen 1972; Bächtold 1981; Tröster 1988). Einen Auszug aus den vorliegenden Untersuchungen habe ich im theoreti-

schen Teil der Arbeit beschrieben – auf die wesentlichsten Ergebnisse der referierten Studien sei an dieser Stelle nur hingewiesen.
- Die befragten körperbehinderten Menschen reflektieren sehr genau über die Ursachen und Erscheinungsformen von Spannungen zwischen behinderten und nichtbehinderten Menschen: Dies kann als ein sehr deutliches Indiz dafür gewertet werden, dass das Denken körperbehinderter Menschen auf der einen Seite sehr stark von der Sorge um bestehende Spannungen geprägt ist, auf der anderen Seite aber auch beeinflusst wird von dem Bemühen, Vorschläge zur Verbesserungen der Beziehungen zwischen behinderten und nichtbehinderten Menschen vorzulegen und zur Diskussion zu stellen.

Offensichtlich drückt sich in dieser sehr intensiven Reflexion über die Thematik »Diskriminierungen gegenüber körperbehinderten Menschen« die Angst körperbehinderter Menschen aus bzgl. einer potentiellen Existenzgefährdung durch eine Behindertenfeindlichkeit, über die Rommelspacher (1999, Rückseite des Umschlages) schreibt: »Behindertenfeindlichkeit ist ein Teil der Normalität dieser Gesellschaft, die alle, die hier aufgewachsen sind, bis zu einem gewissen Grad internalisiert haben. Das zeigt sich in bestimmten Fantasien über behinderter Menschen, in Verunsicherungen und Aggressionen oder einfach in dem Bedürfnis, ihnen aus dem Weg zu gehen ... als ein Thema, das alle betrifft«.

- Die Analyse der Ergebnisse macht weiter deutlich, dass die Ursachen von Spannungen zwischen behinderten und nichtbehinderten Menschen nicht einseitig den nichtbehinderten Menschen zugeschrieben werden – auch dies kann als ein weiteres Indiz für die Tiefe und Ernsthaftigkeit der Auseinandersetzung mit dem Problem gewertet werden. Die folgende Aussage macht deutlich, dass Ablehnung und Ausgrenzung durchaus auch vom behinderten Menschen ausgehen kann (vgl. Frage 5): »Rollstuhlfahrer will mit Fußgänger nichts zu tun haben, weil er Abstand hält«; »Der fährt ein bisschen abseits. Ich würde an seiner Stelle etwas mehr in der Mitte fahren. Ich denke, der fährt nicht integriert.«; »die beiden nehmen keine Notiz voneinander.«

An anderer Stelle werden auch behinderte Menschen für bestehende Spannungen zwischen behinderten und nichtbehinderten Menschen mitverantwortlich gemacht, wie folgende Aussagen noch einmal belegen sollen: »Behinderte isolieren sich selbst von der Gesellschaft.«; »Zu wenige Behinderte sagen, was sie denken.«; »Auch Behinderte sind ziemlich grimmig.«; »Behinderte und Nichtbehinderte gehen zu wenig aufeinander zu.«; »Missverständnisse und Unverständnis von beiden Seiten.«; »Berührungs-

ängste, Fehlen von Mut: Menschen trauen sich nicht, aufeinander zuzugehen.«
- Die befragten körperbehinderten Menschen betrachten neben anderen Faktoren v. a. »Unzureichendes Wissen und Uninformiertheit« über behinderte Menschen und deren Behinderungen als Ursachen für Spannungen zwischen nichtbehinderten und behinderten Menschen, ebenso einen vermeintlichen Mangel an Einfühlungsvermögen, Offenheit und fehlende kognitive Auseinandersetzung nichtbehinderter Menschen.
Vor allem das »Nicht-Bescheid-Wissen«, das u. a. aufgrund von fehlender oder mangelhafter Aufklärung, im Allgemeinen wie im Speziellen, zustande kommt, trägt in den Augen der befragten Personen in erster Linie dazu bei, dass Unsicherheiten im Umgang mit behinderten Menschen auftreten und sich verfestigen: »Nichtbehinderte sind wenig aufgeklärt.«; »Nichtbehinderte haben nicht gelernt, mit Behinderten umzugehen.«; »Unwissenheit führt zu Unsicherheit im Umgang mit Behinderten.«
Man kann davon ausgehen, dass die befragten körperbehinderten Menschen diese Feststellungen von Ursachen im Zusammenhang mit Spannungen zwischen behinderten und nichtbehinderten Menschen nicht nur wissenschaftlicher Literatur entnommen haben könnten, sondern aus ihrer Situation als betroffene Menschen zu einer solcher Meinung gekommen sind.
- Es erstaunt daher nicht, dass *Information* über behinderte Menschen und Behinderungen und *gegenseitige Kontaktaufnahme* von den befragten körperbehinderten Menschen als wichtige Mittel und Wege gesehen und für hoch bedeutsam erachtet werden, um das Verhältnis zwischen behinderten und nichtbehinderten zu normalisieren. »Auf die Nichtbehinderten zugehen. Hast du einen, der positiv dem Behinderten gegenüber ist, gibt er (der Behinderte) automatisch mehr. Das ist ein Lawineneffekt. Der (Nichtbehinderte) erzählt es dann weiter im Freundeskreis. Der Behinderte muss bereit sein, auf den Nichtbehinderten zuzugehen. Wenn der Behinderte nicht, wer sonst? Nichtbehinderte haben da viel zuviel Angst. Ich leb' in dieser Welt und muss darin klarkommen.«
Wie dieses Beispiel zeigt, ist es den befragten Personen bewusst und auch ein wichtiges Anliegen, dass die Initiative zur Kontaktaufnahme sowohl von Menschen ohne Behinderung als auch von Menschen mit körperlicher Beeinträchtigung ausgehen muss, damit ein entspanntes Zusammenleben beider Personengruppen stattfinden kann bzw. überhaupt erst ermöglicht wird. Diese Überlegung verdeutlicht in besonderer Weise das oben zitierte Beispiel einer befragten Person, die den Vorgang der Kontaktaufnahme und des Aufeinander-Zugehens als »Lawineneffekt« bezeichnet, durch den

es auf beiden Seiten ermöglicht wird, Vorurteile abzubauen, Meinungen zu revidieren und sich aufeinander einzulassen.

Auch wenn nicht wenige der Befragten bezüglich dieser Thematik sehr kritisch denken, lassen die Äußerungen doch auch sehr deutlich erkennen, dass von Seiten der Menschen mit Behinderung eine große Bereitschaft und Offenheit besteht, den Unsicherheiten und Vorbehalten ihrer nicht behinderten Mitmenschen zu begegnen, um beim Abbau der zwischenmenschlichen Barrieren zu helfen. Nur sehr wenige Menschen mit körperlicher Beeinträchtigung glauben von sich aus: »Da kann man nichts tun!«.

4 Ausblick

Im abschließenden 4. Abschnitt der Arbeit möchte ich noch einmal in kurzer Form

- den *Stellenwert* der vorliegenden Arbeit für die wissenschaftliche Forschung umreißen, sowie einige *ausgewählte zentrale Ergebnisse* der Arbeit hervorheben, im Hinblick auf Fragen der Einstellungs- und Coping-Forschung. Eine solche »Fokussierung« auf einige zentrale Ergebnisse ist aus Gründen einer Übersicht notwendig, da die Arbeit eine große Fülle von Ergebnissen mit teilweise sehr detailliertem Charakter präsentieren kann. Weiter soll versucht werden,
- Antworten auf die Frage zu geben, welche *konkreten Maßnahmen* für die Praxis auf der Basis der Erkenntnisse dieser Arbeit ergriffen werden können.

4.1 Zentrale Ergebnisse für die wissenschaftliche Forschung

4.1.1 Stellenwert für die wissenschaftliche Forschung

a) Die Thematik der Studie hat in der Lebenswelt behinderter Menschen eine hohe Bedeutung

Die vorliegende Arbeit hat sich einer Thematik angenommen, die bisher noch nicht in systematischer Form Gegenstand wissenschaftlicher sonderpädagogischer Forschung geworden ist, im Sorgenkatalog betroffener behinderter Menschen einen hohen Stellwert einnimmt und behinderte Menschen in hohem Maße zu Reflexionen über Ursachen gesellschaftlicher Ausgrenzung und über Möglichkeiten des Abbaues gesellschaftlicher Ausgrenzung veranlasst (vgl. Abschnitt 3.3.2).

Die Aussage einer interviewten Person bringt die Bedeutung der vorliegenden Studie für die befragten Personen sehr treffend auf den Punkt: »Endlich fragt uns einer einmal danach!«

b) Behinderte Menschen kommen selbst zu Wort: der Ideographische Ansatz

Diese Studie widmet sich der Sicht der Betroffenen und trägt damit einer wichtigen Forderung von Küpfer (1984) Rechnung, der deutlich benannt hat, dass der ideographische Zugang unterentwickelt, wenn nicht sogar ausgeblendet wird:

»Ich finde systematische Forschung in der Rehabilitationspsychologie unerlässlich, vermisse jedoch in hohem Maße den ideographischen Anteil dieser

Forschung. Es wird kaum von den Betroffenen selbst ausgegangen, von ihren Alltäglichkeiten, ihren Wahrnehmungs- und Erlebnisweisen, die eine reichhaltige Fundstelle für die Ableitung von realistischen Fragestellungen sind« (Küpfer 1984, 148).

Es wurde in der vorliegenden Arbeit darauf hingewiesen, dass sich die Auswahl der Versuchspersonen insofern als problematisch gestaltete, als in die Untersuchung nur solche körperbehinderte Menschen einbezogen werden konnten, die über eine ausreichende sprachliche Kompetenz und über ausreichendes kognitives Reflexionsvermögen verfügen. Diese Einschränkung der Auswahl der Versuchspersonen auf eine bestimmte Personengruppe impliziert aber auch, dass die Ergebnisse der Arbeit nicht generalisierend auf alle Menschen mit Körperbehinderungen angewendet werden dürfen, da wir nicht wissen, wie jene behinderten Menschen, die ihre Erlebnisse, Emotionen, Bewertungen und Bewältigungsstrategien nicht verbal beschreiben und ausdrücken können, die gestellten Fragen beantworten würden.

c) Methodische Vielfalt

Eine weitere Bedeutung der vorliegenden Studie kann in der Vielfalt der angewendeten Methoden gesehen werden: Die Fragestellungen der Studie wurden eingebettet in *qualitative und quantitative Forschungsmethoden und deren Verknüpfung*.

Die Methodik und der Aufbau der vorliegenden Studie haben gezeigt, dass eine Kombination von Forschungsmethoden der Komplexität der in dieser Studie angesprochenen Fragestellungen am ehesten gerecht wird.

d) Beitrag zur Coping-Forschung

Die vorliegende Studie kann insofern als ein Beitrag zur Erweiterung der Bedeutung der Coping-Forschung verstanden werden, insofern als meines Wissens nach erstmalig die Thematik gesellschaftlicher Diskriminierungen von behinderten Menschen Bestandteil von Fragen und Inhalten der Coping-Forschung geworden ist. Die Ergebnisse der Arbeit haben sehr deutlich nachgewiesen, dass gesellschaftliche Diskriminierungen für behinderte Menschen eine hohe Belastung darstellen können.

Jedoch muss eine Einschränkung vorgenommen werden: Hackenberg (1992) hat darauf hingewiesen, dass eine systematische Erforschung der Frage, wie behinderte Menschen mit belastenden gesellschaftlichen Diskriminierungen umgehen, noch aussteht. An dieser Feststellung von Hackenberg hat sich auch bis zum heutigen Zeitpunkt nichts Grundsätzliches geändert. Die vorliegende Studie hat erste Erkenntnisse über Qualität, empfundene Intensität und Quellen diskriminierender Interventionen aus Sicht der Betroffenen geliefert, jedoch deckt sie noch nicht die exakten Bewältigungsprozesse der sozialen Sanktion im Hinblick auf die eigene Behinderung auf.

Einige zentrale Erkenntnisse für die Coping-Forschung hat die Arbeit jedoch geliefert, diese werden noch genauer unter 4.1.2 präzisiert werden.

e) Vorschläge behinderter Menschen zum Problem der Normalisierung von Interaktion und Beziehung: ein Anstoß zum Dialog behinderter und nichtbehinderter Menschen

Die vorliegende Studie hat Auskunft darüber geben können, wie und mit welchen konkreten Maßnahmen gesellschaftliche Barrieren zwischen behinderten und nichtbehinderten Menschen abgebaut werden können (vgl. die Ausführungen zum »Normalisierungsprinzip« nach Thimm 1990). Behinderte Menschen haben sich auf sehr differenzierte Weise dahingehend geäußert, wie ihrer Meinung nach das Verhältnis zwischen behinderten und nichtbehinderten Menschen verbessert werden kann. In der bisherigen Forschung wurde dieser Aspekt bislang stark vernachlässigt: Sonderpädagogische sozialpsychologische Forschung hat oft reflektiert, wie Meinungen und Vorurteile abgebaut werden können, sich dabei aber alleinig auf die Aussagen nichtbehinderter Menschen gestützt.

Die vorliegende Studie kann somit als ein Beitrag zum »Normalisierungsprinzip« (Thimm 1990) angesehen werden, denn: »Integration behinderter Menschen ist nur dort möglich, wo ihnen Gelegenheit geboten wird, an der Verbesserung ihrer eigenen Situation mitzuwirken« (Begemann 1994).

4.1.2 Gesellschaftliche Diskriminierung und Coping

Zu Fragen der Bewältigungsforschung möchte ich folgende Ergebnisse noch einmal hervorheben:

a) Persönlichkeitsvariablen und Bewältigung

Die Ergebnisse der vorliegenden Studien heben den besonderen Stellenwert von Persönlichkeitsvariablen als »Puffervariable« im Bewältigungsprozess hervor und belegen, dass Persönlichkeitsvariable (dies gilt besonders für die Variablen Selbstwirksamkeit, Selbstwertgefühl und Kontrollüberzeugung) Einfluss nehmen auf die Bewertung gesellschaftlicher Diskriminierungen.

Die Wahrnehmung von potentiell belastenden Situationen mit diskriminierenden Inhalten als auch die Wahl von Bewältigungsstrategien wird somit durch den Filter von Persönlichkeitseigenschaften gesteuert.

So bestätigt auch Weiß die Bedeutung dieser resilienzfördernden Persönlichkeitsfaktoren: So sind »[...] dies vor allem die Entwicklung realistischer Kontrollüberzeugungen des Kindes [...] in Verbindung mit Kompetenz(erfahrungen), flexiblen Weisen der Problemlösung sowie Autonomie und Selbstvertrauen [...]« (1999, 128).

Ausgehend aus der Erkenntnis, dass Selbstwert und internale Kontrollerwartungen und Herausforderungsdenken ein stark vermittelnder Faktor für die Interpretation der Umweltstimuli ist, müssten in den Copingtheorien Persönlichkeitsvariablen noch stärker in den Theoriemodellen verankert werden.

Weitergehende Forschungen sollten den Stellenwert, die Einflussnahme und die Bedeutung anderer Persönlichkeitsvariablen als mögliche Moderatoren im Bewältigungsprozess von gesellschaftlichen Diskriminierungen näher untersuchen.

b) Situationsspezifität und Bewältigung

Wie schon ausführlicher bei der Zusammenschau der Ergebnisse beschrieben (vgl. Abschnitt 3.3.1: Situationsspezifität und Bewältigung) konnte belegt werden, dass der Grad der Einschätzung der Kontrollierbarkeit einer Situation die Bewältigungsstrategien unterschiedlich determiniert:

Diese Ergebnisse bestätigen somit vorliegende empirische Studien aus der wissenschaftlichen Forschung (vgl. Reicherts & Perrez 1992; Forsythe & Compas 1987) und übertragen sie auf das Forschungsfeld Bewältigung diskriminierender Situationen:

Menschen wählen eher problemorientierte Bewältigungsformen, wenn von ihnen die Situation als kontrollierbar eingeschätzt wird, sie wählen eher emotionsorientierte Bewältigungsformen, wenn ihnen die Situation als wenig kontrollierbar erscheint.

Damit wird die Gültigkeit des Transaktionalen Modells von Lazarus & Mitarbeitern bestätigt, das – wie mehrmals erwähnt – u. a. auf der Annahme eines wechselseitigen Zusammenspieles von Person und Umwelt in einem prozesshaften Geschehen, mit ständiger Veränderung über die Zeit und über verschiedene Situationen hinweg, basiert.

c) Variabilität im Bewältigungsverhalten

Die Analyse von Autobiographien körperbehinderter Menschen im Rahmen der vorliegenden Arbeit hat bereits deutlich gemacht, dass Coping-Prozesse nicht als stabil zu betrachten sind, vielmehr *variabel* sind und dynamischen und prozessualen Vorgängen unterliegen – im Sinne des beschrieben Modells von Lazarus und Mitarbeitern.

d) Soziale Unterstützung und Bewältigung: Die Eltern

Die Ergebnisse der vorliegenden Untersuchung machen deutlich: Nach dem Erleben diskriminierender Ereignisse haben sich körperbehinderte Menschen an Menschen des sozialen Umfeldes gewendet, wobei besonders die *Eltern als Ansprechpartner eine herausragende Stellung* einzunehmen scheinen. Die Rolle der Eltern bei der Bewältigung von Problemen hat einen viel größeren Stellenwert bei den Befragten, als dies in der bisherigen Literatur angenommen wurde. Somit müsste dieser Aspekt der sozialen Unterstützung möglicherweise noch stärker in den Theoriemodellen verankert werden.

Welche Bedeutung können Eltern als Ansprechpartner besitzen?

Beutel (1988) weist darauf hin, dass Prozesse der sozialen Unterstützung als transaktionales Geschehen aufzufassen sind. Behinderte Kinder suchen bei Eltern Rat und Hilfe und erfahren Entlastung. Eltern erfahren eine wichtige Anerkennung durch Möglichkeiten der Anteilnahme am Leben und an den Problemen ihrer Kinder.

Soziale Unterstützungsleistungen könnten sich in Anlehnung an Beutel (1988) nach dem Erleben diskriminierender Ereignisse unter Hinzuziehung der Eltern möglicherweise positiv auswirken auf die Dimensionen:

- Stärkung von Hoffnung und Zuversicht,
- Erholung von Belastungen,
- kognitive Verarbeitung des Ereignisses,
- Wiedergewinnung des seelischen Gleichgewichtes,
- Aufrechterhaltung des Selbstwertgefühles (trotz der Beeinträchtigung ein anerkannter und wertgeschätzter Mensch zu sein).

In der vorliegenden Studie konnten noch keine differenzierteren Erkenntnisse gewonnen werden, wann und wie spezifisch *soziale Unterstützung bei Eltern* im Einzelnen bei erlebten gesellschaftlichen Diskriminierungen *beansprucht wird und wie soziale Unterstützung im Rahmen des Bewältigungsgeschehens im Einzelnen wirkt.* Es wurde auch bereits darauf hingewiesen (vgl. 83), dass auch aus den untersuchten und besprochenen Autobiographien behinderter Menschen keine schlüssigen Ergebnisse zu dem Problem abgeleitet werden konnten, welche Bedeutung das soziale Netzwerk im Zusammenhang mit der Bewältigung diskriminierender Situationen besitzt.

Fries & Grieb (2001) und Fries & Löhr (2002) haben in diesem Zusammenhang bereits offene Fragen durch empirische Studien aufgegriffen.

e) Offene Forschungsfragen im Rahmen der Bewältigungsforschung:

Es wurde bereits in den Ausführungen dieser Arbeit im Zusammenhang mit der Bewältigungsforschung die *Problematik der Diagnostik von Bewälti-*

gungsverhalten eingehend diskutiert (vgl. Abschnitt 4.6.1), und zwar unter den Aspekten der Erfassung von Bewältigungsverhalten über diagnostische Inventare als auch unter dem Aspekt des Zeitpunktes der Erfassung von Bewältigungsverhalten.

Ich verweise in diesem Zusammenhang noch einmal auf meine obigen Ausführungen, in denen die Problematik der retrospektiven Erfassung von Copingprozessen erörtert wurde, gleichzeitig aber betont wurde, dass es ideal wäre, Coping von dem Moment an zu erfassen, in dem eine Person mit einem belastenden Ereignis konfrontiert wird. Letzteres erscheint mir auf Grund methodischer Probleme schwierig zu sein.

Man kann davon ausgehen, dass das, was eine Person in der vorliegenden Untersuchung bei Fragen zur Bewältigung von diskriminierenden Erleben erzählt hat, die aktuelle Meinung zu diesem Problem ist, somit wahrscheinlich den aktuellen Stand einer Fülle vorausgegangener Neubewertungen (im Sinne von Lazarus und Mitarbeitern) darstellt.

Bisher haben wir zu wenig Befunde (und das liefert auch die vorliegende Untersuchung nicht) über die *Entwicklung von Copingmechanismen*. Gefordert wäre somit mehr Forschung im Längsschnittbereich unter dem Aspekt: den Verlauf von Bewältigungsversuchen systematischer zu erfragen, um somit auch Auskunft darüber zu erhalten, wie sich Bewältigungsverhalten über verschiedene aufeinanderfolgende biografische Zeitpunkte im Kontext verschiedener Faktoren entwickelt oder entwickelt hat. Der im Theorieteil diskutierte Copingansatz von Lazarus und Mitarbeitern zeigt deutlich, dass Bewältigungsverhalten Prozesscharakter hat.

Die Ergebnisse der Untersuchungen zeigen die *Heterogenität der Bewältigungsreaktionen* von behinderten Menschen in Abhängigkeit verschiedener Faktoren auf. Man kann also nicht von dem Reaktionsstil sprechen. Dies impliziert jedoch, dass vorliegende theoretische Modelle so verfeinert werden müssen, dass möglicherweise andere und zusätzliche individuellere Reaktionen und deren Verlaufsformen postuliert und überprüft werden können.

Ausblick

4.2 Praktische Implikationen – Vorschläge für konkrete Maßnahmen

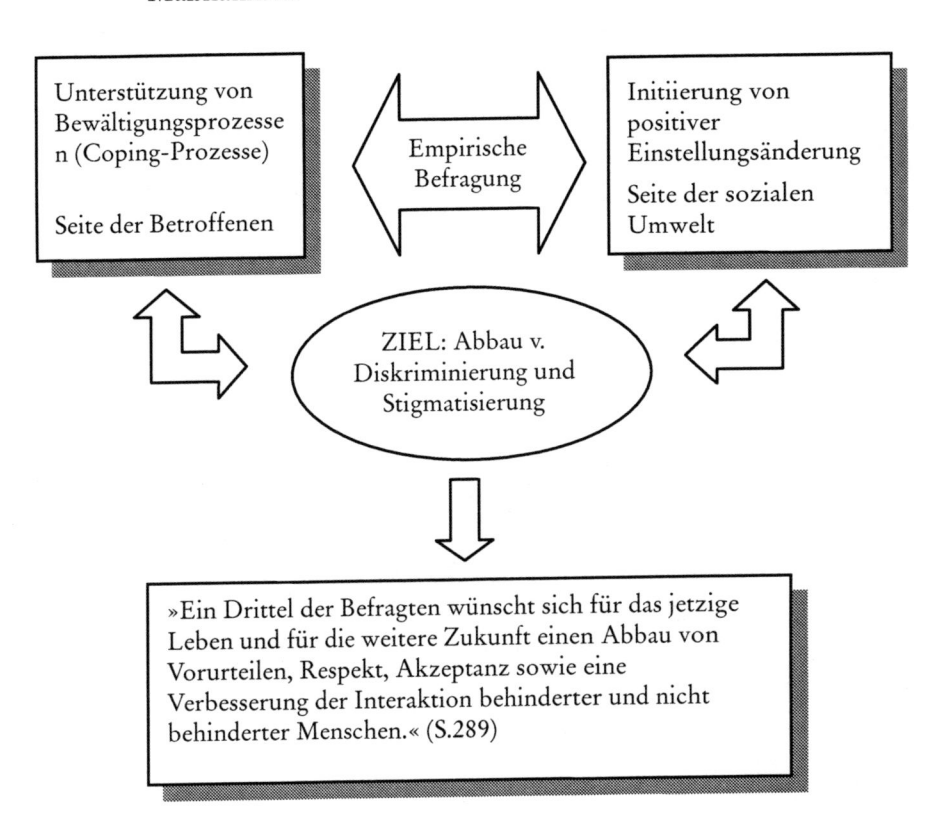

```
┌─────────────────────┐                          ┌─────────────────────┐
│ Unterstützung von   │      ⇦ Empirische ⇨      │ Initiierung von     │
│ Bewältigungsprozesse│         Befragung        │ positiver           │
│ n (Coping-Prozesse) │                          │ Einstellungsänderung│
│                     │                          │                     │
│ Seite der Betroffenen│                         │ Seite der sozialen  │
│                     │                          │ Umwelt              │
└─────────────────────┘                          └─────────────────────┘
           ⇧                ZIEL: Abbau v.                ⇧
                         Diskriminierung und
                           Stigmatisierung
                                 ⇩
┌──────────────────────────────────────────────────────────────┐
│ »Ein Drittel der Befragten wünscht sich für das jetzige      │
│ Leben und für die weitere Zukunft einen Abbau von            │
│ Vorurteilen, Respekt, Akzeptanz sowie eine                   │
│ Verbesserung der Interaktion behinderter und nicht           │
│ behinderter Menschen.« (S.289)                               │
└──────────────────────────────────────────────────────────────┘
```

Erster Bezugspunkt nachfolgender Zusammenschau konkreter Maßnahmen sind die Antworten auf die *Fragen 11 a, b, c* der Untersuchung. Auf Grundlage dieser Antworten sollen Maßnahmen zur Reduzierung von Spannungen zwischen behinderten und nicht behinderten Menschen benannt werden. Die Vorschläge sollen einerseits die empirischen Ergebnissen aus Frage 11 aufgreifen, andererseits aber auch die Erkenntnisse der Einstellungs- und Coping-Forschung (Teil I, Kap. 2, 3, 4) heranziehen.

Die Fragen 11a, b, c lauteten wie folgt:
11a) »Was kann man *insgesamt tun*, um Spannungen und Diskriminierungen zwischen nichtbehinderten Menschen und Menschen mit sichtbaren Einschränkungen der Bewegung (Körperbehinderung) zu vermeiden?«
11b) »Was können *nicht behinderte* Menschen ihrer Meinung nach tun, um Spannungen und Diskriminierungen zwischen nichtbehinderten Menschen

und Menschen mit sichtbaren Einschränkungen der Bewegung (Körperbehinderung) zu vermeiden«

11c) »Was können *behinderte* Menschen ihrer Meinung nach tun, um Spannungen und Diskriminierungen zwischen nichtbehinderten Menschen und Menschen mit sichtbaren Einschränkungen der Bewegung (Körperbehinderung) zu vermeiden«

Die folgende Darstellung von Maßnahmen soll auf den Aussagen zur Frage 11 aufbauen. Zu Frage 11a zeigt sich eine signifikante, überwiegende Nennung von 3 Kategorien:

Ergebnisse (S. 267)

1. Kategorie: Kontakt, aufeinander zugehen   (45.0%)   27 Nennungen
2. Kategorie: Gespräche, Aufklärung,
Information   (45.0%)   27 Nennungen
3. Kategorie: Integration   (33.3%)   20 Nennungen

Die überwiegend genannten drei Kategorien »Kontaktaufnahme«, »Gespräche, Aufklärung, Information« und »Integration« stellen den gemeinsamen Grundtenor der folgenden Maßnahmen dar, jedoch zur besseren Akzentuierung sind die Maßnahmen einer der drei Kategorien zugeordnet:

- Maßnahmen der Kontaktaufnahme
- Maßnahmen der Informationsvermittlung und Aufklärung
- Maßnahmen der Integration

4.2.1 Maßnahmen der Kontaktaufnahme

Kontaktaufnahmen

wünschen sich auf die Frage 11a – allgemein gestellt – »Was kann man *insgesamt tun* ...?« mit 45% ein großer Teil der befragten Personen. Aus der Perspektive der »nicht behinderten« Menschen befragt wird der Kontaktaufnahme mit der Hälfte aller Nennungen ein noch deutlicherer Vorrang eingeräumt (Frage 11a: 50,8%).

Somit steht die Kontaktaufnahme als Mittel zur Reduzierung von Spannungen zwischen nichtbehinderten und behinderten Menschen nach Aussage der befragten Personen im Mittelpunkt. Die folgenden Vorschläge der Kontaktaufnahme werden im Anschluss auch unter den Prämissen einer positiven Einstellungsänderung betrachtet.

Ausblick

Freizeitunternehmungen:

In Frage 11b wiesen 6,6% der Befragten speziell gemeinsame Unternehmungen als Möglichkeit des Abbaus von Diskriminierungen und Spannungen aus.
 Dabei kann sich die gemeinsame Unternehmung auf verschiedenste Freizeitfelder erstrecken, wie beispielsweise den kulturellen Bereich (Theater-, Konzert-, oder Museumsbesuch) oder auch dem Hobbybereich (gemeinsame Sammelleidenschaften)
 Ein ganz entscheidender Aspekt der Langfristigkeit der gemeinsamen Unternehmungen ist ein klar definierter Interessensschwerpunkt, der dann als Bindeglied zwischen den Teilnehmern wirkt. Der gemeinsame Interessensschwerpunkt scheint das Fundament für langfristig angelegte Interaktionen zu sein.
 Die Aussage einer Befragten fasst zusammen: »Das Ziel ist im Endeffekt, dass Nichtbehinderte lockerer mit Behinderten umgehen. Sommerfreizeiten, Interessensgruppen (z. B. Schwimmen) sind ein Anfang um Hemmschwellen zu lösen.« (80);
 Eine spezielle Form der Freizeitunternehmungen sind *Sportaktivitäten:*
 Gemeinsame Sportaktivitäten zeichnen sich auf der einen Seite durch ein hohes Maß an gemeinsamem Ziel und auf der anderen Seite, wie beispielsweise beim Rollstuhlbasketball, einer Möglichkeit gemeinsam geteilter Behinderung aus.
 Zum einen ergibt sich ein konstantes Ziel durch das Betreiben der gemeinsamen Sportart.
 Zum anderen haben Sportarten wie Rollstuhlbasketball besondere Bedeutung, da sich die Möglichkeit ergibt eine körperliche Einschränkung in der Weise aufzuheben, als dass sich alle Mitspieler dieser Beeinträchtigung unterwerfen. Mit der Generalisierung dieser Beeinträchtigung besteht die Chance, dass sich die Behinderung zumindest für die Zeit der Sportaktivität aufhebt.

Gesprächskreise:

Ein(e) Befragte(r) fordert: »Behinderte sollten aktiver werden! Sollen Gesprächskreise anbieten.« (14); Eine andere Aussage weist auf die Notwendigkeit hin, sich nicht zu verstecken, sondern Aufklärungsarbeit zu leisten: »Wir können am besten über uns erzählen, nicht die Ärzte.« (44);
 Cloerkes (2001, 114). stellt fest: »Nicht die Häufigkeit des Kontakts mit behinderten Personen ist entscheidend, sondern seine Intensität«.
 Gesprächskreise als Möglichkeiten eines Austausches zwischen behinderten und nichtbehinderten Menschen in ungezwungener Atmosphäre können einmal eine gute Möglichkeit zur *Verknüpfung einer positiven Einstellungsänderung auf Seiten der Nichtbehinderten sein.*

Eine weitere besondere Form ist ein *Gesprächskreis innerhalb Betroffener*. Im Hinblick auf die *Bewältigung* diskriminierender Erlebnisse kann die gemeinsame Auseinandersetzung und Aufarbeitung dieser Erlebnisse Coping-Prozesse unterstützen. Gerade auch der Austausch untereinander auf der Meta-Ebene über je individuelle Formen der Bewältigung können untereinander die äußerst heterogenen Formen der Bewältigung aufzeigen und eine Hilfe für den einzelnen Betroffenen darstellen.

An dieser Stelle soll auch auf die besondere *Form der Gesprächskreise von Eltern betroffener Kinder* hingewiesen werden. Diese Gesprächskreise im Sinne einer Selbsthilfegruppe haben insofern eine Bedeutung, als sie Eltern die Möglichkeiten geben, sich über die Thematik der Auseinandersetzung mit gesellschaftlichen Diskriminierungen auszutauschen, sich Rat einzuholen, sowohl für sie selbst als auch für ihre Kinder.

4.2.2 Maßnahmen der Informationsvermittlung und Aufklärung

Auch die Kategorie »Gespräche, Aufklärung, Information« sticht mit 45% Nennung (Frage 11a) besonders hervor. Bei Frage 11b wird die Kategorie »sich informieren, Medien« zweithäufigst mit 22.9% benannt.

Auch auf die Frage, welche Gründe für Spannungen und Diskriminierungen verantwortlich sind (Frage 8) wird als häufigste Kategorie mit 19,5% »Unzureichendes Wissen und Uninformiertheit« (Ergebnisse 242) geäußert. Somit wird von den befragten Personen der Informationsvermittlung und Aufklärung eine wichtige Funktion zugewiesen.

Eine Differenzierung in dieser Kategorie ergibt sich in der Weise, dass zwischen *medialen Formen* der Informationsvermittlung und *unmittelbaren Formen* der Konfrontation mit der Thematik »Behinderung« mit dem Ziel der Aufklärung unterschieden werden muss. Beide Formen stehen jedoch deutlich unter den Hauptmerkmalen Informationsvermittlung und Aufklärung und heben sich somit von den oben genannten Maßnahmen der direkten Kontaktaufnahme ab.

4.2.2.1 Mediale Formen

Kino- und Fernsehfilme

Vermehrt werden in den letzten Jahren Fernsehspiele und Kinofilme mit dem Kernthema »Behinderung« gedreht. So bemerkt Zavirsek (1999): »Inzwischen gibt es jedoch einige Filme, in denen Menschen mit Behinderung eine wichtige Rolle spielen« (1999, 39).

Ausblick

Im Kino war die Thematik »Behinderung« lange Zeit tabuisiert und nur in kleinen Produktionen und Randbereichen der Kinofilmlandschaft zu finden. Erst durch große Kinoerfolge wie »Rainman« und »Jenseits der Stille« wurde diese Tabuisierung gebrochen. Der Film »Rainman« war für die breite Masse der Zuschauer die erste Konfrontation mit dem Phänomen des Autismus.

Auch in Fernsehproduktionen wird in letzter Zeit vermehrt »Behinderung« aufgegriffen. Beispielsweise soll auf den Film »Elias – das Zirkuskind« verwiesen werden, der Jan 2002 im ZDF lief. In diesem Film wurde auf eindrucksvolle Weise das Thema »Muskeldystrophie« aufgegriffen.

Wenn wir uns mit Bildern von behinderten Menschen auseinandersetzen, gibt es nach Salecl (in: Zavirsek 1999, 40) in Anlehnung an die Lacansche Theorie zwei unterschiedliche Typen der Identifikation:

Die erste ist die »imaginäre Identifikation«, in der ein Betrachter sich selbst als behinderte Person sieht: »Das könnte mir genauso passieren!«

Wichtiger ist jedoch der zweite Typus, die »symbolische Identifikation«, bei der der Betrachter beim Bild von einem behinderten Menschen seine eigene Reaktion auf diese Bilder wahrnimmt. Ihn berührt nicht das Bild des anderen Menschen, sondern welche Rolle er selbst im symbolischen Raum der anderen Person spielt. In der symbolischen Identifikation genießt er seine Reaktionen der Sorge und des Mitleids, die er in sich selbst wahrnimmt. Es ist »... eine Perspektive, in der wir uns selbst liebenswert erleben« (1999, 41). Von hier aus möchte das Subjekt gesehen werden, von hier aus schafft es sich seine individuelle, symbolische Identität.

Literatur

Literatur ist zu differenzieren in zwei große Bereiche mit fließenden Übergängen: *Kinder- und Jugendliteratur und Erwachsenenliteratur.*

An dieser Stelle ist eine Differenzierung sinnvoll, da Literatur, aus der Perspektive der Einstellungsforschung betrachtet, unterschiedliches Potential für Einstellungsänderung mitbringt. Cloerkes (2001, 107) hat verdeutlicht, je früher eine Beeinflussung der manifestierten Einstellungen stattfindet, desto erfolgversprechender ist eine positive Modifikation. In Bezug auf Literatur ist festzuhalten, dass eine Beeinflussungskomponente dann gegeben ist, wenn der Leser in Bezug auf den angesprochenen Themenbereich noch über keine fest verwurzelten Meinungen und Wertmaßstäbe verfügt.

Aufgrund der Ergebnisse der Einstellungsforschung wird hier ein Akzent auf die Kinder- und Jugendliteratur gelegt. Beispielhaft sei verwiesen auf:

Max von der Gruen: »*Vorstadtkrokodile*«, Reinbeck 1983
Roy Kift und Mathias Brand: »*Stärker als Supermann*«, Berlin 1981
Ruedi Klapproth: »*Stefan*«, Luzern 1981

Klaus Kordon: »*Möllmannstraße 48*«, Ravensburg 1983
Avril Rowlands: »*Letty*«, Hamburg 1985
Ernst Klee: »*Der Zappler*«, Düsseldorf 1974

Die Darstellung des Themenkreises »Körperbehinderung« in diesen sechs Kinderbüchern haben Flottmeyer & Fries (1993) untersucht.

Von besonderer Bedeutung ist, wenn es den Autoren gelingt Identifikationsmöglichkeiten zu schaffen, so dass der Leser eine intensive fiktionale Beziehung zu dem/den Hauptdarsteller(n) aufbauen kann; die Beeinträchtigung und Behinderung wird dann zur Nebensache.

Diese Identifikationsmöglichkeiten können beim Leser der Kinderliteratur die Bereitschaft entwickeln lassen, sich mit eigenen, noch unreflektierten Aussagen auseinander zu setzen, so dass er gegebenenfalls auch dazu motiviert mit behinderten Menschen Kontakt aufzunehmen.

Insgesamt halten Flottmeyer & Fries für die sechs oben genannten Bücher fest, »... dass die vorgestellten Kinderbücher in teilweise vorzüglicher Weise Kindern die Möglichkeit geben, sich ein Bild von der Situation des behinderten Menschen zu verschaffen« (Flottmeyer & Fries 1993, 107).

Weitere neuere Kinder- und Jugendbücher, die aus verschiedenen Perspektiven und Schwerpunkten Einblick in das Leben körperbehinderter Menschen geben:

Dierks, M.: »*Romeos Küsse*« Berlin, München 2000
Günter, H.: »*Die Reise zum Meer*«. Hamburg 1994
Härtling, P.: »*Krücke*«. Weinheim 1986
Lebert, B.:: »*Crazy*«. Köln 1999
Somplatzi, H.: »*Sprung ins Kreuz*«. Köln 1996

Ein Projekt zum Buch »Der Zappler« von Ernst Klee wurde von Burczyk (2001) entworfen. Die Autorin hat den Inhalt des Buches in verschiedene didaktische Einheiten u. a. zum Thema: Körperbehinderung, Probleme des bei E. Klee dargestellten behinderten Jungen, Freundschaften zu schließen und Architektonische Barrieren im Leben körperbehinderter Menschen zerlegt und in sechzehn Unterrichtsstunden mit einer Grundschulklasse im fränkischen Raum besprochen. Im Anschluss an diese Unterrichtseinheiten, die von den Kindern der Grundschulklasse sehr gut rezipiert worden sind, wurde die Grundschulklasse von einer Klasse eines nahe gelegenen Körperbehindertenzentrums für einen Tag eingeladen. Bemerkenswert ist dieses Projekt auch deswegen, als die Autorin einen praxisnahen Weg aufgezeigt hat, Information und Kontakt mit einander zu verbinden: Nach der Information über das Kinderbuch hatten die Grundschulkinder die Möglichkeit, erworbenes Wissen, aber auch Fragen im nachfolgenden persönlichen Kontakt mit körperbehinderten Kindern zu verbinden.

Ausstellungen

Formen von Ausstellungen, die Behinderung, aber auch die Schwierigkeiten der Interaktion zwischen behinderten und nicht behinderten Menschen aufgreifen, können eine Form von Konfrontation mit der Thematik darstellen, die zum besseren Verständnis beiträgt.

Beispielsweise fand die in Zusammenarbeit von Aktion MENSCH e. V. und dem Deutschen Hygiene Museum konzipierte Ausstellung »Der [im-]perfekte Mensch – Vom Recht auf Unvollkommenheit« große Aufmerksamkeit, so dass sie nicht nur im Deutschen Hygiene Museum in Dresden gezeigt wurde, sondern auch in anderen Städten, so z. B. im Martin-Gropius-Bau in Berlin (16. März–02. Juni 2002).

4.2.2.2 Unmittelbare Formen

Die unmittelbaren Formen grenzen sich von den medialen Formen in der Weise ab, dass Sie nicht auf ein mittelndes Medium (wie z. B. die Massenmedien Buch und Fernseher) zurückgreifen, sondern es zu einer direkten personalen Konfrontation (z. B. durch den Lehrer oder durch Simulation) kommt.

Rollenspiel und Simulation

Dieser Punkt beinhaltet zwei Sichtweisen:

a) Rollenspiel und Simulation stellen einen Versuch dar, *nicht behinderten Menschen* die Folgen einer Behinderung für die Betroffenen erfahrbar zu machen. Die Teilnehmer einer Simulation oder eines Rollenspiels sollen, indem sie eine Funktions- oder Wahrnehmungseinschränkung simulieren oder sich in die Rolle eines behinderten Menschen hineinversetzen, die Auswirkungen einer Behinderung nachempfinden und die Konsequenzen einer Behinderung aus der Perspektive des Betroffenen erleben.

Differenziert werden kann Rollenspiel und Simulation folgendermaßen:

Bei der Simulation einer Behinderung wird künstlich eine vorübergehende funktionelle Einschränkung herbeigeführt. Beispielsweise durch technische Vorkehrungen, wie das Verbinden der Augen für die Simulation der Blindheit und die Auseinandersetzung mit dem Rollstuhl als Simulation für die Querschnittslähmung. Oder aber durch simulierte Funktionseinschränkung, wie zum Beispiel bei einer Sprachbehinderung.

Dabei kann die »... Simulation einer Behinderung als eine spezifische, auf das Einstellungsobjekt zugeschnittene Möglichkeit gelten, die Einstellungen gegenüber Behinderten zu beeinflussen« (Tröster 1990, 145).

Das Rollenspiel unterscheidet sich von der Simulation in der Weise, dass nicht behinderte Menschen im Rahmen einer Spielsituation mit den Verhaltenserwartungen konfrontiert werden, die an die Behindertenrolle gestellt werden. Dazu ist es erforderlich, dass sich die Teilnehmer des Rollenspiels in eine vorgegebene Behindertenrolle hineinversetzen und in typischen Konfliktsituationen agieren. Nach Tröster ist es das Ziel, den Teilnehmern die diskriminierenden Verhaltenserwartungen, die an die Inhaber der Behindertenrolle gestellt werden, bewusst zu machen und ihre Sensibilität für die teilweise versteckten Diskriminierungen und Vorurteile, die behinderten Menschen entgegengebracht werden, zu fördern (Tröster 1990, 144).

Rollenspiel und Simulation können eine ausgezeichnete Möglichkeit sein, z. B. auch in der Schule, nicht behinderte Menschen für die Schwierigkeiten und Probleme behinderter Menschen zu sensibilisieren und eine positive Einstellungsänderung herbeizuführen. Häufig ergibt sich, »... dass über die Simulation hinaus in der Regel eine weitere, oftmals intensive Auseinandersetzung der Beteiligten mit der Behinderung und mit der psychosozialen Lage behinderter Menschen stattfindet« (Tröster 1990, 152).

Jedoch müssen Rollenspiel und Simulation von erfahrenen Kräften vorbereitet und begleitet werden. Gerade beim Rollenspiel kann durch schlechte Durchführung und Zwangsteilnahme die Gefahr einer negativen Einstellungsänderung bei den Teilnehmern entstehen.

b) In der Literatur wird die Thematik des Rollenspieles und der Simulation fast ausschließlich dazu verwendet, nichtbehinderten Menschen die Möglichkeiten zu bieten, die Bedeutung einer Behinderung für das Erleben und Verhalten transparenter zu machen.

Der Gedanke, dass Rollenspiel und Simulation auch eine sehr große Hilfe für behinderte Menschen darstellen kann, Reaktionen auf potentielle diskriminierende Ereignisse schon im Vorfeld des konkreten Ereignisses zu begegnen, wird in der Literatur aber kaum erörtert.

Unter diesem Gesichtspunkt könnten Rollenspiel und Simulation die Kompetenz des behinderten Menschen, mit Alltagssituationen souveräner und stressfreier umzugehen, erhöhen, was eine Verringerung zukünftiger Belastungen zur Folge haben könnte.

Lehrplan: Vermittlung in der Schule für nichtbehinderte und körperbehinderte Kinder

Im Kindesalter können negative Einstellungen am wirkungsvollsten beeinflusst werden. Cloerkes: »Einstellungen gegenüber behinderten Menschen werden bereits in frühester Kindheit gelernt. Je früher eine Beeinflussung der Einstellungsentwicklung stattfindet, desto höher sind die Erfolgsaussichten einzuschätzen« (2001, 107). Somit kommt dem Kindergarten, aber auch der Grundschule besondere Bedeutung zu.

Der aktuelle Lehrplan der Grundschule genügt einer Notwendigkeit der unbefangenen Auseinandersetzung der Schüler mit dem Phänomen »Behinderung« nur unzureichend.

Lediglich eine unverbindliche »Fächerübergreifende Bildungs- und Erziehungsaufgabe« bezieht sich auf das »Leben und Lernen mit Behinderten«.

Nur ganz allgemein wird vermerkt: »Kinder mit und ohne sonderpädagogischen Förderbedarf begegnen sich im Allgemeinen vorurteilsfrei und unvoreingenommen. Dies stellt eine Chance dar, Einfühlsamkeit und Toleranz für das bisweilen andersartig wirkende Handeln von Menschen mit einer Behinderung zu entwickeln sowie Handlungsstrategien zu entwickeln sowie Handlungsstrategien kennen zu lernen, die auch im zukünftigen Leben eine angemessene Begegnung von Behinderten und Nichtbehinderten anbahnen« (Bayerisches Staatsministerium für Unterricht und Kultus 2000, 15).

Die Aussagen sind äußerst unpräzise und unkonkret. Die konkreteste Maßnahme wird durch folgenden Satz gefasst: »In den Fächern der Grundschule finden sich Lerninhalte, die unter verschiedenen Aspekten, auch aus der Sicht eines Menschen mit Behinderung und unter dem Aspekt des Miteinander-umgehen-Könnens zwischen Menschen mit und ohne Behinderung behandelt werden können und sollen« (2000, 15).

Diese Aussagen implizieren keine konkreten »Handlungsmaßnahme«, sondern nur allgemeine, unverbindliche Möglichkeiten.

Bleibt festzuhalten, dass die »Fächerübergreifenden Bildungs- und Erziehungsaufgaben« in der Schulpraxis einen relativ unverbindlichen Rahmen darstellen, der in keiner Weise konkrete Handlungsnotwendigkeiten beim Lehrer einfordert.

Mit dieser doch unpräzisen und unverbindlichen Verankerung im Lehrplan kommt es letztlich nur auf den einzelnen Lehrer an, ob dieser das Engagement aufbringt, neben der immensen Stofffülle des Grundschullehrplans auch die Thematik der »Behinderung« aufzugreifen und nach Zusammenarbeit zwischen Förderschule und Regelschule zu suchen.

Aussagen der Befragten, wie z. B. »Behinderte müssen noch mehr tun als Nichtbehinderte, dass sich das ablegt. Die Behinderten müssen auf Leute zugehen, Protest einlegen und sich wehren gegen Diskriminierung über andere Behinderte« (04) deuten darauf hin, dass auch in der Bildungsphase der Schüler mit einer Körperbehinderung ein Ansatz gefunden werden muss.

Die jeweiligen Bezugslehrpläne an der Schule für körperbehinderte Menschen sollten auch einmal dahingehend hinterfragt werden, ob der Thematik einer möglichen gesellschaftlichen Ausgrenzung körperbehinderter Menschen genügend Raum beigemessen wird.

In zweierlei Hinsicht sollte das Aufgreifen dieser Thematik erfolgen:
- Die Auseinandersetzung mit der Thematik der gesellschaftlichen Diskriminierung stellt ein Potential für die *Stärkung des Selbstkonzeptes* des Schülers mit einer Körperbehinderung dar. Unterstützend durch gruppendynamische Vorgänge können durch die Methoden des Rollenspiels, der Diskussion, etc. in der Gruppe Schulklasse Prozesse initiiert werden, die den Einzelnen für zukünftige Begegnungen mit diskriminierendem Verhalten stärken.
- Eine unterrichtliche Aufbereitung dieser Thematik könnte Wissen über menschliche Reaktionsweisen und deren Hintergründe vermitteln und so Anstöße zu Reflexionen dahingehend geben, welchen Beitrag auch *behinderte Menschen zur Lösung von Interaktionsspannungen* zwischen behinderten und nichtbehinderten Menschen beitragen könnten.

Zu bedenken an dieser Stelle ist jedoch, dass diese Reflexionsleistungen in zweierlei Hinsicht nicht zu hoch angesetzt werden dürfen. Zum einen handelt es sich um Kinder und Jugendliche – die Befragten der Studie waren Erwachsene – zum anderen sind viele Schüler der Schule für Körperbehinderte auch von einer geistigen Einschränkung betroffen.

4.2.3 Maßnahmen der Integration

Des Weiteren wird der *Integration* mit einer Nennung von 33,3% zu Frage 11a eine zentrale Bedeutung zugesprochen. Dabei ist der Wunsch nach Integration in zweierlei Hinsicht zu unterscheiden. Eine Kategorie ist der *generalisierte Appell* nach Integration von Menschen mit einer Einschränkung in sämtliche Ebenen und Bereiche unseres gesellschaftlichen Zusammenlebens. Die zweite Kategorie von Integration steht in Zusammenhang mit der seit zwei Jahrzehnten mal intensiveren, mal zurückhaltender geführten Debatte *der schulischen und vorschulischen Integration*. Die pauschale Nennung von Integration subsumiert in der Regel immer Anteile beider Kategorien, wobei in den letzten Jahren durch die sog. *Integrations-Debatte* in Fragen der gemeinsamen Beschulung ein deutlicherer Akzent auf schulischer Integration zu verzeichnen ist.

An dieser Stelle soll eine Fokussierung auf Formen der Integration der Kinder und Jugendlichen in Kindergarten und Schule gelegt werden.

Ausblick

Integrativer Kindergarten

Hössl (1999, 147) verweist deutlich darauf, dass nirgendwo in Deutschland sich Formen der gemeinsamen Erziehung von behinderten und nichtbehinderten Kindern in solchem Umfang in der Praxis verbreiten konnte wie im Elementarbereich.

Es hat sich gezeigt, dass kleine Kinder mit dem Phänomen »behindert sein« sehr unbefangen umgehen. Gerade der Kindergarten bietet die Chance durch eine frühzeitige und spielerische Auseinandersetzung mit dem »Anderssein« von Kindern Voreingenommenheit, Unsicherheit und Abwehr im gegenseitigen Umgang in späteren Lebensabschnitten abzubauen.

Aus der Perspektive der behinderten Kinder ist nach Hössl aufgrund umfangreich vorliegender Praxiserfahrungen davon auszugehen, »... dass eine frühzeitige, gemeinsame Erziehung im allgemeinen günstigere Entwicklungschancen für behinderte Kinder bietet als die Betreuung in reinen Sondereinrichtungen« (1999, 147). Zu dieser Einschätzung kommt auch Kron. Untersuchungen verschiedenster Ansätze belegen nach Kron (1999, 157), dass integrative Maßnahmen auf den verschiedenen Ebenen des Elementarbereichs die persönliche Weiterentwicklung der Beteiligten und deren Beziehungen untereinander positiv unterstützten.

Ein(e) Befragte(r) dieser Studie weist ganz deutlich darauf hin: »Wichtig ist von vorne in der Kindheit beginnen, nicht erst spät aus den Mauern herauslassen« (26);

Ein wichtiges Bindeglied zwischen den Bildungsbereichen Kindergarten und Schule sind sicherlich die Eltern behinderter Kinder, die, bestärkt durch positive Erfahrungen mit integrativen Betreuungsformen im Kindergarten, eine entsprechende Fortsetzung in der Schule anstreben.

Integration in der Schule

Der große Schulversuch zum »Integrativen Unterricht an Grundschulen« im Jahre 1986 durch Feuser (1987) und die Reaktionen darauf, zeigte die große Dynamik der Diskussion gemeinsamer Beschulung behinderter und nicht behinderter Schüler.

Dabei hat Feuser während dieses Schulversuches einem allgemeinen Vorurteil die Absage erteilt: »Es ist fast landläufige Meinung, dass integrativer Unterricht seine Grenze bezüglich der Aufnahme sehr schwer mehrfach behinderter bzw. geistigbehinderter Schüler findet. Wenngleich entsprechende Erfahrungen im Schulversuch Integration noch umfassender mit der ersten Jahrgangsstufe gemacht werden können, zeigt sich bis heute eindeutig, daß diese Annahme nicht haltbar ist« (1987, 220).

Auch Eltern kommen zu einer positiven Einschätzung, wie umfangreiche Elternbefragungen (Munder 1983, Wocken & Antor 1987, Dumke u. a. 1989, Deppe-Wolfinger 1991) zeigen. Die Übereinstimmung in diesen Studien ist, trotz teilweise unterschiedlicher sozialer und behinderungsspezifischer Zusammensetzung, außerordentlich hoch: der Elterneindruck von der integrativen Praxis ist eher positiv (vgl. Preuss-Lausitz 2004). Eltern behinderter wie nichtbehinderter Kinder sind von den fördernden und erzieherischen Wirkungen auf ihre Kinder sehr angetan, und zwar mit wachsender Erfahrung immer mehr.

Folgende Aussagen im Rahmen der Studie sollen das Anliegen der Integration verdeutlichen: »Ich war am Körperbehindertenzentrum und da waren ausschließlich Behinderte. Ich hätte mir aber immer gewünscht, dass Nichtbehinderte und Behinderte zusammen sind an der Schule, auch im Kindergarten sollte es möglich sein [...]« (59)

Cloerkes (2001) hebt die *Bedeutung der Integration* zwischen verschiedenen Möglichkeiten der Veränderung von Einstellungen und Verhaltensweisen gegenüber behinderten Menschen heraus: »Monokausale Ansätze werden der Komplexität des Problems nicht gerecht. [...] Langfristig die besten Möglichkeiten werden von einer konsequenten und sorgfältig geförderten sozialen Integration behinderter Menschen ausgehen« (2001, 124)

Ohne auf die Problematik und die Diskussion integrativer Erziehung und Beschulung vertieft eingehen zu wollen, soll auf folgendes, meiner Meinung nach, nicht gelöste Problem hingewiesen werden: Wie müsste ein integrativer Unterricht aussehen, dass sich Kinder mit Behinderungen in diesem Unterricht und im Schulalltag nicht als weniger wert im Vergleich zu ihren nichtbehinderten Mitschülern erleben?

4.2.4 Die Bedeutung der Stärkung des Selbstbewusstseins

Zum Abschluss soll noch einmal die in den dargestellten Maßnahmen für die Praxis implizierte Bedeutung der Stärkung des Selbstbewusstseins des Menschen mit einer Körperbehinderung herausgestellt werden.

Die Ergebnisse der Studie haben gezeigt, dass *Selbstsicherheit* die elementarste Komponente für eine erfolgreichere Verarbeitung diskriminierenden Verhaltens darstellt. Somit müssen Maßnahmen zum Abbau von Diskriminierung und Stigmatisierung, neben dem Faktor der positiven Einstellungsänderung auf Seiten der Nichtbehinderten, einen besonderen Stellenwert auf die Stabilisierung des Selbstkonzeptes des Menschen mit einer Behinderung legen.

Ausblick

In der folgenden Übersicht sollen noch einmal einige dieser Möglichkeiten pointiert hervorgehoben werden:

Gesprächskreise unter Behinderten: Erfahrungen Reaktionen Bewältigung Gesprächskreise Eltern und behinderte Kinder	Gesprächskreise zwischen behinderten und nichtbehinderten Menschen Problem: Normalisierung
Rollenspiele und Simulation Stärkung der Kompetenzen behinderter Menschen im Umgang mit Diskriminierungen	**Möglichkeiten der Vermittlung von Selbstbewusstsein**	Schule und Unterricht Thematik Diskriminierung in den Bezugslehrplänen der Schulen für Körperbehinderte Vermittlung von Wissen, Einsicht und Verständnis
Integration in Schule und Alltag Zusammenleben behinderter und nichtbehinderter Menschen Normalisierungsprinzip	Eltern und behinderte Kinder Elternarbeit Stärkung der Kinder durch Unterstützung durch die Eltern Stärkung der Eltern durch Elternarbeit Transaktional

Diese Vorschläge decken ein weites Feld möglicher Maßnahmen zur Stabilisierung der Selbstsicherheit und des Selbstbewusstseins des behinderten Menschen ab. Dabei bietet die Verknüpfung und Verbindung dieser unterschiedlichen Möglichkeiten ein Intensivierungspotential für eine breit angelegte und intensive Unterstützung stabilisierender Prozesse für mehr Selbstsicherheit des Menschen mit einer Behinderung. Im Besonderen ist dabei jedoch das Lebensalter des/der Betroffenen zu berücksichtigen, um alters- und entwicklungsspezifischen Bedürfnissen entsprechen zu können.

IV Literaturverzeichnis

Aebischer, K.: Brustkrebs. Psychische Belastung und deren Bewältigung. Bern 1987.

Alexander, F.: Psychosomatic Medicine. Norton, New York 1950.

Allport, G. W.: Die Natur des Vorurteils. Köln, Berlin 1971.

Allport, G. W.: The historical background of modern social psychology. In: Lindzey, G.; Aronson, E. (Eds.): Handbook of Social Psychology 1968, Reading, p. 1-80.

Antonovsky, A. & Sourani, T.: Family sense of coherence and family adaptation. Journal of Marriage and the Family. 1988, 50, p. 70-92.

Antonovsky, A.: Health, stress and coping. San Francisco 1979.

Antonovsky, A.: The salutogeneic perspective: toward a new review health and illness. Advances 1987, 4, p. 47-55.

Arnade, S.: Deutschland im Herbst 1997: Gewalt hat viele Gesichter. In: Strickstrock, F. (Hrsg.): Die Gesellschaft der Behinderer. Das Buch zur Aktion Grundgesetz. Reinbek 1997, S. 29-42.

Asendorf, J.; Banse, R.: Psychologie der Beziehung. Bern (Huber) 2000.

Atteslander, P.: Methoden der empirischen Sozialforschung. Berlin, New York 1991.

Aymanns, P.: Krebserkrankung und Familie. Zur Rolle familiarer Unterstützung im Prozeß der Krankheitsbewältigung. Bern, Göttingen 1992.

Bächthold, A.: Behinderte Jugendliche: Soziale Isolation oder Partizipation? Ergebnisse einer repräsentativen Umfrage. Bern 1981.

Bärsch, W.: Der Behinderte in der Gesellschaft. In: Bärsch, W. et al.: Behinderte – inmitten oder am Rande der Gesellschaft. Berlin 1973, S. 7-23.

Badura, B.; Lehmann, H.; Kaufhold, G.; Pfaff, H.; Schott, T.; Waltz, M.: Leben mit dem Herzinfarkt. Eine sozialepidemonologische Studie. Berlin 1987.

Badura, A. & Wood, R.: Effects of percieved controllalibility and performance standards on self-regulation of complex decision making. Journal of Personality and Social Psychology 1989, 56, p. 805-814.

Barker, R. G.: The social psychology of physical disability. Journal of Social Jussues 1948, 4, p. 28-38.

Barres, E.: Vorurteile. Opladen 1978.

Bayerisches Staatsministerium für Unterricht und Kultus (Hrsg.): Lehrplan für die Grundschule in Bayern. München 2000.

Begemann, E.: Sonderpädagogik für Nichtbehinderte. Was müssen Nichtbehinderte für ein solidarisches Miteinander lernen?. Pfaffenweiler 1994.

Bergeest, H.: Sozialisation körperbehinderter Menschen. In: Bergeest, H.; Hansen, G. (Hrsg.): Theorien der Körperbehindertenpädagogik. Bad Heilbrunn 1999, S. 215-240.

Beutel, M. & Muthy, F. A. (Hrsg.): Konzeptualisierung und klinische Erfassung von Krankheitsverarbeitung – Hintergrundtheorien, Methodenproblem und künftige Möglichkei-ten. Psychothcrapie und medizinische Psychologie, 1988, 38, S. 19-27.

Beutel, M.: Bewältigungsprozesse bei chronischen Erkrankungen. Weinheim 1988.

Beutel, M.: Der frühe Verlust des Kindes. Bewältigung und Hilfe bei Fehl-, Totgeburt und Fehlbildung. Göttingen 1996.

Billings, A. G. & Moos, R. H.: Coping, stress and social resources among adults with unipolar depression. Journal Personality and Social Psychology 1984, 46, p. 877-891.

Bleidick, U.: Behinderung als pädagogische Aufgabe. Behinderungsbegriff und behinderungspädagogische Theorie. Stuttgart 1999.

Bleidick, U.: Die Behinderung im Menschenbild und hinderliche Menschenbilder in der Erziehung von Behinderten. In: Schmerlz, D.; Wachtel, P. (Hrsg.): Texte zur Heilpädagogik. Grundlagen. Erschwerte Lebenssituationen: Erziehung und pädagogische Begleitung. Würzburg 1994, S. 5-37.

Bleidick, U.: Informationen über die Sonderpädagogische Förderung in der Bundesrepublik Deutschland. In: Zeitschrift für Heilpädagogik und ihre Nachbargebiete. 1994,10, S. 650-657.

Bossong, B.: Stress und Handlungskontrolle. Die volitionale Kompetenz bei der Betreuung und Bewältigung aversiver Erfahrungen. Göttingen 1999.

Bottenberg, E. H.: Eine Einführung in die Sozialpsychologie, geöffnet für einige humanistische und ökologische Fragen. Regensburg 1996.

Bracken, H. v.: Vorurteile gegen behinderte Kinder, ihre Familien und Schulen. Berlin 1981.

Braukmann, W. & Filipp, S. H.: Strategien und Techniken der Lebensbewältigung. In: Baumann, U.; Berbalk, H. & Seidenstücker G. (Hrsg.): Klinische Psychologie. Trends in Forschung und Praxis. Bd. 6, Bern 1984, S. 52-87.

Broda, M.: Coping-Forschung und Gesundheitsforschung. Zur Effektivität und protektiven Wirkung von Coping-Skills. In: Franke, A. & Broda, M. (Hrsg.): Psychosomatische Gesundheit. Versuch einer Abkehr vom Pathogenese-Konzept. Tübingen 1993, S. 67-78.

Broda, M.: Wahrnehmung und Bewältigung chronischer Krankheiten. Eine Vergleichsstudie unterschiedlicher Krankheitsbilder. Weinheim 1987.

Brown, Christy: Mein linker Fuß. Zürich 1995.

Brüderl, L. (Hrsg.): Belastende Lebenssituationen. Untersuchungen zur Bewältigungs- und Entwicklungsforschung. Weinheim, München 1988b.

Brüderl, L. (Hrsg.): Theorien und Methoden der Bewältigungsforschung. Weinheim, München 1988a.

Bracken, H. v.: Vorurteile gegen behinderte Kinder, ihre Familien und Schulen. Berlin 1976, 1981.

Bundschuh, K.: Heilpädagogische Psychologie. Stuttgart 2002.

Bundschuh, K.: Emotionalität, Lernen und Verhalten. Bad Heilbrunn 2003.

Burczyk, N.: Ein möglicher Beitrag der Kinderliteratur zum Verständnis des körperbehinderten Kindes. Unveröffentlichte wissenschaftliche Hausarbeit. Würzburg 2001.

Buschinger, B.; Fries, A.: Zur Darstellung des Themenbereiches chronischer Krankheit in realistischen Kinder- und Jugendbüchern. Heilpädagogische Forschung 1996, XXII, 3, 111-122.

Cameron, S. J. & Orr, R. R.: Stress in families of school-aged children with delay mental development. Canadian Journal of Rehabilitation, 1989, 2, p. 137-144.

Carpenter, B. N.: Issues and advances in coping research. In: B. N. Carpenter (Ed).: Personal coping. Theory, research and application. Westport 1992, p. 1-13.

Carver, C. S. & Scheier, M. F.: Situational coping and coping dispositions in a stressful transaction. Journal of Personality and Social Psychology 1994, 66, p. 184-195.

Christiansen-Berndt, K.: Vorurteile gegenüber geistig behinderten Kindern. Meinungen, Einstellungen und Handlungsabsichten gegenüber schwer geistig behinderten Kindern und ihren Familien. Wien 1981.

Cloerkes, G.: Einstellung und Verhalten gegenüber Körperbehinderten. Eine Bestandsaufnahme der Ergebnisse internationaler Forschung. Berlin 1979; 1985 (3. erweiterte Auflage).

Cloerkes, G.: Soziokulturelle Bedingungen für die Entstehung von Einstellungen gegenüber Behinderten. VHN 1980, 3, S. 259-271.

Cloerkes, G.: Soziologie der Behinderten. Eine Einführung. Heidelberg 1997; 2001.

Cloerkes, G.: Wissen ist Macht – Wissen ist Tugend? Anmerkungen zur Wirksamkeit von Informationsprogrammen auf die Einstellungen gegenüber Behinderten. In: Holtz, K. L.: War's das? Resümee des Internationalen Jahres der Behinderten. Heidelberg 1982, S. 207-221.

Cobb, S.: Social Support and the health through life course. In: McCubbin, H. I.; Cauble, A. E. & Patterson, J. M.: Family, Stress, Coping and Social Support. 1982, p. 189-199.

Cobb, S.: Social Support as a moderator of life stress. Psychosomatic medicine 1976, 38, p. 300-313.

Cooley, C. H.: Human nature and social order. New York 1902.

Dauenheimer, D.: Der Einfluss des Selbstkonzeptes auf die Informationsverarbeitung. Aachen 1996.

Dauenheimer, D.: Selbstbestätigung oder Selbstwerterhöhung.: Eine Analyse beeinflussender Faktoren. In: Metz-Göckel; Haanober, B.; Leffelsland, S. (Hrsg.): Selbst, Motivation und Emotion. Dokumentation des 4. Dortmunder Symposions für Pädagogische Psychologie. Bern 2000, S. 57-66.

Davis, F.: Deviance disavowal: The management of strained interaction by the visibly handicapped. Social Problems, 1961, 9, p. 120-132.

Deppe-Wolfinger, H.; Reiser, H.: Gemeinsame Förderung Behinderter und Nichtbehinderter in Kindergarten und Schule. Abschlussbericht der wiss. Begleitung. Frankfurt a. M. (Univ.) 1991.

Deusinger, I.: Die Frankfurter Selbstkonzeptskalen (FSKN). Göttingen 1986.

Deutsches Institut für medizinische Dokumentation und Information, DIMDI: ICF. Internationale Klassifikation der Funktionsfähigkeit, Behinderung und Gesundheit. Entwurf zu Korrekturzwecken. Stand 24.09.02. www.dimdi.de.

Dierks, M.: Romeos Küsse. Berlin, München 2000.

Dumke, D.; Krieger G.; Schäfer, G.: Schulische Integration in der Beurteilung von Lehrern und Eltern. Weinheim 1989.

Dyson, L. L.: Responce to the presence of a child with disabilities: Parental stress and family functioning over time. American Journal of Mental Retardation 1993, 95, p. 207-218.

Eggli, U.: Herz im Korsett. Tagebuch einer Behinderten. Bern 1990.

Ehrlich, H. J.: Das Vorurteil. München 1979.

Esser, F. O.: Soziale Einstellungen von Schulkindern zu körperbehinderten Mitschülern. Eine empirische Situationsanalyse und Folgerungen für die Strukturierungen »integrativer« Gruppen. Rheinstetten – Neuburgweier 1975.

Estel, B.: Soziale Vorurteile und soziale Urteile. Opladen 1983.

Festinger, L.: A theory of cognitive dissonance. Evanston (III.) 1957.

Feuser, G.; Meyer, H.: Integrativer Unterricht in der Grundschule – Ein Zwischenbericht. Solms-Oberbiel 1987.

Filipp, S. H.: Entwurf eines heuristischen Bezugsrahmens für Selbstkonzeptforschung: Menschliche Informationsverarbeitung und naive Handlungstheorie. In: Filipp, S. H. (Hrsg.): Selbstkonzeptforschung. Probleme, Befunde, Perspektiven. Stuttgart 1993, S. 129-159.

Filipp, S.-H. & Klauer, T.: Ein dreidimensionales Modell zur Klassifikation von Formen der Krankheitsbewältigung. In: Kächele, H. & Steffens, W. (Hrsg.): Bewältigung und Abwehr. Bern 1988, S. 51-68.

Filipp, S.-H.: Kritische Lebensereignisse. Weinheim 1995.

Fischer Taschenbuch Verlag: Das neue Fischer-Lexikon in Farbe. Frankfurt a. M. 1981.

Flottmeyer, L; Fries, A.: Die Darstellung des Themenkreises »Körperbehinderung« in sechs ausgewählten Kinderbüchern. Eine kritische Analyse. Die Rehabilitation 1993, 332, 2, 107-116.

Folkman, S. & Lazarus, R. S.: An analysis of coping in a middle-aged community sample. Journal of Health and Social Behavior, 1980, 21, p. 219-239.

Folkman, S. & Lazarus, R. S.: If it changes it must be a process: Study of emotion and coping during three stages of a college examination. Journal of Personality and Social Psychology 1985, 48, p. 150-170.

Folkman, S.; Lazarus, R. S.; Dunkel-Schetter, C.; DeLongis, A. & Gruen, R. J.: Dynamics of a stressful encounter: Cognitive appraisal, coping and encounter outcomes. Journal of Personality and Social Psychology, 1986, 50, p. 992-1003.

Forschungsgemeinschaft »Das körperbehinderte Kind e. V.« (Hrsg.): Entwicklung und Förderung Körperbehinderter. bearbeitet von Leyendecker, Ch./Fritz, A.. Heidelberg 1986.

Forsythe, C. J. & Compas, B. E.: Interaction of cognititve appraisal of stressful events and coping. Testing the goodness of fit hypothesis. Cognitive therapy and research 1987, 11, p. 473-485.

French, J. R. P.; Rodgers, W.; Cobb, S.: Adjustmentas person – environment fit. In: Coelho, G. V. et al.(eds.): Coping and adaptation. Basic. New York 1974, p. 316-333.

Frey, D.; Irle, M.: Theorien der Sozialpsychologie. Bern 1985.

Frey, H.-P.: Stigma und Identität. Weinheim und Basel 1983.

Frey, D. & Benning, E.: Das Selbstwertgefühl. In: Mandl, H. & Huber, G. L. (Hrsg.): Emotion und Kognition. München 1983, S. 148-182.

Frey, D. & Schnabel, A.: Soziale Kommunikation und Interaktion. In: Perleht, Ch. & Ziegler, A. (Hrsg.): Pädagogische Psychologie. Grundlagen und Anwendungsfelder. Bern 1999, S. 170-181.

Fries, A.; Hennige, U.; Preiser, S.: Veränderung von Einstellungen: Theoretische Absätze: Die Theorie der kognitiven Dissonanz, 26-42. Studieneinheit Sozialpsychologie 2. Deutsches Institut für Fernstudien an der Universität Tübingen. FIM-Psychologie Modellversuch. Erlangen 1980:

Fries, A.: Räumliche Nachbarschaft zu einem Behindertenzentrum als Determinante der Einstellungen gegenüber körperbehinderten Personen? Eine vergleichende empirische Studie zu Annahmen der »Kontakthypothese«. Die Rehabilitation 1991a, 30 , 28-37.

Fries, A.: Persönlichkeitsmerkmale, Alter und Geschlecht als Faktoren der Einstellungen gegenüber körperbehinderten Menschen. Heilpädagogische Forschung 1991b, XVII, 3, 140-154.

Fries, A.: Meinungen nichtbehinderter Kinder über körperbehinderte Kinder- Ergebnisse einer Befragung in einer 2. Grundschulklasse. Die Rehabilitation 1993,32,4, 250-259.

Fries, A.; Gollwitzer, R.: Kinderantworten zur Körperbehindertenproblematik. Meinungen und Einstellungen von nichtbehinderten Grundschulkindern zu körperbehinderten Kindern hinsichtlich ausgewählter Dimensionen.

Heilpädagogische Forschung 1993, XIX ,1, 20-31.

Fries, A.; Grieb, O.: Eltern und gesellschaftliche Diskriminierung. Zur Veröffentlichung eingereichtes Manuskript 2001.

Fries, A.; Löhr, S.: Copingforschung im Zusammenhang von gesellschaftlicher Belastung körperbehinderter Menschen – Eltern berichten. Zur Veröffentlichung eingereichtes Manuskript 2002.

Geisler, Helga: Danke, das kann ich selbst. Stuttgart 1991.

Girtler, R.: Methoden der qualitativen Sozialforschung. Anleitung zur Feldarbeit. Wien, Köln, Graz 1984.

Goffman, E.: Stigma. Frankfurt 1967; 1992.

Goffman, E.: Stigma. Über die Techniken der Bewältigung beschädigter Identität. Frankfurt 1974.

Görres, H. J.: Hinter der Mauer des Schweigens. Epilepsie - eine unheimliche Krankheit. Universitas 1988, 6, S. 659.

Grieb, O.; Tögel-Kneifel, S.; Fries, A.: Zunehmende Gewalt gegenüber Menschen mit Behinderungen. Eine Zusammenstellung von Pressemitteilungen. Unveröffentlicht. Würzburg 2000.

Grün, M. von der: Vorstadtkrokodile. Reinbek 1983.

Günter, H.: Die Reise zum Meer. Hamburg 1994

Habel, L.: Herrgott, schaff die Treppen ab! Erfahrungen einer Behinderten. München 1994.

Hackenberg, W.: Abwehr und Bewältigung in der Auseinandersetzung mit Behinderung. Frühförderung interdisziplinär 1992, 11, S. 97-107.

Haeberlin, U.; Niklaus, E.: Identitätskrisen. Theorie und Anwendung am Beispiel des sozialen Aufstieges durch Bildung. Bern 1978.

Härtling, P.: Krücke. Weinheim 1986.

Halsig, N.: Erfassungsmöglichkeiten von Bewältigungsversuchen. In: Brüderl, L. (Hrsg.): Theorien und Methoden der Bewältigungsforschung. Weinheim-München 1988, S. 162-191.

Handwerker, B.: Wie erleben, bewerten und bewältigen Menschen mit Körperbehinderung vorurteilsgeprägte gesellschaftliche Reaktionen auf ihre Behinderung. Unveröffentlichte wissenschaftliche Hausarbeit. Würzburg 1997

Haußer, K.: Identitätspsychologie. Berlin 1995.

Heiden, H. G. (Hrsg.): Niemand darf wegen seiner Behinderung benachteiligt werden. Grundrecht und Alltag - eine Bestandsaufnahme. Reinbek 1996.

Heider, F.: Psychologie der interpersonalen Beziehungen. Stuttgart 1997 (zuerst: New York 1958).

Heider, F.: Psychologie der interpersonalen Beziehungen. Stuttgart 1977.

Heim, E.; Augustiny, K.; Blaser, A.; Schaffner, L.: Berner Bewältigungsformen (BEFO). Handbuch. Bern, Göttingen, Toronto 1991.

Heim, E.: Coping - Erkenntnisstand der 90er Jahre. PPmP Psychother. Psychosom. med. Psychol. 1998, 48, S. 321-337.

Heim, E.: Salutogenese versus Pathogenese - ein neuer Zugang zu einer alten Weisheit. Schweiz. Med. Wochenschr. 1994, 124, S. 1267-1275.

Heim, E. & Perrez, M. (Hrsg.): Krankheitsverarbeitung. Göttingen 1994.

Heintz, P.: Soziale Vorurteile. Ein Problem der Persönlichkeit, der Kultur und der Gesellschaft. Köln 1957.

Hensle, U.: Einführung in die Arbeit mit Behinderten. Heidelberg 1988.

Hensle, U.; Vernooij, M. A.: Einführung in die Arbeit mit behinderten Menschen. Wiebelsheim 2000.

Herkner, W.: Einführung in die Sozialpsychologie. Bern 1981.

Hinze, D.: Väter und Mütter behinderter Kinder. Der Prozeß der Auseinandersetzung im Vergleich. Heidelberg 1999.

Hohmeier, J.: Stigmatisierung als sozialer Definitionsprozeß. In: Brusten, M. & Hohmeier, J. (Hrsg.): Stigmatisierung 1. Zur Produktion gesellschaftlicher Randgruppen. Neuwied 1975, S. 5-25.

Holtz, K. L.: War's das? Resümee des Internationalen Jahres der Behinderten. Heidelberg 1982.

Homans, G. C.: Theorie der sozialen Gruppe. Köln/Opladen 1968.

Hopf, Ch.: Soziologie und qualitative Sozialforschung. In: Hopf, Ch.; Weingarten, E. (Hrsg.): Qualitative Sozialforschung. Stuttgart 1979, S. 11-37.

House, J. S.: Work stress and social support. Addison-Wesley Reading 1981.

Hössl, A.: Entwicklungen integrativer Erziehung im Elementarbereich. In: Eberwein, H. (Hrsg.): Integrationspädagogik. Weinheim 1999.

Jäckel, M. & Wieser, S.: Das Bild des Geisteskranken in der Öffentlichkeit. Stuttgart 1970.

Jacobs, Ch.: Theologiestudenten im Priesterseminar. Entwicklung sozialer Beziehungen, Umgang mit Belastungen und seelische Gesundheit. Freiburg/Schweiz (Universitätsverlag) 1994.

Janke, W.; Erdmann, G.; Kallus, W.: Streßverarbeitungsfragebogen (SVF). Handanweisung und Testmappe. Göttingen, Toronto, Zürich 1985.

Jansen, G. W.: Einstellung der Gesellschaft zu Körperbehinderten. Eine psychologische Analyse zwischenmenschlicher Beziehungen aufgrund empirischer Untersuchungen. Neuburgweier 1972.

Jantzen, W.: Sozialisation und Behinderung. Studien zu sozialwissenschaftlichen Grundlagen der Behindertenpädagogik. Gießen 1974.

Jantzen, W.: Zur begrifflichen Fassung von Behinderung aus der Sicht des historischen und dialektischen Materialismus. Zeitschrift für Heilpädagogik, 1976, 27, S. 428-436.

Jerusalem, M.: Persönliche Ressourcen, Vulnerabilität und Stresserleben. Göttingen 1990.

Jetter, K. H.: Kindliches Handeln und kognitive Entwicklung. Bern 1975.

Jordan, S.: The disadvantaged group: A concept aalicable to the handicapped. Journal of Psychology 1963, 55, p. 313-322.

Kampmeier, A.: Körper und Selbst: Welchen Einfluß hat eine körperliche Behinderung auf die Persönlichkeitsentwicklung. In: Bergeest, H.; Hansen, G. (Hrsg.): Theorien der Körperbehindertenpädagogik. Bad Heilbrunn 1999, S. 241-251.

Kardoff, E. v.: Qualitative Sozialforschung – Versuch einer Standortbestimmung. In: Flick, U.; Kardoff, E. v.; Rosenstiehl, L. v. & Wolf, S.: Handbuch qualitativer Sozialforschung. München 1991, S. 3-9.

Kift, R., M. Brand: Stärker als Supermann. Berlin 1981.

Klee, E.: Der Zappler. Düsseldorf 1974.

Klapproth, R.: Stefan. Luzern, Stuttgart 1981.

Kleinke, C. L.; Staneski, R. A.; Mason, J. K.: Sex differences in coping with a depression. Sex Roles 1982, 8, p. 877-899.

Kobasa, S. C.: Stressful life-events, personality, and health: An inquiry into hardiness. Journal of Personality and Social Psychology 1979, 37, p. 1-11.

Kordon, K.: Möllmannstraße 48. Ravensburg 1983.

Krampen, G.: Differentialpsychologie der Kontrollüberzeugung. Göttingen 1982.

Krause, M. P.: Elterliche Bewältigung und Entwicklung des behinderten Kindes. Eine Längsschnittuntersuchung unter besonderer Berücksichtigung des Interaktionsverhaltens. Frankfurt 1997.

Krech, D.; Crutchfield, R. S.; Ballachey, E. L.: Individual in society. New York 1962.

Krohne, H. W.: Coping with stress. Dispositions, strategies and the problem of measurement. In: Appley, M. H. & Trumbull, R. (Eds.): Dynamics of stress. Physiological, psychological and social perspectives. New York 1986.

Kron, M.: Integrative Prozesse in Kindergärten – Theorie und Erfahrungen aus der Praxis. In: Eberwein, H. (Hrsg.): Integrationspädagogik. Weinheim 1999.

Küpfer, K.: Prüfungsängstlichkeit bei Studenten: Differentielle Diagnostik und differentielle Intervention. Frankfurt 1997.

Küpfer, R.: Zur Bedeutung der Unterscheidung zwischen Selbst- und Fremdwahrnehmung in der Rehabilitation von körperlich Behinderten. In: Berufverband deutscher Psychologen: Psychologische Hilfen für Behinderte. Weinsberg 1984, S. 147-152.

Lamnek, S.: Qualitative Sozialforschung. Band 1: Methodologie. München 1995.

Lang, M.: Bewältigungsprozesse in Familien mit einem behinderten Kind. In: Probst, H.: Mit Behinderungen muß gerechnet werden. Solm-Oberbiel 1999, S. 287-299.

Laux, L. & Schütz, A.: Streßbewältigung und Wohlbefinden in der Familie. Studie im Auftrag des Bundesministeriums für Familie und Senioren. Hrsg.: Bundesministerium für Familie, Senioren, Frauen und Jugend. Köln 1996.

Laux, L. & Weber, H.: Emotionsbewältigung und Selbstdarstellung. Stuttgart 1993.

Laux, L.; Weber, H.: Bewältigung von Emotionen. In: Scherer, K. R.: (Hrsg.): Enzyklopädie der Psychologie. Psychologie der Emotionen. Göttingen 1990, S. 560-629.

Lazarus, R. S. & Folkman, S.: Stress, appraisal and coping. Berlin, Heidelberg, New York 1984.

Lazarus, R. S. & Folkman, S.: Transactional theory and research on emotions and coping. European Journal of Personality 1987, 1, p. 141-169.

Lazarus, R. S.; de Longies, A.: Psychological stress and coping in aging. Am. Psychol. 1983, 38, p. 245-254.

Lazarus, R. S.: Emotion and adaptation. New York: Oxford University Press 1991.

Lazarus, R. S.: Psychological stress and the coping process. New York 1966.

Lazarus, R. S.: Streß und Streßbewältigung – ein Paradigma. In: Filipp, S. H. (Hrsg.): Kritische Lebensereignisse. München. 1990;1995, S. 198-232.

Lazarus, R. S.: Stress, coping and illness. In: Friedman, H. S. (Ed.): Personality and disease. Wiley series on health psychology/behavioral medicine. New York 1990, p. 97-120.

Lazarus, R S.; de Longies, A.; Folkman, S.; Gruen, R.: Stress and adaptional outcomes. The problem of confounded measures. Am. Psychol. 1980, 40, p. 770-779.

Lebert, B.: Crazy. Köln 1999.

Lehmann, J.: Bekennen, erzählen, berichten. Studien zu Theorie und Geschichte der Autobiografie. Tübingen 1988.

Lenzen, H.: Das Image von behinderten Kindern bei der Bevölkerung der Bundesrepublik. Heilpädagogusche Forschung 1985, XII, 1, S. 43-72.

Leppin, A.: Bedingungen des Gesundheitsverhaltens. Risikoverhalten und persönliche Ressourcen. München 1994.

Leppin, A.: Streßeinschätzungen, Copingverhalten und Copingerfolg: Welche Rolle spielen Ressourcen? In: Tesch-Römer, C.; Salewski, Ch.; Schwarz, G.: Psychologie der Bewältigung. Weinheim 1997, S. 196-208.

Lersch, Ph.: Der Mensch als soziales Wesen. München 1965.

Leyendecker, Ch.: Die Behinderung akzeptieren – oder ausblenden? Psychologie heute, 1992, 19 (1), S. 52-56.

Leyendecker, Ch.: Geschädigter Körper = behindertes Selbst oder »In erster Linie bin ich Mensch«. In: Kallenbach, K.: Körperbehinderungen. Schädigungsaspekte, psychosoziale Auswirkungen und pädagogisch-rehabilitative Maßnahmen. Bad Heilbrunn 2000, S. 13-52.

Lindenmeyer, J.: Behindert-Werden. Zur Psychologie einer Bewältigung einer traumatischen Körperbehinderung. Heidelberg 1983.

Lindmeier, Ch.: Rehabilitation und Bildung – Möglichkeiten und Grenzen der neue WHO-Klassifikation der Funktionsfähigkeit, Behinderung und Gesundheit (ICF) (Teil I). In: Die neue Sonderschule 2002, 47, S. 411-425.

Litt, M. D.: Cognitive Mediators of stressful experience: Self-efficiacy and percieved control. Cognitive Therapy and Research 1988, 12, p. 241-259.

Lütje-Klose, B.: Wege integrativer Sprach- und Kommunikationsförderung in der Schule. Konzeptionelle Entwicklungen und ihre Einschätzung durch amerikanische und deutsche Experten/Innen. St. Ingert 1997.

Manstead, A. S. R.; Semin, G. R.: Methoden der Sozialpsychologie. Ideen auf dem Prüfstand. In: Stroebe, W.; Hewstone, M.; Stephenson G. M. (Hrsg.): Sozialpsychologie. Eine Einführung. Berlin, Heidelberg 1996, S. 79-111.

Margalit, M.; Raviv, A. & Ankonina, D. B.; Coping and coherence among parents with disabled children. Journal of Clinical Psychology. 1992, 21, p. 202-209.

Markard, M.: Einstellung – Kritik eines sozialpsychologischen Grundkonzeptes. Frankfurt 1984.

Markefka, M.: Vorurteile – Minderheiten – Diskriminierungen. Neuwied 1995.

Matheny, K. B.; Aycock, D. W.; Pugh, J. L.; Curlette, W. L. & Cannela, K. A. S.: Stress coping: A qualitative and quantitative synthesis with implications for treatment. The counseling Psychologist. 1986, 14, p. 499-550.

Mayring, Ph.: Einführung in die qualitative Sozialforschung. Eine Anleitung zu qualitativem Denken. München 1996.

McCrae, R. R.: Age specific differences in the use of coping mechanisms. J. Gerontol. 1982, 37, p. 454-460.

Mead, G. H.: Mind, self and anxiety. Chicago 1934.

Mechanic, D.: Social structure and personal adaptation. Basi, New York 1974, p. 32-44.

Metalsky, G. I.; Halberstadt, L. J. & Abramson, L. Y.: Vulnerability to depressive mood reactions: Toward a more powerful test of the diathesis-stress and causal mediation components of the refomulated theory of depression. Journal of Personality and Social Psychology 1987, 52, p. 386-393.

Mühlum, A. & Gödecker-Geenen, N.: Soziale Arbeit in der Rehabilitation. München, Basel 2003.

Munder, R.: Meinungen der beteiligten Eltern zum Integrationsversuch. Berlin (PZ) 1983.

Muthny, F. A.: Freiburger Fragebogen zur Krankheitsverarbeitung. Manual und Testmappe. Weinheim 1989.

Noack, P.; Wild, E.: Überlegungen zur Entwicklung von aggressiven und rechtsextremen Einstellungen. In: Schäfer, M. & Frey, D. (Hrsg.): Aggression und Gewalt unter Kindern und Jugendlichen. Göttingen 1999, S. 107-134.

Noonan, J. R.; Barry, J. R.; Davis, H. C.: Personality determinants in attitude toward visible disability. Journal of Personality, 38, 1970, p. 1-15.

Opp, G.; Fingerle, M.; Freytag, A.: Was Kinder stärkt. Erziehung zwischen Risiko und Resilienz. München, Basel 1999

Osgood, C. H.; Suci, G. J.; Tannenbaum, P. H.: The measurement of meaning. Urbana 1957.

Pearlin, L. I.; Schooler, C.: The structure of coping. In: McCubbin, H. I.; Cauble, A. E. & Patterson, J. M.: Family Stress, coping and Social Support. Springfield: Thomas 1982, p. 109-135.

Preuss-Lausitz, U.: Gemeinsame Unterrichtung und Erziehung in Deutschland und Europa – Entwicklung, Erfahrung, Forschungsergebnisse. Berlin 2004: http://www.tu-berlin.de/fak1/ewi/hp/hp_preuss_lausitz.htm.

Prystav, G.: Psychologische Copingforschung. Diagnostica 1981, 27, S. 189-214.

Radtke, P.: Karriere in 99 Brüchen. Freiburg 1994.

Reicherts, M. & Perrez, M.: Prediction of stress and coping behavior in the natural setting. In: Perrez & Reicherts (Eds.): Stress, coping and health. Seattle 1992, 57-68

Röhrle, B.: Soziale Netzwerke und soziale Unterstützung. Weinheim 1994.

Rommelspacher, B.: Behindertenfeindlichkeit. Ausgrenzungen und Vereinnahmungen. Göttingen 1999.

Rose, P. I.: They and we. Racial and ethnic relations in the United States. New York 1974.

Rowlands, A.: Letty. Hamburg 1985.

Rusbult, C. E.: Commitment and satisfaction in the romantic: A tes(t?) of the investment model. Journal of Experimental Social Psychology. 1980, 16, p. 172-186.

Saal, F.: Die Normalität des Behinderten. In: Evang. Kommentare 1980, H1, S. 27-28,33.

Sarimski, K. & Hofmann, I. W.: Erziehung behinderter Kinder: Immer psychische Belastung und Überforderung? Psychologie in Erziehung und Unterricht 1994, 41, S. 22-30.

Schäfer & Six: Süddeutsche Zeitung vom 10./11.01.1998.

Schäfer, B.; Six, U.: Sozialpsychologie des Vorurteils. Stuttgart 1978.

Scheier, M. F. & Carver, C. S.: Effects of optimism on psychological and physical wellbeing: Theoretical overview and empirical update. Cognitive Therapy and Research 1992, 16, 2, p. 201-228.

Scherrer, K.: Die Beziehung zwischen Einstellungstestverhalten und Realverhalten in Arbeiten der Behindertenforschung. Vierteljahresschrift für Heilpädagogik und ihre Nachbargebiete 1984, 1, S. 66-74.

Schilder, P.: Das Körperschema. Ein Beitrag zur Lehre vom Bewußtsein des eigenen Körpers. Berlin 1923.

Schönberger, F.: Körperbehinderungen. Ein Gutachten zur schulischen Situation körperbehinderter Kinder und Jugendlicher in der Bundesrepublik Deutschland. Sonderpädagogik 1974, 4, S. 200-231.

Schott, E. und O.: Verspottet als Liliputaner, Zwerge, Clowns. München 1983.

Schröder, A. & Schmitt, B.: Soziale Unterstützung. In: Brüderl, L. (Hrsg.): Theorien und Methoden der Bewältigungsforschung. Weinheim 1988, S. 149-159.

Schröder, K. E. E. & Schwarzer, R.: Bewältigungsressourcen. In: Tesch-Römer, C.; Salewski, Ch.; Schwarz, G.: Psychologie der Bewältigung. Weinheim 1997, S. 174-195.

Schüffel, W.; Brucks, W.; Johnen, R.; Köllner, V.; Lamprecht, F.; Schnyder, U. (Hrsg.): Handbuch der Salutogenese – Konzept und Praxis. Wiesbaden 1998.

Schultheis, J.: Anthropologie – Vorurteilsforschung – Lernbehinderung. Vierteljahresschrift für Heilpädagogik und ihre Nachbargebiete. 1976, 3, S. 231-245.

Schüßler, G.: Bewältigung chronischer Krankheiten. Konzepte und Ergebnisse. Göttingen 1993.

Schütz, A.: Selbstdarstellung bei der Bewältigung selbstwertbedrohender Situationen: Interindividuelle Unterschiede und Konsequenzen unterschiedlicher Strategien des Selbstwertschutzes. Forschungsantrag. Universität Bamberg. 1992a.

Schütz, A.: Selbstdarstellung von Politikern. Analyse von Wahlkampfauftritten. Weinheim 1992b.

Schultheis, J.: Anthropologie – Vorurteilsforschung – Lernbehinderung. In: Vierteljahresschrift für Heilpädagogik und ihre Nachbargebiete. 1976 , 3 , S.235.

Schuntermann, M. F.: Behinderung nach ICF und SGB IX – Erläuterungen und Vergleich. www.ifrr.vdr.dr/. Stand: 31.01.2002.

Schwarz, G.; Salewski, Ch.; Tesch-Römer, C.: Psychologie der Bewältigung – Variationen über ein altbekanntes Thema. In: Tesch-Römer, C.; Salewski, Ch.; Schwarz, G.: Psychologie der Bewältigung. Weinheim 1997, S. 1-6.

Schwarzer, R. & Leppin, A.: Sozialer Rückhalt und Gesundheit. Göttingen 1989.

Schwarzer, R.: Streß, Angst und Hilflosigkeit. Stuttgart 1981.

Secord, P. F. & Backman, C. W.: Social psychology. Tokyo 1974.

Seifert, K. H. & Stangl, W.: Einstellungen zu Körperbehinderten und ihrer beruflichen-sozialen Integration. Bern 1981.

Seiffge-Krenke, I. u. a.. Chronisch kranke Jugendliche und ihre Hilfen. Stuttgart 1996.

Selye, H.: Streß-Bewältigung und Lebensgewinn. München 1974.

Selye, H.: The stress of life. New York 1956.

Seywald, A.: Physische Abweichung und soziale Stigmatisierung. Rheinstetten 1976.

Six, B.: Leon Festinger. A theory of cognitive dissonance (1957). In: Lück, H. E.; Miller, R.; Sewz-Vosshenrich (Hrsg.): Klassiker der Psychologie. Stuttgart 2000, S. 195-202.

Sommer, G.: Soziale Unterstützung: Diagnostik, Therapie, Konzepte., F-SOZU. Tübingen 1989.

Somplatzi, H.: Sprung ins Kreuz. Köln 1996.

Speck, O.: Menschen mit geistiger Behinderung und ihre Erziehung. Ein heilpädagogisches Lehrbuch. München 1993.

Stadler, H. (1999): Förderschwerpunkt körperliche und motorische Entwicklung. In: Zeitschrift für Heilpädagogik 50, S. 156-164.

Stadler, H. (2000): Körperbehinderungen. In: Borchert, J. (Hg.): Handbuch der Sonderpädagogischen Psychologie. Göttingen, 76-94.

Stahlberg, D.; Osnabrügge, G.; Frey, D.: Die Theorie des Selbstwertschutzes und der Selbstwerterhöhung. In: Frey, D. & Irle, M. (Hrsg.): Theorie der Sozialpsychologie. Bd.3. Bern 1985, S. 79-124.

Stahlberg, D. & Frey, D.: Selbstwertschutz und Selbstwerterhöhung. Zeitschrift für personenzentrierte Psychologie und Psychotherapie. 1983,2, S. 11-20.

Stahlberg, D.: Selektive Suche nach selbstwertrelevanten Informationen. Berlin 1988.

Stahlberg, D.; Grothe, L. & Frey, D.: Selbstkonzept. In: Asanger, W. & Wenninger, G.: Handwörterbuch Psychologie. Weinheim 1994, S. 680-696.

Starke, D.: Kognitive, emotionale und soziale Aspekte menschlicher Problembewältigung. Ein Beitrag zur aktuellen Stressforschung. Münster 2000.

Stegie, R.: Probleme der Erfassung und Bewertung von Lebensveränderungen mittels Ereignislisten. In: Janke, W. (Hrsg.): Beiträge zur Methodik in der differentiellen, diagnostischen und klinischen Psychologie. Königstein 1981, S. 312-326.

Stone, A. A. & Neale, J. M.: New measure of daily coping: Developments and preliminary results. Journal P. Soc. Psychol. 1984, 46, p. 892-906.

Suls, J.; Fletscher, B.: The relative efficiacy of avoidant and nonavoidant coping strategies: A meta-analysis. Health Psychology, 1985, 4, p. 249-288.

Swann, W. B., Jr.: To be adored or to be known? The interplay of selfenhacement and self-verification. In: Sorrentino, R. M. & Higgins, E. T. (Eds.): Handbook of motivation and cognition. New York 1990, p. 408-448.

Terry, D. J.: Determinants of coping: The role of stabele and situational factors. Journal of Personality and Social Psychology 1994, 66, p. 895-910.

Tesch-Römer, C.; Salewski, Ch.; Schwarz, G.: Psychologie der Bewältigung. Weinheim 1997.

Thesing, Th. & Vogt, M.: Pädagogik und Heilerziehungspflege. Ein Lehrbuch. Freiburg 1999.

Thibaut, J. W.; Kelly, H. H.: The social psychology of groups. New York: Wiley 1959.

Thimm, W.: Das Normalisierungsprinzip – Eine Einführung. Marburg 1990.

Thimm, W. & Wieland, R.: Die Schwierigkeit der Selbstfindung in personaler und sozialer Identität. In: Leyendecker, Ch.: Geschädigter Körper = beschädigtes Selbst – Von der Schwierigkeit der Selbstfindung in personaler und sozialer Identität. Heidelberg 1986.

Thoits, P. A.: Conceptual, Methodological and Theoretical Problems in Studying Social Support as a Buffer Against Life stress. In: JHSB 1982, p. 145-159.

Thomae, H.: Das Wesen der menschlichen Antriebsstruktur. Leipzig 1944.

Thomae, H.: Persönlichkeit. Eine dynamische Interpretation. Bonn 1951.

Trautmann-Sponsel, R. D.: Definition und Abgrenzung des Begriffes Bewältigung. In: L. Brüderl (Hrsg.): Theorien und Methoden der Bewältigungsforschung. Weinheim 1988, S. 14-24.

Tröster, H.: Einstellungen und Verhalten gegenüber Behinderten. Konzepte, Ergebnisse und Perspektiven sozialpsychologischer Forschung. Bern 1990.

Tröster, H.: Interaktionsspannungen zwischen Körperbehinderten und Nichtbehinderten. Göttingen 1988.

Tschamper, I.: Belastung und Bewältigung bei einer progredienten Sehschädigung. Darstellung am Beispiel der Retinitis Pigmentosa. Luzern 1997.

Tuggener, H.: Einstellungen der Deutschschweizer zur Partizipation Behinderter – Zu einer Untersuchung von Andreas Bächthold. Sonderpädagogik 1982, 3, S. 103-106.

Tunks, E. & Bellisimo, A.: Coping with the coping concept: A brief comment. Pain, 1988, 34, p. 171-174.

Uhlemann, Th.: Stigma und Normalität. Kinder und Jugendliche mit Lippen-Kiefer-Gaumenspalte. Göttingen 1990.

Vaillant, G. E.: Adaptation to life. Boston 1977.

Watzlawick, P., Beavin, J. H.; Jackson, D. D.: Menschliche Kommunikation. Formen, Störungen, Paradoxien. 8. Aufl. Bern, Stuttgart, Toronto 1993.

Weber, H. & Knapp-Glatzel, B.: Alltagsbelastungen. In: Brüderl, L.: Belastende Lebenssituationen. Untersuchungen zur Bewältigungs- und Entwicklungsforschung. Weinheim 1988b, S. 140-157.

Weber, H.: Belastungsverarbeitung. Zeitschrift für Klinische Psychologie 1992, 21, S. 17-27.

Weber, H.: Effektivität von Bewältigung: Kriterien, Methoden, Urteile. In: Heim, E. & Perrez, M. (Hrsg.): Krankheitsverarbeitung. Jahrbuch der Medizinischen Psychologie. Bd. 10, Göttingen 1994, S. 49-62.

Weber, H.: Zur Nützlichkeit des Bewältigungskonzeptes. In: Tesch-Römer, C.; Salewski, Ch.; Schwarz, G.: Psychologie der Bewältigung. Weinheim 1997, S. 7-16.

Weber, H.: Bewältigung von kritischen Lebensereignissen. In: Möller, J. (Hrsg.): Psychologie und Zukunft. Göttingen 2000, S.219-239

Weiß, H.: Familie und Frühförderung. Analysen und Perspektiven der Zusammenarbeit mit Eltern entwicklungsgefährdeter Kinder. München, Basel 1989.

Weiß, H.: Frühförderung als projektive Maßnahme – Resilienz im Kleinkindalter. In: Opp, G.; Fingerle, M.; Freytag, A.: Was Kinder stärkt. Erziehung zwischen Risiko und Resilienz. München, Basel 1999

Wendt, A.: Diagnostik von Bewältigungsverhalten (Psychologie Bd. 5). Landau 1995.

Witzel, A.: Das problemzentrierte Interview. In: Jüttemann, G. (Hrsg.): Qualitative Sozialforschung in der Psychologie. Weinheim 1985, S. 227-256.

Wocken, H.; Antor, G.: Integrationsklassen in Hamburg. Oberbiel 1987.

Würtz, H.: Das Leben des Krüppels. Leipzig 1921.

Yuker, H. E. & Block, J. R.: Research with attitudes toward disabled person scales (ATDP). New York 1986.

Zavirsek, D.: Die stummen Wunden sozialer Verletzung. Behinderung und symbolische Ordnung in unterschiedlichen Kulturen. In: Rommelspacher, B. (Hrsg.): Behindertenfeindlichkeit. Ausgrenzungen und Vereinnahmungen. Göttingen 1999.

Zimbardo, P. G.: Psychologie. Berlin, Heidelberg (5. Auflage) 1992.